TEXTES FRANÇAIS
ET
HISTOIRE LITTÉRAIRE

XVIIIe SIÈCLE

Nouvelle édition augmentée

Dominique RINCÉ
Ancien élève de l'École Normale Supérieure
Agrégé des Lettres
Maître de Conférences à l'École Polytechnique

TEXTES FRANÇAIS ET HISTOIRE LITTÉRAIRE

XVIIIe SIÈCLE

Nouvelle édition augmentée

Classes des lycées

Collection dirigée par
Henri MITTERAND
Ancien élève de l'École Normale Supérieure
Agrégé de l'Université
Docteur ès Lettres
Professeur à l'Université de Paris-III

FERNAND NATHAN

AVANT-PROPOS

Des groupements de textes

A la demande de nombreux professeurs, nous publions une nouvelle édition, sensiblement augmentée, de *Textes français et histoire littéraire XVIIIe siècle,* en un seul volume. De plus, cette édition est adaptée aux objectifs et aux modalités des nouvelles épreuves de français au baccalauréat, telles qu'elles ont été définies par la note de service ministérielle du 27 juin 1983.

Rappelons que la collection *Textes français et histoire littéraire* propose un choix de textes empruntés aux œuvres des grands écrivains, en les faisant apparaître à leur exacte place historique et en les regroupant par dossiers en fonction de leur genre, de leur thème ou du courant littéraire auquel ils appartiennent. Il en va ainsi par exemple, au XVIIIe siècle, pour les textes qui définissent l'esprit philosophique, ou pour ceux qui manifestent l'épanouissement du roman.

Cette disposition est exactement conforme à l'esprit des nouvelles instructions, qui demandent aux candidats au baccalauréat de présenter à l'oral de l'examen, d'une part des œuvres lues dans leur intégralité, d'autre part des « **groupements de textes choisis et étudiés selon une cohérence thématique ou problématique clairement formulée** » **:** par exemple, « un choix de pages groupées pour l'étude de la condition humaine selon Pascal et Voltaire ou de la critique de la société chez les philosophes du XVIIIe siècle ».

Une édition enrichie

Nous avons accru de plus de 100 pages la matière de cet ouvrage, qui passe de 180 pages dans l'ancienne édition à 288 dans la nouvelle.

On retrouvera ici tous les dossiers qui figuraient dans l'ouvrage précédent : *Comment peut-on être philosophe ?, Les tentations de la science et de la technique, Voyages aux pays des lumières, Contestation du pouvoir et projets de société, Critique de la religion et émancipation des consciences, Le roman, Types et figures de l'époque, La littérature dans la Révolution, Les prémices du sentiment.* Mais on y trouvera aussi trois dossiers neufs, abondamment pourvus en textes, ainsi qu'en informations historiques et critiques : *Voltaire et les batailles de l'esprit,* qui reconstitue dans son homogénéité le trajet philosophique et esthétique de la figure dominante du siècle ; *Le théâtre au XVIIIe siècle,* qui met en lumière la renaissance de la comédie, avec Marivaux et Beaumarchais, ainsi que l'apparition d'un nouveau genre, le « drame bourgeois » ; enfin, *Rousseau ou le cœur en disgrâce,* où les textes de l'auteur de *La Nouvelle Héloïse* se regroupent assez naturellement selon les deux versants des « discours » et de la sensibilité.

Ainsi se trouve rééquilibrée et enrichie une anthologie qui doit concilier la perception des courants collectifs et l'illustration des génies individuels.

L'étude des textes

Chaque dossier est introduit par une notice de synthèse et s'achève par une page de critique moderne. Chaque texte est précédé d'une présentation historique, et suivi d'une exploitation pédagogique.

Celle-ci est conçue à plusieurs fins :

a) Guider l'élève dans l'analyse méthodique du texte : la situation de celui-ci dans l'œuvre, son genre, son sujet ou ses thèmes, sa structure, la succession de ses contenus, de ses formes et de ses effets, son intérêt littéraire.
b) Proposer des sujets de commentaires composés et de compositions littéraires, selon la réglementation des épreuves écrites du baccalauréat.
c) Susciter des recherches documentaires et des travaux de création.

Ce volume s'achève par quelques pages destinées à aider directement l'élève dans la préparation de l'examen. On y trouvera :
— un modèle développé pour chacune des trois épreuves écrites-types (le résumé, le commentaire, la composition littéraire) avec des sujets puisés dans la littérature du XVIIIe siècle ;
— un guide thématique suggérant des *groupements de textes* pour l'oral, soit à partir d'un thème (ex. : l'amour et la passion), soit à partir d'un problème de méthode (ex. : le statut du personnage de roman) ;
— un index des auteurs et des œuvres cités.

1. COMMENT PEUT-ON ÊTRE PHILOSOPHE ?

INTRODUCTION

1. LES NOUVEAUX PHILOSOPHES

XVIIIe siècle, siècle des Philosophes... Mais qu'est-ce donc qu'être philosophe, comment peut-on être philosophe en ce siècle du bon et des mignons plaisirs ? Ne nous trompons pas sur le sens des mots : ces « nouveaux philosophes » ne ressemblent pas plus aux sages de l'antiquité qu'aux grands penseurs de notre modernité. Eux sont philosophes moins par leur savoir que par leur appétit de savoir, moins par leur connaissance que par leur désir de connaître et de faire connaître. Héritiers directs des libertins et des rationalistes critiques du siècle de Louis XIV, ils en ont conservé l'esprit ; mieux, ils ont fait de cet « esprit » leur caractéristique essentielle. Si chez eux en effet l'esprit de finesse l'emporte souvent sur celui de géométrie, s'ils sont tour à tour beaux esprits, hommes d'esprit ou esprits forts, l'esprit toujours et partout est leur signe de reconnaissance.

2. UNE AVENTURE DE L'ESPRIT

Leur philosophie même se nomme « esprit philosophique » plutôt que système ou théorie (voir : Une intelligence merveilleuse, *p. 8 et* Le vrai philosophe, *p. 9). Sa vérité ne saurait se réduire à ses seuls principes et concepts ; elle est dans l'application et dans l'usage qui en sont faits. Aussi le philosophe s'arrachera-t-il à la sclérose des livres raisonneurs, aux tentations de la sophistique (voir :* Le défricheur des champs incultes, *p. 12), pour se faire « défricheur » des nouveaux espaces où se gagnera le bonheur de l'humanité : l'économie appliquée ou politique, le commerce, la médecine, et tous les « champs » des arts et de la technique.*

Pareille volonté, pareille détermination, ne laissent pas indifférents ceux qu'un pouvoir fort, mais déjà fissuré, protège à coups d'anathèmes et de sévices contre les « contestataires ». Traqués, « brûlés », « embastillés », les philosophes, en prenant conscience de la précarité, mais aussi du prestige de leur condition sociale d'écrivains (voir : Écrivain pour la liberté d'écrire..., *p. 15 et* Remontrances d'un auteur à son éditeur, *p. 17), feront de la liberté d'expression l'emblème de leur combat pour toutes les autres libertés, de leur lutte contre tous les esclavages et toutes les censures.*

3. LES LIEUX DU DÉBAT

Volontiers insolents et frondeurs, débatteurs impénitents, friands de controverses et de débats, ils feront des lieux à la mode de l'époque, salons, clubs, cafés (voir : Les cafés, *p. 20 et* Les salons, *p. 22), les décors privilégiés du déploiement et du rayonnement de cet esprit dont la métaphore des « Lumières » rend si bien compte : « lumières » de la raison contre les ténèbres de l'ignorance, « éclats » de la liberté contre le pouvoir des cachots, « brio » de la parole contre l'obscurantisme des réticences et des silences.*

La Philosophie découvrant la Vérité. *(Gravure B.N.).*

I. L'esprit philosophique

JAUCOURT

ENCYCLOPÉDIE (1750-1772)

★★★ *Être philosophe, ce fut d'abord avoir de l'esprit et savoir s'en servir. Jaucourt (1704-1779), l'un des multiples collaborateurs de* L'Encyclopédie, *donne dans cet ouvrage une excellente définition de l'esprit nouveau : un don rare certes, mais un don qu'on partage. L'esprit est « lumière » et la lumière est avant tout « rayonnement ».* ★★★

Une intelligence merveilleuse

L'*esprit philosophique* est un don de la nature perfectionné par le travail, par l'art et par l'habitude, pour juger sainement de toutes choses. Quand on possède cet esprit supérieurement, il produit une intelligence merveilleuse, la force du raisonnement, un goût sûr et réfléchi de ce qu'il y a de bon ou de mauvais dans le monde ; c'est la règle du vrai et du beau. Il n'y a rien d'estimable dans les différents ouvrages qui sortent de la main des hommes, que ce qui est animé de cet esprit De lui dépend en particulier la gloire des belles-lettres ; cependant, comme il est le partage de bien peu de savants, il n'est ni possible ni nécessaire pour le succès des lettres qu'un talent si rare se trouve dans tous ceux qui les cultivent. Il suffit à une nation que certains grands génies le possèdent éminemment, et que la supériorité de leurs lumières les rende les arbitres du goût, les oracles de la critique, les dispensateurs de la gloire littéraire. L'*esprit philosophique* résidant avec éclat dans ce petit nombre de gens, il répandra, pour ainsi dire, ses influences sur tout le corps de l'État, sur tous les ouvrages de l'esprit ou de la main, et principalement sur ceux de la littérature. Qu'on bannisse les Arts et les Sciences, on bannira cet *esprit philosophique* qui les produit ; dès lors on ne verra plus personne capable d'enfanter l'excellence ; et les lettres avilies languiront dans l'obscurité.

JAUCOURT, *Encyclopédie*,
Article « Esprit Philosophique ».

1. Étude du texte

1. Pourquoi la conception de l'esprit philosophique telle qu'elle est ici présentée pourrait-elle passer pour « élitiste »? Comment l'usage de l'esprit tempère-t-il néanmoins l'élitisme de sa nature?

2. Dans quels domaines Jaucourt envisage-t-il l'efficacité de l'esprit philosophique? Pourquoi ceux-là particulièrement?

3. D'après ce texte explicitez pleinement le sens de l'expression célèbre utilisée pour désigner le XVIIIe siècle, « le siècle des Lumières ».

2. Expression

Rythmes.
Ce court article de l'*Encyclopédie*, très dense et concis, est rédigé avec une grande maîtrise verbale et rythmique. Vous relirez au fil des phrases l'alternance judicieuse des rythmes binaires et ternaires. Vous montrerez comment l'auteur les combine pour donner plus de force à sa définition.

3. Documentation - Création

1. **L'Esprit, l'Intelligence, le Génie.**
— *Recherche Documentaire*

2. D'autres philosophes du XVIIIe siècle, Rousseau et Diderot notamment, ont beaucoup réfléchi à la nature de l'intelligence et du génie humains. Recherchez quelques-uns de leurs textes et confrontez-les.

3. Renseignez-vous sur les méthodes modernes utilisées aujourd'hui par les psychologues pour déterminer ce qu'on appelle le « quotient intellectuel » d'un individu. Que pensez-vous de ces méthodes, de leurs résultats et de l'usage qu'on peut en faire?

4. **Dissertation** :
En vous appuyant sur des textes précis, vous définirez ce qu'on a appelé « l'esprit » du XVIIIe siècle.

DUMARSAIS

ENCYCLOPÉDIE

★★★ *Longtemps attribué à Diderot, le long article de l'*Encyclopédie *intitulé « Philosophie » est en réalité l'œuvre originale de l'avocat et grammairien Dumarsais (1676-1756) connu à l'époque pour son* Traité des Tropes *(1729). Complétant la définition de l'esprit philosophique donnée par Jaucourt, Dumarsais insiste sur les qualités d'honnêteté morale et intellectuelle, de tolérance et de sociabilité sans lesquelles nul ne pourrait se prétendre philosophe.* ★★★

Le vrai philosophe

La vérité n'est pas pour le philosophe une maîtresse qui corrompe son imagination, et qu'il croie trouver partout ; il se contente de la pouvoir démêler où il peut l'apercevoir. Il ne la confond point avec la vraisemblance ; il prend pour vrai ce qui est vrai, pour faux ce qui est faux, pour douteux ce qui est douteux, et pour vraisemblable ce qui n'est que vraisemblable. Il fait plus, et c'est ici une grande perfection du philosophe, c'est que lorsqu'il n'a point de motif pour juger, il sait demeurer indéterminé.

Le monde est plein de personnes d'esprit et de beaucoup d'esprit, qui jugent toujours ; toujours ils devinent, car c'est deviner que de juger sans sentir quand on a le motif propre du jugement. Ils ignorent la portée de l'esprit humain ; ils croient qu'il peut tout connaître : ainsi ils trouvent de la honte à ne point prononcer de jugement et s'imaginent que l'esprit consiste à juger. Le philosophe croit qu'il consiste à bien juger. Le philosophe n'est pas tellement attaché à un système qu'il ne sente toute la force des objections. La plupart des hommes sont si fort livrés à leurs opinions qu'ils ne prennent pas seulement la peine de pénétrer celles des autres. Le philosophe comprend le sentiment qu'il rejette, avec la même étendue et la même netteté qu'il entend celui qu'il adopte.

Lecture de d'Alembert chez Mme Geoffrin, par F. Boucher.
Le monde est plein de personnes d'esprit et de beaucoup d'esprit.

L'esprit philosophique est donc un esprit d'observation et de justesse, qui rapporte tout à ses véritables principes, mais ce n'est pas l'esprit seul que le philosophe cultive, il porte plus loin son attention et ses soins.

L'homme n'est point un monstre qui ne doive vivre que dans les abîmes de la mer ou au fond d'une forêt ; les seules nécessités de la vie lui rendent le commerce des autres nécessaire ; et dans quelque état où il se puisse trouver, ses besoins et le bien-être l'engagent à vivre en société. Ainsi, la raison exige de lui qu'il étudie, et qu'il travaille à acquérir les qualités sociables. Notre philosophe ne se croit pas en exil dans ce monde ; il ne croit point être en pays ennemi ; il veut jouir en sage économe des biens que la nature lui offre ; il veut trouver du plaisir avec les autres ; et pour en trouver, il en faut faire. Ainsi il cherche à convenir à ceux avec qui le hasard ou son choix le font vivre ; et il trouve en même temps ce qui lui convient ; c'est un honnête homme qui veut plaire et se rendre utile.

DUMARSAIS, *Encyclopédie*,
Article « Philosophe ».

1. Étude du texte

1. Résumez en quelques mots les principales caractéristiques du comportement philosophique tel qu'il est souhaité par Dumarsais. A quels autres comportements s'oppose-t-il?

2. Développez le sens de l'expression du 2e paragraphe : « bien juger ». Dans quelle lignée philosophique s'inscrit cette conception de Dumarsais? Recherchez-en quelques exemples antérieurs.

3. Pour quelles raisons l'auteur insiste-t-il tant sur l'aspect social du comportement philosophique? En quoi cette insistance renouvelle-t-elle la conception traditionnelle de « l'honnête homme »?

4. Le dernier paragraphe du texte est plein de sous-entendus. C'est une dénonciation à peine voilée de l'attitude de Rousseau telle que la percevaient les encyclopédistes. Renseignez-vous sur cette querelle et dites si les accusations de Dumarsais sont pleinement fondées.

2. Expression

Jeux de mots, jeux d'esprit.
Le mot « esprit » a donné lieu dans notre langue française à de nombreuses expressions, à de nombreux proverbes, jeux de mots et « mots d'esprit »... Recherchez le plus grand nombre de formules où le mot intervient, classez-les par genres et étudiez les variations de sens du mot « esprit » les plus remarquables dans certaines d'entre elles.

3. Documentation - Création

Essai :

L'écrivain dans son siècle.

Dumarsais, comme Diderot, comme Voltaire, exige du philosophe, et plus généralement de l'écrivain, une grande présence à son siècle, une totale disponibilité à l'actualité de son temps. Tous les écrivains ne partagent pas ce point de vue. Témoin cet extrait d'une conférence donnée en 1935 par Montherlant : « *Je ne vois aucune raison raisonnable de m'intéresser aux choses extérieures qui me sont contemporaines, plus qu'à celles de n'importe quelle année du passé. Parce que des problèmes particuliers se posent durant l'infime portion de temps où j'existe, pourquoi devrais-je m'intéresser à eux, plus qu'aux problèmes particuliers qui pouvaient se poser il y a quatre cents ans aux sujets du Grand Turc? Le hasard m'a fait vivre en telles années et en tels lieux. Et après? Vais-je laisser gouverner ma vie par ces futiles données du temps et de l'espace?... Quand on dira à l'être de sagesse, de ceci ou de cela, avec dédain :* « *Ce n'est pas de l'actualité!* », *l'être de sagesse répondra :* « *C'est justement parce que ce n'est pas de l'actualité que c'est important. Entendons-nous : parce que ce n'est pas de la vraie actualité. Or, la vraie actualité, c'est l'éternel.* »

Réfléchissez à ces deux conceptions résolument contradictoires et discutez-les sous forme d'essai personnel écrit, ou de table ronde.

VOLTAIRE

*En la personnalité de François-Marie Arouet, alias Voltaire (1694-1778), s'incarnent parfaitement tous les enthousiasmes, toutes les contradictions et tous les rêves du Siècle des Lumières. Jeune homme turbulent, frondeur, libertin, poète mondain, écrivain « embastillé », exilé, courtisan brillant mais susceptible, « seigneur » et « patriarche » de Ferney sur ses vieux jours avant de revenir à Paris pour y mourir auréolé d'une gloire nationale, Voltaire a tout vu, tout vécu en cet âge d'or de l'*esprit *que nul, mieux que lui, ne peut prétendre représenter. La fécondité et la variété de sa production littéraire sont à la mesure de la plénitude de son existence : poète* (Le Mondain, *1736*), *dramaturge* (Zaïre, *1732*), *historien* (Le Siècle de Louis XIV, *1751*), *il fut aussi un pamphlétaire redouté* (Le Pauvre Diable, *1758*) *et un avocat pathétique* (Traité sur la tolérance, *1763*). *Mais la postérité, à juste titre, a surtout retenu de lui le brio de ses réflexions philosophiques* (Lettres anglaises, *1734;* Essai sur les mœurs, *1756*) *et le charme de ses* Contes (Zadig, *1747;* Candide, *1759*). *C'est en effet dans ces récits colorés, où les plaisirs de la narration ne sont que le prétexte à de profondes méditations, que se découvre le mieux toute l'intelligence, à la fois subtile et caustique, de cet homme, encyclopédique s'il en fut.*

★★★ *Dans une lettre de mars 1765 adressée à l'un de ses très nombreux correspondants, M. Damilaville, Voltaire trace à grands traits et en quelques formules percutantes le portrait du « vrai philosophe » : un sage, un « engagé », mais aussi un économiste et un expert en questions agricoles... Être « honnête homme et homme utile » n'est pas pour lui une vaine expression.* ★★★

Le défricheur des champs incultes

Des gens qui ne raisonnent pas ont voulu décréditer ceux qui raisonnent : ils ont confondu le philosophe avec le sophiste ; ils se sont bien trompés. Le vrai philosophe peut quelquefois s'irriter contre la calomnie, qui le poursuit lui-même ; il peut couvrir d'un éternel mépris le vil mercenaire qui outrage deux fois par mois[1] la raison, le bon goût et la vertu : il peut même livrer, en passant, au ridicule, ceux qui insultent à la littérature dans le sanctuaire[2] où ils auraient dû l'honorer : mais il ne connaît ni les cabales, ni les sourdes pratiques, ni la vengeance. Il sait comme le sage de Montbard[3], comme celui de Voré[4], rendrc la terre plus fertile, et ses habitants plus heureux.

Le vrai philosophe défriche les champs incultes, augmente le nombre des charrues, et par conséquent des habitants ; occupe le pauvre et l'enrichit ; encourage les mariages, établit l'orphelin ; ne murmure point contre des impôts nécessaires, et met le cultivateur en état de les payer avec allégresse. Il n'attend rien des hommes, et leur fait tout le bien dont il est capable. Il a l'hypocrite en horreur, mais il plaint le superstitieux ; enfin il sait être ami.

VOLTAIRE, *Lettre à M. Damilaville*, mars 1765.

□ □ NOTES | **1.** Allusion aux articles de Fréron, ennemi littéraire de Voltaire — **2.** L'Académie Française — **3.** Buffon — **4.** Helvétius.

Assiette en faïence d'Abbeville : *le laboureur.*
Il faut cultiver notre jardin (Voltaire).

★★★ *La conclusion de* Candide, *le plus célèbre des* Contes *de Voltaire, paru en 1759, illustre les propos du théoricien. Au terme d'un long périple qui l'aura vu affronter les pires catastrophes, Candide, le héros, entouré de tous ses amis, décide de se mettre à vivre en « vrai philosophe », en « cultivateur éclairé ».* ★★★

Le travail éloigne de nous trois grands maux

« Vous devez avoir, dit Candide au Turc, une vaste et magnifique terre ? — Je n'ai que vingt arpents, répondit le Turc ; je les cultive avec mes enfants ; le travail éloigne de nous trois grands maux : l'ennui, le vice et le besoin. »

Candide, en retournant dans sa métairie, fit de profondes réflexions sur le discours du Turc. Il dit à Pangloss[1] et à Martin : « Ce bon vieillard me paraît s'être fait un sort bien préférable à celui des six rois avec qui nous avons eu l'honneur de souper. — Les grandeurs, dit Pangloss, sont fort dangereuses, selon le rapport de tous les philosophes : car enfin Eglon, roi des Moabites, fut assassiné par Aod ; Absalon fut pendu par les cheveux et percé de trois dards ; le roi Nadab, fils de Jéroboam, fut tué par Baasa ; le roi Ela, par Zambri ; Ochosias, par Jéhu ; Attalia, par Joïada ; les rois Joachim, Jéchonias, Sédécias, furent esclaves. Vous savez comment périrent Crésus, Astyage, Darius, Denys de Syracuse, Pyrrhus, Persée, Annibal, Jugurtha, Arioviste, César, Pompée, Néron, Othon, Vitellius, Domitien, Richard II d'Angleterre, Édouard II, Henri VI, Richard III, Marie Stuart, Charles Ier, les trois Henri de France, l'empereur Henri IV ? Vous savez... — Je sais aussi, dit Candide, qu'il faut cultiver notre jardin. — Vous avez raison, dit Pangloss : car, quand l'homme fut mis dans le jardin d'Éden, il y fut mis *ut operatur eum*, pour qu'il travaillât ; ce qui prouve que l'homme n'est pas né pour le repos. — Travaillons sans raisonner, dit Martin ; c'est le seul moyen de rendre la vie supportable. »

Toute la petite société entra dans ce louable dessein ; chacun se mit à exercer ses talents. La petite terre rapporta beaucoup. Cunégonde était à la vérité bien laide ; mais elle devint une excellente pâtissière ; Paquette broda ; la vieille eut soin du linge. Il n'y eut pas jusqu'à frère Giroflée qui ne rendît service ; il fut un très bon menuisier, et même devint honnête homme ; et Pangloss disait quelquefois à Candide : « Tous les événements sont enchaînés dans le meilleur des mondes possibles ; car enfin, si vous n'aviez pas été chassé d'un beau château à grands coups de pied dans le derrière pour l'amour de mademoiselle Cunégonde, si vous n'aviez pas été mis à l'Inquisition, si vous n'aviez pas couru l'Amérique à pied, si vous n'aviez pas donné un bon coup d'épée au baron, si vous n'aviez pas perdu tous vos moutons du bon pays d'Eldorado, vous ne mangeriez pas ici des cédrats confits et des pistaches. — Cela est bien dit, répondit Candide, mais il faut cultiver notre jardin. »

VOLTAIRE, *Candide*, « Conclusion ».

□ □ NOTE | **1.** Précepteur de Candide et compagnon d'infortunes.

1. Étude des textes

1. Expliquez l'opposition contenue dans la lettre de Voltaire entre le « sophiste » et le « philosophe ». Connaissez-vous un autre penseur célèbre chez qui cette opposition est fondamentale?

2. Analysez dans la lettre ce qui relève de la polémique. Est-ce incompatible avec l'esprit de « tolérance » prôné par les philosophes?

3. En quoi peut-on dire que Candide, personnage de roman, applique les consignes de Voltaire épistolier? Pangloss, lui, peut-il être considéré ici comme un « sophiste »?

4. En réfutant Pangloss, ou en l'ignorant, quelle philosophie récuse Candide? A qui Voltaire s'en prend-il en ridiculisant le précepteur de son héros?

5. Dégagez toute la portée symbolique de la dernière phrase du texte. Que représente en réalité le « jardin » et que signifie vraiment « le cultiver »?

2. Expression

Ironie, Humour, Comique.
Dans la lettre comme dans la page de roman, Voltaire, épistolier mais aussi polémiste, conteur mais également caricaturiste, use en alternance des procédés de l'humour, de l'ironie ou des diverses formes du comique. Vous mettrez en évidence ces multiples procédés et vous en apprécierez les effets respectifs.

3. Documentation - Création

Recherche historique :

L'agriculture au XVIIIe siècle.

L'accent est mis dans ces deux textes, comme dans beaucoup d'autres chez les penseurs du XVIIIe siècle, sur le rôle social et économique de l'agriculture.
Vous essaierez de vous documenter sur les problèmes suivants :

— le monde paysan au XVIIIe siècle : vie, conditions de travail, survivances féodales, etc ;
— les nouvelles cultures et les nouvelles techniques de production ;
— raisons et effets de la crise agricole à partir de 1775 ;
— la doctrine des Physiocrates, le rôle de Quesnay, de Mirabeau et de Malesherbes.

2. Écrivain, pourquoi ?

VOLTAIRE

LETTRE

★★★ En 1726, le jeune Voltaire, qui a déjà connu par deux fois les cachots de la Bastille pour ses écrits satiriques et ses audaces de roturier contre l'aristocratie, s'est exilé en Angleterre. Outre-Manche, il a pu apprécier le libéralisme dont le pouvoir faisait preuve vis-à-vis des écrivains. De retour en France en 1729, et avant de s'exposer à faire paraître sans autorisation ses Lettres philosophiques, *1734, il ose réclamer à l'administration royale le même respect de la liberté d'expression.* ★★★

Écrivain pour la liberté d'écrire...

20 juin 1733.

Puisque vous êtes, Monsieur, à portée de rendre service aux belles-lettres, ne rognez pas de si près les ailes à nos écrivains, et ne faites pas des volailles de basse-cour de ceux qui, en prenant l'essor, pourraient devenir des aigles ; une liberté honnête élève l'esprit, et l'esclavage le fait ramper. S'il y avait eu une inquisition littéraire à Rome, nous n'aurions aujourd'hui ni Horace, ni Juvénal, ni les œuvres philosophiques de Cicéron. Si Milton, Dryden, Pope et Locke n'avaient pas été libres, l'Angleterre n'aurait eu ni des poètes ni des philosophes : il y a je ne sais quoi de turc à proscrire l'imprimerie ; et c'est la proscrire que la trop gêner. Contentez-vous de réprimer sévèrement les libelles diffamatoires, parce que ce sont des crimes ; mais tandis qu'on débite hardiment des recueils de ces infâmes calottes et tant d'autres productions qui méritent l'horreur et le mépris, souffrez au moins que Bayle entre en France, et que celui qui fait tant d'honneur à sa patrie n'y soit pas de contrebande.

Vous me dites que les magistrats qui régissent la douane de la littérature se plaignent qu'il y a trop de livres. C'est comme si le prévôt des marchands se plaignait qu'il y eût à Paris trop de denrées : en achète qui veut. Une immense bibliothèque ressemble à la ville de Paris, dans laquelle il y a près de huit cent mille hommes : vous ne vivez pas avec tout ce chaos ; vous y choisissez quelque société, et vous en changez. On traite les livres de même : on prend quelques amis dans la foule. Il y aura sept ou huit mille controversistes, quinze ou seize mille romans, que vous ne lirez point, une foule de feuilles périodiques que vous jetterez au feu après les avoir lues. L'homme de goût ne lit que le bon, mais l'homme d'État permet le bon et le mauvais.

Les pensées des hommes sont devenues un objet important de commerce. Les libraires hollandais gagnent un million par an, parce que les Français ont eu de l'esprit. Un roman médiocre est, je le sais bien, parmi les livres ce qu'est dans le monde un sot qui veut avoir de l'imagination. On s'en moque, mais on le souffre. Ce roman fait vivre et l'auteur qui l'a composé, et le libraire qui le débite, et le fondeur, et l'imprimeur, et le papetier, et le colporteur, et le marchand de mauvais vin, à qui tous ceux-là portent leur argent. L'ouvrage amuse encore, deux ou trois heures, quelques femmes avec lesquelles il faut de la nouveauté en livres, comme en tout le reste. Ainsi, tout méprisable qu'il est, il a produit deux choses importantes : du profit et du plaisir...

Nous mettons tous les ans plus d'industrie et plus d'invention dans nos tabatières et dans nos colifichets que les Anglais n'en ont mis à se rendre les maîtres des mers, à faire monter l'eau par le moyen du feu[1] et à calculer l'aberration de la lumière[2]. Les anciens Romains élevaient des prodiges d'architecture pour faire combattre des bêtes : et nous n'avons pas su depuis un siècle bâtir seulement une salle passable pour y faire représenter les chefs-d'œuvre de l'esprit humain. Le centième de l'argent des cartes suffirait pour avoir des salles de spectacle plus belles que le théâtre de Pompée ; mais quel homme dans Paris est animé de l'amour du bien public? On joue, on soupe, on médit, on fait de mauvaises chansons, et on s'endort dans la stupidité, pour recommencer le lendemain son cercle de légèreté et d'indifférence. Vous, Monsieur, qui avez au moins une petite place dans laquelle vous êtes à portée de donner de bons conseils, tâchez de réveiller cette léthargie barbare, et faites, si vous pouvez, du bien aux lettres, qui en ont tant fait à la France.

VOLTAIRE, *Lettre à un Premier Commis.*

□ □ NOTES | **1.** Allusion aux premières machines à vapeur — **2.** Dispersion des rayons lumineux filtrés par une lentille.

1. Étude du texte

1. Dans sa lettre, Voltaire accumule pour sa démonstration des arguments de natures très différentes. Distinguez-les et appréciez le poids et la valeur de chacun d'entre eux.
2. Comment le philosophe conçoit-il le rôle de l'État dans le domaine culturel? S'oppose-t-il à toutes formes d'intervention de sa part?
3. Analysez le raisonnement économique de Voltaire dans le troisième paragraphe. De quelle idéologie, de quel grand système économique relève-t-il?
4. Que pensez-vous de « l'art de lire » évoqué par Voltaire dans le second paragraphe? Ne vous rappelle-t-il pas le comportement d'un grand humaniste du XVIe siècle?
5. Quels travers de la société de son temps le philosophe stigmatise-t-il dans les 15 dernières lignes de sa lettre?

2. Expression

Réécriture.
Vous imaginerez, également sous forme de lettre argumentée et polémique, la réponse du haut fonctionnaire royal aux griefs et aux exigences de Voltaire.
Pour rendre la plus vraisemblable possible cette réponse, renseignez-vous sur les décisions habituelles du pouvoir royal en cette matière à l'époque, sur les moyens dont il use (censure, lettres de cachet, etc.), sur les soutiens dont il dispose (Académie française, Sorbonne, noblesse conservatrice, etc.).

3. Documentation - Création

Essai.
Voltaire écrit dans cette lettre : « Une liberté honnête élève l'esprit, et l'esclavage la fait ramper ». Plus tard dans *Le Mariage de Figaro*, Beaumarchais ajoutera : « Sans la liberté de blâmer il n'est point d'éloge flatteur. »
Vous commenterez ces deux formules et essaierez de montrer comment la liberté d'expression est l'un des plus sûrs garants de la liberté tout court.

DIDEROT

LETTRES

★★★ Le Breton était le libraire éditeur de la grande œuvre collective des philosophes, l'Encyclopédie *(1750-1772) (cf. chapitre suivant). Victime de pressions constantes de la part des nombreux adversaires des philosophes, il s'était résolu à supprimer ici et là les fragments d'articles les plus audacieux dans les premiers volumes. Diderot (1713-1784), rédacteur en chef de l'ouvrage, ne s'aperçut de la « mutilation » que beaucoup plus tard. Sa réaction n'en fut pas moins furieuse et dramatique. ★★★*

Remontrances d'un auteur à son éditeur

12 novembre 1764.

Ne m'en sachez nul gré, monsieur, ce n'est pas pour vous que je reviens ; vous m'avez mis dans le cœur un poignard que votre vue ne peut qu'enfoncer davantage. Ce n'est pas plus par attachement à l'ouvrage que je ne saurais que dédaigner dans l'état où il est. Vous ne me soupçonnez pas, je crois, de céder à l'intérêt. Quand vous ne m'auriez pas mis de tout temps au-dessus de ce soupçon, ce qui me revient à présent est si peu de chose, qu'il m'est aisé de faire un emploi de mon temps moins pénible et plus avantageux. Je ne cours pas enfin après la gloire de finir une entreprise importante qui m'occupe et fait mon supplice depuis vingt ans ; dans un moment, vous concevrez combien cette gloire est peu sûre. Je me rends à la sollicitation de M. Briasson. Je ne puis me défendre d'une espèce de commisération pour vos associés qui n'entrent pour rien dans la trahison que vous m'avez faite, et qui en seront peut-être avec vous les victimes. Vous

L'Age viril, gravure de M.-J. Renard-Dubos.
Écrire, métier difficile ou mission impossible?

m'avez lâchement trompé deux ans de suite ; vous avez massacré ou fait massacrer par une bête brute le travail de vingt honnêtes gens qui vous ont consacré leur temps, leurs talents et leur veilles gratuitement, par amour du bien et de la vérité, et sur le seul espoir de voir paraître leurs idées, et d'en recueillir quelque considération qu'ils ont bien méritée, et dont votre injustice et votre ingratitude les aura privés. (...)

A votre ruine et à celle de vos associés que l'on plaindra, se joindra, mais pour vous seul, une infamie dont vous ne vous laverez jamais. Vous serez traîné dans la boue avec votre livre, et l'on vous citera dans l'avenir comme un homme capable d'une infidélité et d'une hardiesse auxquelles on n'en trouvera point à comparer. C'est alors que vous jugerez sainement de vos terreurs paniques et des lâches conseils des barbares ostrogoths et des stupides vandales qui vous ont secondé dans le ravage que vous avez fait. Pour moi, quoi qu'il en arrive, je serai à couvert.

(...) Vous avez oublié que ce n'est pas aux choses courantes, sensées et communes que vous deviez vos premiers succès, qu'il n'y a peut-être pas deux hommes dans le monde qui se soient donné la peine de lire une ligne d'histoire, de géographie, de mathématiques et même d'arts, et que ce qu'on y a recherché et ce qu'on y recherchera, c'est la philosophie ferme et hardie de quelques-uns de vos travailleurs. Vous l'avez châtrée, dépecée, mutilée, mise en lambeaux, sans jugement, sans ménagement et sans goût. Vous nous avez rendus insipides et plats. Vous avez banni de votre livre ce qui en a fait, ce qui en aurait fait encore l'attrait, le piquant, l'intéressant et la nouveauté. Vous en serez châtié par la perte pécuniaire et par le déshonneur : c'est votre affaire : vous étiez d'âge à savoir combien il est rare de commettre impunément une vilaine action ; vous l'apprendrez par le fracas et le désastre que je prévois. (...)

DIDEROT, *Lettre à l'éditeur Le Breton.*

1. Étude du texte

1. D'après le premier paragraphe de la lettre, comment imaginez-vous la condition sociale et économique des écrivains et des travailleurs du Livre au XVIIIe siècle?

2. Pourquoi, selon vous, Diderot ne peut-il transiger sur la moindre « coupure » dans le corpus de l'œuvre? Que tient-il à préserver essentiellement?

3. Quels aspects de la personnalité de Diderot révèlent le ton et le contenu de cette lettre?

2. Expression

Polémique et pathétique.
Cette lettre de Diderot est très dure, très agressive; elle est également passionnée, voire pathétique. Vous distinguerez dans le texte les procédés différents qui
— font la nature polémique de la lettre,
— opèrent la dramatisation du discours.

3. Documentation - Création

Dissertation :
Vous commenterez cette remarque de P. Valéry dans *Variétés* I : « *L'esprit de l'auteur, qu'il le veuille, qu'il le sache, ou non, est comme accordé sur l'idée qu'il se fait nécessairement de son lecteur, et donc le changement d'époque, qui est un changement de lecteur, est comparable à un changement dans le texte même, changement toujours imprévu et incalculable.* »

Gravure de Badoureau.
Les philosophes du Café Procope.

3. Les foyers intellectuels au XVIIIe siècle

L'effervescence intellectuelle du siècle des Lumières peut se dépeindre sur trois décors :

— Les clubs : *à l'imitation des sociétés privées anglaises, ils regroupent quelques dizaines de membres, pour discuter notamment de l'actualité politique. Le plus célèbre, fondé vers 1720 par l'abbé Alary, fut celui de l'Entresol. L'abbé de Saint-Pierre et le Marquis d'Argenson en furent les figures majeures.*

— Les cafés : *au départ simples lieux de dégustation des boissons nouvelles, le moka ou la limonade, ils devinrent très vite le décor principal des débats littéraires et philosophiques. Les plus fréquentés furent Le Procope, Le Régence, le Café Laurent et le Café Gradot. Certaines grandes dames, comme Mme d'Épinay, transformèrent même parfois leur propre salon en « café privé ».*

— Les Salons : *de conception d'abord plus aristocratique que les cafés, tels ceux de la Duchesse du Maine ou de la Marquise de Lambert, les Salons allaient devenir au fil du siècle d'autres hauts-lieux du débat et de la contestation philosophiques. Les plus « courus » furent successivement ceux de Mme de Tencin, de Mme du Deffand, de Mme Geoffrin, de Mme d'Épinay, et, à l'aube de la Révolution, celui de Mme Necker.*

Mme D'ÉPINAY
LETTRES

MONTESQUIEU
LETTRES PERSANES
(1721)

★★★ *A partir de 1750 environ, la mode se répandit de « tenir café » chez soi. De grandes dames, comme Mme d'Épinay, dont le salon reçut les visites de Diderot mais aussi de Rousseau, prirent l'habitude d'organiser dans leurs appartements de petites assemblées « philosophiques » comparables à celles qui se tenaient déjà dans les cafés publics. Mais que valaient réellement ces cercles où la culture voisinait avec la frivolité et les mondanités? Montesquieu, qui fréquenta lui-même les grands cafés de l'époque, nous avertit que parfois le fossé était mince entre le sérieux des nouveaux philosophes et la fatuité bornée de nouveaux « précieux ridicules ».* ★★★

Les cafés

Le jour indiqué pour tenir café, on place dans la salle destinée à cet usage plusieurs petites tables de deux, de trois ou de quatre places, au plus ; les unes sont garnies de cartes, jetons, échecs, damiers, trictracs, etc. ; les autres de bière, vin, orgeat et limonade. La maîtresse de la maison qui tient le café est vêtue à l'anglaise : robe simple, courte, tablier de mousseline, fichu pointu et petit chapeau ; elle a devant elle une table longue en forme de comptoir, sur laquelle on trouve des oranges, des biscuits, des brochures, et tous les papiers publics. La tablette de la cheminée est garnie de liqueurs ; les valets sont tous en vestes blanches et en bonnets blancs ; on les appelle garçons, ainsi que dans les cafés publics ; on n'en admet aucun d'étranger ; la maîtresse de la maison ne se lève pour personne ; chacun se place où il veut et à la table qu'il lui plaît. La salle à manger est meublée de même par un grand nombre de petites tables de cinq places au plus ; elles sont numérotées et l'on tire les places pour éviter les tracasseries et la cérémonie qu'un grand nombre de femmes entraîneraient nécessairement. L'étiquette du souper est une poule au riz sur le buffet et une forte pièce de rôti, et sur chaque petite table une seule entrée relevée par un seul entremets.

MME D'ÉPINAY, *Lettre à M. de Lubière*, fév. 1765.

Usbek à Rhédi, à Venise.

Le café est très en usage à Paris : il y a un grand nombre de maisons publiques où on le distribue. Dans quelques-unes de ces maisons, on dit des nouvelles ; dans d'autres, on joue aux échecs. Il y en a une[1] où l'on apprête le café de telle manière qu'il donne de l'esprit à ceux qui en prennent : au moins, de tous ceux qui en sortent, il n'y a personne qui ne croie qu'il en a quatre fois plus que lorsqu'il y est entré.

Mais ce qui me choque de ces beaux esprits, c'est qu'ils ne se rendent pas utiles à leur patrie, et qu'ils amusent leurs talents à des choses puériles. Par exemple, lorsque j'arrivai à Paris, je les trouvai échauffés sur une dispute la plus mince qui se puisse imaginer : il s'agissait de la réputation d'un vieux poète grec[2] dont, depuis deux mille ans, on ignore la patrie, aussi bien que le temps de sa mort. Les deux partis avouaient que c'était un poète excellent : il n'était question que du plus ou du moins de mérite qu'il fallait lui attribuer. Chacun en voulait donner le taux : mais parmi ces distributeurs de réputation, les uns faisaient meilleur poids que les autres : voilà la querelle. Elle était bien vive, car on se disait cordialement de part et d'autre des injures si grossières, on faisait des plaisanteries si amères, que je n'admirais pas moins la manière de disputer que le sujet de la dispute. Si quelqu'un, disais-je en moi-même, était assez étourdi pour aller, devant un de ces défenseurs du poète grec, attaquer la réputation de quelque honnête citoyen, il ne serait pas mal relevé[3] ! et je crois que ce zèle, si délicat sur la réputation des morts, s'embraserait bien pour défendre celle des vivants ! Mais quoi qu'il en soit, ajoutais-je, Dieu me garde de m'attirer jamais l'inimitié des censeurs de ce poète, que le séjour de deux mille ans dans le tombeau n'a pu garantir d'une haine si implacable ! Ils frappent à présent des coups : mais que serait-ce, si leur fureur était animée par la présence d'un ennemi ?...

A Paris, le dernier de la lune de Zilhagé, 1713.

MONTESQUIEU, *Lettres persanes.*

□ □ NOTES | **1.** Allusion au célèbre Café Procope — **2.** Homère — **3.** Rabroué, remis à sa place.

1. Étude des textes

1. Faites la part, dans le décor du café privé comme dans celui du café public, de ce qui est destiné au plaisir et de ce qui l'est au débat et à la réflexion.
2. A quels détails reconnaît-on que Mme d'Épinay, en bonne hôtesse, s'efforce de créer les conditions les plus favorables à la conversation ?
3. Quels reproches essentiels Montesquieu, en « vrai philosophe », adresse-t-il aux « sophistes » des cafés ?
4. En quoi la querelle littéraire qu'il rapporte est-elle particulièrement puérile ?
5. Par quels procédés littéraires, dans cette « lettre persane », Montesquieu se « garantit-il » effectivement de « la haine implacable » de ceux qu'il dénonce ?

2. Expression

Une lettre persane de plus...
En conservant l'esprit et le ton de la lettre qu'Usbek a envoyé à Rhédi pour lui décrire les cafés publics, imaginez et rédigez une autre lettre où Usbek décrirait la cérémonie du café privé telle qu'il aurait pu la vivre dans le salon de Mme d'Épinay.

3. Documentation - Création

Recherche documentaire :
La littérature et les cafés.
Au-delà du XVIIIe siècle la littérature, la poésie, la pensée philosophique même, continueront à faire bon ménage avec nos cafés français traditionnels. Recherchez des documents et des textes qui mettront en évidence cette « connivence » à quelques moments privilégiés de notre histoire littéraire.

MARMONTEL
MÉMOIRES D'UN PÈRE
(1804)

ROUSSEAU
LA NOUVELLE HÉLOISE
(1761)

★★★ *Philosophe, romancier, poète, Marmontel (1723-1799), fréquenta les grands salons du XVIIIe siècle. Il décrit, dans ses* Mémoires, *l'atmosphère raffinée d'un de ces lieux, le salon de Mlle de Lespinasse, où la philosophie n'allait pas sans un « léger badinage ». Également sensible au « charme discret » des salons, Rousseau ne peut s'empêcher d'en dénoncer la vanité, voire l'imposture. C'est sous la plume de Saint-Preux racontant à Julie d'Étanges son séjour à Paris qu'il ose, dans* La Nouvelle Héloïse *(1761), démystifier ces lieux à la mode.* ★★★

Les Salons

Elle les avait pris çà et là dans le monde, mais si bien assortis, que, lorsqu'ils étaient là, ils s'y trouvaient en harmonie comme les cordes d'un instrument monté par une habile main. En suivant la comparaison, je pourrais dire qu'elle jouait de cet instrument avec un art qui tenait du génie ; elle semblait savoir quel son rendrait la corde qu'elle allait toucher ; je veux dire que nos esprits et nos caractères lui étaient si bien connus, que pour les mettre en jeu, elle n'avait qu'un mot à dire. Nulle part la conversation n'était plus vive, plus brillante, ni mieux réglée que chez elle. C'était un rare phénomène que ce degré de chaleur tempérée et toujours égale où elle savait l'entretenir, soit en la modérant, soit en l'animant tour à tour. La continuelle activité de son âme se communiquait à nos esprits, mais avec mesure ; son imagination en était le mobile, sa raison, le régulateur. Et remarquez bien que les têtes qu'elle remuait à son gré n'étaient ni faibles ni légères; les Condillac et les Turgot étaient du nombre ; d'Alembert était auprès d'elle comme un simple et docile enfant. Son talent de jeter en avant la pensée, et de la donner à débattre à des hommes de cette classe ; son talent de la discuter elle-même, et, comme eux, avec précision, quelquefois avec éloquence ; son talent d'amener de nouvelles idées et de varier l'entretien, toujours avec l'aisance et la facilité d'une fée qui, d'un coup de baguette, change à son gré la scène de ses enchantements ; ce talent, dis-je, n'était pas celui d'une femme vulgaire. Ce n'était pas avec les niaiseries de la mode et de la vanité que, tous les jours, durant quatre heures de conversation, sans langueur et sans vide, elle savait se rendre intéressante pour un cercle de bons esprits. Il est vrai que l'un de ses charmes était ce naturel brûlant qui passionnait son langage, et qui communiquait à ses opinions la chaleur, l'intérêt, l'éloquence du sentiment. Souvent aussi chez elle, et très souvent, la raison s'égayait ; une douce philosophie s'y permettait un léger badinage.

MARMONTEL, *Mémoires d'un père*, livre VII.

L'on est d'abord enchanté du savoir et de la raison qu'on trouve dans les entretiens, non seulement des savants et des gens de lettres, mais des hommes de tous les états, et même des femmes : le ton de conversation y est coulant et naturel ; il n'est ni pesant ni frivole : il est savant sans pédanterie, gai sans tumulte, poli sans affectation, galant sans fadeur, badin sans équivoque. Ce ne sont ni des dissertations ni des épigrammes : on y raisonne sans argumenter ; on y plaisante sans jeu de mots ; on y associe avec art l'esprit et la raison, les maximes et les saillies, la satire aiguë, l'adroite flatterie, et la morale austère. On y parle de tout, pour que chacun ait quelque chose à dire ; on n'approfondit point les questions, de peur d'ennuyer ; on les propose comme en

Gravure de Bayet.
Un salon sous Louis XV.
Étudiez l'atmosphère rendue par la gravure. Est-elle la même que celle évoquée par Marmontel?

passant, on les traite avec rapidité ; la précision mène à l'élégance, chacun dit son avis et l'appuie en peu de mots ; nul n'attaque avec chaleur celui d'autrui, nul ne défend opiniâtrement le sien ; on discute pour s'éclairer, on s'arrête avant la dispute, chacun s'instruit, chacun s'amuse ; tous s'en vont contents, et le sage même peut rapporter de ces entretiens des sujets dignes d'être médités en silence.

Mais, au fond, que penses-tu qu'on apprenne dans ces conversations si charmantes ? A juger sainement les choses du monde ? A bien user de la société ? A connaître au moins les gens avec qui l'on vit ? Rien de tout cela, ma Julie : on y apprend à plaider avec art la cause du mensonge, à ébranler à force de philosophie tous les principes de la vertu, à colorer de sophismes subtils ses passions et ses préjugés, et à donner à l'erreur un certain tour à la mode selon les maximes du jour.

ROUSSEAU, *La Nouvelle Héloïse*,
IIe partie, lettre XIV.

1. Étude des textes

1. Analysez le comportement de Mlle de Lespinasse, « égérie » du salon. Quels traits de son caractère séduisent particulièrement le mémorialiste ?

2. Commentez la dernière formule de Marmontel : « Une douce philosophie s'y permettait un léger badinage. » Quel sens donnez-vous ici au mot « philosophie » ?

3. En quoi la composition même de la lettre de Saint-Preux rend-elle plus « efficace » son contenu ?

4. Le premier paragraphe de cette lettre est-il totalement dénué d'ironie ?

5. Que dénonce surtout le narrateur de la lettre dans le second paragraphe ? Quelles idées chères à Rousseau lui-même reconnaît-on derrière les dénonciations mises sous la plume de son personnage ?

2. Documentation - Création

1. Fiche de lecture :

Relisez le chapitre des *Essais* de Montaigne intitulé « Des trois commerces ». Comparez l'art de la « conversation » humaniste à celui de la « conversation » philosophique des salons.
Notez les ressemblances ou les divergences les plus remarquables de principes, de techniques et d'esprit.

2. Dissertation :

A propos de l'art de la conversation, Montaigne écrivait dès le XVIe siècle : « *Le plus fructueux et naturel exercice de notre esprit c'est à mon gré la conférence.* »
Vous discuterez cette opinion et la confronterez à celles des philosophes du XVIIIe siècle.

PERSPECTIVES

LA PHILOSOPHIE DES LUMIÈRES

La philosophie des Lumières commence, en Angleterre et en France, par briser la forme périmée de la connaissance philosophique, la forme du système métaphysique. Elle ne croit plus au privilège ni à la fécondité de l' « esprit de système » : elle y voit, non la force, mais l'obstacle et le frein de la raison philosophique. Toutefois, en abandonnant l'*esprit de système,* en prenant expressément les armes contre lui, elle ne renonce nullement pour autant à l'*esprit systématique,* auquel elle veut au contraire conférer plus de valeur et d'efficacité. Au lieu de s'enfermer dans les limites d'un édifice doctrinal définitif, au lieu de s'astreindre à la tâche de déduire des vérités à la chaîne d'axiomes fixés une fois pour toutes, la philosophie doit prendre librement son élan et ouvrir dans son mouvement immanent la forme fondamentale de la réalité, forme de toute existence, tant naturelle que spirituelle. *Philosophie* ne signifie plus, à la mesure de ces nouvelles perspectives, tel domaine particulier de connaissance situé à côté ou au-dessus des vérités de la physique, des sciences juridiques et politiques, etc., mais le milieu universel où ces vérités se forment, se développent et se fondent. Elle n'est plus séparée des sciences de la nature, de l'histoire, du droit, de la politique, elle est en un mot le souffle vivifiant de toutes ces disciplines, l'atmosphère hors de laquelle elles ne pourraient vivre. Elle n'est plus la substance séparée, abstraite de l'esprit, elle offre l'esprit comme un tout, dans sa vraie fonction, dans le mode spécifique de ses recherches et de ses problèmes, dans sa méthode, dans la marche même du savoir. C'est ainsi que tous les concepts et les problèmes que le XVIIIᵉ siècle semble avoir hérité tout simplement du passé, se déplacent et subissent un changement caractéristique de signification. Ils passent de la condition d'objets achevés à celle de forces agissantes, de la condition de résultats à celle d'impératifs. Tel est le sens vraiment fécond de la pensée du siècle des Lumières. Elle se manifeste moins par un contenu de pensée déterminé que par l'usage même qu'elle fait de la pensée philosophique; par la place qu'elle lui accorde et les tâches qu'elle lui assigne. Le XVIIIᵉ siècle, qui s'intitule lui-même orgueilleusement « siècle de la philosophie », justifie cette prétention dans la mesure où il a effectivement restauré la philosophie dans ses droits originels, où il lui a rendu sa signification première, sa signification vraiment « classique ». Elle ne s'enferme plus dans la sphère de la pensée, elle se fraie un passage jusqu'à cet ordre plus profond d'où jaillit, avec la pensée pure, toute l'activité intellectuelle de l'homme et où cette activité doit se fonder, selon la conviction profonde de la philosophie des Lumières.

E. Cassirer, *La Philosophie des Lumières,* Fayard, pp. 33-34.

2. LES TENTATIONS DE LA SCIENCE ET DE LA TECHNIQUE

INTRODUCTION

1. LES VOIES DU PROGRÈS

Soucieux des progrès de l'humanité, les philosophes ne pouvaient que s'inquiéter des voies concrètes de ce progrès. La science leur apparaît ainsi le chemin le plus sûr et le plus rationnel pour combler leurs désirs d'humanistes. Mais pas n'importe quelle science. En hommes de bon sens attachés aux réalités concrètes, ils sont par exemple très réservés vis-à-vis de la science abstraitement rationaliste du XVIIe siècle. Méfiants à l'égard des pures spéculations, hostiles aux présupposés et aux a priori, c'est sur les données de l'observation et de l'expérience qu'ils veulent fonder la solidité de leur approche du réel. Exprimée par un Diderot ou par un Buffon (voir : Mérites de la nouvelle méthodologie, *p. 28 et* Décrire pour définir, *p. 30), cette nouvelle méthode expérimentale révèle le fécond mélange de curiosité et de scepticisme qui caractérise la pensée scientifique du XVIIIe siècle.*

2. LA « GRANDE ŒUVRE »

*Leur méfiance envers la spéculation se double d'ailleurs d'un refus déclaré de tout élitisme scientifique. Convaincus que la connaissance scientifique est désormais essentielle dans la constitution de l'image et de la réalité de l'Homme, conscients de la contribution importante qu'elle peut apporter dans le domaine socio-économique, les philosophes veulent à tout prix la vulgariser et la « démocratiser ». Sans mièvrerie mais aussi sans réserve. La vaste entreprise de l'*Encyclopédie *allait répondre à ce second souci. La grande œuvre, recensement exhaustif des connaissances humaines à un moment historique donné, sera l'espace d'épanchement de toutes les curiosités, de tous les savoirs et savoir-faire, exprimés dans un ordre logique qui favorise, plus qu'il n'exclut, la confrontation d'esprits et de génies bien différents. Ainsi seront expliqués et commentés les grands systèmes de pensée ; ainsi surtout seront réhabilités les métiers, les arts et les techniques, sans lesquels la science pure resterait lettre morte (voir :* Une encyclopédie pour tout examiner et tout remuer..., *p. 34 ;* Éloge des arts et des techniques, *p. 38 et* Apprendre un métier manuel pour faire son métier d'homme, *p. 40).*

3. THÉORIES ET INTUITIONS

Cette volonté de mettre à mal l'aristocratisme scientifique ne veut pas dire pour autant que les philosophes s'interdisent toute recherche de fond et ne se risquent pas eux-mêmes à d'audacieuses hypothèses. Au contraire. Leur goût pour la classification rigoureuse des connaissances les conduit souvent à réfléchir sur l'objet premier de toute connaissance, l'être, la matière, la vie. Aussi bien verrons-nous certains de ces héritiers de la pensée newtonienne avoir déjà l'intuition géniale du transformisme et de l'évolutionnisme des espèces (voir : Aux premiers temps..., *p. 43)* *ou tenter une interprétation résolument matérialiste de l'ensemble des phénomènes (voir :* De la prévision au rêve, *p. 44)**. Autant de thèses que le XIX*ᵉ *siècle continuera à débattre et souvent confirmera.*

Planche de l'Encyclopédie.
Travail et techniques de la marbrerie.

I. La philosophie expérimentale

DIDEROT

PENSÉES SUR L'INTERPRÉTATION DE LA NATURE (1754)

★★★ *Engagé depuis 8 ans déjà dans la dure bataille de l'*Encyclopédie, *Diderot n'avait pourtant pas cessé de songer à écrire un ouvrage plus modeste, mais aussi plus personnel, où il aurait expliqué et justifié son enthousiasme pour les sciences expérimentales et leur méthodologie. La parution en 1754 d'un opuscule intitulé* Pensées sur l'interprétation de la nature *répond à cette volonté. En marge d'un éloge des méthodes et des moyens des sciences expérimentales et appliquées, l'auteur esquisse les principes de ce que devrait être une véritable « philosophie expérimentale ».* ★★★

Mérites de la nouvelle méthodologie

XIV. Je me représente la vaste enceinte des sciences comme un grand terrain parsemé de places obscures et de places éclairées. Nos travaux doivent avoir pour but, ou d'étendre les limites des places éclairées, ou de multiplier sur le terrain les centres de lumières. L'un appartient au génie qui crée ; l'autre à la sagacité qui perfectionne.

XV. Nous avons trois moyens principaux : l'observation de la nature, la réflexion et l'expérience. L'observation recueille les faits ; la réflexion les combine ; l'expérience vérifie le résultat de la combinaison. Il faut que l'observation de la nature soit assidue, que la réflexion soit profonde, et que l'expérience soit exacte. On voit rarement ces moyens réunis. Aussi les génies créateurs ne sont-ils pas communs.

XVI. Le philosophe, qui n'aperçoit souvent la vérité que comme le politique maladroit aperçoit l'occasion, par le côté chauve, assure qu'il est impossible de la saisir, dans le moment où la main du manœuvre est portée par le hasard sur le côté qui a des cheveux. Il faut cependant avouer que parmi ces manouvriers d'expériences, il y en a de bien malheureux ; l'un d'eux emploiera toute sa vie à observer des insectes, et ne verra rien de nouveau ; un autre jettera sur eux un regard en passant, et apercevra le *polype*[1], ou le puceron hermaphrodite.

XVII. Sont-ce les hommes de génie qui ont manqué à l'univers ? nullement. Est-ce en eux défaut de méditation et d'étude ? encore moins. L'histoire des sciences fourmille de noms illustres ; la surface de la terre est couverte des monuments de nos travaux. Pourquoi donc possédons-nous si peu de connaissances certaines ? Par quelle fatalité les sciences ont-elles fait si peu de progrès ? Sommes-nous destinés à n'être jamais que des enfants ? J'ai déjà annoncé les réponses à ces questions. Les sciences abstraites ont occupé trop longtemps et avec trop peu de fruit les meilleurs esprits ; ou l'on n'a point étudié ce qu'il importait de savoir, ou l'on n'a mis ni choix, ni vues, ni méthode dans ses études ; les mots se sont multipliés sans fin, et la connaissance des choses est restée en arrière...

XXIII. La philosophie expérimentale ne sait ni ce qui lui viendra, ni ce qui ne lui viendra pas de son travail ; mais elle travaille sans relâche. Au contraire, la philosophie rationnelle pèse les possibilités, prononce et s'arrête tout court. Elle dit hardiment : *on ne peut décomposer la lumière ;* la philosophie expérimentale l'écoute, et se tait devant elle pendant des siècles entiers ; puis tout à coup elle montre le prisme[2], et dit : *la lumière se décompose.*

DIDEROT,
Pensées sur l'interprétation de la nature.

NOTES | **1.** Le polype d'eau douce, découvert par le naturaliste suisse Trembley — **2.** Allusion à l'importante découverte de Newton.

1. Étude du texte

1. Quelle place fait le philosophe aux sciences dans le déploiement du Progrès? Vous paraît-il optimiste?

2. Analysez les trois temps de la méthodologie, présentée dans le fragment XV. Ces 3 temps sont-ils toujours de mise dans nos méthodologies scientifiques modernes? Lesquels sont privilégiés?

3. Explicitez le sens du mot « génie », qui revient à plusieurs reprises sous la plume de Diderot et renseignez-vous sur l'importance qu'il accorde à ce concept dans d'autres textes (dans l'article « Génie » de l'*Encyclopédie* notamment).

4. Montrez toute la valeur de l'opposition, implicite ou explicite dans ce texte, entre « philosophie rationnelle » et « philosophie expérimentale ». Cherchez des exemples concrets de l'une et de l'autre.

2. Documentation - Création

1. Recherche documentaire :

La connaissance scientifique au XVIIIe siècle.

Dressez de manière concrète et illustrée un tableau des connaissances scientifiques au siècle des lumières.
— Quelles grandes « révolutions » ont permis le nouvel essor scientifique? Quels hommes en furent les initiateurs?
— Quelles sciences se constituent définitivement ou progressent spectaculairement?
— Comment les arts et les techniques profitent-ils des progrès de l'esprit et des méthodes scientifiques?

2. Dissertation :

Dans son livre *Des atomes et des hommes*, Louis Leprince-Ringuet écrit : « *La science développe tout un ensemble de données à caractère universel et comme elle intervient de façon très puissante dans la pensée, la mentalité, le mécanisme cérébral des hommes, il est certain que le scientifique participe à une entreprise de planétisation. On comprend que les frontières n'aient pas grand sens pour lui (...) On conçoit qu'il existe véritablement une fraternité scientifique, une véritable fraternité d'hommes qui participent au même mouvement dont l'une des résultantes est un abaissement des barrières entre les divers groupes ethniques.* »
Vous commenterez et discuterez cette opinion.

BUFFON

HISTOIRE NATURELLE (1749-1788)

★★★ Georges-Louis Leclerc, comte de Buffon (1707-1788), fréquenta les salons parisiens et s'adonna à de nombreux travaux scientifiques avant d'être nommé en 1739 Directeur du Jardin du Roi, fonction qu'il devait remplir jusqu'à sa mort. La grande œuvre de sa vie fut la rédaction d'une gigantesque Histoire naturelle, générale et particulière *(commencée en 1749), que complétèrent une* Histoire naturelle des oiseaux *(1770-1783) et une* Histoire naturelle des minéraux *(1783-1788). Si les connaissances du savant s'imposent au fil de tous ces ouvrages, les soucis de l'écrivain, du styliste même, n'en sont pas moins partout évidents. Témoin cette page où s'expriment en contrepoint les exigences méthodologiques du naturaliste et les principes rigoureux de l'artiste. ★★★*

Décrire pour définir

On peut se servir d'une méthode déjà faite comme d'une commodité pour étudier, on doit la regarder comme une facilité pour s'entendre ; mais le seul et le vrai moyen d'avancer la science est de travailler à la description et à l'histoire des différentes choses qui en font l'objet.

Les choses par rapport à nous ne sont rien en elles-mêmes, elles ne sont encore rien lorsqu'elles ont un nom ; mais elles commencent à exister pour nous lorsque nous leur connaissons des rapports, des propriétés ; ce n'est même que par ces rapports que nous pouvons leur donner une définition, or la définition, telle qu'on la peut faire par une phrase, n'est encore que la représentation très imparfaite de la chose, et nous ne pouvons jamais bien définir une chose sans la décrire exactement. C'est cette difficulté de faire une bonne définition, que l'on retrouve à tout moment dans toutes les méthodes, dans tous les abrégés qu'on a tâché de faire pour soulager la mémoire ; aussi doit-on dire que dans les choses naturelles il n'y a rien de bien défini que ce qui est exactement décrit ; or, pour décrire exactement, il faut avoir vu, revu, examiné, comparé la chose qu'on veut décrire, et tout cela sans préjugé, sans idée de système ; sans quoi la description n'a plus le caractère de la vérité, qui est le seul qu'elle puisse comporter. Le style même de la description doit être simple, net et mesuré ; il n'est pas susceptible d'élévation, d'agréments, encore moins d'écarts, de plaisanterie ou d'équivoque ; le seul ornement qu'on puisse lui donner, c'est de la noblesse dans l'expression, du choix et de la propriété dans les termes.

Dans le grand nombre d'auteurs qui ont écrit sur l'Histoire naturelle, il y en a fort peu qui aient bien décrit. Représenter naïvement et nettement les choses, sans les charger ni les diminuer, et sans y rien ajouter de son imagination, est un talent d'autant plus louable qu'il est moins brillant et qu'il ne peut être senti que d'un petit nombre de personnes capables d'une certaine attention nécessaire pour suivre les choses jusque dans les petits détails : rien n'est plus commun que des ouvrages embarrassés d'une nombreuse et sèche nomenclature, de méthodes ennuyeuses et peu naturelles dont les auteurs croient se faire un mérite ; rien de si rare que de trouver de l'exactitude dans les descriptions, de la nouveauté dans les faits, de la finesse dans les observations...

La description exacte et l'histoire fidèle de chaque chose est, comme nous l'avons dit, le seul but qu'on doive se proposer d'abord. Dans la description l'on doit faire entrer la forme, la grandeur, le poids, les couleurs, les situations de repos et de mouvements, la position des parties, leurs rapports, leur figure[1], leur action et toutes les fonctions extérieures ; si l'on peut joindre à tout cela l'exposition des parties intérieures, la description n'en sera que plus complète ; seulement on doit prendre garde de tomber dans de trop petits détails ou de s'appesantir sur la description de quelque partie peu importante, et de traiter trop légèrement les choses essentielles et principales. L'histoire doit suivre la description, et doit uniquement rouler sur les rapports que les choses naturelles ont entre elles et avec nous : l'histoire d'un animal doit être non pas l'histoire de l'individu, mais celle de l'espèce entière de ces animaux ; elle doit comprendre leur génération, le temps de la prégnation[2], celui de l'accouchement, le nombre des petits, les soins des pères et des mères, leur espèce d'éducation, leur instinct, les lieux de leur habitation, leur nourriture, la manière dont ils se la procurent, leurs mœurs, leurs ruses, leur chasse, ensuite les services qu'ils peuvent nous rendre, et toutes les utilités ou les commodités que nous pouvons en tirer ; et lorsque dans l'intérieur du corps de l'animal il y a des choses remarquables, soit par la conformation, soit pour les usages qu'on en peut faire, on doit les ajouter ou à la description ou à l'histoire ; mais ce serait un objet étranger à l'Histoire naturelle que d'entrer dans un examen anatomique trop circonstancié, ou du moins ce n'est pas son objet principal, et il faut réserver ces détails pour servir de mémoires sur l'anatomie comparée.

Ce plan général doit être suivi et rempli avec toute l'exactitude possible ; et pour ne pas tomber dans une répétition trop fréquente du même ordre, pour éviter la monotonie du style, il faut varier la forme des descriptions et changer le fil de l'histoire, selon qu'on le jugera nécessaire ; de même pour rendre les descriptions moins sèches, y mêler quelques faits, quelques comparaisons, quelques réflexions sur les usages des différentes parties ; en un mot, faire en sorte qu'on puisse vous lire sans ennui aussi bien que sans contention[3].

BUFFON,
Histoire naturelle, générale et particulière,
Tome I, Premier Discours.

□ □ NOTES

1. Configuration extérieure
2. Gestation
3. Effort de concentration.

L'animal : fascinant à décrire, mystérieux à définir.

1. Étude du texte

1. Peut-on parler, comme c'est le cas chez Diderot, d'une véritable « méthode » de Buffon naturaliste?

2. Appréciez le commentaire du mot « définition » donné par Buffon dans le second paragraphe. Quel rapport essentiel y a-t-il pour lui entre « définition » et « description »?

3. Montrez comment Buffon précise le concept d' « histoire naturelle » dans le quatrième paragraphe dans un souci de préserver la spécificité de chaque science.

4. D'après ce texte quelle idée de la « Vérité » vous semble avoir Buffon naturaliste et philosophe?

5. Résumez en quelques formules les grands principes de l'art de bien écrire et de bien décrire selon Buffon.

2. Expression

1. Après avoir résumé les principes et les techniques de la description naturelle telle que la souhaite Buffon, vérifiez-en l'application dans cette page de l'*Histoire naturelle des Oiseaux :*

LE PIC

De tous les oiseaux que la nature force à vivre de la grande ou de la petite chasse, il n'en est aucun dont elle ait rendu la vie plus laborieuse, plus dure que celle du pic : elle l'a condamné au travail, et pour ainsi dire à la galère perpétuelle, tandis que les autres ont pour moyens la course, le vol, l'embuscade, l'attaque, exercices libres où le courage et l'adresse prévalent. Le pic, assujetti à une tâche pénible, ne peut trouver sa nourriture qu'en perçant les écorces et la fibre dure des arbres qui la recèlent; occupé sans relâche à ce travail de nécessité, il ne connaît ni délassement ni repos; souvent même il dort et passe la nuit dans l'attitude contrainte de la besogne du jour : il ne partage point les doux ébats des autres habitants de l'air; il n'entre point dans leurs concerts et n'a que des cris sauvages dont l'accent plaintif, en troublant le silence des bois, semble exprimer ses efforts et sa peine. Ses mouvements sont brusques; il a l'air inquiet, les traits et la physionomie rudes, le naturel sauvage et farouche : il fuit toute société, même celle de son semblable; et quand le besoin physique de l'amour le force à rechercher une compagne, c'est sans aucune des grâces dont ce sentiment anime les mouvements de tous les êtres qui l'éprouvent avec un cœur sensible.

Tel est l'instinct étroit et grossier d'un oiseau borné à une vie triste et chétive. Il a reçu de la nature des organes et des instruments appropriés à cette destinée, ou plutôt il tient cette destinée même des organes avec lesquels il est né. Quatre doigts épais, nerveux, tournés deux en avant, deux en arrière, celui qui représente l'ergot étant le plus allongé et même le plus robuste, tous armés de gros ongles arqués, implantés sur un pied très court et puissamment musclé, lui servent à s'attacher fortement et grimper en tout sens autour du tronc des arbres. Son bec tranchant, droit, en forme de coin, carré à sa base, cannelé dans sa longueur, aplati et taillé verticalement à sa pointe comme un ciseau, est l'instrument avec lequel il perce l'écorce et entame profondément le bois des arbres où les insectes ont déposé leurs œufs : ce bec, d'une substance solide et dure, sort d'un crâne épais. De forts muscles dans un cou raccourci portent et dirigent les coups réitérés que le pic frappe incessamment pour percer le bois et s'ouvrir un accès jusqu'au cœur des arbres : il y darde une longue langue effilée, arrondie, semblable à un ver de terre, armée d'une pointe dure, osseuse, comme d'un aiguillon, dont il perce dans leurs trous les vers, qui sont sa seule nourriture. Sa queue composée de 10 pennes raides, fléchies en dedans, tronquées à la pointe, garnies de soies rudes, lui sert de point d'appui dans l'attitude souvent renversée qu'il est forcé de prendre pour grimper et frapper avec avantage. Il niche dans les cavités qu'il a en partie creusées lui-même; et c'est du sein des arbres que sort cette progéniture qui, quoique ailée, est néanmoins destinée à ramper alentour, à y rentrer de nouveau pour se reproduire, et à ne s'en séparer jamais.

2. En pastichant le style de Buffon, vous rédigerez à votre tour la description d'un animal familier en une trentaine de lignes.

Gravure de Martinet.
Le pic : « De tous les oiseaux il n'en est aucun dont la nature ait rendu la vie plus laborieuse. »

2. Le monument du siècle

DIDEROT

ENCYCLOPÉDIE

★★★ *C'est incontestablement dans l'entreprise gigantesque et mouvementée de l'*Encyclopédie *(voir p. 36), que s'est le mieux signifié le rôle premier joué par les sciences dans la pensée du XVIIIe siècle. « Dictionnaire raisonné des arts, des sciences et des métiers », l'œuvre se veut à la fois bilan et système. Bilan d'abord, car ses auteurs la voient comme le vaste « magasin » des connaissances accumulées depuis des siècles par l'esprit humain ; bilan encore, car ils veulent la léguer, comme un testament bénéfique, aux générations futures. Système aussi, parce qu'ils l'ont conçue et rédigée comme un catalogue structuré et rationnel où la multiplicité des sciences, de leurs méthodes, de leurs découvertes et de leurs « esprits », s'inscrit avec clarté et logique. Ce sont ces buts et ces principes que Diderot exprimait lui-même avec chaleur dans l'article « Encyclopédie ».* ★★★

« Une encyclopédie pour tout examiner et tout remuer... »

Encyclopédie, ce mot signifie *enchaînement de connaissances ;* il est composé de la préposition grecque ἐν, *en*, et des substantifs κύκλος, *cercle*, et παιδεία, *connaissance*.

En effet, le but d'une *Encyclopédie* est de rassembler les connaissances éparses sur la surface de la terre ; d'en exposer le système général aux hommes avec qui nous vivons, et de le transmettre aux hommes qui viendront après nous, afin que les travaux des siècles passés n'aient pas été des travaux inutiles pour les siècles qui succéderont, que nos neveux, devenant plus instruits, deviennent en même temps plus vertueux et plus heureux, et que nous ne mourions pas sans avoir bien mérité du genre humain. (...)

J'ai dit qu'il n'appartenait qu'à un siècle philosophe de tenter une *Encyclopédie ;* et je l'ai dit, parce que cet ouvrage demande partout plus de hardiesse dans l'esprit, qu'on n'en a communément dans les siècles pusillanimes du goût. Il faut tout examiner, tout remuer sans exception et sans ménagement (...) Il faut fouler aux pieds toutes ces vieilles puérilités ; renverser les barrières que la raison n'aura point posées ; rendre aux sciences et aux arts une liberté qui leur est si précieuse, et dire aux admirateurs de l'antiquité, appelez *le Marchand de Londres*[1] comme il vous plaira, pourvu que vous conveniez que cette pièce étincelle de beautés sublimes. Il fallait un temps raisonneur, où l'on ne cherchât plus les règles dans les auteurs, mais dans la nature, et où l'on sentît le faux et le vrai de tant de poétiques arbitraires : je prends le terme de *poétique* dans son acception la plus générale, pour un système de règles données, selon lesquelles, en quelque genre que ce soit, on prétend qu'il faut travailler pour réussir.

DIDEROT, *Encyclopédie*,
Article « Encyclopédie ».

□ □ NOTE | 1. Drame écrit en 1731 par l'Anglais G. Lillo, l'un des inspirateurs du pathétisme théâtral de Diderot.

1. Étude du texte

1. Relevez et commentez les buts que Diderot assigne à son entreprise encyclopédique.

2. Appréciez le caractère « humaniste » de cette entreprise. En quoi ce nouvel humanisme diffère-t-il pourtant de celui des deux siècles précédents ?

3. Comme la plupart des articles de l'*Encyclopédie,* celui-ci ne va pas sans polémique. Relevez-en les signes et tentez d'expliquer la permanence du ton polémique dans l'ouvrage.

2. Expression

Une étymologie.

Dans le premier paragraphe du texte, Diderot analyse les trois composants sémantiques du mot « encyclopédie ».

Vous chercherez le plus de mots possibles construits autour du composant central (κυκλος : cercle) mais avec des préfixes ou suffixes différents. Vous expliciterez le contenu sémantique de chacun des mots répertoriés.

3. Documentation - Création

1. Exercice d'écriture :

Un « article ».

Pour un même mot, le discours de définition est bien différent selon que vous consultez un simple lexique, un dictionnaire pour adolescents, un dictionnaire, ou une encyclopédie. Pour chacun des mots suivants, empruntés au texte de Diderot, vous rédigerez 4 définitions différentes (de 10 mots à 1 page) tenant compte de la nature de l'ouvrage où elles pourraient s'intégrer :

1. TERRE
2. SYSTÈME
3. ESPRIT
4. GOUT
5. LIBERTÉ

2. Dissertation :

La notion d'esprit encyclopédique a-t-elle encore un sens dans notre monde moderne ?

Frontispice de l'Encyclopédie. Édition de 1751.

L'ENCYCLOPÉDIE

Une entreprise difficile

1 - UN SUCCÈS ENVERS ET CONTRE TOUT.

1745 Le libraire Le Breton obtient un privilège pour publier la traduction de la *Cyclopaedia* d'E. Chambers. Diderot est pressenti comme traducteur.

1746 Le Breton forme un syndicat de libraires pour augmenter l'importance des capitaux. Il s'assure également la collaboration de d'Alembert.

1748 Le Breton obtient un nouveau privilège en vue cette fois de la création d'une *Encyclopédie* originale. Diderot recrute de nombreux collaborateurs.

1749 Diderot est arrêté pour sa *Lettre sur les aveugles.* L'entreprise frôle la faillite.

1750 Parution du *Prospectus* annonçant une œuvre en 8 volumes.

1751 Parution du premier tome de l'*Encyclopédie* avec un *Discours préliminaire* signé d'Alembert. Violente opposition des Jésuites.

1752 Suite à la condamnation de la thèse de l'abbé de Prades, l'un des collaborateurs de Diderot, les deux premiers tomes de l'œuvre sont supprimés par arrêt du Conseil d'État.

1752-1757 Sous la double protection de Mme de Pompadour et de Malesherbes, les tomes I à VII paraissent sans problèmes.

1757 L'article *Genève* de d'Alembert réveille l'opposition. Même Rousseau le dénonce. D'Alembert quitte l'équipe des rédacteurs.

1758-1759 Suite à la condamnation de l'ouvrage matérialiste d'Helvétius, *De l'esprit,* le Conseil d'État interdit de nouveau les tomes déjà parus et révoque le privilège. En septembre 1759, le Vatican condamne à son tour l'entreprise.

1760-1772 Sous la pression de l'opinion publique et à cause de l'importance des intérêts financiers en jeu, les derniers volumes de textes et de planches voient normalement le jour en dépit d'un grave différend entre Diderot et Le Breton en 1764.

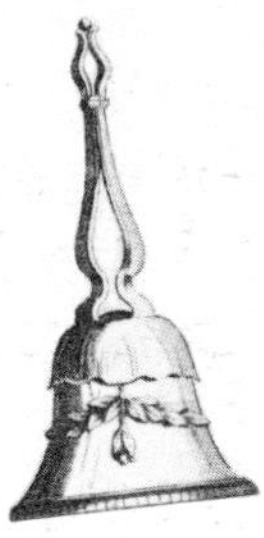

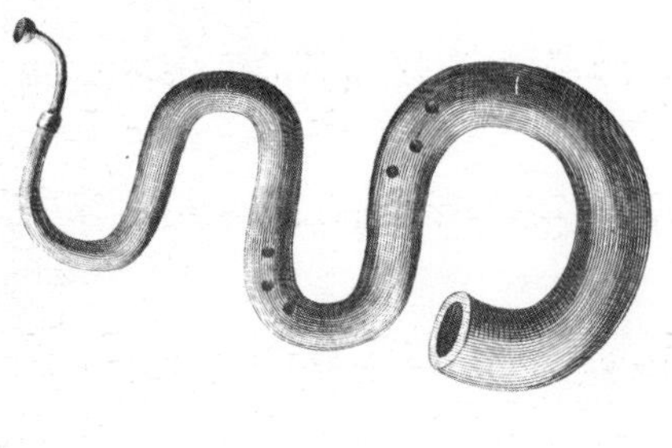

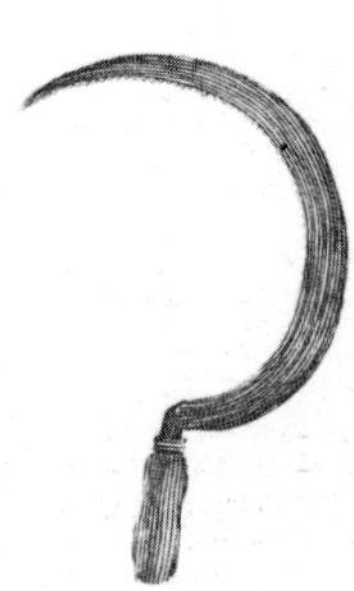

et une histoire mouvementée

2 - UNE ARMÉE DE COLLABORATEURS.

1. Le « rédacteur en chef », Diderot.

Inspirateur et coordinateur de l'entreprise, il s'y adonna sans compter et fut le seul à ne jamais désespérer dans les pires moments. Il écrivit personnellement plus de 1 000 articles, touchant aussi bien à la philosophie qu'aux arts mécaniques, à l'histoire qu'à la botanique.

2. Le « premier » des collaborateurs, d'Alembert (1717-1783).

Il fut un peu le rédacteur en chef adjoint. Auteur des fascicules de promotion de l'œuvre et de quelques grands articles de fonds (« Genève » notamment) il se signala surtout par le brio de ses articles scientifiques, en excellent mathématicien qu'il était.

3. Les « grandes signatures ».

Les grands noms de la littérature du siècle, Buffon, Montesquieu, Voltaire, Rousseau, ne collaboreront que très épisodiquement à l'*Encyclopédie*. Leurs signatures firent néanmoins beaucoup pour le prestige de l'œuvre.

4. La foule des chroniqueurs et des spécialistes.

Souvent bénévoles, de nombreux collaborateurs secondèrent Diderot et d'Alembert, dialoguant entre eux grâce au système des « renvois » en fin d'article.
— Pour les lettres : Jaucourt, Marmontel, Duclos.
— Pour l'économie : Turgot, Quesnay, le président de Brosses.
— Pour les sciences : d'Holbach, Bordeu, Tronchin, Barthez, Daubenton.
— Pour la religion : les abbés Morellet et de Prades, Mallet, Yvon.
— Pour la politique : les abbés Raynal et de Mably, Boucher d'Argis.

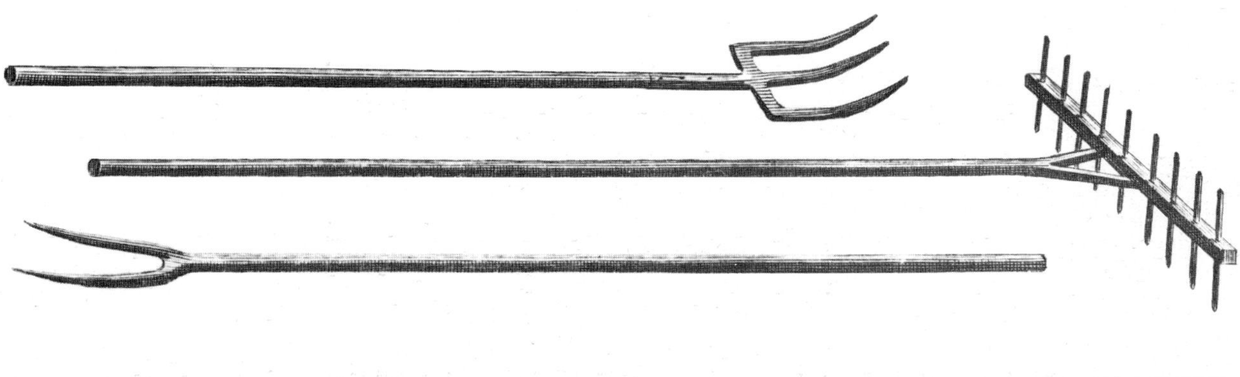

D'ALEMBERT

DISCOURS PRÉLIMINAIRE DE L'ENCYCLOPÉDIE (1751)

★★★ *Jean d'Alembert (1717-1783), fils naturel de Mme de Tencin, l'une des égéries de ces salons qu'il devait tant fréquenter, se fit remarquer très tôt pour ses talents de mathématicien. Membre de l'Académie des Sciences à vingt-trois ans, et de l'Académie Française à trente-sept, il fut, avec Diderot, le plus prestigieux et le plus dévoué rédacteur de l'*Encyclopédie*. Chargé en 1751 de la rédaction du* Discours préliminaire, *ce savant, pourtant rompu à toutes les abstractions des sciences théoriques, y fit la part belle aux arts et aux techniques, sans lesquels les découvertes et les intuitions de la pensée spéculative resteraient vaines et inutiles.* ★★★

Éloge des arts et des techniques

Les arts mécaniques dépendant d'une opération manuelle, et asservis, qu'on me permette ce terme, à une espèce de routine, ont été abandonnés à ceux d'entre les hommes que les préjugés ont placés dans la classe la plus inférieure. L'indigence qui a forcé ces hommes à s'appliquer à un pareil travail, plus souvent que le goût et le génie ne les y ont entraînés, est devenue ensuite une raison pour les mépriser, tant elle nuit à tout ce qui l'accompagne. A l'égard des opérations libres de l'esprit, elles ont été le partage de ceux qui se sont crus sur ce point les plus favorisés de la nature. Cependant l'avantage que les arts libéraux ont sur les arts mécaniques, par le travail que les premiers exigent de l'esprit, et par la difficulté d'y exceller, est suffisamment compensé par l'utilité bien supérieure que les derniers nous procurent pour la plupart. C'est cette utilité même qui a forcé de les réduire à des opérations purement machinales, pour en faciliter la pratique à un plus grand nombre d'hommes. Mais la société, en respectant avec justice les grands génies qui l'éclairent, ne doit point avilir les mains qui la servent. La découverte de la boussole n'est pas moins avantageuse au génie humain, que ne le serait à la physique l'explication des propriétés de cette aiguille. Enfin, à considérer en lui-même le principe de la distinction dont nous parlons, combien de savants prétendus dont la science n'est proprement qu'un art mécanique? et quelle différence réelle y a-t-il entre une tête remplie de faits sans ordre, sans usage et sans liaison, et l'instinct d'un artisan réduit à l'exécution machinale?

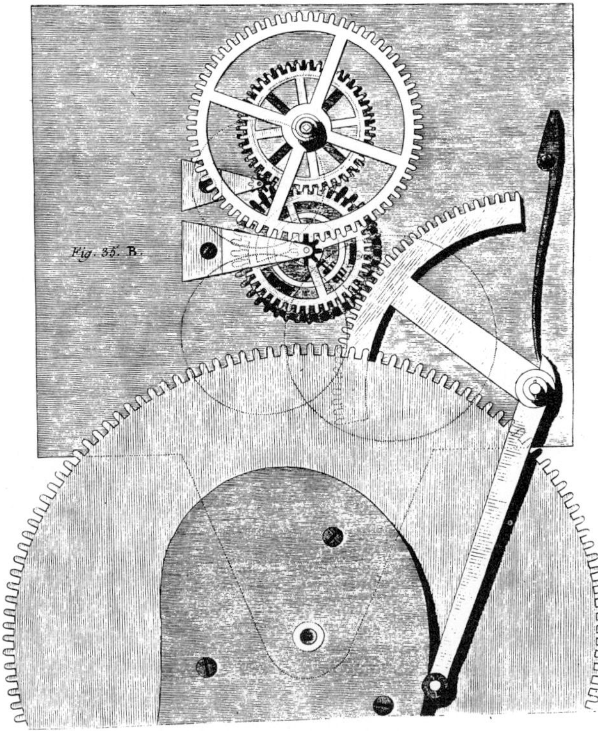

Planche de l'Encyclopédie.
Les tentations de la technique.

Le mépris qu'on a pour les arts mécaniques semble avoir influé jusqu'à un certain point sur leurs inventeurs mêmes. Les noms de ces bienfaiteurs du genre humain sont presque tous inconnus, tandis que l'histoire de ses destructeurs, c'est-à-dire des conquérants, n'est ignorée de personne. Cependant c'est peut-être chez les artisans qu'il faut aller chercher les preuves les plus admirables de la sagacité de l'esprit, de sa patience et de ses ressources. J'avoue que la plupart des arts n'ont été inventés que peu à peu ; et qu'il a fallu une assez longue suite de siècles pour porter les montres, par exemple, au point de perfection où nous les voyons. Mais n'en est-il pas de même des sciences ? Combien de découvertes qui ont immortalisé leurs auteurs avaient été préparées par les travaux des siècles précédents, souvent même amenées à leur maturité, au point de ne demander plus qu'un pas à faire ?

D'ALEMBERT,
Discours préliminaire des éditeurs de l'Encyclopédie.

1. Étude du texte

1. Expliquez l'opposition faite par d'Alembert entre « arts libéraux » et « arts mécaniques ». Citez des exemples des uns et des autres.
2. Quelles raisons, à votre avis, motivent l'éloge des seconds sous la plume du philosophe ?
3. Appréciez la portée sociale et économique de cet éloge.
4. Recherchez dans l'histoire littéraire les exemples de quelques hommes qui furent à la fois « artisans » et « penseurs ».
5. D'après le dernier paragraphe, dites quelle conception se fait d'Alembert du progrès scientifique et technique.

2. Expression

L'interrogation rhétorique.
Vous remarquerez que dans ce *Discours* d'Alembert utilise à plusieurs reprises l'interrogation dite « oratoire » ou « rhétorique ». Vous relèverez les occurrences de cette figure de style ; vous dégagerez son originalité par rapport aux autres formes d'interrogations et vous analyserez ses effets de « persuasion » sur le lecteur.

3. Documentation - Création

Dissertation :

Science et Technique.

Dans un essai paru en 1966, *Des atomes et des hommes*, Louis Leprince-Ringuet écrivait : « *L'homme de science jette un regard inquiet sur les applications, sur l'usage que l'on fait de la science. Certaines d'entre elles ont sans doute un caractère d'unification (...). Mais il est bien certain qu'il se trouve, parmi les applications, des possibilités d'obtenir des effets contraires à ceux que la science cherche à apporter et apporte en fait (...). La science, utilisée dans ses applications pour réintroduire des barrières, des animosités, des hostilités entre les hommes, apparaît aux scientifiques comme une source d'une redoutable calamité.* »
Vous expliquerez et commenterez sous forme de dissertation suivie ces propos, qui dénotent une inquiétude sur d'éventuelles trahisons de la science par la technique.

3. L'esprit et les mains

ROUSSEAU

Né à Genève, Jean-Jacques Rousseau (1712-1778) eut une adolescence et une jeunesse aventureuses, sinon tourmentées. « Monté à Paris », il fréquente les cercles mondains sans connaître la célébrité dans le domaine où il l'espérait : la création musicale. Il se tourne alors vers la littérature et la réflexion philosophique : son Discours sur les sciences et les arts *(1750) lui vaut enfin la célébrité, mais il a déjà renoncé à vivre dans l'hypocrisie confortable d'une société que ses idées comme sa sensibilité le poussent à refuser et à condamner. Raillé par ses contemporains, dénoncé par les philosophes parisiens dont il est loin de partager toutes les opinions, il poursuit dans la solitude de ses diverses retraites son œuvre tout entière axée sur la recherche de nouvelles valeurs et de nouveaux modes de comportements. Ainsi naissent* La Nouvelle Héloïse *(1761),* l'Émile *et le* Contrat social *(1762). Contesté, ou même poursuivi, pour ces deux derniers livres, il consacrera les dernières années de son existence à une vaste entreprise à la fois autobiographique et apologétique, que nous restituent les* Confessions *(1765-1770),* Les Dialogues *(1772-1776) et les* Rêveries du promeneur solitaire *(1776-1778).*

ROUSSEAU

ÉMILE
(1762)

★★★ Rousseau, précepteur dans sa jeunesse à Lyon, s'était toujours intéressé à la pédagogie et à l'éducation, voyant en ces disciplines les conditions premières d'une transformation sociale à venir. Ce n'est pas un hasard s'il publia la même année, en 1762, Du Contrat social, *essai philosophique et politique, et* l'Émile, *traité de pédagogie fondé sur quelques concepts-clés : la nature, la solitude, l'expérience, et le travail manuel. Désireux, comme les encyclopédistes, de réhabiliter les travaux manuels, Rousseau les considérait aussi comme une propédeutique à la redécouverte de l'état de nature et comme une précaution contre les abus de la culture théoricienne et livresque. ★★★*

Apprendre un métier manuel pour faire son métier d'homme

Vous vous fiez à l'ordre actuel de la société sans songer que cet ordre est sujet à des révolutions inévitables, et qu'il vous est impossible de prévoir ni de prévenir celle qui peut regarder vos enfants. Le grand devient petit, le riche devient pauvre, le monarque devient sujet ; les coups du sort sont-ils si rares que vous puissiez compter d'en être exempt? Nous approchons de l'état de crise et du siècle des révolutions. Qui peut vous répondre de ce que vous deviendrez alors? Tout ce qu'ont fait les hommes, les hommes peuvent le détruire ; il n'y a de caractères ineffaçables que ceux qu'imprime la nature, et la nature ne fait ni princes, ni riches, ni grands seigneurs. Que fera donc, dans la bassesse, ce satrape[1] que vous n'aurez élevé que pour la grandeur! Que fera, dans la pauvreté, ce publicain[2] qui ne sait vivre que d'or? Que fera, dépourvu de tout, ce fastueux imbécile qui ne sait point user de lui-même, et ne met son être que dans ce qui est étranger à lui? Heureux qui sait alors quitter l'état qui le quitte, et rester homme en dépit du sort! (...)

Or, de toutes les occupations qui peuvent fournir la subsistance à l'homme, celle qui le rapproche le plus de l'état de nature est le travail des mains : de toutes les conditions, la plus indépendante de la fortune et des hommes est celle de l'artisan. L'artisan ne dépend que de son travail : il est libre, aussi libre que le laboureur est esclave, car celui-ci tient à son champ, dont la récolte est à la discrétion d'autrui... Toutefois l'agriculture est le premier métier de l'homme : c'est le plus honnête, le plus utile, et par conséquent le plus noble qu'il puisse exercer. Je ne dis pas à Émile : « Apprends l'agriculture » ; il la sait. Tous les travaux rustiques lui sont familiers : c'est par eux qu'il a commencé, c'est à eux qu'il revient sans cesse. Je lui dis donc : « Cultive l'héritage de tes pères. Mais si tu perds cet héritage, ou si tu n'en as point, que faire? Apprends un métier. — Un métier à mon fils! mon fils artisan! Monsieur, y pensez-vous? — J'y pense mieux que vous, Madame, qui voulez le réduire à ne pouvoir jamais être qu'un lord, un marquis, un prince, et peut-être un jour moins que rien : moi, je veux lui donner un rang qu'il ne puisse perdre, un rang qui l'honore dans tous les temps, je veux l'élever à l'état d'homme ; et, quoi que vous puissiez dire, il aura moins d'égaux à ce titre qu'à tous ceux qu'il tiendra de vous. »

La lettre tue, et l'esprit vivifie. Il s'agit moins d'apprendre un métier pour savoir un métier, que pour vaincre les préjugés qui le méprisent. Vous ne serez jamais réduit à travailler pour vivre. Eh! tant pis, tant pis pour vous! Mais n'importe ; ne travaillez point par nécessité, travaillez par gloire. Abaissez-vous à l'état d'artisan pour être au-dessus du vôtre. Pour vous soumettre la fortune et les choses, commencez par vous en rendre indépendant. Pour régner par l'opinion, commencez par régner sur elle.

Souvenez-vous que ce n'est point un talent que je vous demande, c'est un métier, un vrai métier, un art purement mécanique, où les mains travaillent plus que la tête, et qui ne mène point à la fortune, mais avec lequel on peut s'en passer... Je veux absolument qu'Émile apprenne un métier. Un métier honnête, au moins, direz-vous? Que signifie ce mot? Tout métier utile au public n'est-il pas honnête? Je ne veux point qu'il soit brodeur, ni doreur, ni vernisseur ; je ne veux

De toutes les occupations qui peuvent fournir la subsistance à l'homme, celle qui le rapproche le plus de l'état de nature est le travail des mains.

qu'il soit musicien, ni comédien, ni faiseur de livres... J'aime mieux qu'il soit cordonnier que poète ; j'aime mieux qu'il pave les grands chemins que de faire des fleurs de porcelaine... Tout bien considéré, le métier que j'aimerais le mieux qui fût du goût de mon élève est celui de menuisier. Il est propre, il est utile, il peut s'exercer dans la maison ; il tient suffisamment le corps en haleine ; il exige dans l'ouvrier de l'adresse et de l'industrie, et dans la forme des ouvrages que l'utilité détermine, l'élégance et le goût ne sont pas exclus.

ROUSSEAU, *Émile*, Livre III.

NOTES | 1. Prince persan de haut rang — 2. Financier.

1. Étude du texte

1. Appréciez dans le premier paragraphe l'intuition politique de Rousseau. Vous paraît-elle suffisante pour justifier le choix du métier manuel ?

2. Quelles autres « qualités » de l'état d'artisan déterminent fortement le choix de l'écrivain-précepteur ?

3. Quels préjugés sociaux sont dénoncés par l'argumentation de Rousseau ?

4. Comment comprenez-vous le discrédit apparent porté sur les « faiseurs de livres » et autres « poètes » ? Rousseau n'est-il pas lui-même concerné ?

5. Que pensez-vous du choix précis définitif fait par le précepteur ?

2. Expression

Réécriture.
Cette page de l'*Émile* se présente sous la forme d'un discours du précepteur interpellant le lecteur, imaginé comme un parent possible du jeune Émile. Pendant quelques lignes le discours devient dialogue et s'ouvre aux objections du lecteur-parent.
Vous récrirez tout cet extrait sous la forme d'un dialogue alternant les propositions de Rousseau et les objections que pourraient faire le père ou la mère de l'enfant.
Vous veillerez à respecter le ton et l'intensité des propos de chacun des protagonistes.

3. Documentation - Création

1. Recherche documentaire :

Le travail manuel dans la pédagogie moderne.

En analysant la place faite au travail manuel dans les divers programmes du ministère de l'Éducation, en parcourant quelques essais récents proposant d' « autres » pédagogies, vous réfléchirez au rôle que joue ou que devrait jouer l'apprentissage manuel dans le système moderne d'éducation.

2. Dissertation :

Dans l'*Émile*, Rousseau écrit : « *La première éducation doit être purement négative* » et consister « *à garantir le cœur du vice et l'esprit de l'erreur* ».
Vous commenterez et discuterez ce jugement de manière concrète et personnelle.

4. Visions et prévisions transformistes

BUFFON

LES ÉPOQUES DE LA NATURE (1778)

★★★ *Ne se contentant pas de dresser l'inventaire des espèces animales, Buffon désire comprendre et expliquer l'existence même de la matière vivante. Dans* Les Époques de la nature *(1778), ouvrage complémentaire de son* Histoire naturelle, *il esquisse la théorie du* Transformisme : *à l'origine du monde certaines circonstances climatiques ont favorisé la formation chimique des premières molécules organiques. Spontanément se sont ainsi créés les types zoologiques primitifs dont les types modernes ne sont que des variantes conditionnées au fil de l'Histoire par divers facteurs. Témoins ces grands coquillages préhistoriques, vestiges révélateurs de « modèles » primitifs aujourd'hui disparus...* ★★★

Aux premiers temps...

Les animaux auxquels ces dépouilles ont appartenu peuvent être regardés comme les premiers habitants du globe, et cette population était innombrable, à en juger par l'immense quantité de leurs dépouilles et de leurs détriments ; puisque c'est de ces mêmes dépouilles et de leurs détriments qu'ont été formées toutes les couches des pierres calcaires, des marbres, des craies et des tufs, qui composent nos collines et qui s'étendent sur de grandes contrées dans toutes les parties de la terre.

Or dans les commencements de ce séjour des eaux sur la surface du globe, n'avaient-elles pas un degré de chaleur que nos poissons et nos coquillages actuellement existants n'auraient pu supporter ? et ne devons-nous pas présumer que les premières productions d'une mer encore bouillante étaient différentes de celles qu'elle nous offre aujourd'hui ? Cette grande chaleur ne pouvait convenir qu'à d'autres natures de coquillages et de poissons ; et par conséquent c'est aux premiers temps de cette époque, c'est-à-dire depuis trente jusqu'à quarante mille ans de la formation de la terre, que l'on doit rapporter l'existence des espèces perdues dont on ne trouve nulle part les analogues vivants.

BUFFON,
Les Époques de la nature, 3e époque.

Poisson fossile de l'éocène moyen.

DIDEROT

RÊVE DE D'ALEMBERT (1769)

★★★ *Dans son étonnant essai philosophique de 1769, le* Rêve de d'Alembert, *Diderot va plus loin encore que Buffon dans l'intuition géniale. Dépassant l'hypothèse d'un transformisme* intérieur *à chaque espèce, il risque avec brio la thèse d'un transformisme* global : *c'est la matière tout entière, dans son épaisseur mystérieuse douée de mouvement et de sensibilité, qui « évolue » en se formant et se déformant dans les chaînes successives de multiples espèces dont l'homme n'est qu'une éphémère figure parmi d'autres. C'est d'Alembert, son ami et collaborateur, que Diderot fait ici « parler en rêve », lui prêtant des propos philosophiques et scientifiques que nimbent les puissances de l'imaginaire et du mythe.* ★★★

De la prévision au rêve...

Qui sait si la fermentation et ses produits sont épuisés ? Qui sait à quel instant de la succession de ces générations animales nous en sommes ? Qui sait si ce bipède déformé, qui n'a que quatre pieds de hauteur, qu'on appelle encore dans le voisinage du pôle un homme, et qui ne tarderait pas à perdre ce nom en se déformant un peu davantage, n'est pas l'image d'une espèce qui passe ? Qui sait s'il n'en est pas ainsi de toutes les espèces d'animaux ? Qui sait si tout ne tend pas à se réduire à un grand sédiment inerte et immobile ? Qui sait quelle sera la durée de cette inertie ? Qui sait quelle race nouvelle peut résulter derechef d'un amas aussi grand de points sensibles et vivants ? Pourquoi pas un seul animal ? Qu'était l'éléphant dans son origine ? Peut-être l'animal énorme tel qu'il nous paraît, peut-être un atome, car tous les deux sont également possibles ; ils ne supposent que le mouvement et les propriétés diverses de la matière... L'éléphant, cette masse énorme, organisée, le produit subit de la fermentation ! Pourquoi non ? Le rapport de ce grand quadrupède à sa matrice première est moindre que celui du vermisseau à la molécule de farine qui l'a produit ; mais le vermisseau n'est qu'un vermisseau... C'est-à-dire que la petitesse qui vous dérobe son organisation lui ôte le merveilleux... Le prodige, c'est la vie, c'est la sensibilité ; et ce prodige n'en est plus un... Lorsque j'ai vu la matière inerte passer à l'état sensible[1], rien ne doit plus m'étonner. Quelle comparaison d'un petit nombre d'éléments mis en fermentation dans le creux de ma main, et de ce réservoir immense d'éléments divers épars dans les entrailles de la terre, à sa surface, au sein des mers, dans le vague des airs !... Cependant, puisque les mêmes causes subsistent, pourquoi les effets ont-ils cessé ? Pourquoi ne voyons-nous plus le taureau percer la terre de sa corne, appuyer ses pieds contre le sol, et faire effort pour en dégager son corps pesant ?... Laissez passer la race présente des animaux subsistants ; laissez agir le grand sédiment inerte quelques millions de siècles. Peut-être faut-il, pour renouveler les espèces, dix fois plus de temps qu'il n'en est accordé à leur durée. Attendez, et ne vous hâtez pas de prononcer sur le grand travail de la nature. Vous avez deux grands phénomènes, le passage de l'état d'inertie à l'état de sensibilité, et les générations spontanées ; qu'ils vous suffisent : tirez-en de justes conséquences, et dans un ordre de choses où il n'y a ni grand ni petit, ni durable ni passager absolus, garantissez-vous du sophisme de l'éphémère.

DIDEROT,
Rêve de d'Alembert.

NOTE | 1. Allusion au passage de l'état minéral inerte aux états sensibles, le végétal et l'animal.

1. Étude des textes

1. Sur quels faits concrets, sur quelles « traces » matérielles se fonde le raisonnement de Buffon ?

2. Faites la part, dans le discours du naturaliste, de ce qui est certitude expérimentale et intuition subjective.

3. Montrez le rôle primordial joué par le temps et l'histoire dans la thèse évolutionniste de Diderot.

4. Qu'est-ce qui conduit Diderot, dans ses hypothèses et dans son raisonnement, à aller plus loin que Buffon ?

5. Explicitez le sens de la dernière formule du philosophe : « Garantissez-vous du sophisme de l'éphémère. »

6. Appréciez dans les deux textes « la poésie » des origines du monde : images, symboles, mythes, etc.

2. Documentation - Création

1. Recherche documentaire :

Le transformisme : précurseurs et théoriciens.

Renseignez-vous sur les travaux, postérieurs à ceux de Buffon et de Diderot, de Lamarck, Geoffroy-Saint-Hilaire, Darwin ou Cuvier.
Confirment-ils ou infirment-ils les intuitions des philosophes ? Quelles empreintes ont-ils laissées à leur tour sur la pensée et la littérature du XIXe siècle notamment ?

2. Documentation philosophique :

La pensée matérialiste.

Le mot de « matérialisme », très vague, désigne en principe toute attitude philosophique caractérisée par le recours principal, sinon exclusif, au concept de matière pour expliquer l'ensemble des phénomènes physiques et moraux. En réalité le mot recouvre des systèmes de pensée scientifiques et philosophiques sensiblement différents.
Rédigez sur les principaux d'entre eux une fiche documentaire qui vous permettra d'en saisir à la fois la continuité et l'originalité :
— les matérialismes de l'antiquité : Démocrite, Lucrèce... ;
— le mécanisme cartésien ;
— le matérialisme des Lumières (Diderot, Helvétius, d'Holbach, etc.) ;
— le matérialisme dialectique (Marx, Engels).

3. Essai :

Vous discuterez cette opinion célèbre de Diderot dans son *Rêve de d'Alembert* : « *Il n'y a aucune différence entre un médecin qui veille et un philosophe qui rêve !* »

PERSPECTIVES

LES ENCYCLOPÉDISTES ET LA SOCIÉTÉ

La grande majorité des collaborateurs de l'*Encyclopédie* est issue de la bourgeoisie d'Ancien Régime. Les nobles, les parlementaires, les ecclésiastiques qui se trouvent parmi eux sont là d'abord parce que l'activité sociale qu'ils ont choisie les assimile à cette bourgeoisie. Ni les artisans, ni les ouvriers en général, compagnons ou maîtres, ne sont quelque part nommés dans les avertissements du dictionnaire. Si leur sentence a été jugée nécessaire, Diderot n'a pas cru devoir les en remercier publiquement. Mais toute la bourgeoisie d'Ancien Régime n'est pas représentée également. Les négociants et les gros marchands sont absents. Les avocats, les officiers de finance, comme les parlementaires, n'ont pas le plus souvent collaboré en tant que tels. L'immense majorité des fonctionnaires, commis ou officiers, a été laissée de côté. Les intellectuels, savants ou hommes de lettres, attachés au système de pensée et au système social traditionnels, théologiens et juristes surtout, ont été écartés. En réalité l'équipe de travail réunie autour de Diderot ne représente qu'une fraction numériquement très limitée de la bourgeoisie, et à plus forte raison de la société d'Ancien Régime.

Par ses sources de revenus connues ou probables, cette fraction de la bourgeoisie est dans son ensemble aisée, et quelquefois fortunée. Elle vit essentiellement de la rente foncière, du revenu des offices, des pensions, et se trouve ainsi profondément intégrée dans le système féodal. Les encyclopédistes sont pour la plupart des possédants. S'ils ne sont généralement pas nobles de naissance, plusieurs d'entre eux se sont introduits dans l'aristocratie par leur mérite ou leur fortune. Ils sont devenus par là des privilégiés. A côté de ces sources de revenus pour ainsi dire traditionnelles, et pouvant même les suppléer, on voit apparaître dans un grand nombre de cas des gains qui résultent de l'activité professionnelle elle-même. Ce sont les bénéfices industriels ou commerciaux réalisés par les fabricants, les marchands-fabricants, les artisans d'art ou de luxe, les artistes proprement dits. Ce sont les gratifications perçues par les techniciens travaillant au service de l'État, dans des fonctions de direction ou d'inspection. Ce sont les honoraires des médecins praticiens et des professeurs de tous ordres. Le caractère commun de ces différents modes de rétribution est d'être individuel, proportionné à la fois à la qualification professionnelle, à la quantité et à la qualité du travail. Ils n'ont aucun caractère de privilège et semblent être la mesure rigoureuse de l'utilité sociale. Ils ont donc un caractère essentiellement libéral, au sens économique qu'a le mot aujourd'hui. Même si par ailleurs ils sont intégrés par leurs biens fonciers, leurs charges et leurs privilèges dans le système féodal, ceux qui sont ainsi rétribués jouissent par rapport à ce système d'une indépendance suffisante pour les rendre capables de concevoir un autre ordre de choses.

Mais la fraction de la bourgeoisie dans laquelle Diderot a recruté ses collaborateurs se caractérise plus encore par la nature de son activité sociale que par ses sources de revenus. Numériquement et socialement très étroite, cette fraction pèse en effet d'un poids considérable dans les secteurs décisifs de l'activité de la nation, ceux où s'élabore progressivement un ordre économique et social nouveau. Les encyclopédistes sont d'abord des savants et des techniciens libérés de la plupart des entraves d'un passé sclérosé, et qui dans leur domaine propre sont prêts à pousser la recherche et l'innovation aussi loin que faire se peut. Par là ils préparent les bases théoriques et techniques de la révolution industrielle du début du XIXe siècle. Toutes les fois qu'ils le peuvent, ce sont aussi des praticiens qui dans l'exercice quotidien de leur art, de la médecine aux manufactures, essaient de réaliser les progrès que leurs recherches leur ont fait concevoir. S'ils ont des capitaux disponibles, ils les investissent dans des entreprises industrielles ou agricoles qui contribuent à l'expansion et à l'amélioration de la production. C'est en effet par la quantité et la qualité de leurs rapports directs ou indirects avec le processus de la production, considérée dans son sens le plus large, que se caractérisent dans leur grande majorité les encyclopédistes.

Dernier trait important : s'ils n'ont pas en main la totalité ni même la plus grande partie de l'appareil d'État, — ce qui supposerait réalisée la révolution bourgeoise, — les encyclopédistes tiennent solidement la partie de cet appareil où leurs capacités les ont placés, et où ils sont à vrai dire indispensables, celle qui précisément contrôle, et finalement oriente la production nationale.

J. Proust, *Diderot et l'Encyclopédie*, éd. A. Colin, pp. 36-38.

3. VOYAGES AUX PAYS DES LUMIÈRES

INTRODUCTION

1. LIVRES DE VOYAGE

Plus encore que le XVIe siècle, pour des raisons techniques et matérielles évidentes, le XVIIIe siècle fut le grand âge des écrivains voyageurs. Au XVIIe siècle, les préoccupations de l'ordre et de l'identité incitaient moins aux humeurs vagabondes. Avec la redécouverte par les Lumières d'une authentique curiosité, d'un désir de connaître qui est aussi un appétit de voir et de toucher, le voyage accède à la dignité de modalité de la connaissance. Tous les grands écrivains du siècle sont ainsi de grands voyageurs, randonneurs ou explorateurs : l'Angleterre, l'Allemagne, la Hollande verront défiler Voltaire, Montesquieu, Diderot, Rousseau et d'Holbach. Chénier et le président de Brosses porteront leurs pénates en Italie (voir : Tourisme à Venise, p. 50), Bernardin de Saint-Pierre et Choiseul-Gouffier jusqu'en Grèce, etc.

Pourquoi cette manie que d'aucuns nommeront avec humour « dromomanie » (voir : Le siècle des dromomanes, p. 60) ? Principalement parce que l'homme des Lumières, qui a fait le pari de s'engager avec son siècle dans le grand voyage au pays de la connaissance, dont l'itinéraire subtil de l'Encyclopédie est l'exacte métaphore, ne peut rester indifférent à l'attrait et à l'apport du voyage réel. Ce n'est pas pour rien que les chroniques de voyage et les mémoires de « touristes » éclairés vont fleurir autour de 1750. On relit avec passion le récit des explorations d'Anson ou de Cook ; on découvre avec le même plaisir les merveilles du Voyage autour du monde, de Bougainville (voir : Tahiti ou le jardin d'Eden, p. 52). Dans ces rapports, aussi précieux que précis ou romancés, le philosophe trouve matière pour sa propre réflexion sur la nature humaine, l'état des civilisations et l'ordre du monde. Sans dire leur nom, des sciences humaines nouvelles, comme l'ethnologie ou l'anthropologie, sont ainsi en germe dans les analyses qui prolongent ou encadrent, comme le Supplément au voyage de Bougainville, de Diderot, les témoignages des grands explorateurs (voir : L'intervalle entre deux mondes, p. 54).

2. ... ET VOYAGE DANS LES LIVRES

Cela dit, les voyages n'ont pas seulement produit au XVIIIe siècle une littérature de voyage. Ils ont aussi profondément imprégné la littérature d'idées et le roman de l'époque. Que l'on songe aux Lettres persanes, de Montesquieu, à l'Histoire naturelle, de Buffon ou aux écrits de Bernardin de Saint-Pierre. Les Contes, de Voltaire sont aussi autant de voyages « immobiles » dans les contrées imaginaires où le philosophe se plaît à situer ses utopies et ses fictions (voir : L'Eldorado, le pays où tout va

Carte marine du détroit de Magellan et de la Terre de Feu. Début du XVIIIe siècle.

bien..., p. 56). N'oublions pas enfin que le rêve du voyage au XVIIIe siècle n'est que l'envers de la rêverie du repos, de la quiétude, en cet âge du confort naissant, et parfois de la nonchalance. Aux mirages flamboyants de « l'ailleurs » répondent sans cesse les séductions tranquilles d'un « ici » parcouru avec attention et précaution. Rousseau, voyageur s'il en fut, incarne bien cette dualité, lui qui fut aussi le grand « promeneur » du siècle (voir : Une promenade incognito, *p. 58).*

1. Un voyageur éclairé

PRÉSIDENT DE BROSSES

LETTRES FAMILIÈRES (1799)

★★★ *Charles de Brosses (1709-1777), haut magistrat dijonnais, incarne parfaitement l'image du voyageur éclairé au XVIIIe siècle. Bon vivant, passionné d'archéologie autant que d'architecture, de morale et de gastronomie..., il a laissé dans ses* Lettres familières écrites d'Italie à quelques amis *(publication posthume en 1799) un savoureux et pittoresque tableau de l'Italie moderne qui plaira beaucoup à Stendhal, autre grand touriste éclairé de la péninsule. Rédigées à partir de notes et de croquis pris sur le terrain, ses* Lettres, *d'un ton simple et familier, témoignent d'une curiosité et d'un sens de l'observation très affutés. Se comportant à Venise comme les Persans de Montesquieu à Paris, le bon magistrat ne manque aucun coup d'œil étonné, aucun clin d'œil amusé ou critique.* ★★★

Tourisme à Venise

A Monsieur de Blancey

14 août 1739

A vous dire vrai, l'abord de cette ville ne me surprit pas autant que je m'y attendais. Cela ne me fit pas un autre effet que la vue d'une place située au bord de la mer, et l'entrée par le Grand Canal fut, à mon gré, celle de Lyon ou de Paris, par la rivière. Mais aussi quand on y est une fois, qu'on voit sortir de l'eau de tous côtés des palais, des églises, des rues, des villes entières, car il n'y en a pas pour une ; enfin, de ne pouvoir faire un pas dans une ville sans avoir le pied dans la mer, c'est une chose, à mon gré, si surprenante, qu'aujourd'hui j'y suis moins fait que le premier jour, aussi bien qu'à voir cette ville ouverte de tous côtés, sans portes, sans fortifications, et sans un seul soldat de garnison, imprenable par mer ainsi que par terre ; car les vaisseaux de guerre n'en peuvent nullement approcher, à cause des lagunes trop basses pour les porter. En un mot, cette ville-ci est si singulière par sa disposition, ses façons, ses manières de vivre à faire crever de rire, la liberté qui y règne et la tranquillité qu'on y goûte, que je n'hésite pas à la regarder comme la seconde ville d'Europe, et je doute que Rome me fasse revenir de ce sentiment.

Nous sommes logés pour ainsi dire dans le fort de la rue Saint-Honoré, avec cela on peut dormir la grasse matinée sans être interrompu par le moindre bruit. Tout s'y passe doucement dans l'eau, et je crois qu'on ronflerait fort bien au milieu du marché aux herbes. Joignez à cela qu'il n'y a pas dans le monde une voiture comparable aux gondoles pour la commodité et l'agrément. Je ne trouve pas que l'on en ait donné, à mon gré, une description juste. C'est un bâtiment long et étroit comme un poisson, à peu près comme un requin ; au milieu est posée une espèce de caisse de carrosse, basse, faite en berlingot, et du double plus long qu'un vis-à-vis ; il n'y a qu'une seule portière au-devant, par où l'on entre. Il y a place pour deux dans le fond, et pour deux autres de chaque côté, sur une banquette qui y règne, mais qui ne sert presque jamais que pour étendre les pieds de ceux qui sont dans le fond. Tout cela est ouvert de trois côtés, comme nos carrosses, et se ferme quand on veut, soit par des glaces, soit par des panneaux de bois recouverts de drap noir, qu'on fait glisser sur des coulisses, ou rentrer par le côté dans le corps de la gondole. Je ne sais pas trop si je me fais entendre. Le bec d'avant de la gondole est armé d'un grand fer en col de grue, garni de six larges dents de fer. Cela sert à la tenir en équilibre, et je compare ce bec à la gueule ouverte du requin, bien que cela y ressemble comme à un moulin à vent. Tout le bateau est peint en noir et verni ; la caisse doublée de velours noir en dedans et de drap noir en dehors, avec les coussins de maroquin de même couleur, sans qu'il soit permis aux plus grands seigneurs d'en avoir une différente, en quoi que ce soit, de celle du plus petit particulier ; de sorte qu'il ne faut pas songer à deviner qui peut être dans une gondole fermée. On est là comme dans sa chambre, à lire, écrire, converser, manger, boire, etc., toujours faisant des visites par la ville. Deux hommes d'une fidélité à toute épreuve, l'un à l'avant, l'autre à l'arrière, vous conduisent sans voir, si vous ne voulez.

Je n'espère plus de me retrouver de sang-froid dans un carrosse après avoir tâté de ceci. J'avais ouï-dire qu'il n'y avait jamais d'embarras de gondoles comme il y en a de voitures à Paris ; mais au contraire rien n'est plus commun, surtout dans les rues étroites et sous les ponts ; à la vérité ils sont de peu de durée, la flexibilité de l'eau donne une grande facilité pour s'en débarrasser. Outre cela, nos cochers d'ici sont si adroits qu'ils glissent on ne sait comment, et tournent en un coup de main cette longissime machine sur la pointe d'une aiguille. Ces voitures vont vite, mais non pas autant que le carrosse d'un petit-maître. Cependant ne vous avisez pas de tenir la tête hors de votre gondole, la gueule du requin d'une autre gondole qui passerait vous la couperait net comme un navet. Le nombre des gondoles est infini, et l'on ne compte pas moins de soixante mille personnes qui vivent de la rame, soit gondoliers ou autres. On dit aussi, pour faire valoir l'agrément du séjour, que la ville a toujours un fonds de trente mille étrangers. Cela peut avoir quelque fondement pendant les six mois de carnaval ; mais hors de là je crois ce nombre exagéré.

PRÉSIDENT DE BROSSES, *Lettres familières écrites d'Italie à quelques amis.*

1. Étude du texte

1. Qualifiez le regard porté par Charles de Brosses sur la cité vénitienne.

2. L'épisode des gondoles. En quoi est-il savoureux? Que vous révèle-t-il de la personnalité du narrateur?

3. Le pittoresque du récit. A quoi tient-il? Quels effets soigne particulièrement l'auteur de la lettre?

4. Les réminiscences de Montesquieu. Elles sont tantôt explicites, tantôt implicites. Relevez-les.

2. Documentation - Création

Venise et ses représentations littéraires.

« Voir Venise et mourir... », combien d'écrivains, d'artistes auront murmuré ce vœu devenu un cliché ! Vous rechercherez principalement dans la littérature française des XVIIIe, XIXe et XXe siècles (et aussi dans le cinéma des trente dernières années), diverses représentations (poétiques, romanesques ou tout simplement descriptives) de la Cité des Doges et dégagerez les éléments d' « éternisation » de cette ville quasi-mythologique.

2. Le voyageur devant le philosophe

BOUGAINVILLE

VOYAGE AUTOUR DU MONDE (1771)

★★★ *Le Comte Louis-Antoine de Bougainville (1729-1811) fut le premier explorateur français à boucler, officiellement et scientifiquement, un tour du monde à la voile. Parti de Brest à bord de la frégate « La Boudeuse » en décembre 1766, le navigateur devait rallier Saint-Malo en mars 1769, après avoir visité Tahiti, la plupart des îles du Pacifique et doublé le cap de Bonne-Espérance sur la route du retour.*
Son compte rendu de mission, publié en 1771 sous le titre Voyage autour du monde, *contribua, par la pertinence de ses analyses et la qualité de ses descriptions souvent émerveillées, à la renaissance du goût pour la géographie lointaine, les civilisations dites « sauvages » et plus généralement le fameux « état de nature ».* ★★★

Tahiti : le littoral près de Papeete.
Des trésors que la nature verse à pleines mains...

Tahiti ou le jardin d'Eden

Nous fûmes reçus par une foule d'hommes et de femmes qui ne se lassaient point de nous considérer ; les plus hardis venaient nous toucher, ils écartaient même nos vêtements, comme pour vérifier si nous étions absolument faits comme eux : aucun ne portait d'armes, pas même de bâtons. Ils ne savaient comment exprimer leur joie de nous recevoir. Le chef de ce canton nous conduisit dans sa maison et nous y introduisit. Il y avait dedans cinq ou six femmes et un vieillard vénérable. Les femmes nous saluèrent en portant la main sur la poitrine, et criant plusieurs fois *tayo.* Le vieillard était père de notre hôte. Il n'avait du grand âge que ce caractère respectable qu'impriment les ans sur une belle figure : sa tête ornée de cheveux blancs et d'une longue barbe, tout son corps nerveux et rempli, ne montraient aucune ride, aucun signe de décrépitude. Cet homme vénérable parut s'apercevoir à peine de notre arrivée ; il se retira même sans répondre à nos caresses, sans témoigner ni frayeur, ni étonnement, ni curiosité : fort éloigné de prendre part à l'espèce d'extase que notre vue causait à tout ce peuple, son air rêveur et soucieux semblait annoncer qu'il craignait que ces jours heureux, écoulés pour lui dans le sein du repos, ne fussent troublés par l'arrivée d'une nouvelle race (...)

Chaque jour nos gens se promenaient dans le pays sans armes, seuls ou par petites bandes. On les invitait à entrer dans les maisons, on leur y donnait à manger ; mais ce n'est pas à une collation légère que se borne ici la civilité des maîtres de maison ; ils leur offraient des jeunes filles ; la case se remplissait à l'instant d'une foule curieuse d'hommes et de femmes qui faisaient un cercle autour de l'hôte et de la jeune victime du devoir hospitalier ; la terre se jonchait de feuillages et de fleurs, et des musiciens chantaient aux accords de la flûte un hymne de jouissance. Vénus est ici la déesse de l'hospitalité, son culte n'y admet point de mystères, et chaque jouissance est une fête pour la nation. Ils étaient surpris de l'embarras qu'on témoignait ; nos mœurs ont proscrit cette publicité. Toutefois je ne garantis pas qu'aucun n'ait vaincu sa répugnance et ne se soit conformé aux usages du pays.

J'ai plusieurs fois été, moi second ou troisième, me promener dans l'intérieur. Je me croyais transporté dans le jardin d'Eden[1] : nous parcourions une plaine de gazon, couverte de beaux arbres fruitiers et occupée de petites rivières qui entretiennent une fraîcheur délicieuse, sans aucun des inconvénients qu'entraîne l'humidité. Un peuple nombreux y jouit des trésors que la nature verse à pleines mains sur lui. Nous trouvions des troupes d'hommes et de femmes assises à l'ombre des vergers ; tous nous saluaient avec amitié ; ceux que nous rencontrions dans les chemins se rangeaient à côté pour nous laisser passer ; partout nous voyions régner l'hospitalité, le repos, une joie douce et toutes les apparences du bonheur.

BOUGAINVILLE, *Voyage autour du monde*, chap. IX.

□ □ NOTE | 1. Le paradis biblique.

1. Étude du texte

1. Quelles sont les principales réactions des « sauvages » tahitiens à la vue et au « toucher » des Européens?

2. Quels aspects du paysage, des rites et des mœurs tahitiens étonnent, séduisent ou amusent le plus Bougainville? Pourquoi?

3. Les conduites sexuelles. Montrez la justesse de vue et la qualité de l'humour du narrateur.

4. Un paradis sur terre. Relevez les images et formules qui « optimisent » aussi bien la nature que la « culture » tahitiennes.

5. Peut-on pour autant parler, comme le fait dans le texte suivant l'interlocuteur A de Diderot, d'une « fable de Tahiti » chez Bougainville?

2. Documentation - Création

« Une course autour du monde ».

Procurez-vous une édition complète du *Voyage* de Bougainville ainsi qu'un planisphère. Reportez-y, sous forme de repère, les principales étapes et escales du navigateur et illustrez chacune d'elle par un extrait approprié du fameux compte rendu de mission.

DIDEROT

SUPPLÉMENT AU VOYAGE DE BOUGAINVILLE (1772)

★★★ *En 1772, un an après la parution du récit du patron de la frégate « La Boudeuse », Diderot publie un* Supplément au voyage de Bougainville, ou dialogue entre A et B sur l'inconvénient d'attacher des idées morales à certaines actions physiques qui n'en comportent pas. *Ce* Supplément, *qui marque l'affleurement dans la philosophie des Lumières des notions de base de l'anthropologie et de l'ethnologie, est l'occasion pour l'auteur des* Pensées sur l'interprétation de la nature *de réfléchir sur le double mythe séduisant de l'état de nature et du bon sauvage.*
Partant des documents du navigateur, le philosophe réfute aussi bien l'opposition systématique entre « nature » et « culture » que l'utopie du « retour » volontaire à l'état primitif. Relativiste une fois de plus, il prêche pour la tolérance mutuelle des civilisations, le respect des mœurs dans leur diversité et ne se cache pas les difficultés énormes de la communication entre hommes de races, de systèmes et surtout de langages différents. Comme l'ethnologue ne peut être qu'un « visiteur » authentique du peuple chez qui il séjourne, Diderot résume d'une formule la bonne attitude du voyageur philosophe : « Prendre le froc du pays où l'on va, et garder celui du pays où l'on est... ». ★★★

L'intervalle...
gravure fin XVIIIe siècle.
Bibliothèque Nationale.

L'intervalle entre deux mondes

A. — [...] Avez-vous vu le Tahitien que Bougainville avait pris sur son bord, et transporté dans ce pays-ci ?

B. — Je l'ai vu ; il s'appelait Aotourou. A la première terre qu'il aperçut, il la prit pour la patrie des voyageurs ; soit qu'on lui en eût imposé sur la longueur du voyage ; soit que, trompé naturellement par le peu de distance apparente des bords de la mer qu'il habitait, à l'endroit où le ciel semble confiner à l'horizon, il ignorât la véritable étendue de la terre. L'usage commun des femmes était si bien établi dans son esprit, qu'il se jeta sur la première Européenne qui vint à sa rencontre, et qu'il se disposait très sérieusement à lui faire la politesse de Tahiti. Il s'ennuyait parmi nous. L'alphabet tahitien n'ayant ni *b*, ni *c*, ni *d*, ni *f*, ni *g*, ni *q*, ni *x*, ni *y*, ni *z*, il ne put jamais apprendre à parler notre langue, qui offrait à ses organes inflexibles trop d'articulations étrangères et de sons nouveaux. Il ne cessait de soupirer après son pays, et je n'en suis pas étonné. Le voyage de Bougainville est le seul qui m'ait donné du goût pour une autre contrée que la mienne ; jusqu'à cette lecture, j'avais pensé qu'on n'était nulle part aussi bien que chez soi ; résultat que je croyais le même pour chaque habitant de la terre ; effet naturel de l'attrait du sol ; attrait qui tient aux commodités dont on jouit, et qu'on n'a pas la même certitude de retrouver ailleurs.

A. — Quoi! vous ne trouvez pas l'habitant de Paris aussi convaincu qu'il croisse des épis dans la campagne de Rome que dans les champs de la Beauce?

B. — Ma foi, non. Bougainville a renvoyé Aotourou, après avoir pourvu aux frais et à la sûreté de son retour.

A. — O Aotourou! que tu seras content de revoir ton père, ta mère, tes frères, tes sœurs, tes maîtresses, tes compatriotes, que leur diras-tu de nous?

B. — Peu de choses, et qu'ils ne croiront pas.

A. — Pourquoi peu de choses?

B. — Parce qu'il en a peu conçues[1], et qu'il ne trouvera dans sa langue aucun terme correspondant à celles dont il a quelques idées.

A. — Et pourquoi ne le croiront-ils pas?

B. — Parce que, en comparant leurs mœurs aux nôtres, ils aimeront mieux prendre Aotourou pour un menteur, que de nous croire si fous.

A. — En vérité?

B. — Je n'en doute pas : la vie sauvage est si simple, et nos sociétés sont des machines si compliquées! Le Tahitien touche à l'origine du monde, et l'Européen touche à sa vieillesse. L'intervalle qui le sépare de nous est plus grand que la distance de l'enfant qui naît à l'homme décrépit. Il n'entend rien à nos usages, à nos lois, ou il n'y voit que des entraves déguisées sous cent formes diverses ; entraves qui ne peuvent qu'exciter l'indignation et le mépris d'un être en qui le sentiment de la liberté est le plus profond des sentiments.

A. — Est-ce que vous donneriez dans la fable[2] de Tahiti?

B. — Ce n'est point une fable ; et vous n'auriez aucun doute sur la sincérité de Bougainville, si vous connaissiez le supplément de son voyage.

DIDEROT, *Supplément au voyage de Bougainville.*

□ □ NOTES | 1. Comprises — 2. Légende, utopie.

1. Étude du texte

1. Qu'est-ce qui, selon Diderot, empêche le « sauvage » de comprendre et d'intégrer la « civilisation » européenne?

2. Inversement, quelles barrières psychologiques et culturelles interdisent à l'Européen d'admettre le Sauvage?

3. Mettez en évidence l'importance du problème du langage et de la communication soulevé par Diderot. En quoi, selon le philosophe, le langage permet-il la pensée?

4. Commentez avec précision la belle formule finale :

« Le Tahitien touche à l'origine du monde, et l'Européen touche à sa vieillesse ». Quelle autre formule de Montaigne vous rappelle-t-elle?

2. Expression

Les dialogues de Diderot.

Diderot romancier, essayiste, philosophe, affectionne particulièrement l'expression dialoguée. En vous reportant à une édition complète de ses œuvres, vous dresserez la liste de celles qui sont effectivement dialoguées et vous vous demanderez quelles raisons fondamentales ont conduit l'écrivain à faire ce choix stylistique.

3. Les voyages immobiles

VOLTAIRE

CANDIDE (1759)

★★★ Par-delà les chroniques et relations de voyages proprement dites, il existe au XVIIIe siècle une imprégnation profonde des autres genres littéraires et particulièrement du théâtre, du conte et du roman, par les éléments originaux et pittoresques qu'apportent ces récits fascinants.
L'Orient et l'Amérique ont la part belle dans cette mythologie du luxe, de l'opulence et quelquefois du plaisir. Dans Candide *de Voltaire, le pays d'Eldorado, étape importante du voyage imaginaire de ce héros malheureux, cristallise ainsi toute la thématique foisonnante de l'émerveillement, de la « grande découverte » : exotisme, richesse, raffinement, sensualité et mystère. ★★★*

L'Eldorado, « le pays où tout va bien »

Ils approchèrent enfin de la première maison du village. Elle était bâtie comme un palais d'Europe. Une foule de monde s'empressait à la porte, et encore plus dans le logis ; une musique très agréable se faisait entendre, et une odeur délicieuse de cuisine se faisait sentir. Cacambo[1] s'approcha de la porte, et entendit qu'on parlait péruvien ; c'était sa langue maternelle ; car tout le monde sait que Cacambo était né au Tucuman, dans un village où l'on ne connaissait que cette langue. « Je vous servirai d'interprète, dit-il à Candide ; entrons, c'est ici un cabaret. »

Aussitôt deux garçons et deux filles de l'hôtellerie, vêtus de drap d'or, et les cheveux renoués avec des rubans, les invitent à se mettre à la table de l'hôte. On servit quatre potages garnis chacun de deux perroquets, un contour[2] bouilli qui pesait deux cents livres, deux singes rôtis d'un goût excellent, trois cents colibris dans un plat, et six cents oiseaux-mouches dans un autre ; des ragoûts exquis, des pâtisseries délicieuses ; le tout dans des plats d'une espèce de cristal de roche. Les garçons et les filles de l'hôtellerie versaient plusieurs liqueurs faites de canne de sucre.

Les convives étaient pour la plupart des marchands et des voituriers, tous d'une politesse extrême, qui firent quelques questions à Cacambo avec la discrétion la plus circonspecte, et qui

Mine d'or en Amérique, gravure du XVIe siècle, Bibliothèque des Arts Décoratifs.

répondirent aux siennes d'une manière à le satisfaire.

Quand le repas fut fini, Cacambo crut, ainsi que Candide, bien payer son écot en jetant sur la table de l'hôte deux de ces larges pièces d'or qu'il avait ramassées ; l'hôte et l'hôtesse éclatèrent de rire, et se tinrent longtemps les côtés. Enfin ils se remirent. « Messieurs, dit l'hôte, nous voyons bien que vous êtes des étrangers ; nous ne sommes pas accoutumés à en voir. Pardonnez-nous si nous nous sommes mis à rire quand vous nous avez offert en payement les cailloux de nos grands chemins. Vous n'avez pas sans doute de la monnaie du pays, mais il n'est pas nécessaire d'en avoir pour dîner ici. Toutes les hôtelleries établies pour la commodité du commerce sont payées par le gouvernement. Vous avez fait mauvaise chère ici, parce que c'est un pauvre village ; mais partout ailleurs vous serez reçus comme vous méritez de l'être. » Cacambo expliquait à Candide tous les discours de l'hôte, et Candide les écoutait avec la même admiration et le même égarement que son ami Cacambo les rendait. « Quel est donc ce pays, disaient-ils l'un et l'autre, inconnu à tout le reste de la terre, et où toute la nature est d'une espèce si différente de la nôtre ? C'est probablement le pays où tout va bien : car il faut absolument qu'il y en ait un de cette espèce. Et, quoi qu'en dît maître Pangloss, je me suis souvent aperçu que tout allait mal en Westphalie[3]. »

VOLTAIRE, *Candide*, chap. XVII.

□ □ NOTES | **1.** Valet espagnol de Candide — **2.** Grosse pièce de viande, bien découpée — **3.** Pays natal de Candide.

1. Étude du texte

1. Quelles sont les caractéristiques géographiques, sociales, culturelles et humaines du pays d'Eldorado ?

2. Qu'est-ce qui surprend le plus Candide et ses amis dans cette contrée ? Pourquoi ?

3. Pourquoi sont-ils presque ridicules dans ce décor et cette amosphère ?

4. Que pensez-vous des dernières réflexions de Cacambo et de Candide ? Reflètent-elles la pensée exacte de Voltaire ?

2. Documentation - Création

Le mythe du « pays doré ».
L'Eldorado voltairien est l'une de ces contrées mythologiques où, de l'*Odyssée* d'Homère aux westerns de John Ford, s'est enracinée la fabuleuse légende du « pays doré ».

Vous rechercherez dans la littérature antique, classique et contemporaine, mais aussi dans la peinture, la photographie et le cinéma, des exemples variés de ce mythe fondamental de nombreuses civilisations.

ROUSSEAU

RÊVERIES
(1776-1778)

★★★ *Si la thématique du voyage a inspiré profondément la littérature du XVIIIe siècle, le rêve du repos, de la quiétude dans l'immobilité, reste également ancré au plus profond de la pensée et de la sensibilité de l'époque. Aussi, la promenade, la flânerie, avec leur minimum de « risque » dans le déplacement, leur maximum de sécurité dans l'appropriation de l'espace, séduisent-elles beaucoup l'homme du XVIIIe siècle. Voyageurs, marcheurs, pèlerins, Voltaire, Diderot et bien sûr Rousseau, ont été également de grands flâneurs dans les rues de Paris ou les allées de leurs retraites campagnardes.*
Chez l'auteur des Rêveries du promeneur solitaire, *la promenade est même devenue, avec la haine du monde et le poids des ans, l'unique voyage possible pour nourrir encore la méditation et féconder l'écriture.* ★★★

Une promenade incognito

Quand par hasard je rencontre quelqu'un qui a échappé aux instructions communes, ou qui ne connaissant pas ma figure ne me montre aucune aversion, l'honnête salutation de ce seul-là me dédommage du maintien rébarbatif des autres. Je les oublie pour ne m'occuper que de lui, et je m'imagine qu'il a une de ces âmes comme la mienne où la haine ne saurait pénétrer. J'eus encore ce plaisir l'année dernière en passant l'eau pour m'aller promener à l'île aux Cygnes. Un pauvre vieux invalide dans un bateau attendait compagnie pour traverser. Je me présentai et je dis au batelier de partir. L'eau était forte et la traversée fut longue. Je n'osais presque pas adresser la parole à l'invalide de peur d'être rudoyé et rebuté comme à l'ordinaire, mais son air honnête me rassura. Nous causâmes. Il me parut homme de sens et de mœurs. Je fus surpris et charmé de son ton ouvert et affable, je n'étais pas accoutumé à tant de faveur ; ma surprise cessa quand j'appris qu'il arrivait tout nouvellement de province. Je compris qu'on ne lui avait pas encore montré ma figure et donné ses instructions. Je profitai de cet incognito pour converser quelques moments avec un homme et je sentis à la douceur que j'y trouvais combien la rareté des plaisirs les plus communs est capable d'en augmenter le prix. En sortant du bateau, il préparait ses deux pauvres liards. Je payai le passage et le priai de les resserrer en tremblant de le cabrer. Cela n'arriva point ; au contraire, il parut sensible à mon attention et surtout à celle que j'eus encore, comme il était plus vieux que moi, de lui aider à sortir du bateau. Qui croirait que je fus assez enfant pour en pleurer d'aise ? Je mourais d'envie de lui mettre une pièce de vingt-quatre sols dans la main pour avoir du tabac ; je n'osai jamais. La même honte qui me retint m'a souvent empêché de faire de bonnes actions qui m'auraient comblé de joie et dont je ne me suis abstenu qu'en déplorant mon imbécillité. Cette fois, après avoir quitté mon vieux invalide je me consolai bientôt en pensant que j'aurais pour ainsi dire agi contre mes propres principes en mêlant aux choses honnêtes un prix d'argent qui dégrade leur noblesse et souille leur désintéressement. Il faut s'empresser de secourir ceux qui en ont besoin, mais dans le commerce ordinaire de la vie laissons la bienveillance naturelle et l'urbanité faire chacune leur œuvre, sans que jamais rien de vénal et de mercantile ose approcher d'une si pure source pour la corrompre ou pour l'altérer. On dit qu'en Hollande le peuple se fait payer pour vous dire l'heure et pour vous montrer le chemin. Ce doit être un bien méprisable peuple que celui qui trafique ainsi des plus simples devoirs de l'humanité.

J'ai remarqué qu'il n'y a que l'Europe seule où l'on vende l'hospitalité. Dans toute l'Asie on vous loge gratuitement, je comprends qu'on n'y trouve pas si bien toutes ses aises. Mais n'est-ce rien que de se dire : je suis homme et reçu chez des humains. C'est l'humanité pure qui me donne le couvert. Les petites privations s'endurent sans peine, quand le cœur est mieux traité que le corps.

ROUSSEAU, *Rêveries du promeneur solitaire*,
Neuvième promenade.

***L'étang du désert à Ermenonville*, gravure de Guyot.**
Réfléchissez à l'importance de l'eau dans la rêverie préromantique.

1. Étude du texte

1. Les circonstances de la promenade. En quoi ont-elles favorisé le caractère exceptionnel de la rencontre?

2. Qu'est-ce que Rousseau vous paraît redouter surtout dans ses promenades les plus habituelles?

3. Pourquoi néanmoins aime-t-il cette activité au point de lui avoir consacré le titre de son dernier ouvrage?

4. Montrez, à partir de ce texte, que la promenade rousseauiste est d'abord un voyage rêvé au pays du beau et du bien.

2. Documentation - Création

Promenade, flânerie et trouvailles.
De Rousseau aux surréalistes, en passant par Baudelaire et les « dandies » du XIXe siècle, la flânerie, la quête rêveuse de l'autre ou de la « trouvaille », sont devenues de véritables thèmes littéraires. Vous en rechercherez, dans la poésie comme dans le roman, plusieurs illustrations.

JUGEMENT

LE SIÈCLE DES DROMOMANES

L'esprit classique est, pour une part, le sentiment et la recherche des identités. Ni Racine, ni Boileau, ni Descartes ne doutent qu'il y ait une beauté et une raison universelles et permanentes et que la Phèdre d'Euripide, celle de Racine ou une Roxane du Grand Sérail ne puissent se comprendre exactement et parler le même langage. Sans doute, dès l'époque classique, on fait des réserves, on a des curiosités et des inquiétudes. Mais, dans l'ensemble, la philosophie et la littérature classiques suppriment le temps et l'espace. Or le XVIIIe siècle a tout fait pour les retrouver.

Il est d'abord le siècle des voyages : Voltaire visite l'Angleterre, l'Allemagne, la Suisse et, plus ou moins, la Hollande. Montesquieu voyage trois ans, en Allemagne, Suisse, Italie, Angleterre. Rousseau ira, sans le désirer d'ailleurs ou de mauvais gré, en Italie, en Allemagne, en Angleterre. Diderot visite la Hollande, l'Allemagne, la Russie. Beaumarchais court l'intrigue à travers l'Europe, d'Espagne en Angleterre ou en Autriche. D'Holbach connaît l'Allemagne et l'Angleterre. Condillac est précepteur du prince de Parme. Bernardin de Saint-Pierre est à peu près un « dromomane », chassé par son humeur inquiète à travers toute l'Europe. Chénier connaît l'Angleterre et visite l'Italie. Pour ceux qui ne voyagent pas ou qui ne peuvent pas aller assez loin, toute une littérature multiplie les voyages documentaires et pittoresques. C'est la collection, poursuivie pendant plus de soixante-dix ans, des *Lettres édifiantes et curieuses écrites des missions étrangères*. C'est, en vingt-et-un volumes, publiés en vingt-cinq ans, l'*Histoire générale des voyages*, de l'abbé Prévost, qui lui valut plus de lecteurs et plus d'argent que ses romans. Ce sont de luxueuses publications, des volumes in-folio, ornés d'innombrables estampes : *Le Voyage pittoresque de la Grèce,* de Choiseul-Gouffier, *Les Tableaux topographiques, pittoresques, etc., de la Suisse,* de J.-B. Delaborde et Zurlauben, *le Voyage pittoresque de Naples et de Sicile,* par l'abbé de Saint-Non, cent autres récits, mémoires, journaux qui mènent le lecteur à travers les continents et les océans. C'est aussi bien l'époque où l'on reprend les grands voyages maritimes de découvertes qui passionnent l'opinion publique. On lit avidement *Le Voyage autour du Monde,* de l'amiral Anson, les explorations de Cook ou de Bougainville.

Les œuvres des grands écrivains, sérieuses ou badines, reflètent ce goût des promenades à travers le vaste monde. Les romans, les contes, les tragédies, drames, comédies, opéras-comiques sont constamment orientaux, chinois, égyptiens, péruviens, indiens, ou prétendent l'être. Sans doute l'exotisme n'y est très souvent qu'un costume ou un déguisement. Babylone, c'est Paris, et

Gouvernement souverain de la Compagnie des Indes Orientales aux Pays-Bas, gravure hollandaise, début du XVIIIe siècle.
Bibliothèque des Arts Décoratifs.

les dervis nos prêtres. Mais souvent aussi l'exotisme est sincère. On fait effort pour n'être plus ni parisien, ni français, ni européen, ni civilisé. Au lieu de l'homme de tous les pays, on veut peindre celui qui n'est pas du tout de notre pays. On demande au lecteur de réfléchir sur la diversité des mœurs, sur l'infinie variété des usages et des croyances. [...]

Il y a peut-être dans l'homme un principe permanent et universel. Mais on convient de plus en plus qu'il y a une partie animale qui change, et l'on commence à croire qu'elle entraîne la partie spirituelle.

Daniel Mornet, *La Pensée française au XVIIIe siècle,* éd. A. Colin, pp. 72-74.

4. CONTESTATION DU POUVOIR ET PROJETS DE SOCIÉTÉ

INTRODUCTION

1. LES FISSURES DU POUVOIR

Très peu audacieuse au XVIIe siècle, dissimulée sous le drapé somptueux des vers d'un Corneille, sous les images gracieuses de l'apologue d'un La Fontaine ou les caricatures grimaçantes d'un La Bruyère, la critique sociale et politique prend une tout autre dimension au Siècle des Lumières. La force du pouvoir absolu du Roi Soleil l'avait étouffée ; les fissures du pouvoir vacillant de ses héritiers vont lui donner vigueur et la rendre hautement pertinente. Nobles ou roturiers, les philosophes se font un devoir de s'interroger sur la nature même de ce pouvoir qui se paie plus que jamais d'apparences et d'illusions (voir : Un pouvoir vieilli, *p. 64) parce que précisément sa réalité lui échappe.*

2. CRITIQUES ET MODÈLES

Derrière toutes les critiques, les plus conciliantes comme les plus virulentes, ce sont les fondements et les moyens mêmes de l'autorité politique qui sont remis en question (voir : La lettre de cachet, *p. 67). Démythifiée et désacralisée, celle-ci se voit demander des comptes et est soumise à explication comme n'importe quel autre phénomène. Et quand les comptes sonnent faux ou que l'explication reste insatisfaisante, la porte est ouverte aux projets de remaniement, de substitution et, qui sait, de révolution. Sans contester le principe du régime monarchique, auquel par origine ou par tempérament ils sont attachés, Montesquieu et Voltaire (voir :* Séparer les pouvoirs, *p. 69) rêvent d'en modifier l'esprit et de substituer aux abus du despotisme et de la tyrannie l'équilibre et l'harmonie d'un régime tempéré et « éclairé », dont ils voient, à tort ou à raison, la parfaite incarnation dans la constitution anglaise. Pour Rousseau, la monarchie n'est ni légitime ni souhaitable. S'il en reconnaît les avantages pour le gouvernement d'une grande nation, il lui préfère en théorie le régime démocratique et républicain, plus apte à son avis à respecter tous les termes de ce « contrat social » (voir :* Un projet « révolutionnaire » : le *Contrat social, p. 72).*

3. VERS LA RÉVOLUTION

Tout cela, dira-t-on, devait conduire à la Révolution de 1789. Certes, mais n'oublions pas que c'est le pouvoir royal et nobiliaire, de par son durcissement même, qui allait la provoquer plus que les critiques ou les projets des philosophes. Seulement, derrière les philosophes ou les penseurs, il y avait toute une France bourgeoise et populaire qui ressentait chaque jour davantage, comme un certain Figaro (voir : Figaro : Un étrange valet, *p. 75)**, le poids des injustices, des servitudes et des mensonges. En identifiant les causes de son aliénation, elle commençait à inventer les moyens de sa libération.*

Gravure de Girautas.
Beaumarchais conduit au cachot des débauchés à Saint-Lazare.

1. La critique du pouvoir

MONTESQUIEU

Sereine et paisible carrière que celle de Charles-Louis de Montesquieu (1689-1755), seigneur de La Brède. Juriste de formation, magistrat par tradition familiale, scientifique par goût, c'est pour son propre plaisir qu'il écrit en 1721 un petit ouvrage qui allait lui valoir un immense succès, Les Lettres persanes. *Sans renoncer à l'étude du droit, mais en mettant un terme à sa carrière de magistrat, Montesquieu se consacre dès lors entièrement à l'étude et à la littérature. Au retour d'un long voyage à travers l'Europe (1728-1731), après un patient travail de méditation et de rédaction, il publie ses* Considérations sur les causes de la grandeur des Romains et de leur décadence *(1734), et plus tard* L'Esprit des lois *(1748), passionnant traité de philosophie politique. La personnalité de cet homme attachant, travailleur infatigable et, comme Montaigne, amoureux de la vie, nous est également mieux connue par ses* Cahiers, *témoignage précieux sur les mœurs de celui qui fut le premier des grands « philosophes » du siècle.*

MONTESQUIEU

LETTRES PERSANES

★★★ *Les* Lettres persanes *(1721) ne sont pas un livre politique. Montesquieu réservera ses théories en ce domaine pour un grand ouvrage postérieur,* L'Esprit des lois *(1748) (voir :* Séparer les pouvoirs, *p. 69). Néanmoins, et à défaut de véritable théorie, la critique politique n'est pas absente du journal des deux Persans. Ayant daté leur voyage à Paris de l'extrême fin du règne de Louis XIV et des débuts de la Régence, Montesquieu profite des circonstances temporelles pour risquer une satire, discrète mais efficace, du despotisme monarchique. L'image du vieux roi, velléitaire, plus courtisé que conseillé, et drapé dans les mensonges du luxe et du pouvoir, devient, sous la plume du philosophe, symbolique des contradictions et des fissures de tout un système politique.* ★★★

Un pouvoir vieilli

USBEK A IBBEN, A SMIRNE

Le roi de France est vieux[1]. Nous n'avons point d'exemples dans nos histoires d'un monarque qui ait si longtemps régné. On dit qu'il possède à un très haut degré le talent de se faire obéir : il gouverne avec le même génie sa famille, sa cour, son état. On lui a souvent entendu dire que, de tous les gouvernements du monde, celui des Turcs ou celui de notre auguste sultan lui plairait le mieux, tant il fait cas de la politique orientale.

J'ai étudié son caractère, et j'y ai trouvé des contradictions qu'il m'est impossible de résoudre. Par exemple : il a un ministre qui n'a que dix-huit ans[2], et une maîtresse qui en a quatre-vingts[3], il aime sa religion, et il ne peut souffrir ceux qui disent qu'il la faut observer à la rigueur ; quoiqu'il fuie le tumulte des villes, et qu'il se communique peu, il n'est occupé, depuis le matin jusques au soir, qu'à faire parler de lui ;

Gravure de Langlais.
Le roi de France : magnifique, mais « vieux ».

il aime les trophées et les victoires, mais il craint autant de voir un bon général à la tête de ses troupes, qu'il aurait sujet de le craindre à la tête d'une armée ennemie. Il n'est, je crois, jamais arrivé qu'à lui d'être, en même temps, comblé de plus de richesses qu'un prince n'en saurait espérer, et accablé d'une pauvreté qu'un particulier ne pourrait soutenir.

Il aime à gratifier ceux qui le servent ; mais il paye aussi libéralement les assiduités ou plutôt l'oisiveté de ses courtisans, que les campagnes laborieuses de ses capitaines. Souvent il préfère un homme qui le déshabille, ou qui lui donne la serviette quand il se met à table, à un autre qui lui prend des villes ou lui gagne des batailles. Il ne croit pas que la grandeur souveraine doive être gênée dans la distribution des grâces, et, sans examiner si celui qu'il comble de biens est homme de mérite, il croit que son choix va le rendre tel : aussi lui a-t-on vu donner une petite pension à un homme qui avait fui deux lieues, et un beau gouvernement[4] à un autre qui en avait fui quatre.

Il est magnifique, surtout dans ses bâtiments : il y a plus de statues dans les jardins de son palais que de citoyens dans une grande ville. Sa garde est aussi forte que celle du prince devant qui tous les trônes se renversent. Ses armées sont aussi nombreuses ; ses ressources, aussi grandes ; et ses finances, aussi inépuisables.

A Paris, le 7 de la lune de Maharram, 1713.

MONTESQUIEU, *Lettres persanes*, XXXVII.

□ □ NOTES | **1.** En 1713, époque supposée du voyage en France des Persans, Louis XIV était âgé de 75 ans — **2.** Le marquis de Barbezieux, fils de Louvois et secrétaire d'État — **3.** Allusion à Mme de Maintenon — **4.** Charge de gouverneur.

1. Étude du texte

1. Commentez toute la portée critique de la première phrase du texte.

2. Relevez les principaux abus et les principales incohérences du pouvoir royal dénoncés par Montesquieu. Lesquels sont les plus graves?

3. Comment, selon Montesquieu, la « façade » de l'édifice chancelant du pouvoir est-elle protégée? Au prix de quelles illusions?

4. Expliquez, d'après ce texte, ce qu'on pourrait appeler l'égoïsme et la solitude du pouvoir.

5. A votre avis, Montesquieu est-il totalement dépourvu d'admiration et de fascination pour l'objet de sa satire?

2. Expression

La distance critique.

Vous avez remarqué, en lisant ce texte ou d'autres lettres du livre de Montesquieu, qu'il ne prononce jamais ouvertement et directement ses critiques, qu'elles soient sociales, religieuses ou politiques.

Vous relirez cet extrait et dresserez la liste des procédés, évidents ou plus subtils, de « distanciation » de la critique et de la satire. Les rendent-ils pour autant moins efficaces?

3. Documentation - Création

Recherche historique :

La fin de Louis XIV et les débuts de la Régence.

Les dernières années du règne de Louis XIV et celles qui suivirent immédiatement sa mort furent une époque politiquement et constitutionnellement difficile pour la monarchie française.

A l'aide d'ouvrages historiques et littéraires vous vous documenterez sur cette époque et chercherez à comprendre les difficultés de l'héritage et de la succession du Roi Soleil.

DIDEROT

JACQUES LE FATALISTE (1773-1775)

★★★ *Pouvoir usé, pouvoir usurpé, le pouvoir royal est trop souvent aussi aux yeux des philosophes un pouvoir arbitraire. Depuis 1636 une pratique symbolise plus que toute autre ce scandale de l'arbitraire : l'usage royal des « lettres de cachet », qui permettent au souverain de décider, sans la moindre audience ni le plus sommaire jugement, de faire emprisonner ou exiler n'importe quel citoyen pour une durée indéterminée. Parmi les nombreux récits anecdotiques insérés dans l'histoire principale de* Jacques le fataliste, *roman écrit par Diderot entre 1773 et 1775, se trouve celui d'un pâtissier innocent qui n'échappe que par ruse et chance à la rigueur implacable de la lettre de cachet. Les philosophes eux-mêmes n'ont pas toujours connu cette chance...* ★★★

La lettre de cachet

Tandis que Jacques et son maître reposent, je vais m'acquitter de ma promesse, par le récit de l'homme de la prison, qui raclait de la basse, ou plutôt de son camarade, le sieur Gousse.

« Ce troisième, me dit-il, est un intendant de grande maison. Il était devenu amoureux d'une pâtissière de la rue de l'Université. Le pâtissier était un bon homme qui regardait de plus près à son four qu'à la conduite de sa femme. Si ce n'était pas sa jalousie, c'était son assiduité qui gênait nos deux amants ? Que firent-ils pour se délivrer de cette contrainte ? L'intendant présenta à son maître un placet où le pâtissier était traduit comme un homme de mauvaises mœurs, un ivrogne qui ne sortait pas de la taverne, un brutal qui battait sa femme, la plus honnête et la plus malheureuse des femmes. Sur ce placet il obtint une lettre de cachet, et cette lettre de cachet, qui disposait de la liberté du mari, fut mise entre les mains d'un exempt, pour l'exécuter sans délai. Il arriva par hasard que cet exempt était l'ami du pâtissier. Ils allaient de temps en temps chez le marchand de vin ; le pâtissier fournissait les petits pâtés, l'exempt payait la bouteille. Celui-ci, muni de la lettre de cachet, passe devant la porte du pâtissier, et lui fait le signe convenu. Les voilà tous les deux occupés à manger et à arroser les petits pâtés ; et l'exempt demandant à son camarade comment allait son commerce ?

« Fort bien.

« — S'il n'avait aucune mauvaise affaire ?

« — Aucune.

« — S'il n'avait point d'ennemis ?

« — Il ne s'en connaissait pas.

« — Comment il vivait avec ses parents, ses » voisins, sa femme ?

« — En amitié et en paix.

« — D'où peut donc venir, ajouta l'exempt, » l'ordre que j'ai de t'arrêter ? Si je faisais mon » devoir, je te mettrais la main au collet, il y aurait » là un carrosse tout prêt, et je te conduirais au » lieu prescrit par cette lettre de cachet. Tiens, » lis... »

« Le pâtissier lut et pâlit. L'exempt lui » dit : « Rassure-toi, avisons seulement ensemble » à ce que nous avons de mieux à faire pour ma » sûreté et pour la tienne. Qui est-ce qui fréquente » chez toi ?

« — Personne.

« — Ta femme est coquette et jolie.

« — Je la laisse faire à sa tête.

« — Personne ne la couche-t-il en joue ?

« — Ma foi, non, si ce n'est un certain » intendant qui vient quelquefois lui serrer les » mains et lui débiter des sornettes ; mais c'est » dans ma boutique, devant moi, en présence » de mes garçons, et je crois qu'il ne se passe rien » entre eux qui ne soit en tout bien et en tout » honneur.

« — Tu es un bon homme !

« — Cela se peut ; mais le mieux de tout » point est de croire sa femme honnête, et c'est » ce que je fais.

« — Et cet intendant, à qui est-il ?

« — A M. de Saint-Florentin.

« — Et de quels bureaux crois-tu que vienne » la lettre de cachet ?

« — Des bureaux de M. de Saint-Florentin, » peut-être.

« — Tu l'as dit.

« — Oh ! manger ma pâtisserie, baiser ma » femme et me faire enfermer, cela est trop noir, » et je ne saurais le croire !

« — Tu es un bon homme ! Depuis quel- » ques jours, comment trouves-tu ta femme ?

« — Plutôt triste que gaie.

« — Et l'intendant, y a-t-il longtemps que » tu ne l'as vue ?

» — Hier, je crois ; oui, c'était hier.

« — N'as-tu rien remarqué ?

« — Je suis fort peu remarquant ; mais il » m'a semblé qu'en se séparant ils se faisaient » quelques signes de la tête, comme quand l'un » dit oui et que l'autre dit non.

» — Quelle était la tête qui disait oui ?

« — Celle de l'intendant.

« — Ils sont innocents ou ils sont complices. » Écoute mon ami, ne rentre pas chez toi ; sauve-toi » en quelque lieu de sûreté, au Temple, dans » l'Abbaye, où tu voudras, et cependant laisse-moi » faire ; surtout souviens-toi bien...

« — De ne pas me montrer et de me taire.

« — C'est cela. »

« — Au même moment la maison du pâtissier est entourée d'espions. Des mouchards, sous toutes sortes de vêtements, s'adressent à la pâtissière, et lui demandent son mari ; elle répond à l'un qu'il est malade, à un autre qu'il est parti pour une fête, à un troisième pour une noce. Quand il reviendra ? Elle n'en sait rien.

« Le troisième jour, sur les deux heures du matin, on vient avertir l'exempt qu'on avait vu un homme, le nez enveloppé dans un manteau, ouvrir doucement la porte de la rue et se glisser doucement dans la maison du pâtissier. Aussitôt l'exempt, accompagné d'un commissaire, d'un serrurier, d'un fiacre et de quelques archers, se transporte sur les lieux. La porte est crochetée, l'exempt et le commissaire montent à petit bruit. On frappe à la chambre de la pâtissière : point de réponse ; on frappe encore : point de réponse ; à la troisième fois on demande du dedans : « Qui est-ce ?

« — Ouvrez.

« — Qui est-ce ?

« — Ouvrez, c'est de la part du roi.

« — Bon ! disait l'intendant à la pâtissière » avec laquelle il était couché ; il n'y a point de » danger : c'est l'exempt qui vient pour exécuter » son ordre. Ouvrez : je me nommerai ; il se » retirera, et tout sera fini. »

« La pâtissière, en chemise, ouvre et se remet dans son lit.

L'EXEMPT. — « Où est votre mari ?

LA PATISSIÈRE. — « Il n'y est pas.

L'EXEMPT, *écartant le rideau.* — « Qui est-ce » qui est donc là ?

L'INTENDANT. — « C'est moi ; je suis l'in- » tendant de M. de Saint-Florentin.

L'EXEMPT. — « Vous mentez, vous êtes le » pâtissier, car le pâtissier est celui qui couche » avec la pâtissière. Levez-vous, habillez-vous, » et suivez-moi. »

« Il fallut obéir ; on le conduisit ici. Le ministre, instruit de la scélératesse de son intendant, a approuvé la conduite de l'exempt, qui doit venir ce soir à la chute du jour le prendre dans cette prison pour le transférer à Bicêtre, où, grâce à l'économie des administrateurs, il mangera son quarteron de mauvais pain, son once de vache, et raclera de sa basse du matin au soir... »

DIDEROT, *Jacques le Fataliste.*

1. Étude du texte

1. Distinguez et résumez les divers épisodes du récit de Diderot.

2. Montrez l'habileté des enchaînements entre les séquences narratives et les séquences dialoguées.

3. Quels aspects du *pouvoir* ce texte dénonce-t-il ? L'autorité judiciaire du roi est-elle ici seule en cause ?

4. Mettez en évidence les procédés comiques ou humoristiques du texte. En quoi rendent-ils la critique particulièrement efficace ?

2. Des projets de société

MONTESQUIEU

L'ESPRIT DES LOIS
(1748)

★★★ *Qui dénonce et critique se doit aussi de proposer et d'inventer. Dans le domaine politique les philosophes n'ont pas failli à ce principe. Souvent contestataires du régime monarchique français, ils ont imaginé d'autres systèmes, d'autres constitutions plus conformes à leurs idéaux de liberté et de justice. Un modèle les a guidés et profondément influencés dans leur recherche : celui de la vieille Angleterre qui, dès 1649, avait fait sa « révolution » et décapité la première tête couronnée d'Europe. Dans* L'Esprit des lois *(1748), Montesquieu, qui rêve d'une monarchie tempérée où le pouvoir royal serait limité par celui de la noblesse, de la justice et des Parlements, ne peut s'empêcher de consacrer deux grands chapitres à la constitution d'Angleterre, qu'il juge parfaitement harmonieuse et équilibrée. Voltaire, lui, a pu juger sur place, pendant son exil, des bienfaits du libéralisme anglais. Attaché comme Montesquieu au principe d'une monarchie parlementaire il ne manque pas, de retour en France, dans ses* Lettres philosophiques *appelées aussi* Lettres anglaises *(1733-1734), de faire un éloge enthousiaste des institutions d'Outre-Manche : leur nature et leur esprit lui apparaissent comme autant de garants des libertés fondamentales de l'individu et de la nation tout entière.* ★★★

Séparer les pouvoirs

Il y a, dans chaque État, trois sortes de pouvoirs : la puissance législative, la puissance exécutrice des choses qui dépendent du droit des gens, et la puissance exécutrice de celles qui dépendent du droit civil.

Par la première, le prince ou le magistrat fait des lois pour un temps ou pour toujours, et corrige ou abroge celles qui sont faites. Par la seconde, il fait la paix ou la guerre, envoie ou reçoit des ambassades, établit la sûreté, prévient les invasions. Par la troisième, il punit les crimes ou juge les différends des particuliers. On appellera cette dernière la puissance de juger ; et l'autre simplement la puissance exécutrice de l'État.

La liberté politique dans un citoyen est cette tranquillité d'esprit qui provient de l'opinion que chacun a de sa sûreté ; et pour qu'on ait cette liberté, il faut que le gouvernement soit tel qu'un citoyen ne puisse pas craindre un autre citoyen.

Lorsque, dans la même personne ou dans le même corps de magistrature, la puissance législative est réunie à la puissance exécutrice, il n'y a point de liberté, parce qu'on peut craindre que le même monarque ou le même sénat ne fasse des lois tyranniques pour les exécuter tyranniquement.

Il n'y a point encore de liberté si la puissance de juger n'est pas séparée de la puissance législative et de l'exécutrice. Si elle était jointe à la puissance législative, le pouvoir sur la vie et la liberté des citoyens serait arbitraire : car le juge serait législateur. Si elle était jointe à la puissance exécutrice, le juge pourrait avoir la force d'un oppresseur.

Tout serait perdu si le même homme, ou le même corps des principaux[1], ou des nobles, ou du peuple, exerçait ces trois pouvoirs : celui de faire des lois, celui d'exécuter les résolutions publiques, et celui de juger les crimes ou les différends des particuliers.

Dans la plupart des royaumes de l'Europe, le gouvernement est modéré, parce que le prince, qui a les deux premiers pouvoirs, laisse à ses sujets l'exercice du troisième. Chez les Turcs, où les trois pouvoirs sont réunis sur la tête du sultan, il règne un affreux despotisme.

MONTESQUIEU, *L'Esprit des lois*, Livre XI.

□ □ NOTE | 1. L'aristocratie pure.

VOLTAIRE

LETTRES ANGLAISES
(1734)

Régler le pouvoir des rois

La nation anglaise est la seule de la terre qui soit parvenue à régler le pouvoir des rois en leur résistant, et qui d'efforts en efforts ait enfin établi ce gouvernement sage où le prince, tout-puissant pour faire du bien, a les mains liées pour faire le mal ; où les seigneurs sont grands sans insolence et sans vassaux, et où le peuple partage le gouvernement sans confusion.

La chambre des pairs et celle des communes sont les arbitres de la nation, le roi est le sur-arbitre. Cette balance manquait aux Romains : les grands et le peuple étaient toujours en division à Rome, sans qu'il y eût un pouvoir mitoyen qui pût les accorder. Le sénat de Rome, qui avait l'injuste et punissable orgueil de ne vouloir rien partager avec les plébéiens, ne connaissait d'autre secret, pour les éloigner du gouvernement, que de les occuper toujours dans les guerres étrangères. Ils regardaient le peuple comme une bête féroce qu'il fallait lâcher sur leurs voisins de peur qu'elle ne dévorât ses maîtres ; ainsi le plus grand défaut du gouvernement des Romains en fit des conquérants ; c'est parce qu'ils étaient malheureux chez eux qu'ils devinrent les maîtres du monde, jusqu'à ce qu'enfin leurs divisions les rendirent esclaves.

Le gouvernement d'Angleterre n'est point fait pour un si grand éclat, ni pour une fin si funeste ; son but n'est point la brillante folie de faire des conquêtes, mais d'empêcher que ses voisins n'en fassent ; ce peuple n'est pas seulement jaloux de sa liberté, il l'est encore de celle des autres. Les Anglais étaient acharnés contre Louis XIV, uniquement parce qu'ils lui croyaient de l'ambition. Ils lui ont fait la guerre de gaieté de cœur, assurément sans aucun intérêt.

Il en a coûté sans doute pour établir la liberté en Angleterre ; c'est dans des mers de sang qu'on a noyé l'idole du pouvoir despotique ; mais les Anglais ne croient point avoir acheté trop cher leurs lois. Les autres nations n'ont pas eu moins de troubles, n'ont pas versé moins de sang qu'eux ; mais ce sang qu'elles ont répandu pour la cause de leur liberté n'a fait que cimenter leur servitude... Les Français pensent que le gouvernement de cette île est plus orageux que la mer qui l'environne, et cela est vrai ; mais c'est quand le roi commence la tempête, c'est quand il veut se rendre le maître du vaisseau dont il n'est que le premier pilote. Les guerres civiles de France ont été plus longues, plus cruelles, plus fécondes en crimes que celles d'Angleterre ; mais de toutes ces guerres civiles aucune n'a eu une liberté sage pour objet.

VOLTAIRE, *Lettres anglaises*, VIII.

1. Étude des textes

1. Donnez un contenu concret aux trois pouvoirs séparés évoqués par Montesquieu.

2. A votre avis, peut-on concevoir un système politique où les trois pouvoirs seraient absolument indépendants les uns des autres ? Quels en seraient les risques ?

3. Quelle interprétation peut-on donner de la dernière phrase du texte de Montesquieu ?

4. Les origines et la carrière de Montesquieu ne donnent-elles pas un sens à ses choix en matière d'institutions politiques ?

5. Commentez la conception que se fait Voltaire du roi dans une constitution idéale. En quoi celle-ci est-elle transgressée dans le système monarchique français du XVIIIe siècle ?

6. Explicitez d'après ce texte le concept voltairien de pouvoir.

7. Appréciez les idées de Voltaire sur la guerre. Pourquoi l'explique-t-il avant tout comme un phénomène politique ?

8. Dans cette « lettre », Voltaire vous paraît-il totalement objectif et impartial dans ses jugements et commentaires ?

Session du parlement d'Angleterre sous Guillaume III : « La nation anglaise est la seule de la terre qui soit parvenue à régler le pouvoir des rois en leur résistant. »

2. Documentation - Création

Recherche historique :
La monarchie anglaise aux XVIIe et XVIIIe siècles.

Vous vous documenterez dans des livres d'histoire sur ces deux siècles troublés du royaume d'Angleterre et plus particulièrement sur les questions suivantes :

— Qu'appelle-t-on la révolution de 1648-1649?

— Qui était Olivier Cromwell? Quel rôle a-t-il joué dans l'histoire d'Angleterre?

— Quels sont les bases et les principes du parlementarisme anglais au XVIIIe siècle?

— Que représentent les deux grands partis parlementaires : les whigs et les tories?

— Que reste-t-il, dans la constitution de la Grande-Bretagne contemporaine, de ces institutions anciennes?

ROUSSEAU

DU CONTRAT SOCIAL *(1762)*

★★★ *Souvent en marge du cercle des philosophes, comme le prouve son* Discours sur les sciences et les arts *de 1750, où, contrairement au sentiment de tous ses contemporains, il voyait en la science et la technique des facteurs de décadence morale, Rousseau fut souvent aussi au-delà des thèses et des engagements de son temps. En 1755, son* Discours sur l'origine de l'inégalité *devait aller ainsi beaucoup plus loin en matière de dénonciation sociale que n'importe quelle autre critique des philosophes : pour la première fois le rôle de la propriété était stigmatisé comme moteur historique du « mal social » et comme germe de la « lutte des classes ». En regard du double constat de décadence des* Discours, *le* Contrat social *de 1762 apparaît comme un audacieux projet de restauration des libertés originelles de l'*individu *par l'intermédiaire de l'institution des libertés garanties du* citoyen. *Après avoir réfuté les systèmes hypocrites et illégitimes (la monarchie de droit divin notamment), Rousseau propose un « pacte social », démocratique et intangible, dont se souviendront les révolutionnaires de 89.* ★★★

Un projet « révolutionnaire »

Je suppose les hommes parvenus à ce point où les obstacles qui nuisent à leur conservation dans l'état de nature l'emportent par leur résistance sur les forces que chaque individu peut employer pour se maintenir dans cet état. Alors cet état primitif ne peut plus subsister, et le genre humain périrait s'il ne changeait sa manière d'être.

Or, comme les hommes ne peuvent engendrer de nouvelles forces, mais seulement unir et diriger celles qui existent, ils n'ont plus d'autre moyen pour se conserver que de former, par agrégation, une somme de forces qui puisse l'emporter sur la résistance, de les mettre en jeu par un seul mobile et de les faire agir de concert.

Cette somme de forces ne peut naître que du concours de plusieurs ; mais la force et la liberté de chaque homme étant les premiers instruments de sa conservation, comment les engagera-t-il sans se nuire et sans négliger les soins qu'il se doit? Cette difficulté, ramenée à mon sujet, peut s'énoncer en ces termes :

« Trouver une forme d'association qui défende et protège de toute la force commune la personne et les biens de chaque associé, et par laquelle chacun, s'unissant à tous, n'obéisse pourtant qu'à lui-même, et reste aussi libre qu'auparavant ». Tel est le problème fondamental dont le *Contrat social* donne la solution.

Les clauses de ce contrat sont tellement déterminées par la nature de l'acte, que la moindre modification les rendrait vaines et de nul effet ; en sorte que, bien qu'elles n'aient peut-être jamais été formellement énoncées, elles sont partout les mêmes, partout tacitement admises et reconnues, jusqu'à ce que, le pacte social étant violé, chacun rentre alors dans ses premiers droits, et reprenne sa liberté naturelle en perdant la liberté conventionnelle pour laquelle il y renonça.

Ces clauses, bien entendues, se réduisent toutes à une seule, savoir : l'aliénation totale de chaque associé avec tous ses droits à toute la communauté : car, premièrement, chacun se donnant tout entier, la condition est égale pour tous ; et la condition étant égale pour tous, nul n'a intérêt de la rendre onéreuse aux autres.

De plus, l'aliénation se faisant sans réserve, l'union est aussi parfaite qu'elle peut l'être, et nul associé n'a plus rien à réclamer ; car, s'il restait quelques droits aux particuliers, comme il n'y aurait aucun supérieur commun qui pût prononcer entre eux et le public, chacun, étant en quelque point son propre juge, prétendrait bientôt l'être en tout ; l'état de nature subsisterait, et l'association deviendrait nécessairement tyrannique ou vaine.

Enfin, chacun se donnant à tous ne se

donne à personne, et, comme il n'y a pas un associé sur lequel on n'acquière le même droit qu'on lui cède sur soi, on gagne l'équivalent de tout ce qu'on perd, et plus de force pour conserver ce qu'on a.

Si donc on écarte du pacte social ce qui n'est pas de son essence, on trouvera qu'il se réduit aux termes suivants : « Chacun de nous met en commun sa personne et toute sa puissance sous la suprême direction de la volonté générale, et nous recevons en corps chaque membre comme partie indivisible du tout. »

A l'instant, au lieu de la personne particulière de chaque contractant, cet acte d'association produit un corps moral et collectif, composé d'autant de membres que l'assemblée a de voix, lequel reçoit de ce même acte son unité, son *moi* commun, sa vie et sa volonté. Cette personne publique, qui se forme ainsi par l'union de toutes les autres, prenait autrefois le nom de *cité*, et prend maintenant celui de *république* ou de *corps politique*, lequel est appelé par ses membres : *État*, quand il est passif ; *souverain*, quand il est actif ; *puissance*, en le comparant à ses semblables. A l'égard des associés, ils prennent collectivement le nom de *peuple*, et s'appellent en particulier *citoyens*, comme participants à l'autorité souveraine, et *sujets*, comme soumis aux lois de l'État.

ROUSSEAU, *Du Contrat social*,
Livre I, chap. VI.

Gravure de Niquet. *La déclaration des Droits de l'homme : dans l'esprit du* Contrat social.

1. Étude du texte

1. Comment Rousseau parvient-il à concilier la liberté individuelle et naturelle avec la liberté collective et institutionnelle?

2. En quoi le « contrat social » est-il fondamentalement universel?

3. Quels régimes politiques vous semblent les mieux aptes à respecter la lettre et l'esprit de ce contrat?

4. Pourquoi Rousseau exige-t-il de tous une abdication totale au profit de la communauté? Quelles contraintes, selon vous, suppose-t-elle pour être pleinement réalisée?

5. Comment Rousseau, conçoit-il le rôle de ce qu'il appelle selon les cas « l'état » ou « le souverain »?

6. N'y a-t-il pas quelques faiblesses dans l'argumentation apparemment rigoureuse de Rousseau? Ne peut-elle pas se prêter aussi à quelques détournements, dont l'Histoire donnera la preuve?

2. Expression

Une démonstration.
La caractéristique de cette page de Rousseau est la rigueur, la logique démonstrative. Réduit à ses termes essentiels, le texte fonctionne comme une suite de propositions liées entre elles de manière indissoluble. Vous mettrez en évidence le schéma rhétorique et logique de ce chapitre du *Contrat social* en discernant bien ce qui est proposition a priori, hypothèse, conséquence générale ou particulière, réfutation par l'absurde, etc.

3. Documentation - Création

1. Recherche littéraire :

L'état de nature, mythe et réalité.

Le système politique de Rousseau est élaboré à partir de la distinction essentielle entre « état de nature » et « état social ».

1. Vous rechercherez dans les œuvres d'auteurs contemporains de Rousseau (comme Bernardin de Saint-Pierre) ou plus anciens (comme Montaigne) des textes illustrant le concept d' « état de nature » et vous en discuterez le contenu.

2. Vous confronterez ces textes littéraires ou philosophiques aux études scientifiques contemporaines menées sur ce sujet par des ethnologues (comme Lévi-Strauss) ou des naturalistes (comme Jean Rostand). Vous vous demanderez si celles-ci ruinent ou autorisent les « mythes » de l'état de nature et du « bon sauvage ».

2. Dissertation :

Commentez et discutez cette analyse de Jean Rostand extraite de son livre *Ce que je crois* : *J'ignore quel sera le système d'économie le plus apte à assurer l'équitable distribution des biens matériels et spirituels; mais je suis à peu près sûr que l'époque ne peut plus être lointaine où l'on s'étonnera que, durant tant de siècles, tant de choses aient pu rester le privilège de si peu de gens, et que la société ait pu se partager en groupes si inégalement traités qu'on y différait par la taille, par le quotient intellectuel, par la résistance aux maladies, par l'espérance de vie, par le taux de criminalité.*
Certes, aucun ajustement social ne saurait abolir les inégalités naturelles entre les humains; mais ces inégalités mêmes, je crois que de moins en moins elles seront soulignées par une sanction sociale, car un temps viendra où ce ne sera plus la meilleure récompense des meilleurs que d'avoir en excès ce qui est de manque aux moins bons.

3. Contestation et révolution

BEAUMARCHAIS

LE MARIAGE DE FIGARO (1775)

★★★ *Curieux destin personnel et curieuse carrière littéraire que ceux de Pierre-Augustin Caron (1732-1799), alias Beaumarchais. Chez cet amateur d'intrigues, ce brasseur d'affaires, ce prince du spectaculaire, se ressentent fortement les instabilités et les contradictions du siècle finissant. Anobli de fraîche date, il vitupère la vieille noblesse ; plaideur invétéré, il dénonce la justice mensongère ; financier mystérieux, il ne craint pas de stigmatiser les pouvoirs de l'argent. Serait-il le premier des « révolutionnaires » ? Non. Plutôt le symbole de la contestation, le visage de la fronde encore latente qui menace l'édifice vacillant de la société et du régime de Louis XVI. Pareil à Figaro, son brillant et impétueux valet du* Barbier de Séville *(1775) et du* Mariage de Figaro *(1784), Beaumarchais est tout aussi prêt à dénoncer les scandales de son temps qu'à en tirer son parti. Chez lui, pas de remise en cause radicale des institutions et du système politique, mais une « gaieté triste » qui rit de tout de crainte d'avoir à en pleurer. Et les effets de l'ironie sont parfois plus redoutables que ceux de l'anathème incontrôlé ou du discours théorique...* ★★★

Un étrange valet

FIGARO

Non, monsieur le Comte, vous ne l'aurez pas... vous ne l'aurez pas. Parce que vous êtes un grand seigneur, vous vous croyez un grand génie !... Noblesse, fortune, un rang, des places, tout cela rend si fier ! Qu'avez-vous fait pour tant de biens ? Vous vous êtes donné la peine de naître et rien de plus : du reste, homme assez ordinaire ! tandis que moi, morbleu, perdu dans la foule obscure, il m'a fallu déployer plus de science et de calculs pour subsister seulement qu'on n'en a mis depuis cent ans à gouverner toutes les Espagnes ; et vous voulez jouter !... On vient... c'est elle... ce n'est personne. — La nuit est noire en diable, et me voilà faisant le sot métier de mari, quoique je ne le sois qu'à moitié ! *(Il s'assied sur un banc.)* Est-il rien de plus bizarre que ma destinée ! Fils de je ne sais pas qui, volé par des bandits, élevé dans leurs mœurs, je m'en dégoûte et veux courir une carrière honnête ; et partout je suis repoussé ! J'apprends la chimie, la pharmacie, la chirurgie, et tout le crédit d'un grand seigneur peut à peine me mettre à la main une lancette vétérinaire ! — Las d'attrister des bêtes malades, et pour faire un métier contraire, je me jette à corps perdu dans le théâtre ; me fussé-je mis une pierre au cou ! Je broche une comédie dans les mœurs du sérail ; auteur espagnol, je crois pouvoir y fronder Mahomet sans scrupule : à l'instant un envoyé... de je ne sais où se plaint que j'offense dans mes vers la Sublime Porte[1], la Perse, une partie de la presqu'île de l'Inde, toute l'Égypte, les royaumes de Barca, de Tripoli, de Tunis, d'Alger et de Maroc : et voilà ma comédie flambée pour plaire aux princes mahométans, dont pas un, je crois, ne sait lire, et qui nous meurtrissent l'omoplate, en nous disant : *Chiens de chrétiens!* — Ne pouvant avilir l'esprit, on se venge en le maltraitant. — Mes joues creusaient, mon terme était échu ; je voyais de loin arriver l'affreux recors[2], la plume fichée dans sa perruque ; en frémissant je m'évertue. Il s'élève une question sur la nature des richesses ; et comme il n'est pas nécessaire de tenir les choses pour en raisonner, n'ayant pas un sou, j'écris sur la valeur de l'argent et sur son produit net ; sitôt je vois, du fond d'un fiacre, baisser pour moi le pont d'un château fort, à l'entrée duquel je laissai l'espérance et la liberté. *(Il se lève.)* Que je voudrais bien tenir un de ces puissants de quatre jours, si légers sur le mal qu'ils ordonnent, quand une bonne disgrâce a cuvé son orgueil! Je lui dirais... que les sottises imprimées n'ont d'importance qu'aux lieux où l'on en gêne le cours ; que sans la liberté de blâmer, il n'est point d'éloge flatteur ; et qu'il n'y a que les petits hommes qui redoutent les petits écrits. *(Il se rassied.)* Las de nourrir un obscur pensionnaire, on me met un jour dans la rue ; et comme il faut dîner, quoiqu'on ne soit plus en prison, je taille encore ma plume, et demande à chacun de quoi il est question : on me dit que, pendant ma retraite économique, il s'est établi dans Madrid un système de liberté sur la vente des productions, qui s'étend même à celles de la presse ; et que, pourvu que je ne parle, en mes écrits, ni de l'autorité, ni du culte, ni de la politique, ni de la morale, ni des gens en place, ni des corps en crédit, ni de l'Opéra, ni des autres spectacles, ni de personne qui tienne à quelque chose, je puis tout imprimer librement sous l'inspection de deux ou trois censeurs. Pour profiter de cette douce liberté, j'annonce un écrit périodique, et, croyant n'aller sur les brisées d'aucun autre, je le nomme *Journal inutile*. Pou-ou ! je vois s'élever contre moi mille pauvres diables à la feuille ; on me supprime ; et me voilà derechef sans emploi ! — Le désespoir m'allait saisir ; on pense à moi pour une place, mais par malheur j'y étais propre : il fallait un calculateur, ce fut un danseur qui l'obtint. Il ne me restait plus qu'à voler ; je me fais banquier de pharaon : alors, bonnes gens ! je soupe en ville, et les personnes dites *comme il faut* m'ouvrent poliment leur maison, en retenant pour elles les trois quarts du profit. J'aurais bien pu me remonter ; je commençais même à comprendre que pour gagner du bien, le savoir-faire vaut mieux que le savoir. Mais comme chacun pillait autour de moi, en exigeant que je fusse honnête, il fallut bien périr encore. Pour le coup je quittais le monde ; et vingt brasses d'eau m'en allaient séparer, lorsqu'un dieu bienfaisant m'appelle à mon premier état. Je reprends ma trousse et mon cuir anglais ; puis laissant la fumée aux sots qui s'en nourrissent, et la honte au milieu du chemin, comme trop lourde à un piéton, je vais rasant de ville en ville, et je vis enfin sans souci. Un grand seigneur passe à Séville ; il me reconnaît, je le marie ; et pour prix d'avoir eu par mes soins son épouse, il veut intercepter la mienne ! Intrigue, orage à ce sujet. Prêt à tomber dans un abîme, au moment d'épouser ma mère, mes parents m'arrivent à la file. *(Il se lève en s'échauffant.)* On se débat ; c'est vous, c'est lui, c'est moi, c'est toi ; non, ce n'est pas nous ; eh ! mais qui donc ? *(Il retombe assis.)* O bizarre suite d'événements ! Comment cela m'est-il arrivé ? Pourquoi ces choses et non pas d'autres ? Qui les a fixées sur ma tête ? Forcé de parcourir la route où je suis entré sans le savoir, comme j'en sortirai sans le vouloir, je l'ai jonchée d'autant de fleurs

Figaro, par Watteau de Lille,
Un valet turbulent et contestataire.

que ma gaieté me l'a permis ; encore je dis ma gaieté, sans savoir si elle est à moi plus que le reste, ni même quel est ce *moi* dont je m'occupe : un assemblage informe de parties inconnues ; puis un chétif être imbécile ; un petit animal folâtre ; un jeune homme ardent au plaisir, ayant tous les goûts pour jouir, faisant tous les métiers pour vivre ; maître ici, valet là, selon qu'il plaît à la fortune ! ambitieux par vanité, laborieux par nécessité, mais paresseux... avec délices ! orateur selon le danger, poète par délassement, musicien par occasion, amoureux par folles bouffées, j'ai tout vu, tout fait, tout usé. Puis l'illusion s'est détruite, et, trop désabusé... Désabusé !... Désabusé !... Suzon, Suzon, Suzon ! que tu me donnes de tourments !

BEAUMARCHAIS, *Le Mariage de Figaro,* Acte V, scène 3.

□ □ NOTES | **1.** Le gouvernement de la Turquie — **2.** Adjoint de l'huissier — **3.** Produits.

1. Étude du texte

1. Montrez comment dans cette scène du *Mariage*, les doléances du Figaro amoureux ne font qu'un avec celles du Figaro citoyen et individu social. Quelles précisions dramaturgiques de Beaumarchais accentuent cette unité ?

2. Quels griefs principaux Figaro adresse-t-il à la société de son temps ? Quelles institutions et quels aspects du pouvoir critique-t-il surtout ?

3. Expliquez ce qu'on pourrait appeler le sentiment d' « aliénation » chez Figaro.

4. Dans ce monologue Figaro apparaît-il comme le représentant d'une classe sociale déterminée ? Parmi ses revendications, quelles sont celles que les révolutionnaires de 89 retiendront ?

5. Renseignez-vous plus précisément sur la vie de Beaumarchais et dites en quoi Figaro peut apparaître comme le « double » théâtral de son auteur.

2. Expression

Le monologue théâtral.

1. Analysez la structure de ce monologue célèbre. Expliquez-en la progression dramatique et notamment l'alternance des temps forts et des temps faibles.

2. Appréciez l'originalité de ce monologue en regard des grands monologues classiques ou romantiques. En quoi se démarque-t-il des premiers, en quoi annonce-t-il peut-être les seconds ?

3. Réfléchissez aux possibilités offertes en général à l'auteur de théâtre par le procédé du monologue. Quelles libertés lui donne-t-il ? Quelles contraintes lui impose-t-il également ?

3. Documentation - Création

Recherche littéraire :

Figaro, un valet de théâtre pas comme les autres...

1. Relisez quelques comédies de Molière ou de Marivaux et dressez une typologie élémentaire du valet de la comédie classique.

2. Dégagez la spécificité du personnage de Figaro par rapport aux Scapin, Sganarelle, Arlequin, etc. :

— sur le plan de la psychologie,

— sur le plan de la fonction dramatique,

— sur le plan de la symbolique.

PERSPECTIVES

Gravure satirique.
Vers la fin des privilèges et la faillite des Trois Ordres.

LES EXPÉRIENCES DE LA LIBERTÉ

Entre le moment des fêtes galantes et l'apparition sur les champs de bataille du drapeau tricolore portant en devise *La liberté ou la mort,* l'histoire du XVIIIe siècle peut être regardée comme la scène sur laquelle un mouvement de liberté fuse, éclate et s'épanouit en un scintillement tragique. Non que cette histoire aboutisse à l'instauration d'un règne de la liberté : tout au long du siècle, l'idée de liberté est mise en expérience à la fois dans le caprice abusif et dans la protestation contre les abus. Le goût de la vie libre prend tantôt l'aspect de la jouissance sans frein, tantôt la forme de l'appel à une moralité renouvelée, et chez certains (un Fielding, un Restif), l'on apercevra un confus mélange de ces deux tendances. Cette revendication s'éveille et prend d'elle-même une conscience accrue, à partir d'une situation où les forces adverses opposent à la liberté un déni blessant. L'exigence de liberté s'éprouve dans la frustration. L'histoire du siècle résulte d'un combat, parfois d'un dialogue, entre les actes du pouvoir autocratique et les ripostes des hommes indociles. Dans le domaine politique, comme dans le domaine moral ou religieux, plus rien ne paraît justifier le rapport arbitraire entre l'autorité et les sujets obéissants. Comme le dira Kant, les hommes des Lumières ont résolu de ne plus obéir à une loi étrangère : ils veulent être autonomes, soumis à une loi qu'ils perçoivent et reconnaissent en eux-mêmes.

L'industrie naissante et les grandes concentrations urbaines créent de nouvelles formes d'asservissement et de nouveaux problèmes politiques et administratifs; l'exigence libertaire ne s'imposerait pas avec cette acuité, si précisément l'atteinte à la liberté n'apparaissait partout : dans les insolences des riches, dans les maladresses des gouvernants, dans le recours à l'appareil oppressif du pouvoir. L'on découvre que l'extrême liberté de quelques-uns attente à la liberté de tous. Entre le crépuscule guerrier de Louis XIV et l'holocauste napoléonien, l'histoire du siècle peut encore se lire comme l'avènement, dans le sang, de l'idée de nation.

Certes, les philosophes auraient voulu infléchir autrement le cours de l'histoire. Le désir d'affranchissement, l'impatience devant les entraves incitent à projeter dans le possible, sur le papier, l'image spéculative de la liberté revendiquée. « L'homme est né libre », proclame Rousseau; encore faut-il que l'indépendance de l'individu naturel ne lui soit pas dérobée lorsqu'il entre dans la société et devient citoyen. Or, « partout il est dans les fers » : le problème consiste à trouver un système social où l'exigence de l'ordre et celle de la liberté ne fussent pas contradictoires. Problème dont la difficulté n'échappe ni à Rousseau ni à ses contemporains, et dont la solution devrait cependant, selon eux, être à la portée d'un nouvel « art social ». Ce terme est significatif : il est caractéristique d'une époque où le mot Art ne s'était pas encore étréci, spécialisé, purifié. Est art toute méthode tendant à perfectionner un donné naturel de façon à y introduire plus d'ordre, plus d'agrément, plus d'utilité. En assurant la transmutation de l'indépendance naturelle en liberté civile, en conciliant la sécurité de l'individu et l'autorité de l'État, le législateur donnerait l'exemple de l'art suprême. Déjà, la raison éclairée d'un Locke, d'un Montesquieu s'était offerte à régler la composition des forces entre le pouvoir du prince (qui tend spontanément à la tyrannie) et les appétits des particuliers (qui s'entrecroisent de façon anarchique). Aux souverains et aux peuples, l'intérêt bien entendu eût imposé des freins, suggéré des compromis, inspiré le respect des lois. Mais qui écoute la voix de la raison? Qui connaît son intérêt? Ni les despotes, ni la « populace » exaspérée par les abus, ni même les bourgeois conquérants. Pour les témoins continentaux, l'Angleterre avait paru assurer la liberté civile par un sage système de séparation des pouvoirs. Mais dans la seconde moitié du siècle, l'image enviée s'était brouillée, et l'on regardait de loin l'idéal fédéral rassembler les colons d'Amérique dans la tolérance et la modération. L'art suprême de la société va-t-il donc se réaliser parmi des hommes qui font si peu de cas de notre faste?...

Jean Starobinski, *Les Expériences de la liberté*, p. 12, éd. Skira.

5. CRITIQUE DE LA RELIGION ET ÉMANCIPATION DES CONSCIENCES

INTRODUCTION

1. UNE ÉGLISE CONTESTÉE

Tout comme il avait ébranlé les fondements traditionnels du pouvoir politique, le rationalisme critique des philosophes ne devait pas épargner l'édifice de la foi et de la religion, autre bastion des illusions et des vanités métaphysiques. Il faut dire qu'en ce XVIIIe siècle les comportements des fidèles comme les agissements de leur église prêtent singulièrement le flanc à la satire. Religion d'État, le catholicisme est aisément dénoncé comme religion de bienséance et de commodité : sous les masques hypocrites des pratiques intermittentes et des cultes de façade, la foi est soupçonnée de n'être plus qu'une vague croyance, utile ou inutile au gré des circonstances (voir : Hypocrites ou croyants ?, *p. 82). Paradoxalement, le manque de sincérité dans la foi n'empêche pas les tenants d'une religion qui a partie liée avec le pouvoir d'être plus intolérants et plus durs que jamais. Au nom de la liberté et de la justice, Voltaire et quelques autres devront se faire, contre les adeptes d'une violence aveugle et d'un fanatisme hérité des temps obscurs, les avocats de la tolérance et du respect des droits fondamentaux de l'individu à croire et à penser, en toute impunité (voir :* Une religion complice de la violence, *p. 84). Quelle que soit en effet l'attitude personnelle qu'adoptera chacun des philosophes en matière de religion, ils seront unanimes pour défendre et encourager le respect mutuel des pratiques et des cultes (voir :* Apologies de la tolérance, *p. 86-87).*

2. DE NOUVELLES CROYANCES

Cela dit, l'implacable remise en cause de certains dogmes, de la religion révélée notamment, donna naissance à de nouveaux comportements. Si Voltaire reconnut comme une évidence raisonnable, et de surcroît utile à la société, l'existence de l'Être Suprême, c'est avec une conviction plus authentique que Rousseau se rallia à son culte. La voie du cœur plus que les calculs de la raison lui dictait en effet cet élan naturel vers le divin (voir : Être suprême et insondable, *p. 91). Enracinée dans la même intimité secrète, la morale devait ainsi se confondre chez lui avec l'observance des lois non écrites, non codifiées, mais naturelles et universelles de ce qu'il nomme la « conscience » (voir :* La voix de la conscience, *p. 93).*

3. ATHÉISME ET AMORALITÉ

*Un moment tenté par l'attitude déiste, Diderot, comme d'autres collaborateurs de l'*Encyclopédie *conduits par la rigueur même des théories matérialistes, s'en tint finalement à un athéisme de principe et au relativisme moral (voir :* De l'athéisme hésitant au relativisme moral, *p. 89). Poussé d'ailleurs jusqu'à l'extrême de sa logique, l'athéisme pouvait aussi déboucher sur un immoralisme militant et sacrilège : les romans libertins de Sade (voir :* De la dérision de la morale à l'apologie du vice, *p. 95) allaient montrer le chemin de cette subversion si révolutionnaire que la Révolution elle-même devait s'en effrayer...*

La société civile rend hommage à l'Être Suprême.

I. La satire d'une institution

MONTESQUIEU

LETTRES PERSANES

★★★ *En matière de religion, comme en matière de politique, Montesquieu sait être nuancé dans la critique et mesuré dans la satire. Mais la discrétion n'est pas le silence. Le philosophe rationaliste qu'il était ne pouvait rester indifférent aux débats théologiques et métaphysiques, tout comme le théoricien d'un pouvoir tempéré et tolérant ne pouvait demeurer muet devant les abus et les « crimes » commis au nom d'une religion de façade et de convention, dont le « fidèle » s'accommode plus qu'il ne l'embrasse sincèrement. C'est à cette foi de circonstance, à cette hypocrisie fondamentale, à cet « alibi » des excès de pouvoir et du pouvoir, que le philosophe s'en prend dans une des lettres les plus ironiques de son recueil.* ★★★

Hypocrites ou croyants ?

USBEK A RHÉDI

A Venise.

Il faut que je te l'avoue, je n'ai point remarqué chez les chrétiens cette persuasion vive de leur religion qui se trouve parmi les musulmans. Il y a bien loin chez eux de la profession à la croyance, de la croyance à la conviction, de la conviction à la pratique. La religion est moins un sujet de sanctification qu'un sujet de disputes qui appartient à tout le monde. Les gens de cour, les gens de guerre, les femmes mêmes, s'élèvent contre les ecclésiastiques, et leur demandent de leur prouver ce qu'ils sont résolus de ne pas croire. Ce n'est pas qu'ils se soient déterminés par raison, et qu'ils aient pris la peine d'examiner la vérité ou la fausseté de cette religion qu'ils rejettent : ce sont des rebelles qui ont senti le joug, et l'ont secoué avant de l'avoir connu. Aussi ne sont-ils pas plus fermes dans leur incrédulité que dans leur foi ; ils vivent dans un flux et reflux qui les porte sans cesse de l'un à l'autre. Un d'eux me disait un jour : je crois l'immortalité de l'âme par semestre ; mes opinions dépendent absolument de la constitution de mon corps ; selon que j'ai plus ou moins d'esprits animaux[1], que mon estomac digère bien ou mal, que l'air que je respire est subtil ou grossier, que les viandes dont je me nourris sont légères ou solides, je suis spinosiste, socinien[2], catholique, impie ou dévot. Quand le médecin est auprès de mon lit, le confesseur me trouve à son avantage. Je sais bien empêcher la religion de m'affliger quand je me porte bien ; mais je lui permets de me consoler quand je suis malade : lorsque je n'ai plus rien à espérer d'un côté, la religion se présente et me gagne par ses promesses ; je veux bien m'y livrer, et mourir du côté de l'espérance.

Il y a longtemps que les princes chrétiens affranchirent tous les esclaves de leurs États, parce, disaient-ils, que le christianisme rend tous les hommes égaux. Il est vrai que cet acte de religion leur était très utile : ils abaissaient par là les seigneurs, de la puissance desquels ils retiraient le bas peuple. Ils ont ensuite fait des conquêtes dans des pays où ils ont vu qu'il leur était avantageux d'avoir des esclaves ; ils ont permis d'en acheter et d'en vendre, oubliant ce principe de religion qui les touchait tant. Que veux-tu que je te dise ? vérité dans un temps, erreur dans un autre. Que ne faisons-nous comme les chrétiens ? Nous sommes bien simples de refuser des établissements et des conquêtes faciles dans des climats heureux ; parce que l'eau n'y est pas assez pure pour nous laver selon les principes du saint Alcoran ![3]

Je rends grâces au Dieu tout-puissant, qui a envoyé Hali[4], son grand prophète, de ce que je professe une religion qui se fait préférer à tous les intérêts humains, et qui est pure comme le ciel, dont elle est descendue.

De Paris, le 15 de la lune de Saphar (1715).

MONTESQUIEU, *Lettres persanes*, LXXV.

NOTES | **1.** Allusion au système cartésien — **2.** Protestant, disciple de Sozzini — **3.** Le Coran — **4.** Mahomet.

1. Étude du texte

1. Faites la part dans cette lettre des critiques adressées par Montesquieu :
— à l'institution religieuse elle-même,
— aux « fidèles » et à leurs comportements.

2. Comment tourne-t-il également en dérision les détracteurs systématiques de la foi et de la religion ?

3. Montrez les prolongements politiques, sociaux et économiques de cette critique.

4. D'après les remarques et jugements d'Usbek, dites comment Montesquieu conçoit la vraie foi et la religion authentique.

5. Étudiez au fil du texte les procédés de la satire. A quoi tient particulièrement leur « efficacité » ?

2. Documentation - Création

Recherche historique :
Le « commerce triangulaire ».

« *Les princes chrétiens (...) ont fait des conquêtes dans des pays où ils ont vu qu'il leur était avantageux d'avoir des esclaves; ils ont permis d'en acheter et d'en vendre...* », écrit Montesquieu dans cette lettre.

Recherchez des documents littéraires, historiques et iconographiques sur ce fameux « commerce triangulaire » si important au XVIIIe siècle. Étudiez-en le « processus » et examinez ses conséquences économiques, sociales et politiques, jusque dans l'actualité la plus contemporaine.

VOLTAIRE

TRAITÉ SUR LA TOLÉRANCE (1763)

★★★ *Le 10 mars 1762, à Toulouse, un certain Jean Calas est rompu vif sur la roue sous prétexte d'avoir assassiné son fils Marc-Antoine. Protestant calviniste, le père aurait commis le meurtre pour empêcher son fils de se convertir au catholicisme. En réalité les faits retenus contre l'accusé ne prouvaient rien. Seuls le fanatisme, la rumeur publique, et le déchaînement des passions religieuses avaient contribué à la perte du malheureux. Indigné par tant d'aveuglement, Voltaire, convaincu de l'innocence de Calas, mène une enquête personnelle, suivie d'une véritable campagne de réhabilitation qui sera couronnée de succès en mars 1765 (voir :* Plaidoyer pour une réhabilitation, *p. 126). Entre-temps, en 1763, le philosophe publiera son* Traité sur la tolérance, *très dur réquisitoire contre une religion fanatique complice d'un pouvoir aveugle, très vibrant plaidoyer pour la cause des protestants exilés ou « hors la loi ».* ★★★

Une religion complice de la violence

Treize juges s'assemblèrent tous les jours pour terminer le procès. On n'avait, on ne pouvait avoir aucune preuve contre la famille ; mais la religion trompée tenait lieu de preuve. Six juges persistèrent longtemps à condamner Jean Calas, son fils, et Lavaisse à la roue, et la femme de Jean Calas au bûcher. Sept autres plus modérés voulaient au moins qu'on examinât. Les débats furent réitérés et longs. Un des juges, convaincu de l'innocence des accusés et de l'impossibilité du crime, parla vivement en leur faveur ; il opposa le zèle de l'humanité au zèle de la sévérité ; il devint l'avocat public des Calas dans toutes les maisons de Toulouse, où les cris continuels de la religion abusée demandaient le sang de ces infortunés. Un autre juge connu par sa violence parlait dans la ville avec autant d'emportement contre les Calas, que le premier montrait d'empressement à les défendre. Enfin l'éclat fut si grand qu'ils furent obligés de se récuser l'un et l'autre ; ils se retirèrent à la campagne.

Mais par un malheur étrange, le juge favorable aux Calas eut la délicatesse de persister dans sa récusation, et l'autre revint donner sa voix contre ceux qu'il ne devait point juger : ce fut cette voix qui forma la condamnation à la roue ; car il y eut huit voix contre cinq, un des six juges opposés ayant à la fin, après bien des contestations, passé au parti le plus sévère.

Il semble que, quand il s'agit d'un parricide, et de livrer un père de famille au plus affreux supplice, le jugement devrait être unanime, parce que les preuves d'un crime si inouï devraient être d'une évidence sensible à tout le monde : le moindre doute, dans un cas pareil, doit suffire pour faire trembler un juge qui va signer un arrêt de mort. La faiblesse de notre raison et l'insuffisance de nos lois se font sentir tous les jours ; mais dans quelle occasion en découvre-t-on mieux la misère que quand la prépondérance d'une seule voix fait rouer un citoyen ? Il fallait dans Athènes cinquante voix au-delà de la moitié pour oser prononcer un jugement de mort. Qu'en résulte-t-il ? ce que nous savons très inutilement, que les Grecs étaient plus sages et plus humains que nous.

Il paraissait impossible que Jean Calas, vieillard de soixante-huit ans, qui avait depuis longtemps les jambes enflées et faibles, eût seul étranglé et pendu un fils âgé de vingt-huit ans, qui était d'une force au-dessus de l'ordinaire ; il fallait absolument qu'il eût été assisté dans cette exécution par sa femme, par son fils Pierre Calas, par Lavaisse, et par la servante. Ils ne s'étaient pas quittés un seul moment le soir de cette fatale aventure. Mais cette supposition était encore aussi absurde que l'autre : car comment une servante zélée catholique aurait-elle pu souffrir que des huguenots[1] assassinassent un jeune homme élevé par elle, pour le punir d'aimer la religion de cette servante ? Comment Lavaisse serait-il venu exprès de Bordeaux pour étrangler son ami dont il ignorait la conversion prétendue ? Comment une mère tendre aurait-elle mis les mains sur son fils ? Comment tous ensemble auraient-ils pu étrangler un jeune homme aussi robuste qu'eux tous, sans un combat long et violent, sans des cris affreux qui auraient appelé tout le voisinage, sans des coups réitérés, sans des meurtrissures, sans des habits déchirés ?

Il était évident que, si le parricide avait pu être commis, tous les accusés étaient également coupables, parce qu'ils ne s'étaient pas quittés d'un moment ; il était évident qu'ils ne l'étaient pas ; il était évident que le père seul ne pouvait l'être ; et cependant l'arrêt condamna ce père seul à expirer sur la roue.

Le motif de l'arrêt était aussi inconcevable que tout le reste. Les juges qui étaient décidés pour le supplice de Jean Calas persuadèrent aux autres que ce vieillard faible ne pourrait résister aux tourments, et qu'il avouerait sous les coups des bourreaux son crime et celui de ses complices. Ils furent confondus, quand ce vieillard, en mourant sur la roue, prit Dieu à témoin de son innocence, et le conjura de pardonner à ses juges.

VOLTAIRE, *Traité sur la tolérance*,
Histoire abrégée de la mort de Jean Calas (chap. I).

NOTE | 1. Protestants calvinistes.

1. Étude du texte

1. Mettez en évidence les éléments de la double dénonciation de Voltaire :
— dénonciation du fanatisme religieux.
— dénonciation de la justice aveugle.

2. A quels signes voit-on que Voltaire connaît parfaitement tout le dossier de l'affaire Calas ?

3. Qu'est-ce qui, dans le verdict des juges, révolte le plus Voltaire ? Pourquoi ?

4. Quelles phrases du texte montrent que celui-ci est également un prétexte à une critique plus fondamentale et plus globale ?

5. Comment l'écrivain réussit-il à rendre dramatique et pathétique tout son récit ?

2. Expression

Réécriture.
Ce texte de Voltaire est un plaidoyer « post mortem » qui ne cherche que la réhabilitation posthume de la victime.
En en conservant le ton et les principaux points d'argumentation vous le réécrirez sous la forme d'un plaidoyer que Voltaire-avocat aurait pu prononcer devant les juges de Calas lors du procès de 1762.

3. Documentation - Création

Débat :

La peine de mort en question.

L'ensemble de la classe discutera, au cours d'un débat suivi et argumenté, du principe de la peine de la mort, des effets de son application, des peines qui pourraient lui être substituées, etc.
Pour ouvrir le débat on pourra commenter ces propos d'Albert Camus extraits d'un article donné à la N.R.F. en 1957 et intitulé « Réflexions sur la guillotine » :
« *Admettons qu'il soit juste et nécessaire de compenser le meurtre de la victime par la mort du meurtrier. Mais l'exécution capitale n'est pas simplement la mort. Elle est aussi différente, en son essence, de la privation de la vie, que le camp de concentration l'est de la prison. Elle est un meurtre, sans doute, et qui paye arithmétiquement le meurtre commis. Mais elle ajoute à la mort un règlement, une préméditation publique et connue de la future victime, une organisation enfin qui est par elle-même une source de souffrances morales plus terribles que la mort. (...) L'exécution capitale est le plus prémédité des meurtres auquel aucun forfait de criminel, si calculé soit-il, ne peut être comparé.* »

2. Apologies de la tolérance

MONTESQUIEU
LETTRES PERSANES

VOLTAIRE
TRAITÉ SUR LA TOLÉRANCE

★★★ *Tout comme la critique du pouvoir politique et des institutions conduisait les philosophes à esquisser de nouveaux systèmes et à proposer de nouveaux projets de société, la satire de l'hypocrisie et de l'intolérance religieuses les amène à suggérer de nouveaux comportements. L'essentiel est en effet chez eux moins dans tel ou tel débat dogmatique, dans telle ou telle polémique théologique, que dans le souci constant de « situer » le phénomène religieux dans un contexte social et humain qu'il contribue à former et à modifier de par son existence même. En ce sens, qu'ils s'appellent Voltaire ou Montesquieu, le maître-mot de leur pensée est « tolérance » : tolérance du pouvoir religieux à l'égard de l'individu ; tolérance des religions et églises diverses les unes envers les autres ; tolérance réciproque encore de toutes les fois et croyances, de toutes les incroyances et libres-pensées. C'est au prix de cette tolérance que le catholique, le déiste et l'athée pourront coexister au sein d'une société sans haine et sans violence.* ★★★

Insupportable intolérance

USBEK A MIRZA, A ISPAHAN

S'il faut raisonner sans prévention, je ne sais, Mirza, s'il n'est pas bon que dans un état il y ait plusieurs religions.

On remarque que ceux qui vivent dans des religions tolérées[1] se rendent ordinairement plus utiles à leur patrie que ceux qui vivent dans la religion dominante ; parce que, éloignés des honneurs, ne pouvant se distinguer que par leur opulence et leurs richesses, ils sont portés à en acquérir par leur travail, et à embrasser les emplois de la société les plus pénibles.

D'ailleurs, comme toutes les religions contiennent des préceptes utiles à la société, il est bon qu'elles soient observées avec zèle. Or qu'y a-t-il de plus capable d'animer ce zèle que leur multiplicité ?

Ce sont des rivales qui ne se pardonnent rien. La jalousie descend jusqu'aux particuliers : chacun se tient sur ses gardes et craint de faire des choses qui déshonoreraient son parti et l'exposeraient aux mépris et aux censures impardonnables du parti contraire.

Aussi a-t-on toujours remarqué qu'une secte nouvelle introduite dans un état était le moyen le plus sûr pour corriger les abus de l'ancienne.

On a beau dire qu'il n'est pas de l'intérêt du Prince de souffrir plusieurs religions dans son état. Quand toutes les sectes du monde viendraient s'y rassembler, cela ne lui porterait aucun préjudice, parce qu'il n'y en a aucune qui ne prescrive l'obéissance et ne prêche la soumission.

J'avoue que les histoires sont remplies de guerres de religion. Mais, qu'on y prenne bien garde : ce n'est point la multiplicité des religions qui a produit ces guerres, c'est l'esprit d'intolérance, qui animait celle qui se croyait la dominante ; c'est cet esprit de prosélytisme que les Juifs ont pris des Égyptiens, et qui, d'eux, est passé, comme une maladie épidémique et populaire, aux Mahométans et aux Chrétiens ; c'est, enfin, cet esprit de vertige, dont les progrès ne peuvent être regardés que comme une éclipse entière de la raison humaine.

Car enfin, quand il n'y aurait pas de l'inhumanité à affliger la conscience des autres, quand il n'en résulterait aucun des mauvais effets qui en germent à milliers, il faudrait être fou pour s'en aviser[2]. Celui qui veut me faire changer de religion ne le fait sans doute que parce qu'il ne changerait pas la sienne, quand on voudrait l'y forcer : il trouve donc étrange que je ne fasse pas une chose qu'il ne ferait pas lui-même, peut-être pour l'empire du monde.

A Paris, le 26 de la lune de Gemmadi I, 1715.

MONTESQUIEU, *Lettres persanes*, LXXXV.

□ □ NOTES | **1.** C'est-à-dire minoritaires dans le pays — **2.** Décider de l'entreprendre.

Pèlerins à la Mecque : « A toi, Dieu de tous les êtres... »

« A toi, Dieu de tous les êtres... »

Ce n'est donc plus aux hommes que je m'adresse, c'est à toi, Dieu de tous les êtres, de tous les mondes et de tous les temps, s'il est permis à de faibles créatures perdues dans l'immensité, et imperceptibles au reste de l'univers, d'oser te demander quelque chose, à toi qui as tout donné, à toi dont les décrets sont immuables comme éternels. Daigne regarder en pitié les erreurs attachées à notre nature ; que ces erreurs ne fassent point nos calamités. Tu ne nous as point donné un cœur pour nous haïr, et des mains pour nous égorger ; fais que nous nous aidions mutuellement à supporter le fardeau d'une vie pénible et passagère ; que les petites différences entre les vêtements qui couvrent nos débiles corps, entre tous nos langages insuffisants, entre tous nos usages ridicules, entre toutes nos lois imparfaites, entre toutes nos opinions insensées, entre toutes nos conditions si disproportionnées à nos yeux, et si égales devant toi ; que toutes ces petites nuances qui distinguent les atomes appelés hommes ne soient pas des signaux de haine et de persécution ; que ceux qui allument des cierges en plein midi pour te célébrer supportent ceux qui se contentent de la lumière de ton soleil ; que ceux qui couvrent leur robe d'une toile blanche pour dire qu'il faut t'aimer ne détestent pas ceux qui disent la même chose sous un manteau de laine noire ; qu'il soit égal de t'adorer dans un jargon formé d'une ancienne langue ou dans un jargon plus nouveau ; que ceux dont l'habit est teint en rouge ou en violet, qui dominent sur une petite parcelle d'un petit tas de la boue de ce monde, et qui possèdent quelques fragments arrondis d'un certain métal, jouissent sans orgueil de ce qu'ils appellent grandeur et richesse, et que les autres les voient sans envie : car tu sais qu'il n'y a dans ces vanités ni de quoi envier, ni de quoi s'enorgueillir.

Puissent tous les hommes se souvenir qu'ils sont frères ! qu'ils aient en horreur la tyrannie exercée sur les âmes, comme ils ont en exécration le brigandage qui ravit par la force le fruit du travail et de l'industrie paisible ! Si les fléaux de la guerre sont inévitables, ne nous haïssons pas, ne nous déchirons pas les uns les autres dans le sein de la paix, et employons l'instant de notre existence à bénir également en mille langages divers, depuis Siam jusqu'à la Californie, ta bonté qui nous a donné cet instant.

VOLTAIRE, *Traité sur la tolérance*, chap. XXIII.

1. Étude des textes

1. Rappelez les difficiles problèmes religieux, plus ou moins brûlants du XVIe au XVIIIe siècle, qui justifient et expliquent ce double appel à la tolérance de Montesquieu et de Voltaire.

2. Mettez en évidence, dans les deux textes, les raisons et les « avantages » de tous ordres qui conduisent les philosophes à faire l'apologie de la tolérance. Appréciez ces diverses justifications.

3. Montrez comment ces deux apologies ne sont dépourvues ni d'ironie, ni d'arrière-pensées. A cet égard, laquelle des deux est la plus ambiguë ?

4. Le texte de Voltaire, extrait de son *Traité sur la tolérance*, est souvent intitulé « Prière à Dieu ». D'après vous, ce titre se justifie-t-il pleinement ?

5. D'après ce même texte, essayez de définir ce qu'on appelle le déisme de Voltaire.

2. Expression

« Signaux ».
Toute la seconde partie du premier paragraphe du texte de Voltaire consiste en l'énumération de ce qu'il appelle lui-même les « signaux de haine et de persécution ». Dans son discours, ces signaux sont en fait donnés à lire au fil d'une série d'images significatives. Vous étudierez cette série, identifierez la nature des images qui la composent et montrerez la subtilité des procédés rhétoriques qui les évoquent et les relient les unes aux autres.

3. Documentation - Création

Dissertation
« *Belle fonction à assurer, celle d'inquiéteur* », disait André Gide. Quelles œuvres littéraires ont joué, pour vous, ce rôle d'éveil à l'inquiétude, aussi bien dans le domaine psychologique, moral que religieux ?

3. Les vertiges de la conscience

DIDEROT

PENSÉES SUR L'INTERPRÉTATION DE LA NATURE (1754)

★★★ *Si Montesquieu s'en est toujours tenu, au moins ouvertement, aux principes de la religion chrétienne et si Voltaire s'est assez vite rallié à ceux du déisme, l'itinéraire spirituel de Diderot fut beaucoup plus tourmenté. Catholique d'éducation, il s'accommoda pour un temps (à l'époque des* Pensées philosophiques, *1746), et pour les mêmes raisons que Voltaire, du déisme naturel. Mais dès 1747, certaines propositions de sa* Promenade du sceptique, *plus panthéistes que déistes, laissaient pressentir son ralliement définitif à l'athéisme matérialiste. Athéisme non pas militant, mais athéisme imposé au rationaliste par l'impossibilité de situer et de concevoir le divin dans un univers matériel régi et expliqué par ses propres lois. Les conséquences morales de cet athéisme du savant et du philosophe, si sensiblement justifié dans une « prière » rajoutée plus tard aux* Pensées sur l'interprétation de la nature *(1754), étaient d'importance. La* Lettre sur les aveugles *de 1749, où Diderot explique que toutes nos conceptions viennent des sens et qu'ainsi un aveugle-né ne peut penser le monde de la même manière qu'un individu normal, devait les mettre en évidence. Pour le philosophe, la morale traditionnelle, fondée sur la croyance en une âme immortelle et garantie par l'existence de Dieu, n'est qu'un mythe; pour lui, seule la thèse de la relativité de la morale est recevable.* ★★★

De l'athéisme hésitant au relativisme moral

J'ai commencé par la Nature, qu'ils ont appelée ton ouvrage ; et je finirai par toi, dont le nom sur la terre est Dieu.

O Dieu ! je ne sais si tu es ; mais je penserai comme si tu voyais dans mon âme, j'agirai comme si j'étais devant toi.

Si j'ai péché quelquefois contre ma raison, ou ta loi, j'en serai moins satisfait de ma vie passée ; mais je n'en serai pas moins tranquille sur mon sort à venir, parce que tu as oublié ma faute aussitôt que je l'ai reconnue.

Je ne te demande rien dans ce monde ; car le cours des choses est nécessaire par lui-même, si tu n'es pas, ou par ton décret, si tu es.

J'espère à tes récompenses dans l'autre monde, s'il y en a un, quoique tout ce que je fais dans celui-ci, je le fasse pour moi.

Si je suis le bien, c'est sans effort ; si je laisse le mal, c'est sans penser à toi.

Je ne pourrais m'empêcher d'aimer la vérité et la vertu, et de haïr le mensonge et le vice, quand je saurais que tu n'es pas, ou quand je croirais que tu es et que tu t'en offenses.

Me voilà tel que je suis, portion nécessairement organisée d'une matière éternelle et nécessaire, ou, peut-être, ta créature.

Mais si je suis bienfaisant et bon, qu'importe à mes semblables que ce soit par un bonheur d'organisation, par des actes libres de ma volonté, ou par le secours de ta grâce ?...

Il n'appartient qu'à l'honnête homme d'être athée.

DIDEROT,
Pensées sur l'Interprétation de la Nature.

DIDEROT

LETTRE SUR LES AVEUGLES (1749)

Une morale dépendante des sens

Comme je n'ai jamais douté que l'état de nos organes et de nos sens n'ait beaucoup d'influence sur notre métaphysique et sur notre morale, et que nos idées les plus purement intellectuelles, si je puis parler ainsi, ne tiennent de fort près à la conformation de notre corps, je me mis à questionner notre aveugle[1] sur les vices et sur les vertus. Je m'aperçus d'abord qu'il avait une aversion prodigieuse pour le vol ; elle naissait en lui de deux causes : de la facilité qu'on avait de le voler sans qu'il s'en aperçût ; et plus encore, peut-être, de celle qu'on avait de l'apercevoir quand il volait. Ce n'est pas qu'il ne sache très bien se mettre en garde contre le sens qu'il nous connaît de plus qu'à lui, et qu'il ignore la manière de bien cacher un vol. Il ne fait pas grand cas de la pudeur : sans les injures de l'air[2], dont les vêtements le garantissent, il n'en comprendrait guère l'usage...

Comme, de toutes les démonstrations extérieures qui réveillent en nous la commisération et les idées de la douleur, les aveugles ne sont affectés que par la plainte, je les soupçonne, en général, d'inhumanité... Nous-mêmes ne cessons-nous pas de compatir lorsque la distance ou la petitesse des objets produit le même effet sur nous que la privation de la vue sur les aveugles ? tant nos vertus dépendent de notre manière de sentir et du degré auquel les choses extérieures nous affectent ! Aussi je ne doute point que, sans la crainte du châtiment, bien des gens n'eussent moins de peine à tuer un homme à une distance où ils ne le verraient gros que comme une hirondelle, qu'à égorger un bœuf de leurs mains. Si nous avons de la compassion pour un cheval qui souffre, et si nous écrasons une fourmi sans aucun scrupule, n'est-ce pas le même principe qui nous détermine ? Ah, madame[3] ! que la morale des aveugles est différente de la nôtre ! que celle d'un sourd différerait encore de celle d'un aveugle, et qu'un être qui aurait un sens de plus que nous trouverait notre morale imparfaite, pour ne rien dire de pis ! (...)

Si un homme qui n'a vu que pendant un jour ou deux se trouvait confondu chez un peuple d'aveugles, il faudrait qu'il prît le parti de se taire, ou celui de passer pour un fou. Il leur annoncerait tous les jours quelque nouveau mystère, qui n'en serait un que pour eux, et que les esprits forts se sauraient bon gré de ne pas croire. Les défenseurs de la religion ne pourraient-ils pas tirer un grand parti d'une incrédulité si opiniâtre, si juste même, à certains égards, et cependant si peu fondée ?

DIDEROT, *Lettre sur les aveugles.*

□ □ NOTES | 1. Un aveugle-né — 2. Maux causés par le mauvais temps — 3. La *Lettre* était destinée à Mme de Puisieux.

1. Étude des textes

1. D'après sa « prière », expliquez les raisons mais aussi les hésitations de l'athéisme de Diderot.

2. Comment comprenez-vous le sens de la dernière formule de cette « prière » ?

3. Commentez, dans l'extrait de la *Lettre sur les aveugles*, le lien souligné par Diderot entre physique, métaphysique et morale.

4. La démonstration du philosophe vous paraît-elle totalement convaincante ? Que pourrait-on lui objecter ?

5. Que deviennent, selon vous, dans ce système moral les concepts de « liberté » et de « responsabilité » ?

2. Documentation - Création

1. Recherche philosophique :
Les mythes du visible et de l'invisible.

Le recours de Diderot, pour sa démonstration, à l'exemple de l'aveugle-né n'est pas original.
Lisez par exemple dans *La République* de Platon, « *le mythe de la caverne* », et montrez comment le philosophe de l'antiquité se sert aussi, dans un but différent, des images de la lumière et de la nuit, des concepts de visible et d'invisible, pour fonder sa théorie des « idées ».

2. Débat : Commentez ces propos « athées » de Lautréamont dans *les Chants de Maldoror :* « *Si j'existe je ne suis pas un autre. Je n'admets pas en moi cette équivoque pluralité. Je veux résider seul dans mon intime raisonnement.* (...] *Ma subjectivité et le Créateur, c'est trop pour un cerveau.* »

ROUSSEAU

ÉMILE

★★★ *Pour Rousseau pédagogue, l'éducation religieuse d'Émile ne doit pas intervenir avant sa quinzième année. A son sens celle-ci ne se légitime en effet qu'à partir du moment où le besoin s'en fait sentir : c'est le besoin de croire qui est la véritable initiation à la foi. Rousseau développe ces principes au livre IV de l'*Émile, *dans un grand chapitre intitulé la* Profession de foi du vicaire savoyard : *un jeune calviniste est « éclairé » par les propos et les confidences d'un vicaire plus adepte de la religion naturelle que du pur christianisme. Prenant le contre-pied de Diderot et des philosophes matérialistes, Rousseau évoque avec conviction et enthousiasme ce « sentiment naturel » de Dieu qui s'impose à l'homme, en même temps que « l'ordre sensible de l'univers » en conforte la véracité. Incapable de concevoir et d'identifier le divin, mais débordant de cette présence intime de l'Être Suprême, le philosophe se fait le « poète » de son inexplicable certitude.* ★★★

« Être suprême et insondable »

Il n'y a pas un être dans l'univers qu'on ne puisse, à quelque égard, regarder comme le centre commun de tous les autres, autour duquel ils sont tous ordonnés, en sorte qu'ils sont tous réciproquement fins et moyens les uns relativement aux autres. L'esprit se confond et se perd dans cette infinité de rapports, dont pas un n'est confondu ni perdu dans la foule. Que d'absurdes suppositions pour déduire toute cette harmonie de l'aveugle mécanisme de la matière mue fortuitement. Ceux qui nient l'unité d'intention qui se manifeste dans les rapports de toutes les parties de ce grand tout, ont beau couvrir leur galimatias d'abstractions, de coordinations, de principes généraux, de termes emblématiques[1] ; quoi qu'ils fassent, il m'est impossible de concevoir un système d'êtres si constamment ordonnés, que je ne conçoive une intelligence qui l'ordonne. Il ne dépend pas de moi de croire que la matière passive et morte a pu produire des êtres vivants et sentants, qu'une fatalité aveugle a pu produire des êtres intelligents, que ce qui ne pense point a pu produire des êtres qui pensent.

Je crois donc que le monde est gouverné par une volonté puissante et sage ; je le vois, ou plutôt je le sens, et cela m'importe à savoir. Mais ce même monde est-il éternel ou créé ? Y a-t-il un principe unique des choses ? y en a-t-il deux ou plusieurs ? et quelle est leur nature ? je n'en sais rien, et que m'importe ? A mesure que ces connaissances me deviendront intéressantes, je m'efforcerai de les acquérir ; jusque-là je renonce à des questions oiseuses qui peuvent inquiéter mon amour-propre, mais qui sont inutiles à ma conduite et supérieures à ma raison.

Souvenez-vous toujours que je n'enseigne point mon sentiment, je l'expose. Que la matière soit éternelle ou créée, qu'il y ait un principe passif ou qu'il n'y en ait point, toujours est-il certain que le tout est un et annonce une intelligence unique ; car je ne vois rien qui ne soit ordonné dans le même système, et qui ne concoure à la même fin, savoir : la conservation du tout dans l'ordre établi. Cet être qui veut et qui peut, cet être actif par lui-même, cet être enfin, quel qu'il soit, qui meut l'univers et ordonne toutes choses, je l'appelle Dieu. Je joins à ce nom les idées d'intelligence, de puissance, de volonté, que j'ai rassemblées, et celle de bonté qui en est une suite nécessaire : mais je n'en connais pas mieux l'être auquel je l'ai donné, il se dérobe également à mes sens et à mon entendement ; plus j'y pense, plus je me confonds : je sais très certainement qu'il existe, et qu'il existe par lui-même ; je sais que mon existence est subordonnée à la sienne, et que toutes les choses qui me sont connues sont absolument dans le même cas. J'aperçois Dieu partout dans ses œuvres ; je le sens en moi, je le vois tout autour de moi ; mais sitôt que je veux le contempler en lui-même, sitôt que je veux chercher où il est, ce qu'il est, quelle est sa substance, il m'échappe, et mon esprit troublé n'aperçoit plus rien.

Pénétré de mon insuffisance, je ne raisonnerai jamais sur la nature de Dieu, que je n'y sois forcé par le sentiment de ses rapports avec moi.

ROUSSEAU, *Émile*, Livre IV,
« Profession de foi du vicaire savoyard ».

□ □ NOTE | 1. Symboliques

1. Étude du texte

1. Expliquez l'argumentation de Rousseau dans le premier paragraphe, visant à réfuter les « absurdités » matérialistes de Diderot et de certains Encyclopédistes.

2. Montrez comment il écarte aussi dans le second paragraphe les arguties théologiques, vaines et contradictoires.

3. Quels sont pour Rousseau les attributs de celui qu'il appelle « Dieu » ou « Être suprême »?

4. Sont-ils suffisants pour fonder une « connaissance » du divin?

5. Comment s'impose à Rousseau l'évidence de Dieu?

6. Quels « troubles » de l'esprit et de la conscience provoque-t-elle?

7. D'après ce texte, que vous semble retenir Rousseau du christianisme? En quoi le dépasse-t-il?

2. Expression

Réécriture.
Vous avez lu et étudié précédemment deux « prières » de philosophes : celle de Voltaire déiste (voir : « *A toi, Dieu de tous les êtres* », p. 87) et celle de Diderot athée (voir : « *De l'athéisme hésitant au relativisme moral* », p. 89). En tenant compte des idées professées par le vicaire savoyard, vous imaginerez la « prière » qu'aurait pu écrire Rousseau en hommage à l'Être Suprême. Vous vous efforcerez de respecter dans votre texte (une quinzaine de lignes) le style et le ton du philosophe.

3. Documentation - Création

Recherche littéraire :

« Dieu sensible au cœur.. »

En plus de ceux de Rousseau, vous rechercherez dans la littérature, plus ancienne (Pascal), plus récente (Claudel, Péguy), ou même contemporaine (A. Frossard), des témoignages sur le surgissement de cette « évidence de Dieu ».
Vous en comparerez les récits, tant sur le plan du contenu que sur celui de l'expression (rythme, ton, images, etc.).

ROUSSEAU

ÉMILE

★★★ *La religion naturelle, en laquelle croit Rousseau, laisse à l'individu toute sa liberté. Elle lui demande seulement d'exercer cette liberté conformément à la volonté de l'Être divin, c'est-à-dire aussi conformément à la « nature ». Mais comment l'individu entendra-t-il cette double voix du divin et de la nature? En écoutant en lui, répond Rousseau, « ce principe inné de justice et de vertu sur lequel, malgré nos propres maximes, nous jugeons nos actions et celles d'autrui comme bonnes ou mauvaises (...) principe à qui je donne le nom de conscience... » L'infaillibilité de la* conscience *était ainsi amenée à prendre la relève de celle de la* raison. *Au prix sans doute des mêmes utopies et des mêmes risques.* ★★★

La voix de la conscience

Après avoir ainsi, de l'impression des objets sensibles et du sentiment intérieur qui me porte à juger des causes selon mes lumières naturelles, déduit les principales vérités qu'il m'importait de connaître, il me reste à chercher quelles maximes j'en dois tirer pour ma conduite, et quelles règles je dois me prescrire pour remplir ma destination sur la terre, selon l'intention de celui qui m'y a placé. En suivant toujours ma méthode, je ne tire point ces règles des principes d'une haute philosophie, mais je les trouve au fond de mon cœur écrites par la nature en caractères ineffaçables. Je n'ai qu'à me consulter sur ce que je veux faire : tout ce que je sens être bien est bien, tout ce que je sens être mal est mal : le meilleur de tous les casuistes est la conscience ; et ce n'est que quand on marchande avec elle qu'on a recours aux subtilités du raisonnement. Le premier de tous les soins est celui de soi-même : cependant combien de fois la voix intérieure nous dit qu'en faisant notre bien aux dépens d'autrui nous faisons mal ! Nous croyons suivre l'impulsion de la nature, et nous lui résistons ; en écoutant ce qu'elle dit à nos sens, nous méprisons ce qu'elle dit à nos cœurs : l'être actif obéit, l'être passif[1] commande. La conscience est la voix de l'âme, les passions sont la voix du corps. Est-il étonnant que souvent ces deux langages se contredisent ? et alors lequel faut-il écouter ? Trop souvent la raison nous trompe, nous n'avons que trop acquis le droit de la récuser ; mais la conscience ne trompe jamais ; elle est le vrai guide de l'homme : elle est à l'âme ce que l'instinct est au corps ; qui la suit obéit à la nature, et ne craint point de s'égarer. (...)

Les actes de la conscience ne sont pas des jugements, mais des sentiments. Quoique toutes nos idées nous viennent du dehors, les sentiments qui les apprécient sont au-dedans de nous, et c'est par eux seuls que nous connaissons la convenance ou disconvenance qui existe entre nous et les choses que nous devons respecter ou fuir.

Exister pour nous, c'est sentir ; notre sensibilité est incontestablement antérieure à notre intelligence, et nous avons eu des sentiments avant des idées. Quelle que soit la cause de notre être, elle a pourvu à notre conservation en nous donnant des sentiments convenables à notre nature ; et l'on ne saurait nier qu'au moins ceux-là ne soient innés. Ces sentiments, quant à l'individu, sont l'amour de soi, la crainte de la douleur, l'horreur de la mort, le désir du bien-être. Mais si, comme on n'en peut douter, l'homme est sociable par sa nature, ou du moins fait pour le devenir, il ne peut l'être que par d'autres sentiments innés, relatifs à son espèce ; car, à ne considérer que le besoin physique, il doit certainement disperser les hommes au lieu de les rapprocher. Or c'est du système moral formé par ce double rapport à soi-même et à ses semblables que naît l'impulsion de la conscience. (...)

Conscience ! conscience ! instinct divin, immortelle et céleste voix ; guide assuré d'un être ignorant et borné, intelligent et libre ; juge infaillible du bien et du mal, qui rends l'homme semblable à Dieu ! c'est toi qui fais l'excellence de sa nature et la moralité de ses actions ; sans toi je ne sens rien en moi qui m'élève au-dessus des bêtes, que le triste privilège de m'égarer d'erreurs en erreurs à l'aide d'un entendement sans règle et d'une raison sans principe.

ROUSSEAU, *Émile*, Livre IV,
« Profession de foi du vicaire savoyard ».

□ □ NOTE | **1.** C'est-à-dire l'âme et le corps.

1. Étude du texte

1. Expliquez ce que Rousseau entend par « lumières naturelles » dans la première phrase du texte ? En quoi sont-elles différentes des « lumières » des philosophes ?

2. Définissez précisément le concept rousseauiste de conscience. Montrez-en l'originalité face aux concepts d'âme et de raison.

3. Commentez le jugement de Rousseau sur le corps et les passions. Est-il nouveau ?

4. Montrez le rôle décisif que Rousseau fait jouer à la conscience individuelle dans le bon fonctionnement de la société humaine.

5. Que pensez-vous de l'innéité absolue que Rousseau attribue à la conscience ?

6. Que pensez-vous également de l'infaillibilité dont il la pare ?

2. Documentation - Création

1. Commentaire littéraire :

« Conscience et mauvaise conscience... »

Relisez, à la fin du Livre II des *Confessions*, le fameux épisode du « ruban volé », qui, au dire de Rousseau lui-même, est « resté jusqu'à ce jour sans allègement sur sa conscience ». Commentez-le à la lumière de l'extrait précédent de l'*Émile* et voyez si le philosophe a su rester cohérent avec lui-même, dans ses écrits comme dans ses actions.

2. Dissertation :

Commentez et appréciez cette formule de Balzac : « *Une conscience intime de notre existence : voilà le plaisir.* »

SADE

LES PROSPÉRITÉS DU VICE (1797)

★★★ *Donatien de Sade (1740-1814), le « divin marquis », représente la figure la plus puissante du libertinage au XVIII*e *siècle. La plus puissante parce que la plus authentique et la plus extrême. Chez lui, le libertinage des boudoirs et des salons fait place à un libertinage sans liberté, imaginé dans les décors sordides de la Bastille ou de Charenton, d'où les Constituants le tireront un instant jusqu'à ce que Bonaparte, excédé, l'y replonge définitivement. Prisonnier de corps, Sade n'en rêva pas moins les plus fantastiques et les plus « effrayantes » libérations de la chair et de l'esprit. Athée et anticlérical, amoral et impie, il fait de la subversion le principe dynamique de sa pensée : mettre à bas, au nom du tout-puissant Plaisir, les édifices imposteurs de la Vertu et du Bien. « Je veux, écrivait l'auteur de* Justine *(1791), offrir partout le Vice triomphant et la Vertu victime de ses sacrifices... » Ses viols répétés de la morale, mais aussi ses violences permanentes sur le langage romanesque, vaudront au romancier des* Prospérités du vice *(1797) de connaître, après l'enfer des prisons, l' « enfer » de nos bibliothèques. Il est vrai qu'aucune société, qu'aucun régime, ne pouvait admettre, au risque de sombrer, les discours subversifs de cet aristocrate de la pornographie et théoricien du Mal.* ★★★

De la dérision de la morale à l'apologie du vice

On appelle conscience, ma chère Juliette, cette espèce de voix intérieure qui s'élève en nous à l'infraction d'une chose défendue, de quelque nature qu'elle puisse être : définition bien simple, et qui fait voir du premier coup d'œil que cette conscience n'est l'ouvrage que du préjugé reçu par l'éducation, tellement que tout ce qu'on interdit à l'enfant lui cause des remords dès qu'il l'enfreint, et qu'il conserve ses remords jusqu'à ce que le préjugé vaincu lui ait démontré qu'il n'y avait aucun mal réel dans la chose défendue (...)

N'éprouvons-nous pas ce que je te dis dans tous les prétendus crimes où la volupté préside? Pourquoi ne se repent-on jamais d'un crime de libertinage? Parce que le libertinage devient très promptement une habitude. Il en pourrait être de même de tous les autres égarements ; tous peuvent, comme la lubricité, se changer aisément en coutume, et tous peuvent, comme la luxure, exciter dans le fluide nerval un chatouillement qui, ressemblant beaucoup à cette passion, peut devenir aussi délicieux qu'elle, et par conséquent, comme elle, se métamorphoser en besoin.

O Juliette, si tu veux, comme moi, vivre heureuse dans le crime... et j'en commets beaucoup, ma chère... si tu veux, dis-je, y trouver le même bonheur que moi, tâche de t'en faire, avec le temps, une si douce habitude, qu'il te devienne comme impossible de pouvoir exister sans le commettre ; et que toutes les convenances humaines te paraissent si ridicules, que ton âme flexible, et malgré cela nerveuse, se trouve imperceptiblement accoutumée à se faire des vices de toutes les vertus humaines et des vertus de tous les crimes : alors un nouvel univers semblera se créer à tes regards ; un feu dévorant et délicieux se glissera dans tes nerfs, il embrasera ce fluide électrique dans lequel réside le principe de la vie. Assez heureuse pour vivre dans un monde dont ma triste destinée m'exile[1], tu formeras de nouveaux projets, et chaque jour leur exécution te comblera d'une volupté sensuelle qui ne sera connue que de toi. Tous les êtres qui t'entoureront te paraîtront autant de victimes dévouées par le sort à la perversité de ton cœur ; plus de liens, plus de chaînes, tout disparaîtra promptement sous le flambeau de tes désirs, aucune voix ne s'élèvera plus dans ton âme pour énerver l'organe de leur impétuosité, nuls préjugés ne militeront plus en leur faveur, tout sera dissipé par la sagesse, et tu arriveras insensiblement aux derniers excès de la perversité par un chemin couvert de fleurs. C'est alors que tu reconnaîtras la faiblesse de ce qu'on t'offrait autrefois comme des inspirations de la nature ; quand tu auras badiné quelques années avec ce que les sots appellent ses lois. (...)

Prends garde surtout à la religion, rien ne te détournera du bon chemin comme ses inspirations dangereuses : semblable à l'hydre dont les têtes renaissent à mesure qu'on les coupe, elle te fatiguera sans cesse, si tu n'as le plus grand soin d'en anéantir perpétuellement les principes. Je crains que les idées bizarres de ce Dieu fantastique dont on empoisonna ton enfance ne reviennent troubler ton imagination au milieu de ses plus divins écarts : ô Juliette, oublie-la, méprise-là, l'idée de ce Dieu vain et ridicule ; son existence est une ombre que dissipe à l'instant le plus faible effort de l'esprit, et tu ne seras jamais tranquille tant que cette odieuse chimère n'aura pas perdu sur ton âme toutes les facultés que lui donna l'erreur.

SADE, *Les Prospérités du vice.*

NOTE | 1. C'est une supérieure du couvent qui s'adresse à la jeune Juliette.

1. Étude du texte

1. Commentez, dans le premier paragraphe, la perversion du concept rousseauiste de « conscience ».
2. Quelle conception de la « nature » est également ruinée par le discours sadien?
3. Quel système de valeurs nouvelles Sade érige-t-il sur les ruines de la morale traditionnelle? Quels en sont les maîtres-mots?
4. Pourquoi le libertinage sadien, amoral et athée, est-il aussi foncièrement asocial?
5. Commentez la violence verbale du dernier paragraphe.
6. Pourquoi, selon vous, Sade s'en prend-il avec une particulière violence à la religion dans ce dernier paragraphe? Que redoute-t-il d'elle?

2. Documentation - Création

Étude de civilisation :

Le libertinage au XVIIIe siècle.

Vous vous documenterez dans plusieurs directions sur le phénomène libertin au « temps des boudoirs secrets et des petites marquises ».

1. Vous chercherez chez d'autres écrivains que Sade des évocations littéraires du libertinage (ex. chez Crébillon, Laclos, Restif de la Bretonne, etc.).
2. Vous essaierez de distinguer par l'étude de ces textes les divers visages du libertinage : mondain, philosophique, érotique, etc.
3. Vous réunirez quelques documents iconographiques sur ce thème : gravures, peintures, illustrations d'ouvrages littéraires.
4. Vous discuterez ce jugement de Baudelaire : « Les livres libertins commentent et expliquent la Révolution. »

Gravure d'Odilon Redon.
Tous les prétendus crimes où la volupté réside.

PERSPECTIVES

LE CHRISTIANISME, TROMPERIE PHILOSOPHIQUE

Fatal au repos des hommes, le christianisme est, de plus, une tromperie philosophique, car il ne possède aucune doctrine de justice, aucun idéal de vérité. Ce n'est pas sur l'absolu d'une Révélation qu'il se fonde, et son devenir est purement empirique, lié à des intérêts suspects ou ignobles, qui varient selon le hasard des passions. Ce deuxième grief complète et élucide le premier. Si la religion est étrangère à ce monde, c'est qu'elle ne propose ni Vérité, ni Justice. Or celles-ci, comme l'enseigne la morale naturelle, sont inséparables du bonheur. Le christianisme ne peut donc pas justifier les sacrifices terrestres qu'il impose à ses fidèles par la promesse d'une félicité éternelle. *S'il est incapable de rendre l'homme heureux ici-bas, c'est parce qu'il est aussi incapable de le rendre heureux dans un autre monde.* Pour livrer les clés de la béatitude, il faudrait qu'il fût une religion de Justice et de Vérité. Mais s'il était réellement cela, il aurait déjà fait le bonheur de l'humanité.

Abandonnés à eux-mêmes, les mondains n'étaient des chrétiens tièdes que pour trop aimer le plaisir. Ils continuaient, pour la plupart, à ne concevoir aucune forme de vérité et de salut en dehors du christianisme. Mais ils s'enhardissent, dès qu'on leur propose les commodités de la morale naturelle. Celle-ci est assez habile pour ne pas paraître vide de toute assurance sur l'éternité. Le mondain, si mondain qu'il soit, renonce malaisément à la griserie passagère et à la consolation ultime de l'absolu. Aussi les Philosophes déistes ne manquent pas d'affirmer que l'abandon du christianisme n'oblige pas à renier l'immortalité de l'âme. L'idée de génie n'est pas d'opposer à l'esprit chrétien l'esprit du monde, le divorce sur ce point étant déjà consommé, mais d'avoir dissocié, ce qui est infiniment plus grave, christianisme et spiritualité. D'abord à l'aide d'une critique rationaliste, plus tard en versant cette spiritualité, isolée du christianisme, dans de nouvelles formes issues de la tradition ésotérique ou inventées par l'imagination. Après avoir montré à la raison que les vraies extases ne sont pas dans la religion, on restitue au cœur, par des systèmes exaltants et d'ingénieuses mystiques, les jouissances compromises.

Voilà donc les honnêtes gens, grâce aux Philosophes, libérés du christianisme. Dans cette émancipation, le bourgeois se retrouve aux côtés du mondain.

R. Mauzi, *L'Idée du Bonheur au XVIIIe siècle,* pp. 206-207, éd. A. Colin.

6. VOLTAIRE ET LES BATAILLES DE L'ESPRIT

INTRODUCTION

1. « VARIÉTÉ, MA DEVISE »

« Variété, c'est ma devise », écrit Voltaire, dans une de ses lettres à sa nièce, Mme Denis. Variété, tel semble bien en effet le mot le plus approprié pour caractériser le destin d'un écrivain qui, plus qu'aucun autre dans son siècle, n'a pas hésité à épouser tous les rôles et toutes les fonctions qui s'offraient à lui : historien, conteur, conseiller du prince, auteur tragique, journaliste, polémiste, avocat, poète et bien sûr, toujours et partout, « philosophe ». Car la formidable variété du génie et de la carrière de ce bourgeois talentueux n'exclut pas, loin s'en faut, la fidélité à quelques grands principes, autour desquels s'ordonnent les épisodes de sa vie comme ses œuvres majeures : probité intellectuelle, sérieux de la méthode et du travail, liberté de parole, esprit critique et dénonciation obstinée de toutes les formes de fanatisme et d'intolérance.

2. LE PHILOSOPHE FACE À L'HISTOIRE

Il fallut à Voltaire un « moral » hors pair et une énergie peu commune pour traverser ainsi le siècle sans qu'à aucun moment sa plume défaille, même quand « le cœur n'y était plus ». Or, ce qui frappe le lecteur qui parcourt son destin littéraire, c'est précisément une étonnante capacité à vivre et à se ressourcer, qui ne se dément guère, des années d'apprentissage du jeune homme frondeur aux années ardentes du patriarche de Ferney (voir la séquence : « Un jouisseur dans le siècle », *pp. 101 à 104). Et pourtant, d'emprisonnements en exils volontaires ou forcés, de disgrâces politiques en déceptions amoureuses, l'existence de Voltaire ne manque ni d'épreuves ni de drames. Ce partisan acharné de la liberté de pensée et d'écrire a eu constamment maille à partir avec la censure ; ce penseur qui rêve d'un despotisme « éclairé » où le philosophe guiderait la main du souverain (voir la séquence :* « Le roi et le philosophe », *pp. 105 à 109) a connu autant de déceptions que d'illusions dans les allées du pouvoir des diverses cours d'Europe ; cet homme si profondément français dans son génie et dans ses goûts, malgré ses railleries des hommes en place ou des réalités du moment (voir la séquence :* « L'historien », *pp. 110 à 114) a dû vivre une grande moitié de son existence sur les marches ou hors du royaume de France...*

Rien d'étonnant à ce que son trajet philosophique ait subi l'empreinte de ces expériences souvent douloureuses. Des Lettres anglaises *(1734) au* Dictionnaire philosophique *(1764), de* Zadig *(1747) à* Candide *(1759), la plume de l'essayiste* comme celle du conteur, sans rien perdre de son brio stylistique, se fait plus amère et plus sombre (voir la séquence : « De l'optimisme à l'inquiétude », pp. 115 à 123). L'enthousiasme du jeune bourgeois partisan de l' « épicurisme » libertin, puis séduit par l'optimisme leibnizien, cède le pas progressivement, au cœur du siècle à une interrogation chaque fois plus grave sur le sens du Destin et l'existence du Mal. Rejetant, en histoire comme en métaphysique, la Providence, Voltaire s'abandonne, à l'époque du Poème sur le désastre de Lisbonne et de Candide, à une inquiétude existentielle frôlant parfois le désespoir (voir p. 120 et 122).

3. LA PASSION ET LA TOLÉRANCE

Mais il y avait chez cet homme trop de confiance, malgré tout, dans les pouvoirs de l'esprit humain pour qu'il sombre dans un pessimisme intégral. On le voit bien, dans les deux dernières décennies de sa vie, quand, retiré sur sa terre de Ferney, il applique les principes de la philosophie de l' « action pratique » que contenait la parabole finale de Candide (voir p. 13). Toutes les « affaires » du moment, toutes les causes sont bonnes à « l'aubergiste de l'Europe », épistolier infatigable, pour crier haut et fort son mépris ou son dégoût de toutes les formes d'injustice, d'oppression et de fanatisme (voir la séquence : « Le pamphlétaire et l'avocat », pp. 123 à 129). Aux crimes d'une Église qu'il hait pour son aveuglement (« Écrasons l'infâme ! ») comme à ceux d'un pouvoir politique dont il déteste l'arbitraire et les brutalités, il oppose un appel vibrant et répété aux vertus de la tolérance, dont il a seulement le tort d'oublier quelquefois l'exigence quand il parle lui-même de ses « ennemis intimes », qu'ils s'appellent Berthier, Fréron ou Rousseau. Dans ce combat essentiel la passion de son discours ne faiblira jamais, puisque aussi bien, pour lui, toute forme d'intolérance est une faute contre l'esprit, bien suprême de l'humanité.

Paradoxe... Peu d'écrivains ont suscité, de leur vivant et dans leur survie littéraire, autant de haine et de mépris que Voltaire. Probablement est-ce la force décapante d'une ironie toujours en action, toujours rimant avec esprit, qui lui a coûté ce cortège de trahisons, de vengeances et, sans doute, de jalousies. Mais peu d'écrivains aussi auront, avec un égal rayonnement, propagé autant de concepts, suscité autant de débats et de talents, mobilisé autant d'énergies au service d'une certaine idée de l'homme à l'aube des temps modernes.

VOLTAIRE (1694-1778)

La jeunesse frondeuse (1694-1726)

Né à Paris en 1694, François-Marie Arouet, fils de notaire, fit de solides études classiques chez les Jésuites. Jeune homme d'esprit, « embastillé » pour ses satires et ses disputes, il est vite célèbre dans les salons mondains de Paris et de province où il se fait connaître sous le nom de Voltaire. Auteur tragique à succès avec son *Oedipe* en 1718, il se bâtit déjà une belle fortune grâce à des placements dans le commerce colonial. En 1726, à la suite d'une rixe avec le chevalier de Rohan, il doit s'exiler en Angleterre.

De l'exil à l'errance (1726-1755)

Pendant ses trois années d'exil anglais (1726-1729), Voltaire, au contact des œuvres de Bacon, Locke ou Newton, « apprend à penser ». Ses *Lettres anglaises* publiées en 1734, après son retour en France, lui valent, par leur impertinence critique, un nouvel exil en Lorraine. Accueilli à Cirey par Mme du Châtelet, il écrit abondamment pour le théâtre en même temps qu'il accumule les matériaux pour ses futurs ouvrages philosophiques ou historiques. Sa verve d'épistolier lui vaut de rester en contact aussi bien avec les écrivains parisiens qu'avec les penseurs de toute l'Europe.

De 1744 à 1755, revenu dans les bonnes grâces du pouvoir, il se laisse griser par le mirage des cours où il rêve d'exercer, auprès des souverains, le rôle de conseiller et d' « éclaireur ». Mais à Versailles, à Lunéville ou à la cour de Prusse, le temps des déceptions succède chaque fois à celui des illusions. Sa production littéraire, loin d'en souffrir, profite de cette errance européenne : *Micromégas* et *Zadig* ouvrent la série des *Contes; Le Siècle de Louis XIV* confirme ses talents d'historien.

Des Délices à Ferney (1755-1778)

A 60 ans Voltaire découvre les charmes de la sédentarité et de la vie rustique. D'abord installé, tout près de Genève, dans la propriété des Délices où il écrit son *Essai sur les mœurs* (1756), *Candide* (1759) et toute une collection de libelles, il acquiert en 1760 le domaine de Ferney, à quelques lieues de la frontière suisse. « Patriarche » vénéré et redouté, agriculteur et commerçant talentueux, il occupe sa « retraite » à des échanges épistolaires encore accrûs avec les célébrités politiques ou intellectuelles de l'Europe des Lumières. Loin de se retirer du combat philosophique (son *Dictionnaire* paraît en 1764), il s'engage aussi par la plume dans toutes les « affaires » du moment dont la plus célèbre, l'affaire Calas, l'amènera à rédiger en 1763 son *Traité sur la tolérance.*

Élu à l'Académie, rentré à Paris à 84 ans, il y mourra riche et en pleine gloire le 30 mai 1778. En 1791 ses cendres seront transférées au Panthéon.

I. Un jouisseur dans le siècle

VOLTAIRE

LE MONDAIN (1736)
ÉPÎTRE À HORACE (1772)

★★★ *Voltaire ne fut pas un grand poète, pas plus que le XVIIIe siècle ne fut un siècle poétique. Pourtant, malgré des faiblesses ou des maladresses, la poésie lui vient facilement, au gré des « circonstances », aimables ou amères, dont il tire parti en quelques couplets qui font souvent le tour de Paris. Mais ses meilleurs vers, sans nul doute, sont à mettre au compte de sa « bonne humeur », quand lui prend l'envie de chanter son attachement à la vie, celle de son siècle et la sienne propre en ses heures de plénitude. Car Voltaire, malgré les déceptions, les crises et les peines, aime la vie d'un appétit constant. On le verra, en rapprochant ces deux poèmes, écrits à l'aube et au crépuscule de sa carrière, mais qui témoignent d'une étonnante continuité d'inspiration.*
Les vers du Mondain *ont été rédigés en 1736, quand le philosophe, au lendemain de la condamnation des* Lettres anglaises, *s'est réfugié au château de Cirey, auprès de Mme du Châtelet. Blaguant le vieux mythe de « l'âge d'or » et de l'état de nature cher à Rousseau, il lui oppose, avec une ferveur non feinte, les réalités tangibles de son « siècle de fer », ingénieux et prospère, du moins pour ceux qui ont la chance de partager les privilèges de sa classe.*
Trente-six ans plus tard, dans son Épître à Horace, *le vieil homme (il a alors 78 ans), riche et célèbre, dresse le bilan de son existence avec une satisfaction tranquille. « Jouir sagement d'une honnête opulence », cette formule de la conclusion de l'*Épître *résume parfaitement les désirs du jeune homme et les confidences du vieillard comblé.* ★★★

Le Mondain

Regrettera qui veut le bon vieux temps,
Et l'âge d'or, et le règne d'Astrée,[1]
Et les beaux jours de Saturne et de Rhée,[2]
Et le jardin de nos premiers parents ;
Moi je rends grâce à la nature sage
Qui, pour mon bien, m'a fait naître en cet âge
Tant décrié pas nos tristes frondeurs :
Ce temps profane est tout fait pour mes mœurs.
J'aime le luxe, et même la mollesse,
Tous les plaisirs, les arts de toute espèce,
La propreté,[3] le goût, les ornements :
Tout honnête homme a de tels sentiments.
Il est bien doux pour mon cœur très immonde
De voir ici l'abondance à la ronde,
Mère des arts et des heureux travaux,
Nous apporter, de sa source féconde,
Et des besoins et des plaisirs nouveaux.
L'or de la terre et les trésors de l'onde,
Leurs habitants et les peuples de l'air,
Tout sert au luxe, aux plaisirs de ce monde.
O le bon temps que ce siècle de fer !
Le superflu, chose très nécessaire,
A réuni l'un et l'autre hémisphère.
Voyez-vous pas ces agiles vaisseaux

Qui, du Texel,[4] de Londres, de Bordeaux,
S'en vont chercher, par un heureux échange,
De nouveaux biens, nés aux sources du Gange,
Tandis qu'au loin, vainqueurs des musulmans,
Nos vins de France enivrent les sultans ?
Quand la nature était dans son enfance,
Nos bons aïeux vivaient dans l'ignorance,
Ne connaissant ni le *tien* ni le *mien*.
Qu'auraient-ils pu connaître ? ils n'avaient rien,
Ils étaient nus ; et c'est chose très claire
Que qui n'a rien n'a nul partage à faire.
Sobres étaient. Ah ! je le crois encor :
Martialo[5] n'est point du siècle d'or.
D'un bon vin frais ou la mousse ou la sève
Ne gratta point le triste gosier d'Ève ;
La soie et l'or ne brillaient point chez eux.
Admirez-vous pour cela nos aïeux ?
Il leur manquait l'industrie et l'aisance :
Est-ce vertu ? c'était pure ignorance.
Quel idiot, s'il avait eu pour lors
Quelque bon lit, aurait couché dehors ?
Mon cher Adam, mon gourmand, mon bon père,
Que faisais-tu dans les jardins d'Eden ?
Travaillais-tu pour ce sot genre humain ?
Caressais-tu madame Ève ma mère ?
Avouez-moi que vous aviez tous deux
Les ongles longs, un peu noirs et crasseux,
La chevelure un peu mal ordonnée,
Le teint bruni, la peau bise et tannée.
Sans propreté l'amour le plus heureux
N'est plus amour, c'est un besoin honteux.
Bientôt lassés de leur belle aventure,
Dessous un chêne ils soupent galamment
Avec de l'eau, du millet, et du gland ;
Le repas fait, ils dorment sur la dure :
Voilà l'état de la pure nature.
Or maintenant voulez-vous, mes amis,
Savoir un peu, dans nos jours tant maudits,
Soit à Paris, soit dans Londres, ou dans Rome,
Quel est le train des jours d'un honnête homme ?
Entrez chez lui : la foule des beaux-arts,
Enfants du goût, se montre à vos regards.
De mille mains l'éclatante industrie
De ces dehors orna la symétrie.
L'heureux pinceau, le superbe dessin
Du doux Corrège[6] et du savant Poussin[7]
Sont encadrés dans l'or d'une bordure ;
C'est Bouchardon[8] qui fit cette figure,
Et cet argent fut poli par Germain[9]
Des Gobelins l'aiguille et la teinture
Dans ces tapis surpassent la peinture.
Tous ces objets sont vingt fois répétés
Dans des trumeaux tout brillants de clartés.
De ce salon je vois par la fenêtre,
Dans les jardins, des myrtes en berceaux ;
Je vois jaillir les bondissantes eaux. [...]

Or maintenant, monsieur du Télémaque [10],
Vantez-nous bien votre petite Ithaque,
Votre Salente, et vos murs malheureux,
Où vos Crétois, tristement vertueux,
Pauvres d'effet, et riches d'abstinence,
Manquent de tout pour avoir l'abondance :
J'admire fort votre style flatteur,
Et votre prose, encor qu'un peu traînante ;
Mais, mon ami, je consens de grand cœur
D'être fessé dans vos murs de Salente,
Si je vais là pour chercher mon bonheur.
Et vous, jardin de ce premier bon homme,
Jardin fameux par le diable et la pomme,
C'est bien en vain que, par l'orgueil séduits,
Huet, Calmet[11], dans leur savante audace,
Du paradis ont recherché la place :
Le paradis terrestre est où je suis.

VOLTAIRE, *Le Mondain*.

□ □ NOTES

1. Déesse de la Justice — **2.** Femme de Saturne associée avec lui à la mythologie de l'âge d'or — **3.** Au sens d'élégance — **4.** En Hollande — **5.** Auteur d'un livre de cuisine — **6.** Peintre italien (1489-1534) — **7.** Peintre français (1594-1655) — **8.** Sculpteur français (1667-1742) — **9.** Orfèvre de Louis XV — **10.** Allusion à Fénelon — **11.** Théologiens français, contemporains de Fénelon.

Le port de Lorient, vers 1775. *Gravure de Ozanne (B.N.).*
« Voyez-vous pas ces agiles vaisseaux... ».

« En savourant la vie »

Oui, la retraite pèse à qui ne sait rien faire ;
Mais l'esprit qui s'occupe y goûte un vrai bonheur.
Tibur[1] était pour toi la cour de l'empereur ;
Tibur, dont tu nous fais l'agréable peinture,
Surpassa les jardins vantés par Épicure.
Je crois Ferney[2] plus beau. Les regards étonnés,
Sur cent vallons fleuris doucement promenés,
De la mer de Genève admirent l'étendue ;
Et les Alpes de loin, s'élevant dans la nue,
D'un long amphithéâtre enferment ces coteaux
Où le pampre en festons rit parmi les ormeaux.
Là quatre États divers[3] arrêtent ma pensée :
Je vois de ma terrasse, à l'équerre tracée,
L'indigent Savoyard, utile en ses travaux,
Qui vient couper mes blés pour payer ses impôts ;
Des riches Genevois les campagnes brillantes ;
Des Bernois valeureux les cités florissantes ;
Enfin cette Comté, franche aujourd'hui de nom,
Qu'avec l'or de Louis[4] conquit le grand Bourbon[5] :
Et du bord de mon lac à tes rives du Tibre,
Je te dis, mais tout bas : Heureux un peuple libre !
Je le suis en secret dans mon obscurité ;
Ma retraite et mon âge ont fait ma sûreté.
D'un pédant d'Annecy[6] j'ai confondu la rage ;
J'ai ri de sa sottise : et quand mon ermitage
Voyait dans son enceinte arriver à grands flots
De cent divers pays les belles, les héros,
Des rimeurs, des savants, des têtes couronnées,

Je laissais du vilain les fureurs acharnées
Hurler d'une voix rauque au bruit de mes plaisirs.
Mes sages voluptés n'ont point de repentirs.
J'ai fait un peu de bien ; c'est mon meilleur ouvrage.
Mon séjour est charmant, mais il était sauvage ;
Depuis le grand édit[7], inculte, inhabité,
Ignoré des humains, dans sa triste beauté ;
La nature y mourait : je lui portai la vie ;
J'osai ranimer tout. Ma pénible industrie
Rassembla des colons[8] par la misère épars ;
J'appelai les métiers, qui précèdent les arts ;
Et, pour mieux cimenter mon utile entreprise,
J'unis le protestant avec ma sainte Église [...]
J'ai vécu plus que toi ; mes vers dureront moins.
Mais au bord du tombeau je mettrai tous mes soins
A suivre les leçons de ta philosophie,
A mépriser la mort en savourant la vie,
A lire tes écrits pleins de grâce et de sens,
Comme on boit d'un vin vieux qui rajeunit les sens.
Avec toi l'on apprend à souffrir l'indigence,
A jouir sagement d'une honnête opulence,
A vivre avec soi-même, à servir ses amis,
A se moquer un peu de ses sots ennemis,
A sortir d'une vie ou triste ou fortunée,
En rendant grâce aux dieux de nous l'avoir donnée.

VOLTAIRE, *Épître à Horace*.

□ □ NOTES | **1.** Lieu de villégiature italien, aujourd'hui Tivoli — **2.** Résidence acquise par Voltaire en 1758, près de Genève — **3.** La Savoie, la Franche-Comté et les cantons de Berne et de Genève — **4.** Louis XIV — **5.** Condé — **6.** Probablement l'évêque d'Annecy — **7.** La révocation de l'édit de Nantes date de 1685 — **8.** Des cultivateurs.

1. Étude des textes

1. Dégagez, dans *Le Mondain*, les éléments de la satire du mythe de l' « âge d'or ». Comment le poète s'y prend-il pour caricaturer et ridiculiser les tenants de cette utopie ?

2. Donnez tout son sens à l'expression « siècle de fer ». Quelles sont, pour Voltaire, les sources ou les causes principales de la prospérité de son temps ?

3. A sa manière, dans ce premier texte, c'est l'émergence du monde capitaliste que décrit Voltaire. A quoi le reconnaît-on ? N'oublie-t-il pas l'envers de ce « décor » enchanteur ?

4. Dans la deuxième partie du *Mondain*, Voltaire évoque « le train des jours d'un honnête homme ». Que nous apprennent ces vers sur les goûts, les modes et plus généralement la culture de la société « mondaine » de la première moitié du XVIIIe siècle ?

5. Quels éléments d'inspiration et quelles modalités de l'écriture du *Mondain* retrouvez-vous dans l'*Épître à Horace ?*

6. Peut-on parler toutefois d'un assagissement de Voltaire ?

7. Dans cette épître le tableau du quotidien du « gentleman farmer » de Ferney répond à celui du « mondain » parisien dans le premier poème. Que retenez-vous de cette seconde évocation ?

8. Dans quelle lignée « philosophique » se situe Voltaire en écrivant les douze derniers vers de son *Épître ?*

2. Expression

Commentaire composé : Vous ferez un commentaire composé de l'*Épître à Horace*, en vous attachant particulièrement au traitement des thèmes suivants :

— nature et culture ;
— travail et plaisir ;
— conscience du temps et de la mort.

2. « Le roi et le philosophe »

VOLTAIRE

ZADIG
(1747)

★★★ *Des philosophes du XVIIIe siècle, Voltaire est sûrement celui qui a connu le plus et le plus durablement la tentation d'approcher le pouvoir politique. S'il ne rêve pas ouvertement du pouvoir en tant que tel, il caresse l'espoir de voir le souverain se laisser éclairer par les lumières de la philosophie. Si le philosophe ne peut être roi, qu'au moins le roi soit philosophe...*
En 1744, le ministre d'Argenson le rappelle à la cour de Versailles après un « exil » de dix ans à Cirey chez Mme du Châtelet. Nommé historiographe du roi, puis gentilhomme ordinaire de la chambre et académicien, il va pendant trois ans mettre sa plume au service des mondanités versaillaises. Mais l'aventure tournera court quand l'écrivain comprendra que pour rester dans les bonnes grâces du pouvoir, il faut être davantage poète louangeur que philosophe authentique...
Son premier conte, Zadig *(1747), sera la chronique dépaysée et encore souriante de cette mésaventure. Dans un* Appendice *intitulé « La Danse », qui ne figurera que dans l'édition posthume de 1784, l'écrivain évoquera pourtant avec brio et malice ce que pourrait être l' « intelligence » d'un pouvoir éclairé par la sagesse philosophique.*
Séjournant un moment dans l'île de Serendib, chez le roi Nabussan, « l'un des meilleurs princes de l'Asie », le jeune héros babylonien va mettre au service du monarque consentant son génie clairvoyant et efficace. ★★★

Le corridor de la tentation

Ce bon prince était toujours loué, trompé et volé : c'était à qui pillerait ses trésors. Le receveur général de l'île de Serendib donnait toujours cet exemple, fidèlement suivi par les autres. Le roi le savait ; il avait changé de trésorier plusieurs fois ; mais il n'avait pu changer la mode établie de partager les revenus du roi en deux moitiés inégales, dont la plus petite revenait toujours à Sa Majesté, et la plus grosse aux administrateurs.

Le roi Nabussan confia sa peine au sage Zadig. « Vous qui savez tant de belles choses, lui dit-il, ne sauriez-vous point le moyen de me faire trouver un trésorier qui ne me vole point ? — Assurément, répondit Zadig, je sais une façon infaillible de vous donner un homme qui ait les mains nettes. » Le roi, charmé, lui demanda, en l'embrassant, comment il fallait s'y prendre. « Il n'y a, dit Zadig, qu'à faire danser tous ceux qui se présenteront pour la dignité de trésorier, et celui qui dansera avec le plus de légèreté sera infailliblement le plus honnête homme. — Vous vous moquez, dit le roi ; voilà une plaisante façon de choisir un receveur de mes finances ! Quoi, vous prétendez que celui qui fera le mieux un entrechat sera le financier le plus intègre et le plus habile ! — Je ne vous réponds pas qu'il sera le plus habile, répartit Zadig ; mais je vous assure que ce sera indubitablement le plus honnête homme. » Zadig parlait avec tant de confiance que le roi crut qu'il avait quelque secret surnaturel pour connaître les financiers. « Je n'aime pas le surnaturel, dit Zadig, les gens et les livres à prodiges m'ont toujours déplu : si Votre Majesté veut me laisser faire l'épreuve que je lui propose, elle sera bien convaincue que mon secret est la chose la plus simple et la plus aisée. » Nabussan, roi de Serendib, fut bien plus étonné d'entendre que ce secret était simple, que si on le lui avait donné pour un miracle : « Or bien, dit-il, faites comme vous l'entendrez. — Laissez-moi faire, dit Zadig, vous gagnerez à cette épreuve plus que vous ne pensez. » Le jour même il fit publier, au nom du roi, que tous ceux qui prétendaient à l'emploi de haut receveur des deniers de Sa Gracieuse Majesté Nabussan, fils de Nussanab, eussent à se rendre, en habits de soie légère, le premier de la lune du crocodile,[1] dans l'antichambre du roi. Ils s'y rendirent au nombre de soixante et quatre. On avait fait venir des violons dans un salon voisin ; tout était préparé pour le bal ; mais la porte de ce salon était fermée, et il fallait, pour y entrer, passer par une petite galerie assez obscure. Un huissier vint chercher et introduire chaque candidat, l'un après l'autre, par ce passage dans lequel on le laissait seul quelques minutes. Le roi, qui avait le mot, avait étalé tous ses trésors dans cette galerie. Lorsque tous les prétendants furent arrivés dans le salon, Sa Majesté ordonna qu'on les fît danser. Jamais on ne dansa plus pesamment et avec moins de grâce ; ils avaient tous la tête baissée, les reins courbés, les mains collées à leurs côtés. « Quels fripons ! » disait tout bas Zadig. Un seul d'entre eux formait des pas avec agilité, la tête haute, le regard assuré, les bras étendus, le corps droit, le jarret ferme. « Ah ! l'honnête homme ! le brave homme ! » disait Zadig. Le roi embrassa ce bon danseur, le déclara trésorier, et tous les autres furent punis et taxés avec la plus grande justice du monde : car chacun, dans le temps qu'il avait été dans la galerie, avait rempli ses poches, et pouvait à peine marcher. Le roi fut fâché pour la nature humaine que de ces soixante et quatre danseurs il y eût soixante et trois filous. La galerie obscure fut appelée *le corridor de la tentation*. On aurait en Perse empalé ces soixante et trois seigneurs ; en d'autres pays on eût fait une chambre de justice qui eût consommé en frais le triple de l'argent volé, et qui n'eût rien remis dans les coffres du souverain ; dans un autre royaume, ils se seraient pleinement justifiés, et auraient fait disgracier ce danseur si léger : à Serendib, ils ne furent condamnés qu'à augmenter le trésor public, car Nabussan était fort indulgent.

VOLTAIRE, *Zadig*.

□ □ NOTE | 1. Dans certains calendriers orientaux, chaque livre de l'année porte le nom d'un animal.

Miniature persane. La fascination d'un Orient mythique.

1. Étude du texte

1. Dégagez le plan de cet épisode du conte. A quel souci de Voltaire répond-il ?

2. Par quels moyens l'écrivain réussit-il à maintenir l'intérêt de son « énigme » ?

3. Quels sont les points principaux de la satire voltairienne dans ce passage ? A quelles catégories de personnages du régime s'en prend-il notamment ?

4. Caractérisez le discours et le comportement de Zadig. A quoi reconnaît-on qu'il est le double de son auteur dans la fiction ?

5. L'art de l'humour et de la raillerie chez Voltaire. Soulignez-en les figures et les procédés.

2. Expression

Anagrammes
A plusieurs reprises, dans ce conte, Voltaire s'amuse à inventer des anagrammes du nom du souverain Nabussan.

Exercez vous-même votre dextérité lexicale en créant des anagrammes des noms d'autres personnages du conte, comme Moabdar ou Astarté, ainsi que du nom de Voltaire lui-même.

VOLTAIRE

CORRESPONDANCE
(1750)

★★★ *Voltaire n'a pas trouvé en France la place d'« éclaireur » du pouvoir qu'il souhaitait. La raillerie « douce » de la cour versaillaise dans* Zadig *en témoignait. De 1747 à 1749 il accompagne Mme du Châtelet à la cour lorraine de Stanislas Letzinski, beau-père de Louis XV, mais la médiocrité de ses hôtes et la mort prématurée de sa protectrice ruinent cette seconde expérience des coulisses du pouvoir. Aussi, en 1750, Voltaire cède-t-il aux avances longtemps répétées de Frédéric de Prusse, dont il rejoint la cour à Berlin avec rang de chambellan et une pension de vingt mille livres.*
Après quelques mois de rapports euphoriques avec le « Salomon du Nord », dont il est un peu le mentor culturel, l'écrivain doit pourtant de nouveau déchanter. « Le temps commence à se mettre à un beau froid », écrit-il à la fin de l'année 1750 à sa nièce Mme Denis, avec laquelle il entretient une correspondance de plus en plus désabusée dont nous citons ci-dessous une des lettres de Noël. L'esprit caustique du philosophe s'accommode de plus en plus mal de l'atmosphère mondaine et parfois sournoise de la cour allemande. Il y restera pourtant jusqu'en 1753, soucieux d'achever et de publier outre-Rhin son Siècle de Louis XIV. *Mais que la philosophie et le pouvoir ont du mal à pactiser... Heureusement qu'il reste, en dépit de tout, la consolation des belles-lettres !* ★★★

Voltaire et Frédéric II, roi de Prusse.

Regrets et consolations

A Berlin, au château, le 26 décembre 1750.

Je vous écris à côté d'un poêle, la tête pesante et le cœur triste, en jetant les yeux sur la rivière de la Sprée[1], parce que la Sprée tombe dans l'Elbe, l'Elbe dans la mer, et que la mer reçoit la Seine, et que notre maison de Paris est assez près de cette rivière de Seine ; et je dis : « Ma chère enfant, pourquoi suis-je dans ce palais, dans ce cabinet qui donne sur cette Sprée, et non pas au coin de notre feu ? » Rien n'est plus beau que la décoration du palais du soleil dans *Phaéton*[2]. Mlle Astrua[3] est la plus belle voix de l'Europe ; mais fallait-il vous quitter pour un gosier à roulades et pour un roi ? Que j'ai de remords, ma chère enfant ! que mon bonheur est empoisonné ! que la vie est courte ! qu'il est triste de chercher le bonheur loin de vous ! et que de remords si on le trouve !

Je suis à peine convalescent ; comment partir ? Le char d'Apollon s'embourberait dans les neiges détrempées de pluie qui couvrent le Brandebourg. Attendez-moi, aimez-moi, recevez-moi, consolez-moi, et ne me grondez pas. Ma destinée est d'avoir affaire à Rome, de façon ou d'autre. Ne pouvant y aller, je vous envoie *Rome*[4] en tragédie, par le courrier de Hambourg, telle que je l'ai retouchée ; que cela serve du moins à amuser les douleurs communes de notre éloignement. J'ai bien peur que vous ne soyez pas trop contente du rôle d'Aurélie. Vous autres femmes, vous êtes accoutumées à être le premier mobile des tragédies, comme vous l'êtes de ce monde. Il faut que vous soyez amoureuse comme des folles, que vous fassiez des rivaux ; il faut qu'on vous adore, qu'on vous tue, qu'on vous regrette, qu'on se tue avec vous. Mais, mesdames, Cicéron et Caton ne sont pas galants ; César et Catilina n'étaient pas gens à se tuer pour vous. Ma chère enfant, je veux que vous vous fassiez homme pour lire ma pièce. Envoyez prier l'abbé d'Olivet[5] de vous prêter son bonnet de nuit, sa robe de chambre et son *Cicéron,* et lisez *Rome sauvée*[6] dans cet équipage.

Pendant que vous vous arrangerez pour gouverner la république romaine sur le théâtre de Paris, et pour travestir en Caton et en Cicéron nos comédiens, je continuerai paisiblement à travailler au *Siècle de Louis XIV,* et je donnerai à mon aise les batailles de Nerwinden[7] et d'Höchstädt[8]. Variété, c'est ma devise. J'ai bien besoin de plus d'une consolation. Ce ne sont point des rois, ce sont les belles-lettres qui la donnent.

VOLTAIRE, *Correspondance.*

□ □ NOTES

1. La rivière qui traverse Berlin — **2.** Opéra de Quinault, mis en musique par Lulli — **3.** Cantatrice italienne — **4.** Cette tragédie de Voltaire sera joué à Paris en 1752 — **5.** Académicien et ami de Voltaire — **6.** Il s'agit toujours de la même tragédie — **7.** Victoire française du maréchal de Luxembourg en 1693, lors de la guerre de la Ligue d'Augsbourg — **8.** Victoire française du maréchal de Villars en 1703, lors de la guerre de Succession d'Espagne.

1. Étude du texte

1. En quels termes s'exprime la déception du philosophe ? Étudiez tout particulièrement le ton de la lettre.

2. Montrez que son amertume, ici ou là, entraîne l'ironie, voire l'irrévérence ?

3. Par quelles occupations l'écrivain cherche-t-il à oublier ses préoccupations ?

4. Donnez toute leur portée aux deux dernières phrases de la lettre.

2. Expression

Dissertation : « Variété c'est ma devise. » Dans quelle mesure cette formule de la lettre de Noël 1750 de Voltaire à Mme Denis vous paraît-elle rendre compte du génie et de l'œuvre du grand écrivain ?

3. L'historien

VOLTAIRE

HISTOIRE DE CHARLES XII (1731)

★★★ *C'est durant son exil en Angleterre (1726-1729) que Voltaire conçut son premier ouvrage historique, l'*Histoire de Charles XII, *ce roi de Suède qui s'illustra principalement au début du XVIIIe siècle par son opposition farouche au tsar Pierre le Grand. L'intérêt de cette monographie de jeunesse, où le romanesque et le dramatique le disputent sans cesse à l'histoire proprement dite, est de montrer comment Voltaire, tout en restant fidèle à la tradition classique du récit historique « instructif » en évite les pièges habituels. Préférant la précision utile à l'éloquence pompeuse, l'écrivain réussit à rendre passionnant son discours par la qualité des informations qu'il contient, opérant sur telle ou telle un effet de dramatisation en s'efforçant de ne pas nuire à la vérité des faits. La carrière de ce jeune chef de guerre, naturellement « profilée » comme une tragédie, avec ses prémisses, sa crise, ses péripéties et son dénouement fatal, se prêtait à merveille à ce premier essai brillant d'une histoire narrative renouvelée dans le sens d'une plus grande authenticité, sans rien perdre de la séduction du récit.*

La scène citée décrit la mort de Charles, le 11 décembre 1718, alors qu'il visitait l'une des tranchées du siège de Fredrikshald, en Norvège. ★★★

Mort d'un conquérant

L'instant de sa blessure avait été celui de sa mort ; cependant il avait eu la force, en expirant d'une manière si subite, de mettre, par un mouvement naturel, la main sur la garde de son épée, et était encore dans cette attitude. A ce spectacle, Megret[1], homme singulier et indifférent, ne dit autre chose sinon : « Voilà la pièce finie, allons souper. » Siquier[2] court sur-le-champ avertir le comte de Schwerin[3]. Ils résolvent ensemble de dérober la connaissance de cette mort aux soldats jusqu'à ce que le prince de Hesse[4] en pût être informé. On enveloppa le corps d'un manteau gris : Siquier mit sa perruque et son chapeau sur la tête du roi ; en cet état, on transporta Charles, sous le nom du capitaine Carlsberg, au travers des troupes, qui voyaient passer leur roi mort sans se douter que ce fût lui.

Le prince ordonna à l'instant que personne ne sortît du camp, et fit garder tous les chemins de la Suède, afin d'avoir le temps de prendre ses mesures pour faire tomber la couronne sur la tête de sa femme[5], et pour en exclure le duc de Holstein[6] qui pouvait y prétendre.

Ainsi périt, à l'âge de trente-six ans et demi, Charles XII, roi de Suède, après avoir éprouvé ce que la prospérité a de plus grand, et ce que l'adversité a de plus cruel, sans avoir été amolli par l'une, ni ébranlé un moment par l'autre. Presque toutes ses actions, jusqu'à celles de sa vie privée et unie, ont été bien loin au-delà du vraisemblable. C'est peut-être le seul de tous les hommes, et jusqu'ici le seul de tous les rois, qui ait vécu sans faiblesse[7] : il a porté toutes les vertus des héros à un excès où elles sont aussi dangereuses que les vices opposés. Sa fermeté devenue opiniâtreté fit ses malheurs dans l'Ukraine, et le retint cinq ans en Turquie ; sa libéralité dégénérant en profusion a ruiné la Suède ; son courage poussé jusqu'à la témérité a causé sa mort ; sa justice a été quelquefois jusqu'à la cruauté ; et, dans les dernières années, le maintien de son autorité approchait de la tyrannie. Ses grandes qualités, dont une seule eût pu immortaliser un autre prince, ont fait le malheur de son pays. Il n'attaqua jamais personne ; mais il ne fut pas aussi prudent qu'implacable dans ses vengeances. Il a été le premier qui ait eu l'ambition d'être conquérant sans avoir l'envie d'agrandir ses États : il voulait gagner des empires pour les donner. Sa passion pour la gloire, pour la guerre, et pour la vengeance, l'empêcha d'être bon politique, qualité sans laquelle on n'a jamais vu de conquérant. Avant la bataille et après la victoire, il n'avait que de la modestie ; après la défaite, que de la fermeté : dur pour les autres comme pour lui-même, comptant pour rien la peine et la vie de ses sujets aussi bien que la sienne ; homme unique plutôt que grand homme, admirable plutôt qu'à imiter. Sa vie doit apprendre aux rois combien un gouvernement pacifique et heureux est au-dessus de tant de gloire.

VOLTAIRE, *Histoire de Charles XII,* Livre VIII.

□ □ NOTES **1.** Ingénieur français conduisant le siège de Fredrikshald — **2.** Aide de camp de Charles XII — **3.** Commandait les opérations dans la tranchée — **4.** Beau-frère du roi — **5.** Sœur du roi décédé — **6.** Neveu du roi — **7.** Au sens de passions amoureuses.

1. Étude du texte

1. Étudiez le mouvement de cette page. Comment Voltaire passe-t-il de l'anecdote à l'analyse ?

2. Dans le premier paragraphe du texte, la narration, très sobre, est en même temps très suggestive, très efficace. Grâce à quels procédés ?

3. D'après le bilan qu'il trace de la vie de Charles XII dans le 3e paragraphe, dites ce qui a particulièrement séduit ou impressionné Voltaire dans la personnalité du jeune roi.

4. En dressant ce bilan d'une vie, l'historien esquisse en même temps une sorte de philosophie du pouvoir en général. Qu'en retenez-vous principalement ?

2. Expression

Un style « intensif ».
Dans le dernier paragraphe du texte, qui résume la carrière de Charles XII, Voltaire, tout à son admiration pour le destin du jeune roi, multiplie les emplois de figures, de formules ou de lexiques intensifs (superlatifs, hyperboles, etc.). Vous en dresserez l'inventaire, les regrouperez par catégories et en préciserez l'effet ou la valeur.

VOLTAIRE

LE SIÈCLE DE LOUIS XIV *(1751)*

★★★ Le Siècle de Louis XIV, *mûri pendant près de vingt ans dans la pensée de Voltaire, fut imprimé à Berlin en 1751 pendant que le philosophe prolongeait son séjour auprès de Frédéric II. Cet ouvrage, qui voulait décrire « l'esprit des hommes dans le siècle le plus éclairé qui fut jamais », est sans nul doute le chef-d'œuvre historique de l'écrivain. D'abord par la qualité documentaire qu'il révèle en dépit d'inexactitudes ou de lacunes, dans le domaine artistique et scientifique notamment. Ensuite par la manière même dont il appréhende l'histoire du Grand Siècle.*

Bien que Voltaire considère que seuls quelques « grands sages » (comme Louis XIV, Charlemagne, Saint Louis ou Henri IV) sont capables d'avoir une emprise sur le cours hasardeux et chaotique de l'histoire, il se refuse à centrer la totalité de son discours sur la biographie ou l'hagiographie de ces personnages de premier plan. Sans nier leur importance, il montre comment l'histoire est aussi celle des institutions, des classes sociales, celle du progrès des arts et des techniques, en un mot de « l'esprit » humain dans toutes ses manifestations et pas seulement à l'œuvre chez quelques grands génies.

*Moins polémique sans doute que l'*Essai sur les mœurs *(1756), le* Siècle de Louis XIV, *enfin, n'est pas exempt de controverse et quelquefois de parti pris. Voltaire a beau jeu d'exalter le classicisme triomphant du XVIIe siècle pour mieux tourner en dérision ce qu'il considère comme les faiblesses ou les mièvreries du règne de Louis XV... Reconnaissons toutefois que dans son portrait d'ensemble du Roi Soleil — en évoquant notamment son comportement dans les affaires militaires ou religieuses — le philosophe a su marquer les limites ou les excès de sa « royauté ».* ★★★

Naissance d'un souverain

Jamais il n'y eut dans une cour plus d'intrigues et d'espérances que durant l'agonie du cardinal Mazarin[1]. Les femmes qui prétendaient à la beauté se flattaient de gouverner un prince de vingt-deux ans, que l'amour avait déjà séduit jusqu'à lui faire offrir sa couronne à sa maîtresse. Les jeunes courtisans croyaient renouveler le règne des favoris. Chaque ministre espérait la première place. Aucun d'eux ne pensait qu'un roi élevé dans l'éloignement des affaires osât prendre sur lui le fardeau du gouvernement. Mazarin avait prolongé l'enfance de ce monarque autant qu'il l'avait pu. Il ne l'instruisait que depuis fort peu de temps, et parce que le roi avait voulu être instruit.

On était si loin d'espérer d'être gouverné par son souverain, que de tous ceux qui avaient travaillé jusqu'alors avec le premier ministre, il n'y en eut aucun qui demandât au roi quand il voudrait les entendre. Ils lui demandèrent tous : « A qui nous adresserons-nous ? » et Louis XIV leur répondit : *A moi.* On fut encore plus surpris de le voir persévérer. Il y avait quelque temps qu'il consultait ses forces et qu'il essayait en secret son génie pour régner. Sa résolution prise une fois, il la maintint jusqu'au dernier moment de sa vie. Il fixa à chacun de ses ministres les bornes de son pouvoir, se faisant rendre compte de tout par eux à des heures réglées, leur donnant la confiance qu'il fallait pour accréditer[2] leur ministère, et veillant sur eux pour les empêcher d'en trop abuser.

Madame de Motteville[3] nous apprend que la réputation de Charles II, roi d'Angleterre, qui passait alors pour gouverner par lui-même, inspira de l'émulation à Louis XIV. Si cela est, il surpassa beaucoup son rival ; et il mérita toute sa vie ce qu'on avait dit d'abord de Charles.

Il commença par mettre de l'ordre dans les finances dérangées par un long brigandage. La discipline fut rétablie dans les troupes, comme l'ordre dans les finances. La magnificence et la décence embellirent sa cour. Les plaisirs même eurent de l'éclat et de la grandeur. Tous les arts furent encouragés, et tous employés à la gloire du roi et de la France.

Louis XIV à la bataille de Fleurus (1690).

Ce n'est pas ici le lieu de le représenter dans sa vie privée, ni dans l'intérieur de son gouvernement ; c'est ce que nous ferons à part. Il suffit de dire que ses peuples, qui depuis la mort de Henri le Grand n'avaient point vu de véritable roi, et qui détestaient l'empire d'un premier ministre, furent remplis d'admiration et d'espérance quand ils virent Louis XIV faire à vingt-deux ans ce que Henri avait fait à cinquante. Si Henri IV avait eu un premier ministre, il eût été perdu, parce que la haine contre un particulier eût ranimé vingt factions trop puissantes. Si Louis XIII n'en avait pas eu, ce prince, dont un corps faible et malade énervait[4] l'âme, eût succombé sous le poids. Louis XIV pouvait sans péril avoir ou n'avoir pas de premier ministre. Il ne restait pas la moindre trace des anciennes factions ; il n'y avait plus en France qu'un maître et des sujets. Il montra d'abord qu'il ambitionnait toute sorte de gloire, et qu'il voulait être aussi considéré au-dehors qu'absolu au-dedans.

VOLTAIRE, *Le Siècle de Louis XIV*, chap. 7.

□ □ NOTES | **1.** Mazarin mourut en 1661 — **2.** Au sens de « donner de l'autorité, du poids à... » — **3.** Femme de chambre de la reine Anne d'Autriche (mère de Louis XIV), elle écrivit ses *Mémoires* — **4.** Au sens d'« épuisait », « vidait de son énergie ».

1. Étude du texte

1. En quels termes Voltaire décrit-il « l'anarchie » gouvernementale précédant l'accession de Louis XIV au trône ? Dégagez toute la portée critique de cette évocation.

2. Quelles qualités dominantes l'historien souligne-t-il chez le jeune souverain ? Quelles décisions de sa part admire-t-il le plus ?

3. Relevez, dans l'ensemble du texte et particulièrement dans le dernier paragraphe, les éléments d'idéalisation dans le discours de Voltaire. Par quoi s'expliquent-ils ?

4. L'admiration de l'écrivain pour la souveraineté « absolue » de Louis XIV ne vous paraît-elle pas contredire certaines de ses préoccupations politiques, telles qu'il les formule par exemple dans ses *Lettres anglaises* (voir manuel, p. 70) ?

2. Documentation - Création

1. Dissertation : Dans une lettre du 15 juillet 1735 adressée à M. Thieriot, Voltaire écrivait : *« Quand je vous ai demandé des anecdotes sur le siècle de Louis XIV, c'est moins sur sa personne que sur les arts qui ont fleuri de son temps. J'aimerais mieux des détails sur Racine et Despréaux, sur Quinault, Lulli, Molière, Lebrun, Bossuet, Poussin, Descartes, etc., que sur la bataille de Steinkerque. Il ne reste plus rien que le nom de ceux qui ont conduit des bataillons et des escadrons ; il ne revient rien au genre humain de cent batailles données ; mais les grands hommes dont je vous parle ont préparé des plaisirs purs et durables aux hommes qui ne sont point encore nés. Une écluse du canal qui joint les deux mers, un tableau du Poussin, une belle tragédie, une vérité découverte, sont des choses mille fois plus précieuses que toutes les annales de cour, que toutes les relations de campagne. Vous savez que chez moi les grands hommes vont les premiers, et les héros les derniers. J'appelle grands hommes tous ceux qui ont excellé dans l'utile ou dans l'agréable. Les saccageurs de provinces ne sont que héros. »*
Vous analyserez et discuterez la conception de l'histoire contenue dans ces quelques lignes, en appuyant votre réflexion sur des exemples empruntés à la littérature historique contemporaine aussi bien qu'à la littérature classique.

2. Débat : La prise en main des affaires par le « Roi Soleil » a été magistralement évoquée par Roberto Rossellini dans son film, *La Prise du pouvoir par Louis XIV*. Le scénario de ce film avait été écrit par l'historien Philippe Erlanger. Essayez de le voir (il est souvent programmé dans les ciné-clubs) ou de vous procurer le scénario (publié par l'*Avant-Scène-cinéma*), et engagez une discussion sur le problème du réalisme dans le film historique.

4. De l'optimisme à l'inquiétude

VOLTAIRE

LETTRES ANGLAISES, OU PHILOSOPHIQUES (1734)

★★★ *La publication, en 1734, des vingt-cinq* Lettres philosophiques *ou* anglaises *(parce qu'écrites au lendemain de son exil outre-Manche, où elles avaient été conçues) marque dans la carrière de Voltaire le début de ses démêlés avec la Justice.*
Toutefois, si le livre est éminemment critique à l'endroit du régime et des institutions de la monarchie française, il n'en reste pas moins un ouvrage où transparaît l'esprit optimiste d'un écrivain convaincu de l'urgence de certains changements, mais également de la réalité du Progrès. Ainsi la Lettre X, *intitulée « Sur le commerce » et consacrée à une apologie de la puissance maritime anglaise, n'est-elle pas seulement une satire « en creux » des faiblesses du pouvoir de Louis XV. Elle est le témoignage d'une admiration authentique pour une société dynamique, où « l'enrichissement » est préféré à l'enlisement dans les solennités stériles des titres et des traditions. Deux ans plus tard, en écrivant* Le Mondain *(voir p. 101), Voltaire ne redira pas autre chose.* ★★★

Sur le commerce

Le commerce, qui a enrichi les citoyens en Angleterre, a contribué à les rendre libres, et cette liberté a étendu le commerce à son tour ; de là s'est formée la grandeur de l'État ; c'est le commerce qui a établi peu à peu les forces navales, par qui les Anglais sont les maîtres des mers. Ils ont à présent près de deux cents vaisseaux de guerre ; la postérité apprendra peut-être avec surprise qu'une petite île, qui n'a de soi-même qu'un peu de plomb, de l'étain, de la terre à foulon[1], et de la laine grossière, est devenue par son commerce assez puissante pour envoyer en 1723 trois flottes à la fois en trois extrémités du monde, l'une devant Gibraltar conquise et conservée par ses armes, l'autre à Porto-Bello pour ôter au roi d'Espagne la jouissance des trésors des Indes, et la troisième dans la mer Baltique pour empêcher les puissances du nord de se battre.

Quand Louis XIV faisait trembler l'Italie, et que ses armées déjà maîtresse de la Savoie et du Piémont, étaient prêtes de prendre Turin, il fallut que le prince Eugène marchât au fond de l'Allemagne au secours du duc de Savoie ; il n'avait point d'argent, sans quoi on ne prend ni ne défend les villes ; il eut recours à des marchands anglais ; en une demi-heure de temps on lui prêta cinquante millions ; avec cela il délivra Turin, battit les Français, et écrivit à ceux qui avaient prêté cette somme ce petit billet : « Messieurs, j'ai reçu votre argent et je me flatte de l'avoir employé à votre satisfaction. »

Tout cela donne un juste orgueil à un marchand anglais, et fait qu'il ose se comparer, non sans quelque raison, à un citoyen romain. Aussi le cadet d'un pair du royaume ne dédaigne point le négoce. Milord Townshend, ministre d'État, a un frère qui se contente d'être marchand dans la Cité. Dans le temps que milord Oxford gouvernait l'Angleterre, son cadet était facteur à Alep, d'où il ne voulut pas revenir, et où il est mort.

Cette coutume, qui pourtant commence trop à se passer, paraît monstrueuse à des Allemands entêtés de leurs quartiers[2], ils ne sauraient concevoir que le fils d'un pair d'Angleterre ne soit qu'un riche et puissant bourgeois, au lieu qu'en Allemagne tout est prince ; on a vu jusqu'à trente altesses du même nom, n'ayant pour tout bien que des armoiries et de l'orgueil.

La Tamise et le Pont de Londres, vers 1750. *Gravure de T. Bowles.*

En France est marquis qui veut ; et quiconque arrive à Paris du fond d'une province avec de l'argent à dépenser et un nom en *ac* ou en *ille,* peut dire « un homme comme moi, un homme de ma qualité », et mépriser souverainement un négociant ; le négociant entend lui-même parler si souvent avec dédain de sa profession qu'il est assez sot pour en rougir ; je ne sais pourtant lequel est le plus utile à un État, ou un seigneur bien poudré qui sait précisément à quelle heure le roi se lève, à quelle heure il se couche, et qui se donne des airs de grandeur en jouant le rôle d'esclave dans l'antichambre d'un ministre, ou un négociant qui enrichit son pays, donne de son cabinet des ordres à Surate[3] et au Caire, et contribue au bonheur du monde.

VOLTAIRE, *Lettres philosophiques,* X.

□ □ NOTES | **1.** Terre argileuse qui absorbe les corps gras et est utilisée dans l'industrie textile — **2.** Quartiers de noblesse — **3.** Port de commerce de l'Inde, aujourd'hui Bombay.

1. Étude du texte

1. Précisez la nature du rapport évoqué par Voltaire entre commerce et liberté.

2. Quelle conception, de ce qu'on appelerait aujourd'hui les relations internationales, suppose-t-il ?

3. Pour Voltaire il y a un bon et un mauvais usage de l'argent. Montrez-le.

4. Comme Diderot, comme les encyclopédistes, Voltaire s'exprime ici au nom de l'utilité. Précisez le sens de ce concept, que nous avons déjà rencontré dans les deux premières séquences du manuel.

2. Documentation - Création

Les empires français et anglais.
A l'horizon de la lettre de Voltaire, c'est la question de la suprématie maritime de la France et de l'Angleterre qui est en jeu. En ce XVIIIe siècle les deux nations achèvent de se bâtir des empires coloniaux qui doivent assurer leur prospérité.

En vous aidant à la fois d'une carte géographique mondiale et d'un manuel d'histoire, vous essaierez de reconstituer, pour chacune des deux grandes puissances européennes, la liste de leurs « possessions » coloniales aux environs de 1770.

VOLTAIRE

ZADIG

★★★ *Publié une première fois en Hollande sous le titre de* Memnon *en 1747, puis l'année suivante à Paris,* Zadig ou la Destinée *marque une étape importante dans la pensée de Voltaire. Déçu par ce qu'il a découvert du pouvoir, agacé par les cabales de cour, aigri dans sa vie mondaine et sentimentale, le philosophe n'a plus l'enthousiasme conquérant de la décennie précédente. Non seulement son conte lui est une occasion de dénoncer tout ce qui l'irrite ou le choque dans la société qu'il fréquente (coteries, corruption, carriérisme, sottise, etc.), mais il lui permet encore une « révision » philosophique sur des problèmes aussi essentiels que ceux du Bien, du Mal et du Destin.*
Rompant définitivement avec les thèses « optimistes », principalement incarnées par l'œuvre de Leibniz (1646-1716) qui déclarait dans ses Essais de Théodicée *que « Dieu a tout réglé par avance une fois pour toutes » pour le « meilleur des mondes possibles », Voltaire se risque à une contestation de la Providence, faisant constater à son héros babylonien que « tout ce qu'il a fait de bien a toujours été pour lui une source de malédictions ».*
Dans un des derniers épisodes du conte, où Zadig fait la recontre de l'ange-ermite, le jeune homme a du mal à cacher son scepticisme devant le discours pontifiant de l'envoyé céleste. Comme l'écrit René Pomeau dans sa Préface au conte (Éd. Garnier-Flammarion) : « L'argument est lourd, puéril parfois. On n'ose affirmer que Voltaire l'a voulu tel. Ne serait-ce pas plutôt le signe qu'il a cessé d'y adhérer. Il est du côté de Zadig : il objecte ses « mais » aux raisonnements de l'ange leibnizien (...) En face d'un monde déconcertant, ce n'est pas une philosophie que définit Zadig ; c'est une attitude qu'il propose : une gaieté travaillée d'inquiétude. » ★★★

L'ermite

Il rencontra en marchant un ermite, dont la barbe blanche et vénérable lui descendait jusqu'à la ceinture. Il tenait en main un livre qu'il lisait attentivement. Zadig s'arrêta, et lui fit une profonde inclination. L'ermite le salua d'un air si noble et si doux que Zadig eut la curiosité de l'entretenir. Il lui demanda quel livre il lisait. « C'est le livre des destinées, dit l'ermite ; voulez-vous en lire quelque chose ? » Il mit le livre dans les mains de Zadig, qui, tout instruit qu'il était dans plusieurs langues, ne put déchiffrer un seul caractère du livre. Cela redoubla encore sa curiosité. « Vous me paraissez bien chagrin, lui dit ce bon père. — Hélas ! que j'en ai sujet ! dit Zadig. — Si vous permettez que je vous accompagne, repartit le vieillard, peut-être vous serai-je utile : j'ai quelquefois répandu des sentiments de consolation dans l'âme des malheureux. » Zadig se sentit du respect pour l'air, pour la barbe, et pour le livre de l'ermite. Il lui trouva dans la conversation des lumières supérieures. L'ermite parlait de la destinée, de la justice, de la morale, du souverain bien, de la faiblesse humaine, des vertus et des vices, avec une éloquence si vive et si touchante que Zadig se sentit entraîné vers lui par un charme invincible. Il le pria avec instance de ne le point quitter, jusqu'à ce qu'ils fussent de retour à Babylone. « Je vous demande moi-même cette grâce, lui dit le vieillard ; jurez-moi par Orosmade que vous ne vous séparerez point de moi d'ici à quelques jours, quelque chose que je fasse. » Zadig jura, et ils partirent ensemble. [...]

Vers le midi, l'ermite se présenta à la porte d'une maison très petite, où logeait un riche avare ; il y demanda l'hospitalité pour quelques heures. Un vieux valet mal habillé le reçut d'un ton rude, et fit entrer l'ermite et Zadig dans l'écurie, où on leur donna quelques olives pourries, du mauvais pain, et de la bière gâtée. L'ermite but et mangea d'un air aussi content que la veille ; puis s'adressant à ce vieux valet qui les observait tous deux pour voir s'ils ne volaient rien, et qui les pressait de partir, il lui donna les deux pièces d'or qu'il avait reçues le matin, et le remercia de toutes ses attentions. « Je vous prie, ajouta-t-il, faites-moi parler à votre maître. » Le valet, étonné, introduisit les deux voyageurs : « Magnifique seigneur, dit l'ermite, je ne puis que vous rendre de très humbles grâces de la manière noble dont vous nous avez reçus : daignez accepter ce bassin d'or comme un faible gage de ma reconnaissance. » L'avare fut près de tomber à la renverse. L'ermite ne lui donna pas le temps de revenir de son saisissement ; il partit au plus vite avec son jeune voyageur. « Mon père, lui dit Zadig, qu'est-ce que tout ce que je vois ? Vous ne me paraissez ressembler en rien aux autres hommes : vous volez un bassin d'or garni de pierreries à un seigneur qui vous reçoit magnifiquement, et vous le donnez à un avare qui vous traite avec indignité. — Mon fils, répondit le vieillard, cet homme magnifique, qui ne reçoit les étrangers que par vanité, et pour faire admirer ses richesses, deviendra plus sage ; l'avare apprendra à exercer l'hospitalité : ne vous étonnez de rien, et suivez-moi. » Zadig ne savait encore s'il avait affaire au plus fou ou au plus sage de tous les hommes ; mais l'ermite parlait avec tant d'ascendant que Zadig, lié d'ailleurs par son serment, ne put s'empêcher de le suivre. [...]

Zadig et l'ermite terminent ensemble leur voyage...

Ce fut chez une veuve charitable et vertueuse qui avait un neveu de quatorze ans, plein d'agréments et son unique espérance. Elle fit du mieux qu'elle put les honneurs de sa maison. Le lendemain, elle ordonna à son neveu d'accompagner les voyageurs jusqu'à un pont qui, étant rompu depuis peu, était devenu un passage dangereux. Le jeune homme, empressé, marche au-devant d'eux. Quand ils furent sur le pont : « Venez, dit l'ermite au jeune homme, il faut que je marque ma reconnaissance à votre tante. » Il le prend alors par les cheveux, et le jette dans la rivière. L'enfant tombe, reparaît un moment sur l'eau, et est engouffré dans le torrent. « O monstre ! ô le plus scélérat de tous les hommes ! s'écria Zadig. — Vous m'aviez promis plus de patience, lui dit l'hermite en l'interrompant ; apprenez que sous les ruines de cette maison où la Providence a mis le feu, le maître a trouvé un trésor immense ; apprenez ce que ce jeune homme dont la Providence a tordu le cou aurait assassiné sa tante dans un an, et vous dans deux. — Qui te l'a dit, barbare ? cria Zadig ; et quand tu aurais lu cet événement dans ton livre des destinées, t'est-il permis de noyer un enfant qui ne t'a point fait de mal ? »

Tandis que le Babylonien parlait, il aperçut que le vieillard n'avait plus de barbe, que son visage prenait les traits de la jeunesse. Son habit d'ermite disparut ; quatre belles ailes couvraient un corps majestueux et resplendissant de lumière. « O envoyé du ciel ! ô ange divin ! s'écria Zadig en se prosternant, tu es donc descendu de l'empyrée[1] pour apprendre à un faible mortel à se soumettre aux ordres éternels ? — Les hommes, dit l'ange Jesrad, jugent de tout sans rien connaître : tu étais celui de tous les hommes qui méritait le plus d'être éclairé. »

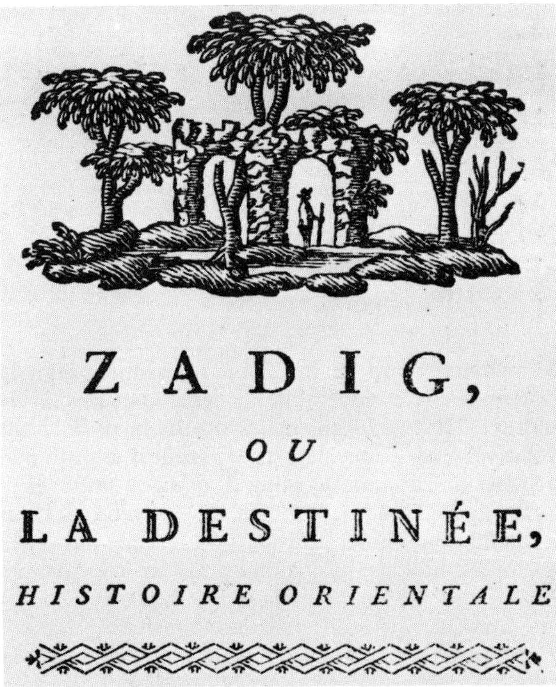

Frontispice d'une édition du XVIIIe siècle.

Zadig lui demanda la permission de parler. « Je me défie de moi-même, dit-il ; mais oserai-je te prier de m'éclaircir un doute ; ne vaudrait-il pas mieux avoir corrigé cet enfant, et l'avoir rendu vertueux, que de le noyer ? » Jesrad reprit : « S'il avait été vertueux, et s'il eût vécu, son destin était d'être assassiné lui-même avec la femme qu'il devait épouser, et le fils qui en devait naître. — Mais quoi ! dit Zadig, il est donc nécessaire qu'il y ait des crimes et des malheurs ? et les malheurs tombent sur les gens de bien ! — Les méchants, répondit Jesrad, sont toujours malheureux : ils servent à éprouver un petit nombre de justes répandus sur la terre, et il n'y a point de mal dont il ne naisse un bien. — Mais, dit Zadig, s'il n'y avait que du bien, et point de mal ? — Alors, reprit Jesrad, cette terre serait une autre terre, l'enchaînement des événements serait un autre ordre de sagesse ; et cet autre ordre, qui serait parfait, ne peut être que dans la demeure éternelle de l'Être suprême, de qui le mal ne peut approcher. Il a créé des millions de mondes dont aucun ne peut ressembler à l'autre. Cette immense variété est un attribut de sa puissance immense. Il n'y a ni deux feuilles d'arbres sur la terre, ni deux globes dans les champs infinis du ciel, qui soient semblables, et tout ce que tu vois sur le petit atome où tu es né devait être dans sa place et dans son temps fixe, selon les ordres immuables de celui qui embrasse tout. Les hommes pensent que cet enfant qui vient de périr est tombé dans l'eau par hasard, que c'est par un même hasard que cette maison est brûlée ; mais il n'y a point de hasard : tout est épreuve, ou punition, ou récompense, ou prévoyance. Souviens-toi de ce pêcheur qui se croyait le plus malheureux de tous les hommes. Orosmade t'a envoyé pour changer sa destinée. Faible mortel ! cesse de disputer contre ce qu'il faut adorer. — Mais, dit Zadig... » Comme il disait *mais*, l'ange prenait déjà son vol vers la dixième sphère. Zadig, à genoux, adora la Providence, et se soumit. L'ange lui cria du haut des airs : « Prends ton chemin vers Babylone. »

VOLTAIRE, *Zadig*.

□ □ NOTE | **1.** La plus élevée des quatre sphères célestes, séjour des astres et des dieux.

1. Étude du texte

1. Quel type d'enchaînement romanesque copient ou pastichent ces pages de conte philosophique ? A quoi reconnaît-on précisément ici la spécificité du conte par rapport au roman ?

2. Étudiez le couple Zadig-l'ermite ? Quel type de rapports entretiennent les deux personnages ? Comment se manifestent-ils sur le plan des actes et sur celui des discours ?

3. Analysez attentivement la dernière partie du texte. Sur quelle philosophie repose le discours de l'ange-ermite ? Peut-elle paraître pleinement crédible à Zadig-Voltaire ?

4. Voltaire a fait imprimer en italiques le dernier « mais » de Zadig ? Pourquoi selon vous ? En quoi ce petit mot conteste-t-il la prosternation finale du personnage ?

2. Expression

Contraction : Vous essaierez de donner de ce chapitre de *Zadig* une version contractée qui préserve à la fois les idées essentielles et le ton voulu par l'auteur. Votre résumé ne devra pas excéder 300 mots environ.

VOLTAIRE

POÈME SUR LE DÉSASTRE DE LISBONNE (1756)

★★★ *Que devient la liberté humaine quand elle est écrasée par le déferlement tragique du mal naturel ? Comment croire en la Providence quand elle prend le visage terrible de la Fatalité ? Que reste-t-il de « l'optimisme » quand il n'y a plus d'autre constat à faire que celui de la mort et de la misère ?*
Le 1er novembre 1755, un tremblement de terre et un raz-de-marée sans précédent au Portugal font quarante mille victimes à Lisbonne. En plein siècle des Lumières, progressiste et triomphaliste, la catastrophe « sinistre » également la conscience humaniste. Pour Voltaire, qui travaille à son Essai sur les mœurs, *c'est la glissade de l'inquiétude à un authentique désespoir. On en jugera par les vers de son* Poème sur le désastre de Lisbonne, *rédigé « à chaud », et sous-titré ironiquement « Examen de cet axiome : Tout est bien ».* ★★★

« Le mal est sur la terre »

O malheureux mortels ! ô terre déplorable !
O de tous les mortels assemblage effroyable !
D'inutiles douleurs éternel entretien !
Philosophes[1] trompés qui criez, *Tout est bien ;*
Accourez, contemplez ces ruines affreuses,
Ces débris, ces lambeaux, ces cendres malheureuses,
Ces femmes, ces enfants l'un sur l'autre entassés,
Sous ces marbres rompus ces membres dispersés ;
Cent mille infortunés que la terre dévore,
Qui, sanglants, déchirés, et palpitants encore,
Enterrés sous leurs toits, terminent sans secours
Dans l'horreur des tourments leurs lamentables jours !
Aux cris demi-formés de leurs voix expirantes,
Au spectacle effrayant de leurs cendres fumantes,
Direz-vous : « C'est l'effet des éternelles lois
Qui d'un Dieu libre et bon nécessitent le choix ? »
Direz-vous, en voyant cet amas de victimes :
« Dieu s'est vengé, leur mort est le prix de leurs crimes ? »
Quel crime, quelle faute ont commis ces enfants
Sur le sein maternel écrasés et sanglants ?
Lisbonne, qui n'est plus, eut-elle plus de vices
Que Londres, que Paris, plongés dans les délices ?
Lisbonne est abîmée[2], et l'on danse à Paris.
Tranquilles spectateurs, intrépides esprits,
De vos frères mourants contemplant les naufrages,
Vous recherchez en paix les causes des orages :
Mais du sort ennemi quand vous sentez les coups,
Devenus plus humains, vous pleurez comme nous.
Croyez-moi, quand la terre entrouve ses abîmes,
Ma plainte est innocente et mes cris légitimes. [...]
Les tristes habitants de ces bords désolés
Dans l'horreur des tourments seraient-ils consolés
Si quelqu'un leur disait : « Tombez, mourez tranquilles ;
Pour le bonheur du monde on détruit vos asiles ;
D'autres mains vont bâtir vos palais embrasés,
D'autres peuples naîtront dans vos murs écrasés ;
Le Nord va s'enrichir de vos pertes fatales ;
Tous vos maux sont un bien dans les lois générales ;
Dieu vous voit du même œil que les vils vermisseaux
Dont vous serez la proie au fond de vos tombeaux. »
A des infortunés quel horrible langage !
Cruels, à mes douleurs n'ajoutez point l'outrage [...]
Éléments, animaux, humains, tout est en guerre.
Il le faut avouer, le mal est sur la terre.

VOLTAIRE, *Poème sur le désastre de Lisbonne.*

□ □ NOTES | **1.** Allusion aux philosophes « optimistes » et particulièrement à Leibniz et à l'école allemande — **2.** Sinistrée, effondrée.

«Ces débris, ces lambeaux, ces cendres malheureuses...».

1. Étude du texte

1. A quel genre poétique s'apparente ce texte de Voltaire ?

2. Soulignez les variations de ton entre le début et la fin du poème.

3. Étudiez, dans la première partie du poème, la manière dont l'écrivain évoque la catastrophe. Quels effets cherche-t-il à produire ?

4. Quelles conceptions ou quels systèmes philosophiques font l'objet du discours satirique de la deuxième partie du texte ?

5. Comment qualifieriez-vous le sentiment personnel de Voltaire sur les questions de la destinée et de la *fatalité* à cette étape de sa carrière ?

2. Documentation - Création

Étude thématique : « Les catastrophes naturelles dans la littérature ».
Connaissez-vous d'autres œuvres (essais, poèmes, fictions) qui aient pris pour thème central, ou pour objet privilégié d'un chapitre ou d'une partie, l'évocation d'une catastrophe naturelle ? Dans quelle intention ?
Comparez les modes d'évocations et leurs finalités respectives.

VOLTAIRE

CANDIDE
(1759)

★★★ *Trois ans plus tard, lorsqu'il achève la rédaction de* Candide, *Voltaire n'a pas oublié le drame de Lisbonne. Il saisit même l'occasion d'une des aventures — ou plutôt mésaventures — du conte, pour faire se rejoindre l'histoire et la fiction. Candide et l'optimiste philosophe Pangloss, après bien des tribulations malheureuses, sont de passage dans la capitale portugaise au lendemain du tremblement de terre. Non seulement ils subiront le spectacle d'un pays en ruines, mais ils pâtiront de surcroît — lors d'un supplice mi-burlesque, mi-tragique — du fanatisme aveugle des humains. En dépit de la conclusion apaisée qu'il donnera au conte* *(voir p. 13)**, Voltaire, qui ne croit plus guère au Progrès et en la Providence, s'est pris à désespérer des hommes.* ★★★

COMMENT ON FIT UN BEL AUTO-DA-FÉ POUR EMPÊCHER LES TREMBLEMENTS DE TERRE, ET COMMENT CANDIDE FUT FESSÉ

Après le tremblement de terre qui avait détruit les trois quarts de Lisbonne, les sages du pays n'avaient pas trouvé un moyen plus efficace pour prévenir une ruine totale que de donner au peuple un bel auto-da-fé[1] ; il était décidé par l'université de Coïmbre que le spectacle de quelques personnes brûlées à petit feu, en grande cérémonie, est un secret infaillible pour empêcher la terre de trembler.

On avait en conséquence saisi un Biscayen[2] convaincu d'avoir épousé sa commère[3], et deux Portugais qui en mangeant un poulet en avaient arraché le lard[4] : on vint lier après le dîner le docteur Pangloss et son disciple Candide, l'un pour avoir parlé, et l'autre pour avoir écouté avec un air d'approbation : tous deux furent menés séparément dans des appartements d'une extrême fraîcheur, dans lesquels on n'était jamais incommodé du soleil : huit jours après ils furent tous deux revêtus d'un *san-benito*[5], et on orna leurs têtes de mitres de papier : la mitre et le san-benito de Candide étaient peints de flammes renversées, et de diables qui n'avaient ni queues ni griffes ; mais les diables de Pangloss portaient griffes et queues, et les flammes étaient droites. Ils marchèrent en procession ainsi vêtus, et entendirent un sermon très pathétique, suivi d'une belle musique en faux-bourdon[6]. Candide fut fessé en cadence, pendant qu'on chantait ; le Biscayen et les deux hommes qui n'avaient point voulu manger de lard furent brûlés, et Pangloss fut pendu, quoique ce ne soit pas la coutume. Le même jour, la terre trembla de nouveau avec un fracas épouvantable.

Candide, épouvanté, interdit, éperdu, tout sanglant, tout palpitant, se disait à lui-même : « Si c'est ici le meilleur des mondes possibles, que sont donc les autres ? Passe encore si je n'étais que fessé, je l'ai été chez les Bulgares ; mais, ô mon cher Pangloss ! le plus grand des philosophes, faut-il vous avoir vu pendre, sans que je sache pourquoi ! O mon cher anabaptiste ![7] le meilleur des hommes, faut-il que vous ayez été noyé dans le port ! ô mademoiselle Cunégonde ! la perle des filles, faut-il qu'on vous ait fendu le ventre ! »[8]

Il s'en retournait, se soutenant à peine, prêché, fessé, absous et béni, lorsqu'une vieille[9] l'aborda, et lui dit : « Mon fils, prenez courage, suivez-moi. »

VOLTAIRE, *Candide*, chap. VI.

□ □ NOTES

1. Mot à mot : « acte de foi », cérémonie solennelle d'exécution des hérétiques — **2.** Habitant de la province basque de Biscaye — **3.** Mère d'un enfant dont il était le parrain — **4.** Selon la tradition juive qui interdit la consommation de viande de porc — **5.** Casaque jaune des condamnés rappelant le vêtement des Bénédictins — **6.** Chant d'église à plusieurs voix — **7.** Membre d'une secte religieuse issue du protestantisme, précédemment rencontré par Candide et Pangloss — **8.** Lors du massacre de sa famille — **9.** La vieille servante de Cunégonde.

Étude du texte

1. Comment cette « aventure » de Candide prolonge-t-elle le poème de 1756 ?

2. Montrez que le pessimisme de l'auteur s'y continue et même s'y durcit. A quels domaines s'étend-il désormais ?

3. Qu'ont de particulièrement dérisoires la présence et le comportement de Pangloss, le philosophe, dans ce chapitre ?

4. Dites en quoi on peut parler de « littérature de l'absurde » à propos d'un tel récit.

5. Le pamphlétaire et l'avocat

VOLTAIRE

LETTRE SUR LA NOUVELLE HÉLOÏSE, DE J.-J. ROUSSEAU (1761)

★★★ *L'esprit polémiste et pamphlétaire fait partie intégrante du génie de Voltaire. Bien souvent l'admiration ou la haine qu'on lui voua vinrent de l'appréçiation portée sur ce don inimitable mais discutable qu'il déploya tout au long de sa carrière. Il n'y a pas un ouvrage de l'écrivain, essai, conte, article ou traité, qui ne cède, à un moment ou un autre, à la tentation satirique. Ici au détour d'une phrase, là dans une note de marge, ici encore dans une parenthèse ironique ou venimeuse. Que dire alors des « libelles » où Voltaire prend délibérément le parti de la polémique ? Que ce soit contre les ennemis des « philosophes » comme Fréron ou Palissot, que ce soit contre les « infâmes » religieux comme le malheureux jésuite Berthier (dont il raconta la fin dans une mémorable* Relation *pamphlétaire de 1760) ou contre quelques rivaux au royaume des lettres, comme Rousseau, son esprit caustique se laisse alors aller sans retenue.*
On en jugera par la lecture de la quatrième des Lettres à M. de Voltaire sur « La Nouvelle Héloïse » de J.-J. Rousseau *qu'il s'adressa à lui-même, en 1761, sous un nom d'emprunt, pour tourner en ridicule les conceptions du « Genevois ». Alternant l'ironie amusante et la méchanceté injuste, oublieux certainement de cette vertu de « tolérance » à laquelle il croit pourtant sincèrement, il se livre à une démolition en règle des jugements, effectivement déplacés pour la plupart, que Rousseau (lui-même auteur d'un opéra,* Le Devin de village, *représenté en 1752) avait formulés contre la musique française dans son roman.* ★★★

Une lettre sans merci

Monsieur,

Je frémis pour notre ami Jean-Jacques, je tremble pour ses jours. Il est vrai que le clergé, la noblesse, le parlement, et les dames même, n'ont fait que rire de ses injures et de ses systèmes ; heureusement même pour lui, l'ennui que causent ses six volumes est si prodigieux que bien des gens, qui auraient remarqué ses petites témérités, ont mieux aimé laisser là le livre que de rechercher l'auteur. Mais hier il arriva du scandale.

Voltaire et Rousseau, l'inimitié du siècle. *Gravure de l'époque révolutionnaire.*

Jean-Jacques, passant dans la rue près de l'Opéra fut arrêté par cinq ou six virtuoses de l'orchestre, qui le traitèrent un peu rudement ; il se sauva dans une maison dont la porte était ouverte, et grimpa à un de ces cinquièmes étages où il dit qu'on apprend mieux qu'ailleurs à connaître les mœurs de la ville. Les violons montèrent après lui ; Jean-Jacques se réfugia dans une chambre assez dérangée, où il trouva une dame penchée négligemment sur un canapé un peu déchiré.

C'était précisément la même dame chez laquelle il s'était consolé des tourments de l'absence, et de chez qui il avait rapporté en Suisse les principes secrets de ce qu'il appelle la petite vérole. La dame, éperdue, se jeta entre lui et les assaillants. Eh ! mon Dieu, leur dit-elle, Messieurs, pourquoi battez-vous ce magnifique seigneur, qui soupe chez moi quelquefois avec des officiers étrangers ?

— Ah ! coquin, dit le premier violon, nous t'apprendrons *si l'ennuyeux et lamentable chant français ressemble aux cris de la colique* comme tu l'écris. — Viens çà, viens çà, dit l'autre ; celui que tu appelles *le bûcheron* va frapper sur toit la mesure. — Va, va, la *vache qui galope* t'attrapera », disait un troisième. Un quatrième s'écriait : « Tu ne mangeras pas de l'*oie grasse.*

— Pardon, Messieurs, dit mon doux ami, se jetant à genoux, je n'y retournerai plus ; c'est une méprise de Suisse, je suis votre serviteur à tous ; je fais moi-même de la musique française, j'en ai copié toute ma vie. — *Tu en es plus coupable* », répliqua un des violons, en lui donnant un coup d'archet des plus forts sur le nez.

La dame jetait les haut cris. « *Vous vous méprenez Messieurs, c'est un citoyen de Genève, vous dis-je.* » Les violons n'entendaient point raison, les coups d'archet pleuvaient ; Jean-Jacques fuyait dans tous les coins de la chambre ; il se penchait à la fenêtre pour ne recevoir les coups que sur son derrière. En se penchant, il aperçut un grand homme vêtu de noir, sec, décharné, la face allongée, le nez pointu, le corps plié en deux, monté sur deux bâtons de cire noire, qu'on appelait ses jambes, une main dans la poche, et l'autre en l'air battant la mesure.

A cette figure, Jean-Jacques reconnut Rameau[1]. A mon secours ! s'écria-t-il, mon bon monsieur Rameau, à mon secours ! L'orchestre me tue, il a toujours fait mon supplice : à l'aide ! au guet ! au meurtre ! Faut-il avoir eu toute ma vie les oreilles écorchées par les filles de l'Opéra, pour expirer aujourd'hui sous les violons ?

Rameau monta paisiblement en fredonnant un air, et vint voir sur quel ton étaient les choses. Il trouva les archets brisés, une grosse dame en jupon sale, tout éplorée, et le nez du doux ami tout sanglant.

Rameau, en maître souverain de l'orchestre, fit ralentir la mesure ; et, après avoir écouté patiemment, pour la première fois de sa vie, les violons de l'Opéra : « *Ne vous fâchez pas,* leur dit-il, *Messieurs ; c'est un pauvre fou qui n'est pas si méchant qu'on le croit ;* sa folie consiste dans les inconséquences, et dans une vanité dont aucun barbier n'approcha jamais. Il a fait une mauvaise comédie[2], et il a écrit contre la comédie ; il a publié que le théâtre de Paris corrompait les mœurs, et il vient de donner au public un roman d'Héloïse ou d'Aloïse, dont plusieurs endroits feraient rougir madame que voilà, si elle savait lire. Il est allé à Genève abjurer la religion catholique pour vivre en France. Le pauvre homme a fait lui-même de la musique française, que j'ai eu la bonté de corriger. Il a imprimé, dans le *Dictionnaire encyclopédique,* quelques âneries sur l'harmonie, qu'il m'a fallu encore relever ; et pour récompense il écrit contre moi. Il ne lui manque plus que d'être peintre, et d'écrire contre Vanloo[3] et contre Drouais[4] ; il faut pardonner à un pauvre homme qui a le cerveau blessé. Il s'est mis dans un tonneau, qu'il a cru être celui de Diogène, et pense de là être en droit de faire le cynique ; il crie de son tonneau aux passants : *Admirez mes haillons.* La seule manière de le punir est de ne regarder ni sa personne ni son tonneau ; il vaut mieux l'ignorer que de le battre. »

Ce discours sensé apaisa l'orchestre ; mais il ne corrigea pas Jean-Jacques.

J'ai l'honneur d'être, etc., etc.

VOLTAIRE, *Lettre sur La Nouvelle Héloïse, de J.-J. Rousseau.*

□ □ NOTES | **1.** Jean-Philippe Rameau, compositeur français (1683-1764) auteur des *Indes galantes* — **2.** *Narcisse,* représenté en 1753 — **3.** Peintre français (1705-1765) — **4.** Peintre français (1699-1767).

1. Étude du texte

1. Dégagez le plan du texte et montrez comment il correspond à celui d'une petite comédie satirique.

2. Dressez l'inventaire des divers procédés satiriques — ils sont nombreux — employés par le pamphlétaire.

3. Dans ce texte, il n'y a pas loin toujours de l'ironie à la médisance, voire à la calomnie. Dans quels passages est-ce particulièrement sensible ?

2. Expression

Réponse à M. de Voltaire.
Amusez-vous, à votre tour, à rédiger, dans la forme et le ton de ce « libelle » caustique, une lettre à Voltaire. Vous pourriez prendre prétexte par exemple du décalage entre son apologie, dans maints ouvrages, de la tolérance et son intolérance d'épistolier en certaines circonstances.

VOLTAIRE

TRAITÉ SUR LA TOLÉRANCE (1763)

★★★ *La même vivacité d'esprit, qui nourrit la plume de polémiste de Voltaire, trouva à s'employer dans les nombreux plaidoyers de défense ou de réhabilitation des victimes de l'intolérance qu'il entreprit de défendre, principalement dans les quinze dernières années de sa vie. On le vit ainsi se lancer avec fougue dans des « affaires » qui défrayèrent les chroniques judiciaires ou politiques de l'époque : l'affaire Sirven 1764, l'affaire La Barre en 1766 (voir le texte suivant), l'affaire Montbailli en 1770, ou l'affaire Lally-Tollendal, pour laquelle il obtint gain de cause quelques jours seulement avant sa mort.*
Mais le plaidoyer le plus célèbre de l'avocat-philosophe reste celui de l'affaire Calas (1762) qui déboucha sur la publication, l'année suivante, du Traité sur la tolérance. *Le 9 mars 1762, Jean Calas, un négociant protestant de Toulouse, avait été roué pour avoir, selon l'accusation, étranglé et pendu son fils Marc-Antoine qui voulait se convertir au catholicisme. Convaincu, lui, du suicide du jeune homme, Voltaire entreprit de démontrer la fragilité des preuves invoquées et, à l'inverse, le poids des préjugés antiprotestants. Reprenant point par point l'enquête de police, et démontrant les vices de forme du procès, il obtint, en 1765, la réhabilitation de Jean Calas. Outre la dimension philosophique de la seconde partie du* Traité *(voir p. 87), ce texte reste passionnant par la qualité et la sagacité d'esprit que l'écrivain y déploie dans son travail de reconstitution critique.* ★★★

Plaidoyer pour une réhabilitation

Il paraissait impossible que Jean Calas, vieillard de soixante-huit ans, qui avait depuis longtemps les jambes enflées et faibles, eût seul étranglé et pendu un fils âgé de vingt-huit ans, qui était d'une force au-dessus de l'ordinaire ; il fallait absolument qu'il eût été assisté dans cette exécution par sa femme, par son fils Pierre Calas, par Lavaisse[1] et par la servante. Ils ne s'étaient pas quittés un seul moment le soir de cette fatale aventure. Mais cette supposition était encore aussi absurde que l'autre : car comment une servante zélée catholique aurait-elle pu souffrir[2] que des huguenots[3] assassinassent un jeune homme, élevé par elle, pour le punir d'aimer la religion de cette servante ? Comment Lavaisse serait-il venu exprès de Bordeaux pour étrangler son ami dont il ignorait la conversion prétendue ? Comment une mère tendre aurait-elle mis les mains sur son fils ? Comment tous ensemble auraient-ils pu étrangler un jeune homme aussi robuste qu'eux tous, sans un combat long et violent, sans des crix affreux qui auraient appelé tout le voisinage, sans des coups réitérés, sans des meurtrissures, sans des habits déchirés ?

Il était évident que, si le parricide avait pu être commis, tous les accusés étaient également coupables, parce qu'ils ne s'étaient pas quittés d'un moment ; il était évident qu'ils ne l'étaient pas ; il était évident que le père seul ne pouvait l'être ; et cependant l'arrêt condamna ce père seul à expirer sur la roue.

Le motif de l'arrêt était aussi inconcevable que tout le reste. Les juges qui étaient décidés pour le supplice de Jean Calas persuadèrent aux autres que ce vieillard faible ne pourrait résister aux tourments, et qu'il avouerait, sous les coups des bourreaux, son crime et celui de ses complices. Ils furent confondus, quand ce vieillard, en mourant sur la roue, prit Dieu à témoin de son innocence, et le conjura de pardonner à ses juges.

Ils furent obligés de rendre un second arrêt contradictoire avec le premier, d'élargir[4] la mère, son fils Pierre, le jeune Lavaisse et la servante ; mais un des conseillers leur ayant fait sentir que cet arrêt démentait l'autre, qu'ils se condamnaient eux-mêmes, que tous les accusés ayant toujours été ensemble dans le temps qu'on supposait le parricide, l'élargissement de tous les survivants prouvait invinciblement l'innocence du père de famille exécuté, ils prirent alors le parti de bannir Pierre Calas son fils. Ce bannissement semblait aussi inconséquent, aussi absurde que tout le reste : car Pierre Calas était coupable ou innocent du parricide ; s'il était coupable, il fallait le rouer comme son père ; s'il était innocent, il ne fallait pas le bannir. Mais les juges, effrayés du supplice du père et de la piété attendrissante avec laquelle il était mort, imaginèrent de sauver leur honneur en laissant croire qu'ils faisaient grâce au fils.

VOLTAIRE, *Traité sur la tolérance*, chap. 1.

□ □ NOTES | **1.** Jeune ami de Pierre Calas, frère de Marc-Antoine, la victime — **2.** Au sens de supporter — **3.** Protestants calvinistes — **4.** Dans le langage judiciaire signifie remettre en liberté.

1. Étude du texte

1. Dégagez clairement l'architecture de la démonstration de Voltaire.

2. Montrez comment il effectue une critique systématique aussi bien des faits, que des opinions ou des préjugés.

3. Quels sont les points, selon vous, les plus convaincants de ce plaidoyer ? En quoi la dernière affirmation du texte est-elle particulièrement terrible ?

4. Par-delà l'anecdote tragique, mettez en évidence la portée morale et philosophique du plaidoyer. Quelles préoccupations constantes des philosophes du XVIIIe siècle rejoint-elle ?

2. Expression

Un plaidoyer à prononcer.

Voltaire n'a pas prononcé ce texte ; il l'a rédigé pour qu'il soit lu et discuté. Vous le réécrirez — sans en modifier ni le ton ni l'argumentation — de façon à pouvoir le plaider oralement, comme si vous étiez l'avocat qui devait le prononcer devant un jury de réhabilitation. Faites particulièrement attention au jeu des temps et des modes verbaux qu'il vous faut modifier.

3. Documentation - Création

L'écrivain et l'engagement.
Recherchez des exemples d'affaires judiciaires ou d'épisodes politiques dans lesquelles des écrivains célèbres se sont engagés. Pensez par exemple à Hugo, Zola, Malraux, Sartre.

VOLTAIRE

DICTIONNAIRE PHILOSOPHIQUE (1764-1769)

★★★ *Au lendemain de la publication du* Traité sur la tolérance, *Voltaire entreprit la rédaction d'un* Dictionnaire philosophique portatif, *qu'il enrichit jusqu'en 1769, où il lui donna le titre de* La Raison par alphabet. *Conçu comme une encyclopédie miniature (Voltaire n'avait que fugitivement collaboré à celle de Diderot), l'ouvrage se présente comme une collection d'articles assez courts où l'écrivain résume sa pensée dans des domaines aussi variés que la critique littéraire, l'esthétique, la philosophie, la religion, la politique ou la justice. Hautement polémique, on s'en doute, le livre se présente souvent comme la synthèse parfaite de l'esprit voltairien, partagé entre l'engagement sincère pour les causes à défendre et la tentation du pamphlet pur et simple.*
On le verra à l'œuvre dans l'article « Torture », rédigé sous le coup de l'indignation suscitée par la fin du chevalier de La Barre en 1766. Condamné pour blasphème et sacrilège, le jeune homme avait été exécuté après une épouvantable série de tortures. On avait, de surcroît, placé sur son corps supplicié une des premières éditions du Dictionnaire philosophique... *Horrifié par les abus du système judiciaire et de ses méthodes, Voltaire lutta en vain pendant des mois pour obtenir la révision du procès.* ★★★

Voltaire à la Bastille. *Gravure de Deveria et Fauchey.*

Le procès de la torture

Les Romains n'infligèrent la torture qu'aux esclaves, mais les esclaves n'étaient pas comptés pour des hommes. Il n'y a pas d'apparence non plus qu'un conseiller de la Tournelle[1] regarde comme un de ses semblables un homme qu'on lui amène hâve, pâle, défait, les yeux mornes, la barbe longue et sale, couvert de la vermine dont il a été rongé dans un cachot. Il se donne le plaisir de l'appliquer à la grande et à la petite torture, en présence d'un chirurgien qui lui tâte le pouls, jusqu'à ce qu'il soit en danger de mort, après quoi on recommence ; et, comme dit très bien la comédie des *Plaideurs*[2] : « Cela fait toujours passer une heure ou deux. »

Le grave magistrat qui a acheté pour quelque argent[3] le droit de faire ces expériences sur son prochain, va conter à dîner à sa femme ce qui s'est passé le matin. La première fois madame en a été révoltée, à la seconde elle y a pris goût, parce que après tout les femmes sont curieuses ; et ensuite la première chose qu'elle lui dit lorsqu'il rentre en robe chez lui : « Mon petit cœur, n'avez-vous fait donner aujourd'hui la question[4] à personne ? »

Les Français, qui passent, je ne sais pourquoi, pour un peuple fort humain, s'étonnent que les Anglais, qui ont eu l'inhumanité de nous prendre tout le Canada, aient renoncé au plaisir de donner la question.

Lorsque le chevalier de La Barre[5], petit-fils d'un lieutenant-général des armées, jeune homme de beaucoup d'esprit et d'une grande espérance, mais ayant toute l'étourderie d'une jeunesse effrénée, fut convaincu d'avoir chanté des chansons impies, et même d'avoir passé devant une procession de capucins sans avoir ôté son chapeau, les juges d'Abbeville, gens comparables aux sénateurs romains, ordonnèrent, non seulement qu'on lui arrachât la langue, qu'on lui coupât la main, et qu'on brûlât son corps à petit feu ; mais ils l'appliquèrent encore à la torture pour savoir précisément combien de chansons il avait chantées, et combien de processions il avait vues passer, le chapeau sur la tête.

Ce n'est pas dans le XIIIe ou dans le XIVe siècle que cette aventure est arrivée, c'est dans le XVIIIe. Les nations étrangères jugent de la France par les spectacles, par les romans, par les jolis vers, par les filles d'Opéra, qui ont les mœurs fort douces, par nos danseurs d'Opéra, qui ont de la grâce, par Mlle Clairon, qui déclame des vers à ravir. Elles ne savent pas qu'il n'y a point au fond de nation plus cruelle que la française.

VOLTAIRE, *Dictionnaire philosophique* (article « Torture » de 1769).

□ □ NOTES | **1.** La Chambre criminelle du Parlement de Paris — **2.** Comédie de Jean Racine (1668) — **3.** Allusion à la vénalité des charges — **4.** Tortures infligées pour arracher les aveux d'un suspect — **5.** Son exécution eut lieu le 1er juillet 1766, à Abbeville.

1. Étude du texte

1. Qualifiez le ton d'ensemble de cet article. A quels moments du texte l'indignation vous paraît-elle la plus forte ?

2. Comment Voltaire rend-il particulièrement sensible dans ce texte l'horreur et l'atrocité de la torture ?

3. Quels sont les principaux griefs qu'implicitement ou explicitement il fait au système judiciaire français de l'époque ?

4. En quoi peut-on dire que la torture est pour lui, plus encore que la guerre, l'un des pires crimes contre l'esprit humain ?

2. Documentation - Création

Les écrivains devant la torture.

De Montaigne à Camus, de Voltaire à Soljénytsine et à bien d'autres écrivains ou essayistes contemporains, la torture, sous ses formes les plus barbares ou les plus insidieuses, a fait l'objet de maintes dénonciations de la part des penseurs attachés à la défense des droits de l'homme.

Vous rechercherez quelques-uns de ces « réquisitoires », vous les situerez dans leurs contextes historiques et politiques respectifs et vous vous risquerez à rédiger vous-même, en une trentaine de ligne, un « article » argumenté et documenté sur ce sujet.

JUGEMENTS

VOLTAIRE DEVANT SES CONTEMPORAINS

[...] Je ne vous aime point, monsieur ; vous m'avez fait les maux qui pouvaient m'être les plus sensibles à moi votre disciple et votre enthousiaste. Vous avez perdu Genève pour le prix de l'asile que vous y avez reçu : vous avez aliéné de moi mes concitoyens pour le prix des applaudissements que je vous ai prodigués parmi eux ; c'est vous qui me rendez le séjour de mon pays insupportable ; c'est vous qui me ferez mourir en terre étrangère, privé de toutes les consolations des mourants, et jeté pour tout honneur dans une voirie, tandis que tous les honneurs qu'un homme peut attendre vous accompagneront dans mon pays. Je vous hais enfin, puisque vous l'avez voulu ; mais je vous hais en homme encore plus digne de vous aimer, si vous l'aviez voulu. De tous les sentiments dont mon cœur était pénétré pour vous, il n'y reste que l'admiration qu'on ne peut refuser à votre beau génie, et l'amour de vos écrits. Si je ne puis honorer en vous que vos talents, ce n'est pas ma faute : je ne manquerai jamais au respect que je leur dois, ni aux procédés que ce respect exige. Adieu, monsieur.

J.-J. Rousseau, *Lettre du 17 juin 1760 adressée à Voltaire.*

Cet homme, dites-vous, est né jaloux de toute espèce de mérite. Sa manie de tout temps a été de rabaisser, de déchirer ceux qui avaient quelque droit à notre estime. Soit ; mais qu'est-ce que cela fait ? Est-on sot, parce que cet homme l'a dit ? Non. Qu'en arrive-t-il ? Le cri public s'élève en faveur du mérite rabaissé, déchiré, et il ne reste au censeur injuste que le titre d'envieux et de jaloux.
Cet homme, dites-vous, est ingrat [...]

Mais ce jaloux est un octogénaire qui tint toute sa vie son fouet levé sur les tyrans, les fanatiques, et les autres grands malfaiteurs de ce monde.
Mais cet ingrat, constant ami de l'humanité, a quelquefois secouru le malheureux dans sa détresse, et vengé l'innocence opprimée.
Mais cet insensé à introduit la philosophie de Locke et de Newton dans sa patrie, prêché la liberté de penser, inspiré l'esprit de tolérance, soutenu le bon goût expirant, fait plusieurs actions louables, et une multitude d'excellents ouvrages. Son nom est en honneur dans toutes les contrées et durera dans tous les siècles.

Hé bien, à l'âge de soixante et dix-huit ans, il vint en fantaisie à cet homme tout couvert de lauriers de se jeter dans un tas de boue ; et vous croyez qu'il est bien d'aller lui sauter à deux pieds sur le ventre, et de l'enfoncer dans la fange, jusqu'à ce qu'il disparaisse ! Ah ! monsieur, ce n'est pas là votre dernier mot.

Un jour cet homme sera bien grand, et ses détracteurs bien petits.
Pour moi, si j'avais l'éponge qui pût le nettoyer, j'irais lui tendre la main, je le tirerais de son bourbier, et le nettoierais. J'en userais à son égard comme l'antiquaire avec un bronze souillé. Je le décrasserais avec le plus grand ménagement pour la délicatesse du travail et des formes précieuses.

Diderot, *Lettre à Naigeon de 1772.*

[...] Vraiment j'oubliais un fait important, c'est que Voltaire est mort ; on ne sait ni l'heure, ni le jour ; il y en a qui disent que ce fut hier, d'autres avant-hier. L'obscurité qu'il y a sur cet événement vient, à ce qu'on dit, que l'on ne sait ce que l'on fera de son corps ; le curé de Saint-Sulpice ne veut point le recevoir. L'enverra-t-on à Ferney ? Il est excommunié par l'évêque dans le diocèse duquel est Ferney. Il est mort d'un excès d'opium qu'il a pris pour calmer les douleurs de sa strangurie, et j'ajouterais d'un excès de gloire, qui a trop secoué sa faible machine. [...]

Mme du Deffand, *Lettre du 31 mai 1778 à Horace Walpole.*

7. LE ROMAN : UN GENRE PRIVILÉGIÉ ET PROTÉIFORME

INTRODUCTION

Le roman moderne naît au XVIIIe siècle. Méprisé et discuté encore pendant les deux premiers tiers du siècle, le genre romanesque finit par gagner la suprématie ; en même temps que le drame, mais mieux que le drame parce qu'il n'est pas lié aux servitudes matérielles de la représentation, il est le moyen d'expression de la bourgeoisie, de plus en plus agissante et possédante ; les réalités concrètes de l'existence sont désormais peintes avec sympathie et sans ridicule, des catégories sociales de plus en plus basses entrent dans l'univers du roman sérieux comme dans l'univers du drame, commerçants, artisans, paysans, domestiques, gens du peuple ; l'intérêt passe de l'aventure héroïque et de la grande passion à la vie de famille, aux moyens de parvenir. Le romanesque, dont la bourgeoisie a besoin sentimentalement quand l'aristocratie glisse au scepticisme et au cynisme, doit s'accommoder de circonstances vulgaires et de personnages communs. A travers des platitudes et quelque veulerie, un héroïsme nouveau, celui de l'homme quelconque, opposé à l'héroïsme de l'extraordinaire, prend conscience de lui et annonce l'héroïsme balzacien ; et même chez les romanciers qui refusent la dégradation du romanesque et persistent à croire que le véritable objet du roman est la peinture des âmes d'élite et de leur destin, la réalité actuelle et familière fournit le point de départ des situations et des sentiments exceptionnels.

Mais l'ascension de la bourgeoisie n'explique pas tout le roman du XVIIIe siècle : la tradition littéraire, la relative autonomie du domaine esthétique, les attitudes intellectuelles et morales extérieures ou hostiles à la bourgeoisie, les influences étrangères ont joué leur rôle ; la pensée bourgeoise elle-même n'est pas simple, elle a eu ses hésitations et ses contradictions, ses tentations de conformisme et d'anarchisme ; il y a du « bourgeois » en Prévost, en Rousseau, et en les considérant comme tels on rendrait peut-être compte d'aspects très importants de leur art : la même explication ne vaudrait plus grand-chose pour Crébillon fils ou pour Sade. Une fois reconnu le grand mouvement social du siècle, qui détermine en dernier ressort toute la production artistique et littéraire, l'analyse détaillée des voies par lesquelles ce déterminisme a agi sur chaque œuvre en particulier est malaisée et hasardeuse : trop expliquer n'est plus rien expliquer.

La production romanesque est en effet extrêmement abondante et diverse ; non seulement des romanciers comme Lesage, Marivaux, Prévost, Rousseau, Diderot, et auprès d'eux Crébillon, Mme de Tencin, Laclos, Restif, assurent au XVIIIe siècle une place presque aussi importante que celle du XIXe dans l'histoire du roman, mais les œuvres de second et de troisième ordre sont nombreuses et intéressantes. De 1700 à 1750 seulement, la bibliographie de S.P. Jones dénombre 946 titres, tandis que pour le XVIIe siècle tout entier celle de C. Williams en dénombrait environ 1 200 ; il n'existe pour la seconde moitié du XVIIIe siècle rien de comparable à l'admirable travail de S.P. Jones, mais on peut facilement admettre qu'elle vit paraître encore plus de romans que la première moitié.

H. Coulet, *Le Roman français jusqu'à la Révolution*, éd. A. Colin.

Après avoir souligné l'importance de l'héritage du XVIIe siècle, héritage héroïco-picaresque notamment (voir : Gil Blas et les voleurs, *p. 134), nous étudierons successivement les deux domaines où s'est le mieux signifiée l'originalité du roman du XVIIIe siècle : le* romanesque *tout d'abord, tant sentimental et psychologique (voir :* Le romanesque sentimental, *p. 137) qu'événementiel et narratif (voir :* Le romanesque événementiel, *p. 139) ; le* réalisme *ensuite, dont nous mesurerons avec les romans de Marivaux les progrès dans la matière et le contenu social du récit (voir :* Le réalisme social, *p. 142), aussi bien que dans le langage même de ce récit (voir :* Le réalisme du langage, *p. 144). Une fois ces nouvelles données de l'esthétique romanesque exposées, nous étudierons plusieurs formes originales du genre : celle du conte philosophique, si brillamment illustrée par Voltaire (voir :* Le conte philosophique, *p. 147), celle du conte fantastique, dont Cazotte fut pratiquement l'inventeur (voir :* Le conte fantastique, *p. 150), celle du roman épistolaire surtout, si apprécié à l'époque (voir :* Lettre de la marquise de Merteuil au vicomte de Valmont, *p. 153). Nous terminerons enfin cette exploration des multiples visages du roman au Siècle des Lumières par l'analyse d'une page de ce romancier génial, « nouveau romancier » avant l'heure, que fut Diderot (voir :* Hasardeuse rencontre, *p. 156).*

I. L'héritage picaresque

LESAGE

GIL BLAS DE SANTILLANE (1715-1735)

★★★ *Héritier, par son théâtre, des auteurs du XVIIe siècle, Lesage (1668-1747) devait mettre dans ses créations romanesques tout l'esprit critique et frondeur du XVIIIe siècle. S'il ne manque pas de subir dans ses œuvres l'influence de la tradition du roman héroïco-galant du Grand Siècle, c'est surtout à l'inspiration et à la technique du roman picaresque de l'Espagne du XVIe siècle qu'il est redevable. L'Espagne lui fournit déjà les décors et l'intrigue facétieuse de son premier roman,* Le diable boiteux, *dans lequel le jeune Don Cléophas se laisse complaisamment dévoiler par le Malin les dessous d'une société qui ressemble étrangement à celle de la France de la Régence. Mais c'est dans l'énorme* Histoire de Gil Blas de Santillane *(12 livres publiés par livraisons successives de 1715 à 1735) que se ressent le mieux l'héritage picaresque : Gil Blas, un jeune espagnol démuni, se promène au fil des livres dans la double dimension des sociétés et des époques que son inépuisable vigueur lui permet de traverser. Au gré de ses malheurs ou de ses réussites il se forge ainsi un destin et une conscience. Loin de rester passif devant le spectacle du monde, comme Cléophas, il en retire en effet de précieuses leçons, qui feront du simple « picaro » qu'il était un « honnête homme », arrivé et installé. Dans l'extrait que nous donnons ici, c'est le tout jeune homme que nous découvrons. Capturé par des brigands après avoir quitté la maison de son oncle, il est sommé par eux de faire ses preuves de bon « routier ». Cette première initiation mettra à dure épreuve le « picaro » naïf et inexpérimenté.* ★★★

GILS BLAS ACCOMPAGNE LES VOLEURS. QUEL EXPLOIT IL FAIT SUR LES GRANDS CHEMINS

Ce fut sur la fin d'une nuit du mois de septembre que je sortis du souterrain avec les voleurs. J'étais armé comme eux d'une carabine, de deux pistolets, d'une épée et d'une baïonnette, et je montais un assez bon cheval, qu'on avait pris au même gentilhomme dont je portais les habits. Il y avait si longtemps que je vivais dans les ténèbres, que le jour naissant ne manqua pas de m'éblouir ; mais peu à peu mes yeux s'accoutumèrent à le souffrir.

Nous passâmes auprès de Pontferrada, et nous allâmes nous mettre en embuscade dans un petit bois qui bordait le grand chemin de Léon. Là, nous attendions que la fortune nous offrît quelque bon coup à faire, quand nous aperçûmes un religieux de l'ordre de Saint-Dominique, monté, contre l'ordinaire de ces bons pères, sur une mauvaise mule. Dieu soit loué, s'écria le capitaine en riant, voici le chef-d'œuvre de Gil Blas. Il faut qu'il aille détrousser ce moine. Voyons comme il s'y prendra. Tous les voleurs jugèrent qu'effectivement cette commission me convenait, et ils m'exhortèrent à m'en bien acquitter. Messieurs, leur dis-je, vous serez contents. Je vais mettre ce père nu comme la main, et vous amener ici sa mule. Non, non, dit Rolando[1], elle n'en vaut pas la peine. Apporte-nous seulement la bourse de Sa Révérence. C'est tout ce que nous exigeons de toi. Là-dessus je sortis du bois, et poussai vers le religieux, en priant le ciel de me pardonner l'action que j'allais faire. J'aurais bien voulu m'échapper dès ce moment-là. Mais la plupart des voleurs étaient encore mieux montés que moi : s'ils m'eussent vu fuir, ils se seraient mis à mes trousses, et m'auraient bientôt rattrapé, ou peut-être auraient-ils fait sur moi une décharge de leurs carabines, dont je me serais fort mal trouvé. Je n'osai donc hasarder une démarche si délicate. Je joignis le père, et lui demandai la bourse, en lui présentant le bout d'un pistolet. Il s'arrêta tout court pour me considérer ; et, sans paraître fort effrayé : Mon enfant, me dit-il, vous êtes bien jeune. Vous faites de bonne heure un vilain métier. Mon père, lui répondis-je, tout vilain qu'il est, je voudrais l'avoir commencé plus tôt. Ah! mon fils, répliqua le bon religieux, qui n'avait garde de comprendre le vrai sens de mes paroles, que dites-vous? quel aveuglement! souffrez que je vous représente l'état malheureux... Oh! mon père, interrompis-je avec précipitation, trêve de morale, s'il vous plaît. Je ne viens pas sur les grands chemins pour entendre des sermons. Je veux de l'argent. De l'argent? me dit-il d'un air étonné ; vous jugez bien mal de la charité des Espagnols, si vous croyez que les personnes de mon caractère aient besoin d'argent pour voyager en Espagne. Détrompez-vous. On nous reçoit agréablement partout. On nous loge. On nous nourrit, et l'on ne nous demande que des prières. Enfin nous ne portons point d'argent sur la route. Nous nous abandonnons à la Providence. Eh! non, non, lui repartis-je, vous ne vous y abandonnez pas. Vous avez toujours de bonnes pistoles pour être plus sûrs de la Providence. Mais, mon père, ajoutai-je finissons. Mes camarades, qui sont dans ce bois, s'impatientent. Jetez tout à l'heure votre bourse à terre, ou bien je vous tue.

A ces mots, que je prononçai d'un air menaçant, le religieux sembla craindre pour sa vie. Attendez, me dit-il, je vais donc vous satisfaire, puisqu'il le faut absolument. Je vois bien qu'avec vous autres, les figures de rhétorique sont inutiles. En disant cela, il tira de dessous sa robe une grosse bourse de peau de chamois, qu'il laissa tomber à terre. Alors je lui dis qu'il pouvait continuer son chemin, ce qu'il ne me donna pas la peine de répéter. Il pressa les flancs de sa mule, qui, démentant l'opinion que j'avais d'elle, car je ne la croyais pas meilleure que celle de mon oncle, prit tout à coup un assez bon train. Tandis qu'il s'éloignait, je mis pied à terre. Je ramassai la bourse qui me parut pesante. Je remontai sur ma bête, et regagnai promptement le bois, où les voleurs m'attendaient avec impatience, pour me féliciter de ma victoire. A peine me donnèrent-ils le temps de descendre de cheval, tant ils s'empressaient de m'embrasser. Courage, Gil Blas, me dit Rolando, tu viens de faire des merveilles. J'ai eu les yeux sur toi pendant ton expédition. J'ai observé ta contenance. Je te prédis que tu deviendras un excellent voleur de grand chemin. Le lieutenant et les autres applaudirent à la prédiction, et m'assurèrent que je ne pouvais manquer de l'accomplir quelque jour. Je les remerciai de la haute idée qu'ils avaient de moi, et leur promis de faire tous mes efforts pour la soutenir.

Après qu'ils m'eurent d'autant plus loué que je méritais moins de l'être, il leur prit envie d'examiner le butin dont je revenais chargé. Voyons, dirent-ils, voyons ce qu'il y a dans la bourse du religieux. Elle doit être bien garnie, continua l'un d'entre eux, car ces bons pères ne

Dessin de Murillo.
Le moine dépouillé.

voyagent pas en pèlerins. Le capitaine délia la bourse, l'ouvrit, et en tira deux ou trois poignées de petites médailles de cuivre, entremêlées d'*agnus Dei*, avec quelques scapulaires[2]. A la vue d'un larcin si nouveau, tous les voleurs éclatèrent en ris immodérés. Vive Dieu! s'écria le lieutenant, nous avons bien de l'obligation à Gil Blas. Il vient, pour son coup d'essai, de faire un vol fort salutaire à la compagnie. Cette plaisanterie en attira d'autres. Ces scélérats, et particulièrement celui qui avait apostasié[3], commencèrent à s'égayer sur la matière. Il leur échappa mille traits qui marquaient bien le dérèglement de leurs mœurs. Je ne riais point. Il est vrai que les railleurs m'en ôtaient l'envie en se réjouissant ainsi à mes dépens. Chacun me lança son trait, et le capitaine me dit : Ma foi, Gil Blas, je te conseille, en ami, de ne te plus jouer aux moines. Ce sont des gens trop fins et trop rusés pour toi.

LESAGE, *Histoire de Gil Blas de Santillane*, livre I, chap. VIII.

□ □ NOTES | **1.** Le chef de bande des brigands — **2.** Petits morceaux d'étoffe bénits — **3.** Un ancien religieux converti au brigandage.

1. Étude du texte

1. Étudiez la structure de ce court chapitre de roman et montrez comment elle ménage jusqu'au bout le « suspense ».
2. A quels détails de comportement et de langage reconnaît-on l'inexpérience du jeune « picaro »?
3. C'est le vieux Gil Blas qui raconte cette première aventure de jeunesse. Relevez les détails qui laissent deviner sous le récit de la mésaventure de l'adolescent naïf le commentaire et le jugement du sage vieillard.
4. Analysez dans la psychologie du héros le mélange des traits empruntés au « picaro » traditionnel et à « l'honnête homme » du XVIIIe siècle.
5. Étudiez le rôle joué dans cet extrait par l'atmosphère et le décor espagnols. Sont-ils totalement vraisemblables?

2. Expression

Modes d'énonciation.
Vous étudierez dans ce chapitre de roman l'alternance, très calculée par le romancier, des fragments de récit commandés par la 1re personne narrative et des interventions dialoguées au style direct.
Vous vous demanderez notamment :
— comment s'opèrent les interventions dialoguées ;
— quels effets elles produisent sur le rythme et la structure de cette narration.

3. Documentation - Création

Étude d'un genre :
Le roman d'apprentissage.
Chez Lesage, le roman picaresque se double d'un roman d'apprentissage. Malgré ses péripéties multiples, l'aventure de Gil Blas a un « sens » et son récit, aussi débridé soit-il, est celui d'une existence qui se fait, d'une personnalité qui se forme, d'un destin qui se forge.
Vous rechercherez dans la littérature romanesque française (au XIXe siècle notamment) d'autres exemples de romans d'apprentissage et vous réfléchirez sur la spécificité du genre : lois, contraintes, effets particuliers, etc.

2. Un double romanesque

ABBÉ PRÉVOST

MANON LESCAUT (1753)

★★★ *Curieuse et contradictoire figure que celle de cet abbé Prévost (1697-1763), dont la carrière hésita toujours entre le sérieux de son état ecclésiastique et les audaces de l'aventurier et du mondain qu'il était aussi. Sa production littéraire fut à l'image de son existence : bariolée et féconde. Si la postérité a un peu oublié les réussites de* Cléveland *ou du* Doyen de Killerine, *elle a assuré la gloire de leur auteur pour les* Mémoires et aventures d'un homme de qualité *(1728-1731). En réalité c'est à lui seul le tome VII de cette œuvre immense qui a cristallisé l'attention,* l'Histoire du Chevalier des Grieux et de Manon Lescaut. *Le livre fit scandale à l'époque au point d'être condamné au feu. C'est que Prévost ne se contentait plus dans ce court roman de peindre, au fil de rocambolesques aventures, les travers d'individus ou de sociétés, mais faisait de l'intériorité même de ses héros le lieu de déploiement d'un romanesque nouveau, celui des sentiments interdits et des passions fatales. C'est le « cœur » des deux protagonistes, Manon et Des Grieux, qui est ici la véritable scène où pourront se jouer ce que Prévost appelait dans* Cléveland *« les plus étranges situations où... un homme se soit jamais trouvé ». Dès le début du récit de cette liaison maudite, c'est de l'intensité des émotions, de la qualité exceptionnelle des sensibilités et aussi du caractère paroxystique et aveugle des comportements amoureux, que naît toute la puissance de ce roman étrange et fascinant.* ★★★

Le romanesque sentimental

J'avais dix-sept ans, et j'achevais mes études de philosophie à Amiens, où mes parents, qui sont d'une des meilleures maisons de P., m'avaient envoyé. Je menais une vie si sage et si réglée, que mes maîtres me proposaient pour l'exemple du collège (...).

J'avais marqué le temps de mon départ d'Amiens. Hélas! que ne le marquais-je un jour plus tôt! j'aurais porté chez mon père toute mon innocence. La veille même de celui que je devais quitter cette ville, étant à me promener avec mon ami, qui s'appelait Tiberge, nous vîmes arriver le coche d'Arras, et nous le suivîmes jusqu'à l'hôtellerie où ces voitures descendent. Nous n'avions pas d'autre motif que la curiosité. Il en sortit quelques femmes, qui se retirèrent aussitôt. Mais il en resta une, fort jeune, qui s'arrêta seule dans la cour, pendant qu'un homme d'un âge avancé, qui paraissait lui servir de conducteur, s'empressait pour faire tirer son équipage des paniers. Elle me parut si charmante que moi, qui n'avais jamais pensé à la différence des sexes, ni regardé une fille avec un peu d'attention, moi, dis-je, dont tout le monde admirait la sagesse et la retenue, je me trouvai enflammé tout d'un coup jusqu'au transport. J'avais le défaut d'être excessivement timide et facile à déconcerter ; mais loin d'être arrêté alors par cette faiblesse, je m'avançai vers la maîtresse de mon cœur. Quoiqu'elle fût encore moins âgée que moi, elle reçut mes politesses sans paraître embarrassée. Je lui demandai ce qui l'amenait à Amiens et si elle y avait quelques personnes de connaissance. Elle me répondit ingénument qu'elle y était envoyée par ses parents pour être religieuse. L'amour me rendait déjà si éclairé, depuis un moment qu'il était dans mon cœur, que je regardai ce dessein comme un coup mortel pour mes désirs. Je lui parlai d'une manière qui lui fit comprendre mes sentiments, car elle était bien plus expérimentée que moi. C'était malgré elle qu'on l'envoyait au couvent, pour arrêter sans doute son penchant au plaisir, qui s'était déjà déclaré et qui a causé, dans la suite, tous ses malheurs et les miens. Je combattis la cruelle intention de ses parents par toutes les raisons que mon amour naissant et mon éloquence scolastique purent me suggérer. Elle n'affecta ni rigueur ni dédain. Elle me dit, après un moment de silence, qu'elle ne prévoyait que trop qu'elle allait être malheureuse, mais que c'était apparemment la volonté du Ciel, puisqu'il ne lui laissait nul moyen de l'éviter. La douceur de ses regards, un air charmant de tristesse en prononçant ces paroles, ou plutôt, l'ascendant de ma destinée qui m'entraînait à ma perte, ne me permirent pas de balancer un moment sur ma réponse. Je l'assurai que, si elle voulait faire quelque fond sur mon honneur et sur la tendresse infinie qu'elle m'inspirait déjà, j'emploierais ma vie pour la délivrer de la tyrannie de ses parents, et pour la rendre heureuse. Je me suis étonné mille fois, en y réfléchissant, d'où me venait alors tant de hardiesse et de facilité à m'exprimer ; mais on ne ferait pas une divinité de l'amour, s'il n'opérait souvent des prodiges. J'ajoutai mille choses pressantes. (...)

Je lui proposai de se loger dans une hôtellerie, dont le maître, qui s'était établi à Amiens, après avoir été longtemps cocher de mon père, était dévoué entièrement à mes ordres. Je l'y conduisis moi-même, tandis que le vieux conducteur paraissait un peu murmurer, et que mon ami Tiberge, qui ne comprenait rien à cette scène, me suivait sans prononcer une parole. Il n'avait point entendu notre entretien. Il était demeuré à se promener dans la cour pendant que je parlais d'amour à ma belle maîtresse. Comme je redoutais sa sagesse, je me défis de lui par une commission dont je le priai de se charger. Ainsi j'eus le plaisir, en arrivant à l'auberge, d'entretenir seul la souveraine de mon cœur. Je reconnus bientôt que j'étais moins enfant que je ne le croyais. Mon cœur s'ouvrit à mille sentiments de plaisir dont je n'avais jamais eu l'idée. Une douce chaleur se répandit dans toutes mes veines. J'étais dans une espèce de transport, qui m'ôta pour quelque temps la liberté de la voix et qui ne s'exprimait que par mes yeux. Mademoiselle Manon Lescaut, c'est ainsi qu'elle me dit qu'on la nommait, parut fort satisfaite de cet effet de ses charmes. Je crus apercevoir qu'elle n'était pas moins émue que moi. Elle me confessa qu'elle me trouvait aimable et qu'elle serait ravie de m'avoir obligation de sa liberté. Elle voulut savoir qui j'étais, et cette connaissance augmenta son affection, parce qu'étant d'une naissance commune, elle se trouva flattée d'avoir fait la conquête d'un amant tel que moi. Nous nous entretînmes des moyens d'être l'un à l'autre. Après quantité de réflexions, nous ne trouvâmes point d'autre voie que celle de la fuite. Il fallait tromper la vigilance du conducteur, qui était un homme à ménager, quoiqu'il ne fût qu'un domestique. Nous réglâmes que je ferais préparer pendant la nuit une chaise de poste, et que je reviendrais de grand matin à l'auberge avant qu'il fût éveillé ; que nous nous déroberions secrètement, et que nous irions droit à Paris, où nous nous ferions marier en arrivant. J'avais environ cinquante écus, qui étaient le fruit de mes petites épargnes ; elle en avait à peu près le double. Nous nous imaginâmes, comme des enfants sans expérience, que cette somme ne finirait jamais, et nous ne comptâmes pas moins sur le succès de nos autres mesures.

PRÉVOST, *Manon Lescaut*, première partie.

1. Étude du texte

1. Examinez la structure de ce texte et dégagez l'alternance des séquences de récit événementiel et d'analyse psychologique.

2. Commentez la brutalité du surgissement de la passion chez Des Grieux. Quelles spectaculaires modifications de comportement produit-elle?

3. Appréciez la portée de cette évocation nouvelle de la psychologie amoureuse en regard des conventions et des codifications du récit passionnel dans les romans du XVIIe siècle.

4. Montrez comment le « fatalisme » de la passion naissante est doublement souligné :
— par le comportement de Manon elle-même ;
— par les remarques et jugements du narrateur.

5. Appréciez dans la langue et le style de l'auteur mais aussi dans les propos et les intonations qu'il prête directement à ses personnages, les qualités de l'expression verbale de ce romanesque nouveau.

2. Documentation - Création

1. Recherche littéraire et iconographique :

« L'amour fou ».

1. Vous rechercherez d'autres grands textes littéraires construits autour de ce thème de l'amour fou et aveugle (Balzac, Zola, Breton, etc.). Vous en analyserez les pages essentielles pour mettre en évidence la continuité du thème dans notre histoire littéraire et l'originalité de ses traitements romanesques divers.

2. Vous vous efforcerez d'illustrer les fragments de textes retenus au moyen de documents iconographiques appropriés.

3. Vous étudierez la survivance du thème dans certaines grandes œuvres cinématographiques contemporaines.

4. Dissertation :

Commentez ces propos du romancier Michel Butor dans son *Essai sur le roman :*
« Le roman (...) raconte par l'intermédiaire d'aventures individuelles le mouvement de toute une société. »

MARIVAUX

LA VIE DE MARIANNE (1731-1741)

★★★ *Marivaux (1688-1763), souvent cité pour ses talents de dramaturge en un siècle où les grands hommes de théâtre furent si rares, n'en est pas moins avec Prévost et Diderot l'un des maîtres du genre romanesque de l'époque. Encore sensible, dans ses œuvres de jeunesse notamment, aux influences précieuse, galante ou même burlesque, il montra clairement, dans ses deux chefs-d'œuvres inachevés,* La Vie de Marianne *(1731-1741) et* Le Paysan parvenu *(1735), combien il voulait prendre ses distances vis-à-vis du romanesque traditionnel. Mais si sur le fond sa sensibilité et sa rigueur devaient l'amener à faire du roman l'instrument d'une approche nouvelle de la psychologie de l'individu et des réalités sociales, Marivaux montra moins d'audace pour se libérer des contraintes formelles du genre. Les conventions de la narration événementielle, avec leur cortège de précautions oratoires, de péripéties multiples, d' « épisodes-gigognes », sont encore très présentes dans ses récits. Témoin l' « ouverture » de sa* Vie de Marianne, *exemple très révélateur des figures obligées du romanesque événementiel au XVIIIe siècle.* ★★★

Le romanesque événementiel

Avant que de donner cette histoire au public, il faut lui apprendre comment je l'ai trouvée.

Il y a six mois que j'achetai une maison de campagne à quelques lieues de Rennes, qui, depuis trente ans, a passé successivement entre les mains de cinq ou six personnes. J'ai voulu faire changer quelque chose à la disposition du premier appartement, et dans une armoire pratiquée dans l'enfoncement d'un mur, on y a trouvé un manuscrit en plusieurs cahiers contenant l'histoire qu'on va lire, et le tout d'une écriture de femme. On me l'apporta ; je le lus avec deux de mes amis qui étaient chez moi, et qui depuis ce jour-là n'ont cessé de me dire qu'il fallait le faire imprimer : je le veux bien, d'autant plus que cette histoire n'intéresse personne. Nous voyons par la date que nous avons trouvée à la fin du manuscrit, qu'il y a quarante ans qu'il est écrit ; nous avons changé le nom de deux personnes dont il y est parlé, et qui sont mortes. Ce qui y est dit d'elles est pourtant très indifférent ; mais n'importe : il est toujours mieux de supprimer leurs noms.

Voilà tout ce que j'avais à dire : ce petit préambule m'a paru nécessaire, et je l'ai fait du mieux que j'ai pu, car je ne suis point auteur, et jamais on n'imprimera de moi que cette vingtaine de lignes-ci.

Passons maintenant à l'histoire. C'est une femme qui raconte sa vie ; nous ne savons qui elle était. C'est la *Vie de Marianne ;* c'est ainsi qu'elle se nomme elle-même au commencement de son histoire ; elle prend ensuite le titre de comtesse ; elle parle à une de ses amies dont le nom est en blanc, et puis c'est tout.

Quand je vous ai fait le récit de quelques accidents de ma vie[1], je ne m'attendais pas, ma chère amie, que vous me prieriez de vous la donner tout entière, et d'en faire un livre à imprimer. Il est vrai que l'histoire en est particulière, mais je la gâterai, si je l'écris ; car où voulez-vous que je prenne un style ? (...)

N'oubliez pas que vous m'avez promis de ne jamais dire qui je suis ; je ne veux être connue que de vous.

Il y a quinze ans que je ne savais pas encore si le sang d'où je sortais était noble ou non, si j'étais bâtarde ou légitime. Ce début paraît annoncer un roman : ce n'en est pourtant pas un que je raconte ; je dis la vérité comme je l'ai apprise de ceux qui m'ont élevée.

Un carrosse de voiture qui allait à Bordeaux fut, dans la route, attaqué par des voleurs ; deux hommes qui étaient dedans voulurent faire résistance, et blessèrent d'abord un de ces voleurs mais ils furent tués avec trois autres personnes. Il en coûta aussi la vie au cocher et au postillon, et il ne restait plus dans la voiture qu'un chanoine de Sens et moi, qui paraissais n'avoir tout au plus que deux ou trois ans. Le chanoine s'enfuit, pendant que, tombée dans la portière, je faisais des cris épouvantables, à demi étouffée sous le corps d'une femme qui avait été blessée, et qui, malgré cela, voulant se sauver, était retombée dans la portière, où elle mourut sur moi, et m'écrasait.

Les chevaux ne faisaient aucun mouvement, et je restai dans cet état un bon quart d'heure, toujours criant, et sans pouvoir me débarrasser.

Remarquez qu'entre les personnes qui avaient été tuées, il y avait deux femmes : l'une belle et d'environ vingt ans, et l'autre d'environ quarante ; la première fort bien mise, et l'autre habillée comme le serait une femme de chambre.

Si l'une des deux était ma mère, il y avait plus d'apparence que c'était la jeune et la mieux mise, parce qu'on prétend que je lui ressemblais un peu, du moins à ce que disaient ceux qui la virent morte, et qui me virent aussi, et que j'étais vêtue d'une manière trop distinguée pour n'être que la fille d'une femme de chambre.

J'oubliais à vous dire qu'un laquais, qui était à un des cavaliers de la voiture, s'enfuit blessé à travers les champs, et alla tomber de faiblesse à l'entrée d'un village voisin, où il mourut sans dire à qui il appartenait : tout ce qu'on put tirer de lui, un moment avant qu'il expirât, c'est que son maître et sa maîtresse venaient d'être tués ; mais cela n'apprenait rien.

Pendant que je criais sous le corps de cette femme morte qui était la plus jeune, cinq ou six officiers qui couraient la poste passèrent, et voyant quelques personnes étendues mortes auprès du carrosse qui ne bougeait, entendant un enfant qui criait dedans, s'arrêtèrent à ce terrible spectacle, ou par la curiosité qu'on a souvent pour des choses qui ont une certaine horreur, ou pour voir ce que c'était que cet enfant qui criait, et pour lui donner du secours. Ils regardent dans le carrosse, y voient encore un homme tué, et cette femme morte tombée dans la portière, où ils jugeaient bien par mes cris que j'étais aussi.

Quelqu'un d'entre eux, à ce qu'ils ont dit depuis, voulait qu'ils se retirassent ; mais un autre, ému de compassion pour moi, les arrêta, et mettant le premier pied à terre, alla ouvrir la portière où j'étais, et les autres le suivirent. Nouvelle horreur qui les frappe, un côté du visage de cette dame morte était sur le mien, et elle m'avait baignée de son sang. Ils repoussèrent cette dame, et toute sanglante me retirèrent de dessous elle.

Après cela, il s'agissait de savoir ce que l'on ferait de moi, et où l'on me mettrait : ils voient de loin un petit village, où ils concluent qu'il faut me porter, et me donnent à un domestique qui me tenait enveloppée dans un manteau.

Leur dessein était de me remettre entre les

mains du curé de ce village, afin qu'il me cherchât quelqu'un qui voulût bien prendre soin de moi ; mais ce curé, chez qui tous les habitants les conduisirent, était allé voir un de ses confrères ; il n'y avait chez lui que sa sœur, fille très pieuse, à qui je fis tant de pitié, qu'elle voulut bien me garder, en attendant l'aveu de son frère ; il y eut même un procès-verbal de fait sur tout ce que je vous ai dit, et qui fut écrit par une espèce de procureur fiscal du lieu.

Chacun de mes conducteurs ensuite donna généreusement pour moi quelque argent, qu'on mit dans une bourse dont on chargea la sœur du curé ; après quoi tout le monde s'en alla.

MARIVAUX, *La Vie de Marianne*, première partie.

NOTE | 1. C'est désormais Marianne qui parle.

1. Étude du texte

1. Étudiez l'ensemble des précautions oratoires contenues dans ce préambule. Relevez celles qui sont le fait de l'auteur, et celles qui sont rajoutées par Marianne-narrateur. Pourquoi cette accumulation ?

2. Commentez le refus de Marivaux de présenter son livre comme un « roman ».

3. Examinez en revanche tous les détails donnés par l'auteur et le narrateur pour garantir la véracité de leur récit et de leur discours.

4. Étudiez dans le récit de Marianne tout ce qui relève du pathétique romanesque. Dans quelle tradition du genre s'inscrit ce goût pour le pathétique ?

5. Montrez comment tout le destin de Marianne est contenu en germe dans ce premier épisode. Quels faits sont particulièrement soulignés par le narrateur ? Quelle importance auront-ils nécessairement sur le comportement et les aventures de la jeune héroïne ?

2. Expression

« Le double registre ».

Dans un article consacré aux romans de Marivaux, Jean Rousset écrit :

« *Marianne est à la fois celle qui vit ses aventures et celle qui les raconte ; elle hérite seule de la double part du héros et du narrateur, qui étaient jusque-là distribués à des personnes séparées. Toutefois les deux registres ne se confondent pas malgré les apparences, ils demeurent distincts et disjoints : (...) la Marianne du présent a pour la Marianne du passé le regard d'un auteur pour un personnage dont il connaît la destinée et qui lui est à demi étranger ; narratrice d'elle-même, mais d'une elle-même éloignée, elle intervient constamment dans son récit.* »

1. Vous vérifierez ce jugement sur le premier chapitre du roman de Marivaux et montrerez comment le dédoublement narratif suggéré par Rousset (héros/narrateur) est ici en partie compliqué par l'intervention de l'auteur lui-même.

2. Vous distinguerez à la suite de cette analyse ce que l'on appelle :
— « interventions de l'auteur »,
— et « conscience critique » du narrateur.

3. Les débuts du réalisme

MARIVAUX

LE PAYSAN PARVENU *(1735)*

★★★ *Les deux grands romans de Marivaux ont pour sujet la réinsertion dans une société dont on s'était accidentellement trouvé écarté* (La Vie de Marianne) *ou l'accession à un monde auquel originairement on n'appartenait pas de droit* (Le Paysan parvenu). *On devine, en constatant ce double thématisme de la reconnaissance de l'individu par la société, quelle place le réalisme social devait tenir dans cette œuvre. Certes, Marivaux est loin encore de dominer pleinement l'esthétique réaliste telle qu'elle apparaîtra au XIXe siècle. Mais au lieu d'égarer ses héros, comme chez les romanciers picaresques, dans les dédales invraisemblables d'un monde conventionnel, Marivaux les confronte à un univers social, pour la première fois doté d'épaisseur et de cohérence. Marianne comme Jacob, le « paysan parvenu », sont mis en contact par leur créateur avec une succession de personnages divers (nobles, paysans, domestiques, financiers, membres du clergé...) qui constituent à eux tous une typologie sociale élémentaire. Le regard des deux héros, impitoyablement lucide, est ainsi l'instrument du réalisme du romancier qui s'amuse à détailler, pour mieux les dénoncer, les travers de la société de son temps.*
Paysan champenois monté à Paris, Jacob, qui a secouru dans la rue une vieille fille tombée en syncope, est invité par elle et sa sœur à venir dîner à leur domicile. Au cours du repas, c'est l'univers des fausses dévotes qu'il découvre avec étonnement et amusement. ★★★

Le réalisme social

Je fus de retour à la maison au moment qu'on allait se mettre à table. Malepeste, le succulent petit dîner! Voilà ce qu'on appelle du potage, sans parler d'un petit plat de rôt d'une finesse, d'une cuisson si parfaite... Il fallait avoir l'âme bien à l'épreuve du plaisir que peuvent donner les bons morceaux, pour ne pas donner dans le péché de friandise en mangeant de ce rôt-là, et puis de ce ragoût, car il y en avait un d'une délicatesse d'assaisonnement que je n'ai jamais rencontrée ailleurs. Si l'on mangeait au ciel, je ne voudrais pas y être mieux servi ; Mahomet, de ce repas-là, aurait pu faire une des joies de son paradis.

Nos dames ne mangeaient point de bouilli, il ne faisait que paraître sur la table, et puis on l'ôtait pour le donner aux pauvres. (...)

Jamais elles n'avaient d'appétit ; du moins on ne voyait point celui qu'elles avaient ; il escamotait les morceaux ; ils disparaissaient sans qu'il parût presque y toucher.

On voyait ces dames se servir négligemment de leurs fourchettes, à peine avaient-elles la force d'ouvrir la bouche ; elles jetaient des regards indifférents sur ce bon vivre : Je n'ai point de goût aujourd'hui. Ni moi non plus. Je trouve tout fade. Et moi tout trop salé.

Ces discours-là me jetaient de la poudre aux yeux, de manière que je croyais voir les créatures les plus dégoûtées du monde, et cependant le résultat de tout cela était que les plats se trouvaient si considérablement diminués quand on desservait, que je ne savais les premiers jours comment ajuster tout cela.

Mais je vis à la fin de quoi j'avais été les premiers jours dupe. C'était de ces airs de dégoût, que marquaient nos maîtresses, et qui m'avaient caché la sourde activité de leurs dents.

Le plus plaisant, c'est qu'elles s'imaginaient elles-mêmes être de très petites et de très sobres mangeuses : et comme il n'était pas décent que les dévotes fussent gourmandes, qu'il faut se nourrir pour vivre, et non pas vivre pour manger ; que malgré cette maxime raisonnable et chrétienne, leur appétit glouton ne voulait rien perdre, elles avaient trouvé le secret de le laisser faire, sans tremper dans sa gloutonnerie ; et c'était par le moyen de ces apparences de dédain pour les viandes, c'était par l'indolence avec laquelle elles y touchaient, qu'elles se persuadaient être sobres en se conservant le plaisir de ne pas l'être ; c'était à la faveur de cette singerie, que leur dévotion laissait innocemment le champ libre à l'intempérance.

Il faut avouer que le diable est bien fin, mais aussi que nous sommes bien sots!

Le dessert fut à l'avenant du repas : confitures sèches et liquides, et sur le tout de petites liqueurs, pour aider à faire la digestion, et pour ravigoter ce goût si mortifié. (...)

Ensuite on ôtait le couvert ; elles se laissaient aller dans un fauteuil, dont la mollesse et la profondeur invitaient au repos ; et là on s'entretenait de quelques réflexions qu'on avait faites d'après de saintes lectures, ou bien d'un sermon du jour ou de la veille, dont elles trouvaient le sujet admirablement convenable pour monsieur ou pour madame Une Telle.

MARIVAUX, *Le Paysan parvenu*, première partie.

Gravure de Moreau le jeune.
Malepeste, le succulent petit dîner!

1. Étude du texte

1. Étudiez la structure de ce passage :
1. Montrez la subtilité avec laquelle Marivaux introduit la dimension critique au milieu de la narration.
2. Soulignez l'importance à nouveau des commentaires du narrateur dans le déroulement du récit.

2. Précisez les techniques de l'art du portrait chez Marivaux.

3. Montrez l'importance du **regard** du héros tout au long de l'épisode. Est-il simplement « objectif »?

5. Quels vices et travers sont impitoyablement démasqués par le romancier? Qu'est-ce qui empêche pourtant la vigueur de la dénonciation d'être trop brutale?

2. Expression

Restituez la ponctuation.

Les éditions originales du XVIIIe siècle, dont nous nous servons ici, ne marquaient que très rarement la ponctuation des dialogues à l'intérieur du récit narratif.

1. Vous restituerez sur ce texte, ainsi que sur l'extrait suivant de *La Vie de Marianne*, les guillemets qui marquent traditionnellement aujourd'hui l'ouverture et la fermeture du dialogue au style direct.

2. Vous isolerez également, dans cet extrait du *Paysan Parvenu*, les séquences de monologue intérieur et vous les identifierez par des signes arbitraires différents.

---

3. Documentation - Création

1. Étude de civilisation :

Un repas au XVIIIe siècle.

1. Vous vous documenterez, à l'aide de pages de roman, de chroniques gastronomiques ou d'articles d'encyclopédie, sur l'art de la table au XVIIIe siècle.
Par recoupement vous essaierez de composer quelques menus types de l'époque.

2. Vous rechercherez des documents iconographiques sur le même sujet pour tenter de cerner l'atmosphère de la table française au siècle des Lumières.

2. Dissertation :

Qu'est-ce qu'un personnage de roman?

MARIVAUX

LA VIE DE MARIANNE

★★★ *Le réalisme de l'observation, ou réalisme social, est conforté chez Marivaux par un réalisme certain du langage. Si la présence au monde de ses personnages s'affirmait dans l'acuité de leur regard, leur présence dans l'espace du roman s'authentifie par la justesse de leur ton et l'originalité de leur langage. Curieusement d'ailleurs, les audaces — bien épisodiques — du vocabulaire de Marivaux devaient scandaliser à l'époque bien davantage que la répétition des scènes grivoises ou triviales des romans picaresques et burlesques. A preuve cette « scène de rue » entre un cocher et Mme Dutour, la lingère hôtesse de Marianne, qui refuse de payer plus de douze sols la course à l'homme qui vient de ramener chez elle la jeune fille blessée à la cheville : cette venimeuse et pittoresque querelle valut au romancier bien des blâmes et des reproches...* ★★★

Le réalisme du langage

A tout moment on touchait à la catastrophe. Mme Dutour n'avait qu'à pouvoir parvenir à frapper le cocher de l'aune qu'elle tenait, voyez ce qu'il en serait arrivé avec un fiacre[1]!

De mon côté, j'étais désolée ; je ne cessais de crier à Mme Dutour : Arrêtez-vous! Le cocher s'enrouait à prouver qu'on ne lui donnait pas son compte, qu'on voulait avoir sa course pour rien, témoin les douze sols qui n'allaient jamais sans avoir leur épithète : et des épithètes d'un cocher, on en soupçonne l'incivile élégance.

Le seul intérêt des bonnes mœurs devait engager Mme Dutour à composer avec ce misérable ; il n'était pas honnête à elle de soutenir l'énergie de ses expressions ; mais elle en dévorait le scandale en faveur de la rage qu'elle avait d'y répondre ; elle était trop fâchée pour avoir les oreilles délicates.

Oui, malotru! oui, douze sols, tu n'en auras pas davantage, disait-elle. Et moi je ne les prendrai pas, douze diablesses! répondait le cocher. Encore ne les vaux-tu pas, continuait-elle ; n'es-tu pas honteux, fripon? Quoi! pour venir d'auprès de la paroisse ici? Quand ce serait pour un carrosse d'ambassadeur, tiens, jarni de ma vie! un denier avec, tu ne l'aurais pas! J'aimerais mieux te voir mort, il n'y aurait pas grand perte ; et souviens-toi seulement que c'est aujourd'hui la Saint-Matthieu : bon jour, bonne œuvre, ne l'oublie pas! Et laisse venir demain, tu verra comme il sera fait. C'est moi qui te le dis, qui ne suis pas une chiffonnière, mais bel et bien Mme Dutour, madame pour toi, madame pour les autres, et madame tant que je serai au monde, entends-tu?

Tout ceci ne se disait pas sans tâcher d'arracher le bâton des mains du cocher qui le tenait, et qui, à la grimace et au geste que je lui vis faire, me parut prêt à traiter Mme Dutour comme un homme.

Je crois que c'était fait de la pauvre femme : un gros poing de mauvaise volonté, levé sur elle, allait lui apprendre à badiner avec la modération d'un fiacre, si je ne m'étais pas hâtée de tirer environ vingt sols, et de les lui donner.

Il les prit sur-le-champ, secoua l'aune[2] entre les mains de Mme Dutour assez violemment pour l'en arracher, la jeta dans son arrière-boutique, enfonça son chapeau en me disant : grand merci, mignonne ; sortit de là, et traversa la foule qui s'ouvrit alors, tant pour le laisser sortir que pour livrer passage à Mme Dutour, qui voulait courir après lui, que j'en empêchai, et qui me disait que, jour de Dieu je n'étais qu'une petite sotte. Vous voyez bien ces vingt sols-là, Marianne, je ne vous les pardonnerai jamais, ni à la vie, ni à la mort : ne m'arrêtez pas, car je vous battrais. Vous êtes encore bien plaisante, avec vos vingt sols, pendant que c'est votre argent que j'épargne! Et mes douze sols, s'il vous plaît, qui est-ce qui me les rendra? (Car l'intérêt chez Mme Dutour ne s'étourdissait de rien.) Les emporte-t-il aussi, mademoiselle? Il fallait donc lui donner toute la boutique.

Eh! madame, lui dis-je, votre monnaie est à terre, et je vous la rendrai, si on ne la trouve pas ; ce que je disais en fermant la porte d'une main, pendant que je tenais Mme Dutour de l'autre.

Le beau carillon! dit-elle, quand elle vit la porte fermée. Ne nous voilà pas mal! Ah çà! voyons donc cette monnaie qui est à terre, ajouta-t-elle en la ramassant avec autant de sang-froid que s'il ne s'était rien passé. Le coquin est bien heureux que Toinon n'ait pas été ici ; elle vous aurait bien empêchée de jeter l'argent par les fenêtres : mais il faut justement que cette bégueule-là ait été dîner chez sa mère. Malepeste! elle est un peu meilleure ménagère! Aussi n'a-t-elle que ce qu'elle gagne, et les autres ce qu'on leur donne ; au lieu que vous, Dieu merci, vous êtes si riche, vous avez un si bon trésorier! Pourvu qu'il dure!

Eh! madame, lui dis-je avec quelque impatience, ne plaisantons point là-dessus, je vous prie ; je sais bien que je suis pauvre : mais il n'est pas nécessaire de m'en railler, non plus que des secours qu'on a bien voulu me donner, et j'aime encore mieux y renoncer, n'avoir rien et sortir de chez vous, que d'y demeurer exposée à des discours aussi désobligeants. Tenez, dit-elle, où va-t-elle chercher que je la raille, à cause que je lui dis qu'on lui donne? Eh! pardi! oui, on vous donne, et vous prenez comme de raison : à bien donné, bien pris. Ce qui est donné n'est pas fait pour rester là, peut-être ; et quand on voudra, je prendrai ; voilà tout le mal que j'y sache, et je prie Dieu qu'il m'arrive. On ne me donne rien, je ne prends rien, et c'est tant pis. Voyez de quoi elle se fâche! Allons, allons, dînons ; cela devrait être fait. Il faut aller à vêpres. Et tout de suite, elle alla se mettre à table. Je me levai pour en faire autant, en me soutenant sur cette aune que Mme Dutour avait remise sur le comptoir, et je n'en avais pas trop besoin.

MARIVAUX, *La Vie de Marianne*, deuxième partie.

□ □ NOTES | **1.** Cocher de fiacre — **2.** Mesure en bois d'environ un mètre et huit centimètres.

1. Étude du texte

1. Comment le romancier dramatise-t-il la scène? Est-elle aussi périlleuse qu'il le laisse entendre?

2. A quelle tradition romanesque peut-on rattacher cet épisode?

3. Caractérisez le langage de Mme Dutour. Comment donne-t-il une épaisseur sociale au personnage?

4. Comment les réactions de Marianne à l'écoute de ce langage la situent-elles également, socialement et moralement?

5. Pourquoi une pareille scène de roman a-t-elle pu faire scandale à l'époque? Justifiez les diverses réponses possibles.

2. Expression

Mots et expressions familiers.

1. Vous relèverez dans le discours de Mme Dutour les divers procédés familiers populaires :
— vocabulaire;
— expressions;
— licences syntaxiques, etc.

2. Vous expliciterez le sens de chacune des expressions relevées.

3. Vous en donnerez, chaque fois que ce sera possible, la transcription en langage populaire contemporain.

1. Recherche littéraire :

L'argot français.

1. Vous parcourrez quelques ouvrages récents consacrés à l'argot français (voir les livres de A. Boudard ou de R. Beauvais ainsi que le *Dictionnaire du français non conventionnel* de J. Cellard et A. Rey, éd. Hachette). Vous apprécierez la valeur et la saveur de cette langue populaire si longtemps traquée dans la littérature.

2. Vous rechercherez dans la littérature classique la plus sérieuse comme dans la littérature contemporaine la plus divertissante des exemples d'utilisation provocante, systématique ou ludique de la langue argotique ou populaire.

2. Dissertation :

Commentez cette formule du romancier contemporain Julien Gracq : « *Quand il n'est pas songe... le roman est mensonge.* » Demandez-vous plus précisément quelle est la part du langage dans l'élaboration du « mensonge romanesque ».

4. Le conte

VOLTAIRE

MICROMÉGAS (1752)

★★★ *Voltaire, qui ne prisait guère le genre romanesque, s'est consacré tardivement à l'écriture de ces « histoires » qu'il se refusa toujours à intituler « contes » ou « romans ». Ce n'est qu'en 1752 qu'il livra au public la première de ses « fadaises philosophiques »,* Micromégas, *rédigée à l'intention de Frédéric II depuis 1739. Ces compositions souvent courtes, pleines d'esprit et de fantaisie, lui valent pourtant aujourd'hui la plus grande part de sa gloire littéraire, tant elles semblent donner la meilleure image de son génie et de son talent d'écrivain. Voltaire conteur est en effet le vrai visage de Voltaire philosophe. En incarnant dans la fiction et les personnages du conte les idées maîtresses de sa philosophie — à la manière d'un Platon déployant sa pensée dans les images du mythe — il rend celle-ci plus convaincante et plus séduisante que jamais. Certes, ses personnages n'ont pas l'épaisseur psychologique et sociale de ceux de Prévost ou de Marivaux, mais ils vivent de tout l'investissement d'intelligence et de sensibilité que leur créateur opère en eux.* ★★★

Le conte philosophique

VOYAGE D'UN HABITANT DU MONDE DE L'ÉTOILE SIRIUS DANS LA PLANÈTE DE SATURNE

Dans une de ces planètes qui tournent autour de l'étoile nommée Sirius, il y avait un jeune homme de beaucoup d'esprit, que j'ai eu l'honneur de connaître dans le dernier voyage qu'il fit sur notre petite fourmilière ; il s'appelait Micromégas, nom qui convient fort à tous les grands. Il avait huit lieues de haut : j'entends, par huit lieues, vingt-quatre mille pas géométriques de cinq pieds chacun.

Quelques algébristes, gens toujours utiles au public, prendront sur-le-champ la plume, et trouveront que, puisque monsieur Micromégas, habitant du pays de Sirius, a de la tête aux pieds vingt-quatre mille pas, qui font cent vingt mille pieds de roi, et que nous autres, citoyens de la terre, nous n'avons guère que cinq pieds, et que notre globe a neuf lieues de tour, ils trouveront, dis-je, qu'il faut absolument que le globe qui l'a produit ait au juste vingt-un millions six cent mille fois plus de circonférence que notre petite terre. Rien n'est plus simple et plus ordinaire dans la nature. Les États de quelques souverains d'Allemagne ou d'Italie, dont on peut faire le tour en une demi-heure, comparés à l'empire de Turquie, de Moscovie ou de la Chine, ne sont qu'une très faible image des prodigieuses différences que la nature a mises dans tous les êtres.

La taille de Son Excellence étant de la hauteur que j'ai dite, tous nos sculpteurs et tous nos peintres conviendront sans peine que sa ceinture peut avoir cinquante mille pieds de roi de tour : ce qui fait une très jolie proportion.

Quant à son esprit, c'est un des plus cultivés que nous ayons ; il sait beaucoup de choses ; il en a inventé quelques-unes ; il n'avait pas encore deux cent cinquante ans, et il étudiait, selon la coutume, au collège des jésuites de sa planète, lorsqu'il devina, par la force de son esprit, plus de cinquante propositions d'Euclide. C'est dix huit de plus que Blaise Pascal, lequel, après en

White dans l'espace : « Dans une de ces planètes qui tournent autour de l'étoile nommée Sirius, il y avait un jeune homme de beaucoup d'esprit. »

avoir deviné trente-deux en se jouant, à ce que dit sa sœur, devint depuis un géomètre assez médiocre, et un fort mauvais métaphysicien. Vers les quatre cent cinquante ans, au sortir de l'enfance, il disséqua beaucoup de ces petits insectes qui n'ont pas cent pieds de diamètre, et qui se dérobent aux microscopes ordinaires ; il en composa un livre fort curieux, mais qui lui fit quelques affaires. Le muphti de son pays, grand vétillard, et fort ignorant, trouva dans son livre des propositions suspectes, malsonnantes, téméraires, hérétiques, sentant l'hérésie, et le poursuivit vivement : il s'agissait de savoir si la forme substantielle des puces de Sirius était de même nature que celle des colimaçons. Micromégas se défendit avec esprit ; il mit les femmes de son côté ; le procès dura deux cent vingt ans. Enfin le muphti fit condamner le livre par des jurisconsultes qui ne l'avaient pas lu, et l'auteur eut ordre de ne paraître à la cour de huit cents années.

Il ne fut que médiocrement affligé d'être banni d'une cour qui n'était remplie que de tracasseries et de petitesses. Il fit une chanson fort plaisante contre le muphti, dont celui-ci ne s'embarrassa guère ; et il se mit à voyager de planète en planète, pour achever de se former *l'esprit et le cœur*, comme l'on dit. (...)

Micromégas, après avoir bien tourné, arriva dans le globe de Saturne. Quelque accoutumé qu'il fût à voir des choses nouvelles, il ne put d'abord, en voyant la petitesse du globe et de ses habitants, se défendre de ce sourire de supériorité qui échappe quelquefois aux plus sages. Car enfin Saturne n'est guère que neuf cents fois plus gros que la terre, et les citoyens de ce pays-là sont des nains qui n'ont que mille toises de haut ou environ. Il s'en moqua un peu d'abord avec ses gens, à peu près comme un musicien italien se met à rire de la musique de Lulli quand il vient en France. Mais comme le Sirien avait un bon esprit, il comprit bien vite qu'un être pensant peut fort bien n'être pas ridicule pour n'avoir que six mille pieds de haut. Il se familiarisa avec les Saturniens, après les avoir étonnés.

VOLTAIRE, *Micromégas*, chapitre I.

1. Étude du texte

1. Ce chapitre de *Micromégas* est le premier du livre. Montrez par quels moyens Voltaire installe d'emblée son lecteur dans l'univers « différent » du conte.

2. Appréciez la valeur de l'anthropomorphisme évident dont use Voltaire dans ses portraits et descriptions. En quoi oriente-t-il fortement la lecture du texte?

3. Montrez l'habileté avec laquelle Voltaire se sert des dimensions falsifiées du temps et de l'espace. Justifiez le nom même de « Micromégas ».

4. Expliquez quelles sont, sous le couvert de la fable,
— les idées et thèses développées par Voltaire philosophe,
— les critiques esquissées par Voltaire polémiste.

2. Expression

La technique du conte voltairien.
Le baron de Gleichen rapporte dans ses *Mémoires* les propos de Voltaire sur l'art de fabriquer une de ses « histoires » : « *commencer avec assez de détails, tracer le portrait des personnages, exciter, suspendre et même tromper la curiosité, mesurer et placer à propos les épisodes, presser le rythme, énoncer laconiquement la catastrophe...* »
Choisissez l'un des contes de Voltaire. Relisez-le en entier et étudiez-le de près pour vérifier les « règles dogmatiques de l'art de raconter » de son auteur.

3. Documentation - Création

1. Fiches de lecture :

Le conte et la philosophie.

Dans *L'Ingénu*, au chapitre II, Voltaire écrivait : « Ah! s'il nous faut des fables, que ces fables soient du moins l'emblème de la vérité ». Au chapitre IX du *Taureau Blanc* il ajoutait : « *Je veux qu'un conte soit fondé sur la vraisemblance et qu'il ne soit pas toujours semblable à un rêve. Je désire qu'il n'ait rien de trivial ni d'extravagant. Je voudrais surtout que, sous le voile de la fable, il laissât entrevoir aux yeux exercés quelque vérité fine qui échappe au vulgaire.* »

Vous rédigerez par groupes, pour chacun des grands contes de Voltaires *(Micromégas, Zadig, Candide, L'Ingénu)*, une fiche de lecture mettant en évidence ces « vérités » philosophiques dont la fable doit être le support élégant.

2. Dissertation :

Vous discuterez, sous forme d'essai, les deux définitions de Voltaire et essaierez de montrer comment l'esthétique du conte concilie à la fois les exigences de la vérité et les libertés de l'imaginaire.

CAZOTTE

LE DIABLE AMOUREUX *(1772)*

★★★ *Pendant deux siècles environ, la France n'eut pas de littérature fantastique. Les règles et conventions du classicisme, puis la rigueur du rationalisme philosophique avaient relégué, comme déplacées ou insignifiantes, les puissances de l'imagination et les explorations de l'inconnu. Pourtant, à la veille de la Révolution, un fort courant d'intérêt pour les formes irrationnelles de connaissance, pour les systèmes magiques et les pratiques ésotériques, se répandit dans toute l'Europe. L'étrange récit de Jacques Cazotte (1719-1792),* Le Diable amoureux *(1772), en est la meilleure illustration dans notre littérature française. Il marque le début du renouveau de l'inspiration fantastique qui s'épanouira chez nombre de romanciers du siècle suivant.*
Don Alvare, un jeune officier espagnol, souhaite ardemment dialoguer avec les esprits. Lors d'une mission en Italie, un de ses camarades va l'initier aux pratiques occultes. C'est dans le site grandiose des ruines romaines que lui apparaît pour la première fois, sous un aspect monstrueux, Biondetta, une jeune fille charmante qu'il épousera avant de découvrir qu'elle n'est autre que... le Diable. ★★★

Le conte fantastique

Après dîner, on propose une promenade à pied vers les ruines de Portici[1]. Nous sommes en route : nous arrivons. Ces restes des monuments les plus augustes, écroulés, brisés, épars, couverts de ronces, portent à mon imagination des idées qui ne m'étaient pas ordinaires. Voilà, disais-je, le pouvoir du temps sur les ouvrages de l'orgueil et de l'industrie des hommes. Nous avançons dans les ruines, et enfin nous sommes parvenus, presque à tâtons, à travers ces débris, dans un lieu si obscur, qu'aucune lumière extérieure n'y pouvait pénétrer.

Mon camarade me conduisait par le bras ; il cesse de marcher et je m'arrête. Alors un de la compagnie bat le fusil et allume une bougie. Le séjour où nous étions s'éclaire, quoique faiblement, et je découvre que nous sommes sous une voûte assez bien conservée, de vingt-cinq pieds en carré à peu près, et ayant quatre issues. Nous observions le plus parfait silence. Mon camarade à l'aide d'un roseau qui lui servait d'appui dans sa marche, trace un cercle autour de lui sur le sable léger dont le terrain était couvert, et en sort après y avoir dessiné quelques caractères. « Entrez dans ce pentacle, mon brave, me dit-il, et n'en sortez qu'à bonnes enseignes...

— Expliquez-vous mieux, à quelles enseignes en dois-je sortir ?...

— Quand tout vous sera soumis, mais avant ce temps, si la frayeur vous faisait faire une fausse démarche, vous pourriez courir les risques les plus grands. »

Alors il me donne une formule d'évocation courte, pressante, mêlée de quelques mots que je n'oublierai jamais. « Récitez, me dit-il, cette conjuration avec fermeté, et appelez ensuite à trois fois clairement *Béelzébuth*, et surtout n'oubliez pas ce que vous avez promis de faire. »

Je me rappelai que je m'étais vanté de lui tirer les oreilles. « Je tiendrai parole, lui dis-je, ne voulant pas en avoir le démenti.

— Nous vous souhaitons bien du succès, me dit-il ; quand vous aurez fini, vous nous avertirez. Vous êtes directement vis-à-vis de la porte par laquelle vous devez sortir pour nous rejoindre. »

Ils se retirent.

Jamais fanfaron ne se trouva dans une crise plus délicate : je fus au moment de les rappeler ; mais il y avait trop à rougir pour moi ; c'était d'ailleurs renoncer à toutes mes espérances. Je me raffermis sur la place où j'étais, et tins un moment conseil. « On a voulu m'effrayer, dis-je ; on veut voir si je suis pusillanime. Les gens qui m'éprouvent sont à deux pas d'ici, et à la suite de mon évocation, je dois m'attendre à quelque tentative de leur part pour m'épouvanter. Tenons bon ; tournons la raillerie contre les mauvais plaisants. »

Cette délibération fut assez courte, quoiqu'un peu troublée par le ramage des hiboux et des chats-huants qui habitaient les environs et même l'intérieur de ma caverne.

Un peu rassuré par mes réflexions, je me rasseois sur mes reins, je me piéte ; je prononce l'évocation d'une voix claire et soutenue, et en grossissant le son, j'appelle à trois reprises et à très courts intervalles, *Béelzébuth.*

Un frisson courait dans toutes mes veines, et mes cheveux se hérissaient sur ma tête.

A peine avais-je fini, une fenêtre s'ouvre à deux battants, vis-à-vis de moi, au haut de la voûte : un torrent de lumière plus éblouissante que celle du jour fond par cette ouverture : une tête de chameau horrible, autant par sa grosseur que par sa forme, se présente à la fenêtre ; surtout elle avait des oreilles démesurées. L'odieux fantôme ouvre la gueule, et d'un ton assorti au reste de l'apparition, me répond : « *Che vuoi ?* »[2]

Toutes les voûtes, tous les caveaux des environs retentissent à l'envi du terrible *Che vuoi ?*

Je ne saurais peindre ma situation ; je ne saurais dire qui soutint mon courage et m'empêcha de tomber en défaillance à l'aspect de ce tableau, au bruit plus effrayant encore qui retentissait à mes oreilles.

Je sentis la nécessité de rappeler mes forces : une sueur froide allait les dissiper : je fis un effort sur moi. Il faut que notre âme soit bien vaste, et ait un prodigieux ressort ; une multitude de sentiments, d'idées, de réflexions touchent mon cœur, passent dans mon esprit, et font leur impression toutes à la fois.

La révolution s'opère, je me rends maître de ma terreur. Je fixe hardiment le spectre.

« Que prétends-tu toi-même, téméraire, en te montrant sous cette forme hideuse ? »

Le fantôme balance un moment : « Tu m'as demandé, dit-il, d'un ton de voix plus bas...

— L'esclave, lui dis-je, cherche-t-il à effrayer son maître ? Si tu viens recevoir mes ordres, prends une forme convenable et un ton soumis.

Tableau de Dali.
Girafes en feu. Appréciez dans ce tableau la qualité et l'efficacité des motifs fantastiques.

— Maître, me dit le fantôme, sous quelle forme me présenterai-je pour vous être agréable ? »

La première idée qui me vint à la tête étant celle d'un chien ; « Viens, lui dis-je, sous la figure d'un épagneul. » A peine avais-je donné l'ordre, l'épouvantable chameau allonge le col de seize pieds de longueur, baisse la tête jusqu'au milieu du salon, et vomit un épagneul blanc, à soies fines et brillantes, les oreilles traînantes jusqu'à terre.

La fenêtre s'est refermée, toute autre vision a disparu, et il ne reste sous la voûte, suffisamment éclairée, que le chien et moi.

CAZOTTE, *Le Diable amoureux.*

□ □ NOTES | **1.** La scène se déroule sur le site d'Herculanum — **2.** « Que veux-tu ? » en italien.

1. Étude du texte

1. Étudiez l'atmosphère de la scène. Montrez le rôle essentiel joué par le lieu et le moment du récit.

2. Examinez le comportement du jeune héros et commentez son déchirement intérieur entre la volonté de lucidité et la montée de l'angoisse.

3. Qu'a de particulièrement inquiétant la première apparition du Diable ? Justifiez, d'après ce qui précède, la mention des « oreilles démesurées ».

4. Pourquoi peut-on dire que ce n'est que dans la dernière phrase de cet extrait, que commence véritablement le récit fantastique ?

5. Cette scène est encore une scène d'initiation. Comparez-la avec celle de l'initiation de Gil Blas. Quels points communs remarquez-vous dans l'attitude des deux héros ?

2. Documentation - Création

Étude d'un genre :

Le récit fantastique.

Dans sa très intéressante étude intitulée *Introduction à la littérature fantastique*, T. Todorov donne du récit fantastique la définition suivante :
« *Dans un monde qui est bien le nôtre, celui que nous connaissons, sans diables, sylphides, ni vampires, se produit un événement qui ne peut s'expliquer par les lois de ce même monde familier. (...) L'ambiguïté se maintient jusqu'à la fin de l'aventure : réalité ou rêve? vérité ou illusion? (...) Le fantastique occupe le temps de cette incertitude; c'est l'hésitation éprouvée par un être qui ne connaît que les lois naturelles, face à un événement en apparence surnaturel.* »

1. Vous vérifierez la justesse de cette analyse sur cet extrait du *Diable amoureux.*

2. Vous choisirez un court récit fantastique (une nouvelle de Maupassant par exemple), vous la lirez dans son intégralité et vous essaierez de répondre aux questions suivantes :
— Quel rôle privilégié joue le narrateur dans ce genre de récit?
— Quelle complicité particulière entretient-il avec le lecteur ?
— A quels types de « conditionnements » ce dernier est-il soumis par le récit?
— Quelles différences essentielles distinguent les récits fantastiques :
— des récits « merveilleux »,
— des récits de science-fiction,
— des romans policiers ?

5. Le roman par lettres

LACLOS

LES LIAISONS DANGEREUSES (1782)

★★★ *Si l'on excepte quelques œuvres mineures du Moyen Age, c'est dans le dernier tiers du XVII*[e] *siècle qu'il faut situer l'apparition du roman par lettres. En 1669, paraissent en effet deux œuvres qui ouvrent la voie à toute une série de romans épistolaires : les* Lettres à Babet *de Boursault et surtout les anonymes* Lettres portugaises *dont le succès n'allait pas se démentir de sitôt. Au XVIII*[e] *siècle, le genre fleurit dans toute l'Europe : Montesquieu* (Les Lettres persanes), *Rousseau* (La Nouvelle Héloïse), *Crébillon, Dorat, ou Restif de La Bretonne en assurent en France la renommée ; à l'étranger, Richardson, Smollett et Goethe en sont les principaux maîtres. Il faut pourtant peut-être attendre 1782 et la publication des* Liaisons dangereuses *de Choderlos de Laclos (1741-1803) pour reconnaître le chef-d'œuvre du genre. Chez ce dernier, la technique épistolaire est portée à sa perfection : loin d'être prétexte à une quelconque dissertation morale ou de servir d'alibi à une critique sociale qui n'ose s'avouer comme telle, la lettre — ou plutôt le jeu polyphonique des lettres multiples — devient la scène privilégiée d'une intrigue qui se fait et se défait au fil de ses phrases. Chez Laclos, si l'on veut, la lettre cesse d'être le support du récit : avec ses contraintes et ses libertés, ses silences et ses audaces, elle devient elle-même et elle seule objet et matière du récit.*

Le libertin Valmont, avec l'aide de sa complice la marquise de Merteuil, a décidé de séduire la vertueuse Madame de Tourvel. Les règles du libertinage voudraient que Valmont menât cette conquête avec la froide lucidité du stratège. Or, dès le début du roman, le libertin a, dans une lettre maladroite, laissé trop paraître ses sentiments. Sa complice le rappelle à l'ordre et le convie à méditer sur la technique épistolaire du séducteur. ★★★

Les règles du libertinage

LETTRE XXXIII

LA MARQUISE DE MERTEUIL
AU VICOMTE DE VALMONT

Dès que vous craignez de réussir, mon cher Vicomte, dès que votre projet est de fournir des armes contre vous, et que vous désirez moins de vaincre que de combattre, je n'ai plus rien à dire. Votre conduite est un chef-d'œuvre de prudence. Elle en serait un de sottise dans la supposition contraire ; et pour vous parler vrai, je crains que vous ne vous fassiez illusion.

Ce que je vous reproche n'est pas de n'avoir point profité du moment. D'une part, je ne vois pas clairement qu'il fût venu ; de l'autre, je sais assez, quoi qu'on en dise, qu'une occasion manquée se retrouve, tandis qu'on ne revient jamais d'une démarche précipitée.

Mais la véritable école est de vous être laissé aller à écrire. Je vous défie à présent de prévoir où ceci peut vous mener. Par hasard, espérez-vous prouver à cette femme qu'elle doit se rendre ? Il me semble que ce ne peut être là qu'une vérité de sentiment, et non de démonstration ; et que pour la faire recevoir, il s'agit d'attendrir et non de raisonner ; mais à quoi vous servirait d'attendrir par lettres, puisque vous ne seriez pas là pour en profiter ? Quand vos belles phrases produiraient l'ivresse de l'amour, vous flattez-vous qu'elle soit assez longue pour que la réflexion n'ait pas le temps d'en empêcher l'aveu ? Songez donc à celui qu'il faut pour écrire une lettre, à celui qui

Tableau de Fragonard.
Le Billet doux : « Il n'y a rien de si difficile en amour que d'écrire. »

se passe avant qu'on la remette ; et voyez si, surtout une femme à principes comme votre Dévote[1], peut vouloir si longtemps ce qu'elle tâche de ne vouloir jamais. Cette marche peut réussir avec des enfants, qui, quand ils écrivent « je vous aime », ne savent pas qu'ils disent « je me rends ». Mais la vertu raisonneuse de madame de Tourvel, me paraît fort bien connaître la valeur des termes. Aussi, malgré l'avantage que vous aviez pris sur elle dans votre conversation, elle vous bat dans sa lettre. Et puis, savez-vous ce qui arrive ? par cela seul qu'on dispute, on ne veut pas céder. A force de chercher de bonnes raisons, on en trouve ; on les dit ; et après on y tient, non pas tant parce qu'elles sont bonnes que pour ne pas se démentir.

De plus, une remarque que je m'étonne que vous n'ayez pas faite, c'est qu'il n'y a rien de si difficile en amour, que d'écrire ce qu'on ne sent pas. Je dis écrire d'une façon vraisemblable : ce n'est pas qu'on ne se serve des mêmes mots ; mais on ne les arrange pas de même, ou plutôt on les arrange, et cela suffit. Relisez votre lettre : il y règne un ordre qui vous décèle à chaque phrase. Je veux croire que votre Présidente est assez peu formée pour ne s'en pas apercevoir : mais qu'importe ? l'effet n'en est pas moins manqué. C'est le défaut des romans ; l'auteur se bat les flancs pour s'échauffer, et le lecteur reste froid. *Héloïse* est le seul qu'on en puisse excepter ; et malgré le talent de l'auteur, cette observation m'a toujours fait croire que le fonds en était vrai. Il n'en est pas de même en parlant. L'habitude de travailler son organe, y donne de la sensibilité ; la facilité des larmes y ajoute encore : l'expression du désir se confond dans les yeux avec celles de la tendresse ; enfin le discours moins suivi amène plus aisément cet air de trouble et de désordre, qui est la véritable éloquence de l'amour ; et surtout la présence de l'objet aimé empêche la réflexion et nous fait désirer d'être vaincues.

Croyez-moi, Vicomte : on vous demande de ne plus écrire : profitez-en pour réparer votre faute et attendez l'occasion de parler.

LACLOS, *Les Liaisons dangereuses.*

□ □ NOTE | 1. La présidente de Tourvel.

1. Étude du texte

1. Quelles contraintes, quelles limites et quels dangers de la technique épistolaire Madame de Merteuil relève-t-elle?

2. En quelles circonstances préfère-t-elle l'usage de la parole à celui de l'écriture? Pourquoi?

3. Montrez que la correspondance libertine est assimilée par la marquise à une véritable stratégie militaire. Quelles expressions l'indiquent?

4. D'après cette lettre essayez de définir le « bon usage » libertin de la technique épistolaire. Relisez la lettre XXIV des *Liaisons* et dites en quoi Valmont l'a mal ou ne l'a pas respecté.

2. Expression

Les voix multiples du roman par lettres.

On dit des *Liaisons dangereuses* que c'est un roman polyphonique, car de multiples correspondants y échangent leurs lettres, à la différence des *Lettres portugaises,* par exemple, qui ne possédaient qu'un unique narrateur. Vous relirez une série continue de lettres des *Liaisons* et étudierez les conséquences principales de cette multiplication des voix narratrices :

— fragmentation du discours,
— déplacement et miroitement des points de vue,
— ruptures et changements de tons.

3. Documentation - Création

1. Recherche littéraire :

Règles et figures du libertinage.

Dans une intéressante étude consacrée à Laclos, Roger Vailland écrit que les *Liaisons* offrent le meilleur spectacle du jeu dramatique du libertinage dont il distingue 4 figures :
— le choix, « qui doit être méritoire » ;
— la séduction, « qui doit laisser toutes ses chances à la femme poursuivie » ;
— la chute, « qui doit être exécutée sans aucune fioriture » ;
— la rupture, « dont le principal mérite est d'être éclatante ».

Pour chacune de ces figures vous rechercherez dans les *Liaisons* une ou plusieurs lettres susceptibles de les illustrer.

2. Essai :
Vous montrerez comment les *Liaisons* sont aussi le récit d'un échec du libertinage, en vous aidant de cette réflexion de G. Poulet : « *Ainsi s'introduit subrepticement, dans un roman qui est celui de la conquête préméditée d'une victime par un séducteur, un autre roman, inattendu, imprévisible, qui est celui de la conquête non préméditée du séducteur par la victime.* »

6. Le premier des romanciers modernes

DIDEROT

JACQUES LE FATALISTE (1773-1775)

★★★ *C'est dans* Jacques le Fataliste *(1773) mieux encore que dans* Le Neveu de Rameau *(1762), récit trop proche du dialogue philosophique pour être considéré comme un roman à part entière, que se découvre l'apport fondamental de Diderot au genre romanesque. A dire vrai cet apport est avant tout une contestation.* Jacques le Fataliste *est en effet une véritable critique en action du romanesque traditionnel. La matière conventionnelle en est tournée en dérision; la technique habituelle en est totalement pervertie. Par un jeu déconcertant d'interventions intempestives de l'auteur, par l'instauration d'un étrange dialogue avec le lecteur, ce roman qui se moque du roman, qui en dénonce les facilités et les artifices, pourrait tout aussi bien s'intituler « anti-roman » ou « nouveau roman ». Dès la première page le lecteur sera déconcerté, charmé ou irrité, par ce récit aux règles et aux structures inhabituelles.* ★★★

Hasardeuse rencontre

Comment s'étaient-ils rencontrés? Par hasard, comme tout le monde. Comment s'appelaient-ils? Que vous importe? D'où venaient-ils? Du lieu le plus prochain. Où allaient-ils? Est-ce que l'on sait où l'on va? que disaient-ils? Le maître ne disait rien ; et Jacques disait que son capitaine disait que tout ce qui nous arrive de bien et de mal ici-bas était écrit là-haut.

LE MAITRE

C'est un grand mot que cela.

JACQUES

Mon capitaine ajoutait que chaque balle qui partait d'un fusil avait son billet.

LE MAITRE

Et il avait raison...

Après une courte pause, Jacques s'écria : « Que le diable emporte le cabaretier et son cabaret!

LE MAITRE

Pourquoi donner au diable son prochain? Cela n'est pas chrétien.

JACQUES

C'est que, tandis que je m'enivre de son mauvais vin, j'oublie de mener nos chevaux à l'abreuvoir. Mon père s'en aperçoit ; il se fâche. Je hoche de la tête ; il prend un bâton et m'en frotte un peu durement les épaules. Un régiment passait pour aller au camp devant Fontenoy ; de dépit je m'enrôle. Nous arrivons ; la bataille se donne.

LE MAITRE

Et tu reçois la balle à ton adresse.

JACQUES

Vous l'avez deviné ; un coup de feu au genou ; et Dieu sait les bonnes et mauvaises aventures amenées par ce coup de feu. Elles se tiennent ni plus ni moins que les chaînons d'une gourmette. Sans ce coup de feu, par exemple, je crois que je n'aurais été amoureux de ma vie, ni boiteux.

LE MAITRE

Tu as donc été amoureux?

JACQUES

Si je l'ai été!

LE MAITRE

Et cela par un coup de feu?

JACQUES

Par un coup de feu.

LE MAITRE

Tu ne m'en as jamais dit un mot.

JACQUES

Je le crois bien.

LE MAITRE

Et pourquoi cela?

JACQUES

C'est que cela ne pouvait être dit ni plus tôt ni plus tard.

LE MAITRE

Et le moment d'apprendre ces amours est-il venu?

JACQUES

Qui le sait?

LE MAITRE

A tout hasard, commence toujours... »

Jacques commença l'histoire de ses amours. C'était l'après-dînée : il faisait un temps lourd ; son maître s'endormit. La nuit les surprit au milieu des champs ; les voilà fourvoyés. Voilà le maître dans une colère terrible et tombant à grands coups de fouet sur son valet, et le pauvre diable disant à chaque coup : « Celui-là était apparemment encore écrit là-haut... »

Vous voyez, lecteur, que je suis en beau chemin, et qu'il ne tiendrait qu'à moi de vous faire attendre un an, deux ans, trois ans, le récit des amours de Jacques, en le séparant de son maître et en leur faisant courir à chacun tous les hasard qu'il me plairait. Qu'est-ce qui m'empêcherait de marier le maître et de le faire cocu ? d'embarquer Jacques pour les îles ? d'y conduire son maître ? de les ramener tous les deux en France sur le même vaisseau ? Qu'il est facile de faire des contes ! Mais ils en seront quittes l'un et l'autre pour une mauvaise nuit, et vous pour ce délai.

DIDEROT, *Jacques le Fataliste*, chap. I.

1. Étude du texte

1. D'après cette page, dites quels sont les principaux reproches que Diderot fait au romanesque traditionnel. Quel type de récit refuse-t-il particulièrement?

2. A quoi reconnaît-on le caractère à la fois arbitraire et « hasardeux » du propre récit de Diderot?

3. Que reste-t-il néanmoins de conventionnel :
— chez les personnages;
— dans la matière de l'intrigue?

4. Quels aspects de la doctrine philosophique de Diderot sont perceptibles dans cet extrait de roman?

2. Expression

Pluralité des instances narratives.

1. Dès cette première page du roman, la complexité du jeu narratif est évidente. Vous repérerez au fil des séquences du récit le double « dialogue » narrateur/lecteur et Jacques/son maître. Vous montrerez comment le second, à l'intérieur même de l'espace romanesque, peut être considéré comme une réplique du premier (Jacques-narrateur, Maître-lecteur).

2. La lecture intégrale du roman permet d'identifier quatre niveaux narratifs :
1. le récit des aventures de Jacques;
2. le dialogue avec son Maître;
3. le dialogue avec le lecteur;
4. les trois nouvelles greffées sur le récit principal.

Vous rechercherez quatre extraits du roman illustrant précisément ces quatre niveaux narratifs, et étudierez quelques procédés d' « emboîtement » des divers niveaux les uns dans les autres.

3. Documentation - Création

1. Étude d'un genre :
Ouvertures de romans.
Vous choisirez 4 ou 5 romans d'époques et de caractères différents et vous en isolerez la ou les premières pages. Vous les lirez attentivement et en comparerez les contenus et les modes narratifs :
— Qui parle? qui raconte? qui est « dépositaire » du récit?
— Le lecteur est-il ou non présent explicitement dans le récit?
— Le sujet de l'intrigue est-il révélé d'emblée?
— Quelle place est faite aux données spatiotemporelles du récit? etc.

2. Dissertation :
Un romancier est-il toujours le maître de ses personnages?

8. LE THÉÂTRE AU XVIIIe SIÈCLE

INTRODUCTION

Après les splendeurs du théâtre classique et le faste des représentations à la cour de Versailles, la création théâtrale paraît marquer le pas en France pendant le dernier quart du règne de Louis XIV. Corneille, Racine, Molière apparaissent comme des génies inégalables, et les productions des créateurs du début du XVIIIe siècle souffrent de la comparaison avec celles de leur aînés. Qu'il s'agisse de la tragédie, avec Crébillon qui l'oriente vers l'horreur (Atrée et Thyeste, 1707), ou de la comédie, avec Regnard (Le Légataire universel, 1708) et surtout Lesage (Turcaret, 1707), qui lui donnent une dimension plus sociale, un essoufflement certain marque les grands genres traditionnels, alors même que le répertoire classique s'épuise au fil des représentations d'une Comédie-Française de moins en moins inspirée.

1. SURVIE DE LA TRAGÉDIE

A partir de 1715 les choses changent sensiblement. Le retour des comédiens italiens à l'Hôtel de Bourgogne, l'ouverture de l'Opéra-Comique et le développement des scènes populaires sont autant de signes et de causes d'un renouveau qui durera jusqu'à la Révolution comprise, faisant du Siècle des Lumières l'un des plus passionnés de théâtre. Même la tragédie connaît de nouvelles heures de gloire (voir la séquence : « Survivance de la tragédie », pp. 168 à 174. Plus qu'à Houdar de la Motte (1672-1731) ou Crébillon (1674-1762), c'est à Voltaire — qui triomphe dès 1718 avec son Œdipe — qu'elle doit d'incontestables succès (Zaïre, Mahomet). Et ce en dépit du procès que lui font, tout au long du siècle, des écrivains aussi divers que Diderot, Rousseau ou Beaumarchais. Il est vrai que ces œuvres, prisonnières de bienséances obsolètes, placées sous le double patronage de Racine et de Shakespeare, et qui devaient servir de tribune aux convictions du philosophe, n'apparaissent plus aujourd'hui que comme le fruit d'une synthèse manquée car impossible.

2. RENOUVEAU COMIQUE

La comédie, en revanche, grâce au génie de Marivaux (1688-1763), bien qu'insuffisamment reconnu sur le moment, engendre des œuvres de premier plan. Formé à l'école des Italiens, mais libérant peu à peu sa personnalité toute en nuances et en subtilités, l'auteur du Jeu de l'Amour et du Hasard (1730) et des Fausses confidences (1737) renouvelle le genre avec discrétion mais efficacité. Peintre inimitable de la naissance et des « surprises » de l'amour, il sait aussi donner à son théâtre, comme dans L'Ile des esclaves (1725), le poids d'une fable sociale et politique (voir la séquence :

« Marivaux ou la comédie d'esprit », *pp. 160 à 167). Dans tous les cas, son œuvre reste l'un des plus sûrs témoignages sur les mondanités élégantes mais fragiles de son époque et de son milieu. A côté, les productions de Voltaire* L'Enfant prodigue, *1734 ;* Nanine, *1749, de Destouches (1680-1754) (avec son* Philosophe marié, *1727 et* Le Glorieux, *1732) ou de Nivelle de la Chaussée (1692-1754) paraissent bien piètres en dépit des succès qu'elles connurent en leur temps.*

3. L'EXPÉRIENCE DU DRAME

Toutefois la faveur que connaît, vers 1730-1740, cette comédie moralisante ou « touchante » témoigne du goût nouveau du public pour un théâtre d'émotions simples où l'on puisse s'abandonner aux attendrissements et aux larmes. La création d'un nouveau genre, le drame bourgeois, dont Diderot expose en 1757 les intentions et les obligations, va répondre un moment à cette attente (voir la séquence : « Le drame et le genre sérieux », *pp. 175 à 179). Remplaçant la peinture des « caractères » par celle des « conditions » et opposant le réalisme « pathétique » aux conventions rigides de la comédie ou de la tragédie classiques, l'auteur du* Fils naturel *et du* Père de famille *s'efforce d'ouvrir une troisième voie, plus proche des réalités et des drames quotidiens de la société bourgeoise. Ni lui, ni ses successeurs, comme Sedaine (*Le Philosophe sans le savoir, *1765), Louis-Sébastien Mercier (*La Brouette du vinaigrier, *1775) ou Beaumarchais (*Eugénie, *1767 et* La Mère coupable, *1792) ne réussiront, en dépit de succès provisoires, à hisser le genre au niveau du chef-d'œuvre. On leur doit toutefois d'avoir ouvert le grand débat sur les règles et les enjeux de la création théâtrale, que reprendront les romantiques dans les années 1830.*

4. À L'AUBE DE LA RÉVOLUTION

C'est en définitive avec la comédie encore que le siècle, dans son dernier quart, offrira ses plus grandes réussites, dues au talent d'un des personnages les plus brillants de l'époque, Pierre-Augustin Caron de Beaumarchais (1732-1799). Entre deux tentatives manquées au service du drame, cet écrivain, doué du génie de l'intrigue et de « l'imbroille », nous a laissé avec Le Barbier de Séville *(1775) et surtout* Le Mariage de Figaro *(1784), deux œuvres où sa virtuosité de dialoguiste comique le dispute en qualité à la pertinence et la hardiesse de son esprit critique (voir la séquence :* « Beaumarchais ou le théâtre en fête », *pp. 180 à 185). Sans jamais tomber dans le didactisme, le théâtre se risque chez lui, avec cette « gaieté triste » qui caractérise si bien son personnage central, Figaro, à être une tribune politique. C'était assez pour qu'on y voie le prélude dramaturgique aux événements dramatiques de 89 et 93. Beaumarchais révolutionnaire ? Sûrement, si l'on entend par là qu'il a offert au vaste public bourgeois et populaire qui se presse dans les salles de spectacle à la veille de la Révolution l'une des plus justes images de sa condition, de ses ambitions et de ses « doléances ».*

I. Marivaux ou la comédie d'esprit

MARIVAUX

LA DOUBLE INCONSTANCE (1723)

★★★ *Marivaux doit ses plus grands succès aux comédies amoureuses (*La Double inconstance, *1723 ;* Le Jeu de l'Amour et du Hasard, *1730 ;* Les Fausses confidences, *1737 ou* L'Épreuve, *1740) qu'il fit jouer pour la plupart au Théâtre des Italiens. Se préoccupant peu d'une peinture globale de l'être humain, il préfère esquisser, d'œuvre en œuvre, les cheminements du sentiment amoureux depuis les troubles ou les extases de la première rencontre jusqu'à la pleine et entière acceptation de la passion partagée. S'il n'a ni le souffle ni la « cruauté » de Racine, il peut toutefois être comparé au grand tragique dans la mesure où les aventures amoureuses l'intéressent d'abord par le jeu des obstacles et des « épreuves » qu'elles supposent pour être vécues jusqu'au bout. Mais on verra, à lire l'extrait suivant de* La Double inconstance, *que sa façon d'approcher les arcanes du cœur humain — ses « troubles » et ses contradictions — n'est pas sans annoncer celle des romantiques et tout particulièrement le pessimisme discret du Musset de* Fantasio *ou des* Caprices de Marianne. ★★★

★★★ **Résumé** : *Le Prince, épris de Silvia, une jeune paysanne, l'a fait enlever pour l'épouser. Mais celle-ci, qui aime Arlequin, un paysan, refuse de le voir. Se faisant alors passer auprès d'elle pour un officier du palais, le prince parvient à la troubler par son élégance et sa délicatesse. De son côté Arlequin, que le souverain a fait venir à la cour pour le rendre infidèle à son amante, cède petit à petit aux avances d'une domestique coquine et coquette, Flaminia. Résistant de moins en moins aux charmes du bel officier, Silvia se range finalement aux avis de Flaminia, intéressée, elle aussi, à ce revirement passionnel (scène citée). Les deux « fiancés » finissent par s'avouer leur « double inconstance », le prince se* démasque, *et tout s'achève dans les fêtes d'un double mariage.* ★★★

Dualité et duplicité amoureuses

FLAMINIA, *à part*

En vérité, le Prince a raison ; ces petites personnes-là font l'amour d'une manière à ne pouvoir y résister. Voici l'autre. *(A Silvia qui entre.)* A quoi rêvez-vous, belle Silvia ?

SILVIA

Je rêve à moi, et je n'y entends rien[1].

FLAMINIA

Que trouvez-vous donc en vous de si incompréhensible ?

SILVIA

Je voulais me venger de ces femmes[2], vous savez bien ? Cela s'est passé.

FLAMINIA

Vous n'êtes guère vindicative.

SILVIA

J'aimais Arlequin ; n'est-ce pas ?

FLAMINIA

Il me le semblait.

SILVIA

Eh bien, je crois que je ne l'aime plus.

FLAMINIA

Ce n'est pas un si grand malheur.

SILVIA

Quand ce serait un malheur, qu'y ferais-je ? Lorsque je l'ai aimé, c'était un amour qui m'était venu ; à cette heure je ne l'aime plus, c'est un amour qui s'en est allé ; il est venu sans mon avis, il s'en retourne de même ; je ne crois pas être blâmable.

FLAMINIA, *les premiers mots à part*

Rions un moment. Je le pense à peu près de même.

SILVIA

Qu'appelez-vous *à peu près ?* Il faut le penser tout à fait comme moi, parce que cela est. Voilà de mes gens qui disent tantôt oui, tantôt non.

FLAMINIA

Sur quoi vous emportez-vous donc ?

SILVIA

Je m'emporte à propos ; je vous consulte bonnement[3], et vous allez me répondre des *à peu près* qui me chicanent !

FLAMINIA

Ne voyez-vous pas bien que je badine, et que vous n'êtes que louable ? Mais n'est-ce pas cet officier que vous aimez ?

SILVIA

Et qui donc ? Pourtant je n'y consens pas encore, à l'aimer ; mais à la fin il faudra bien y venir : car dire toujours non à un homme qui demande toujours oui, le voir triste, toujours se lamentant, toujours le consoler de la peine qu'on lui fait, dame ! cela lasse : il vaut mieux ne lui en plus faire.

FLAMINIA

Oh ! vous allez le charmer ; il mourra de joie.

SILVIA

Il mourrait de tristesse, et c'est encore pis.

FLAMINIA

Il n'y a pas de comparaison.

SILVIA

Je l'attends ; nous avons été plus de deux heures ensemble, et il va revenir avec moi quand le Prince me parlera. Cependant quelquefois j'ai peur qu'Arlequin ne s'afflige trop ; qu'en dites-vous ? Mais ne me rendez pas scrupuleuse.

FLAMINIA

Ne vous inquiétez pas ; on trouvera aisément moyen de l'apaiser.

SILVIA, *avec un petit air d'inquiétude*

De l'apaiser ! Diantre ! il est donc bien facile de m'oublier, à ce compte ? Est-ce qu'il a fait quelque maîtresse, ici ?

FLAMINIA

Lui, vous oublier ? J'aurais perdu l'esprit si je vous le disais. Vous serez trop heureuse s'il ne se désespère pas.

SILVIA

Vous avez bien affaire de me dire cela ! Vous êtes cause que je redeviens incertaine, avec votre désespoir.

FLAMINIA

Et s'il ne vous aime plus, que direz-vous ?

SILVIA

S'il ne m'aime plus ?... vous n'avez qu'à garder votre nouvelle.

FLAMINIA

Eh bien, il vous aime encore et vous en êtes fâchée ! Que vous faut-il donc ?

SILVIA

Hum ! vous qui riez, je voudrais bien vous voir à ma place !

FLAMINIA

Votre amant vous cherche ; croyez-moi, finissez avec lui, sans vous inquiéter du reste.

Elle sort.

MARIVAUX, *La Double inconstance,* Acte II, scène 8.

□ □ NOTES | **1.** Je n'y comprends rien — **2.** Les grandes dames de la cour — **3.** En toute simplicité et clarté.

1. Expression

La virtuosité du dialogue.

L'écrivain Marmontel (1723-1799), ami de Voltaire et collaborateur de l'*Encyclopédie,* déclarait : « Le langage usuel doit être rempli de finesse, d'allusions, d'expressions à double face, de tours adroits, de traits délicats et subtils ; et plus il y a de société et de communication entre les esprits, plus la galanterie et le point d'honneur ont rendu la politesse recommandable. »

Vous apprécierez la justesse de cette remarque en analysant le vocabulaire et le style dans ce dialogue de Marivaux.

2. Documentation - Création

Des valets clairvoyants.
« Un héros de Marivaux, écrit Jean Rousset dans son essai *Forme et signification,* est toujours devant son propre cœur dans l'illusion ou la stupeur. "Je rêve à moi et je n'y entends rien", avoue la Silvia de la *Double inconstance.* (...) C'est aux personnages latéraux que sera réservée la faculté de « voir », de regarder les héros vivre la vie confuse de leur cœur. (...) De l'auteur, ils détiennent quelques-uns des pouvoirs : l'intelligence des mobiles secrets, la double vue anticipatrice, l'aptitude à promouvoir l'action et à régir la mise en scène des stratagèmes et comédies insérés dans la comédie. »

---

1. En vous appuyant sur l'extrait cité de la *Double inconstance,* vous apprécierez la justesse de cette analyse.

2. Vous rechercherez dans le théâtre de Marivaux, d'autres exemples de cette « intelligence » des comparses, essentielle au déploiement de la comédie.

3. Vous vous demanderez en quoi cette situation décrite par Jean Rousset renouvelle effectivement le statut dramaturgique du valet et de la soubrette par rapport à leurs aînés du théâtre de Molière ou de la comédie italienne notamment.

MARIVAUX

LE JEU DE L'AMOUR ET DU HASARD (1730)

★★★ *Progressivement le théâtre de Marivaux s'est émancipé de son modèle italien, et de la représentation du* Jeu de l'Amour et du Hasard, *en 1730, date la pleine maturité de l'œuvre du dramaturge. Menant à merveille le jeu des masques et des substitutions qu'il reprendra dans* Les Fausses confidences *et dans* L'Épreuve, *l'auteur orchestre avec humour, tendresse et subtilité le ballet ambigu de ses personnages en quête de leur vérité amoureuse. Attentif aux états naissants de l'émotion puis de la passion, il réalise à la perfection le projet qu'il avait lui-même formulé : « J'ai guetté dans le cœur humain toutes les niches différentes où peut se cacher l'amour lorsqu'il craint de se montrer, et chacune de mes comédies a pour objet de le faire sortir d'une de ses niches. »* ★★★

★★★ **Résumé :** *Acte I : Monsieur Orgon autorise sa fille Silvia à « observer » son prétendant, Dorante, sous le déguisement de sa servante Lisette qui empruntera elle-même, provisoirement, son identité et ses habits. Dans la même intention, Dorante a inversé les rôles avec son valet Arlequin... A leur première rencontre les deux jeunes gens s'étonnent ainsi de rencontrer chez l'autre une distinction de comportement et de sentiment inattendue (scène citée).*
Acte II : Lisette et Arlequin se plaisent. Silvia, de son côté, éprouve une inclination grandissante pour Dorante qui, troublé, parle de s'éloigner. Il est le premier à baisser le masque mais Silvia, après avoir hésité, décide de continuer à jouer le « jeu ».
Acte III : Mario, le fils d'Orgon, fait semblant de s'amouracher de Silvia dans l'intention de rendre Dorante jaloux. Ce dernier, qui a feint un moment de se retirer définitivement, revient devant les alarmes de la jeune fille et, bien que la croyant sincèrement servante, la demande en mariage. Au comble du bonheur, rassurée sur ses propres sentiments et ceux de son prétendant, Silvia se démasque alors et tout s'achève dans la décision d'un double mariage où le « hasard » des intrigues amoureuses aura finalement protégé l'ordre des conditions. ★★★

Cache-cache sentimental

SILVIA, *à part*

Ils se donnent la comédie ; n'importe, mettons tout à profit, ce garçon-là n'est pas sot, et je ne plains pas la soubrette qui l'aura. Il va m'en conter[1] ; laissons-le dire, pourvu qu'il m'instruise.

DORANTE, *à part*

Cette fille m'étonne ! Il n'y a point de femme au monde à qui sa physionomie ne fît honneur : faisons connaissance avec elle. *(Haut.)* Puisque nous sommes dans le style amical et que nous avons abjuré les façons, dis-moi, Lisette, ta maîtresse te vaut-elle ? Elle est bien hardie d'oser avoir une femme de chambre comme toi !

SILVIA

Bourguignon, cette question-là m'annonce que, suivant la coutume, tu arrives avec l'intention de me dire des douceurs : n'est-il pas vrai ?

DORANTE

Ma foi, je n'étais pas venu dans ce dessein-là, je te l'avoue. Tout valet que je suis, je n'ai jamais eu de grandes liaisons avec les soubrettes ; je n'aime pas l'esprit domestique ; mais, à ton égard, c'est une autre affaire. Comment donc ! tu me soumets ; je suis presque timide ; ma familiarité n'oserait s'apprivoiser[2] avec toi ; j'ai toujours envie d'ôter mon chapeau de dessus ma tête, et quand je te tutoie, il me semble que je joue ! enfin, j'ai un penchant à te traiter avec des respects qui te feraient rire. Quelle espèce de suivante[3] es-tu donc, avec ton air de princesse ?

SILVIA

Tiens, tout ce que tu dis avoir senti, en me voyant, est précisément l'histoire de tous les valets qui m'ont vue.

DORANTE

Ma foi, je ne serais pas surpris quand ce serait aussi l'histoire de tous les maîtres.

SILVIA

Le trait est joli assurément, mais, je te le répète encore, je ne suis point faite aux cajoleries[4] de ceux dont la garde-robe[5] ressemble à la tienne.

DORANTE

C'est-à-dire que ma parure ne te plaît pas ?

SILVIA

Non, Bourguignon ; laissons là l'amour, et soyons bons amis.

DORANTE

Rien que cela ? Ton petit traité n'est composé que de deux clauses impossibles.

SILVIA, *à part*

Quel homme pour un valet ! *(Haut.)* Il faut pourtant qu'il s'exécute ; on m'a prédit que je n'épouserais jamais qu'un homme de condition[6], et j'ai juré depuis de n'en écouter jamais d'autres.

DORANTE

Parbleu ! cela est plaisant ; ce que tu as juré pour homme, je l'ai juré pour femme, moi ; j'ai fait serment de n'aimer sérieusement qu'une fille de condition.

Béatrice Agenin et Simon Eine dans *Le Jeu de l'Amour et du Hasard.* *(Théâtre Marigny, 1976).*

SILVIA

Ne t'écarte donc pas de ton projet.

DORANTE

Je ne m'en écarte peut-être pas tant que nous le croyons ; tu as l'air bien distingué, et l'on est quelquefois de condition sans le savoir.

SILVIA

Ah ! ah ! ah ! je te remercierais de ton éloge, si ma mère n'en faisait pas les frais.

DORANTE

Eh bien, venge-t'en sur la mienne, si tu me trouves assez bonne mine pour cela.

SILVIA, *à part*

Il le mériterait. *(Haut.)* Mais ce n'est pas là de quoi il est question ; trêve de badinage ; c'est un homme de condition qui m'est prédit pour époux, et je n'en rabattrai rien.

DORANTE

Parbleu ! si j'étais tel, la prédiction me menacerait ; j'aurais peur de la vérifier. Je n'ai point de foi à l'astrologie, mais j'en ai beaucoup à ton visage.

SILVIA, *à part*

Il ne tarit point... *(Haut.)* Finiras-tu ? que t'importe la prédiction, puisqu'elle t'exclut ?

DORANTE

Elle n'a pas prédit que je ne t'aimerais point.

SILVIA

Non, mais elle a dit que tu n'y gagnerais rien, et moi, je te le confirme.

DORANTE

Tu fais fort bien, Lisette, cette fierté-là te va à merveille, et, quoiqu'elle me fasse mon procès, je suis pourtant bien aise de te la voir ; je te l'ai souhaitée d'abord que je t'ai vue ; il te fallait encore cette grâce-là, et je me console d'y perdre, parce que tu y gagnes.

SILVIA, *à part*

Mais en vérité, voilà un garçon qui me surprend, malgré que j'en aie[7]... *(Haut.)* Dis-moi, qui es-tu, toi qui me parles ainsi ?

DORANTE

Le fils d'honnêtes gens qui n'étaient pas riches.

SILVIA

Va, je te souhaite de bon cœur une meilleure situation que la tienne, et je voudrais y contribuer ; la fortune a tort avec toi.

DORANTE

Ma foi, l'amour a plus tort qu'elle ; j'aimerais mieux qu'il me fût permis de te demander ton cœur, que d'avoir tous les biens du monde.

SILVIA, *à part*

Nous voilà, grâce au Ciel, en conversation réglée. *(Haut.)* Bourguignon, je ne saurais me fâcher des discours que tu me tiens ; mais, je t'en prie, changeons d'entretien. Venons à ton maître. Tu peux te passer de me parler d'amour, je pense.

DORANTE

Tu pourrais bien te passer de m'en faire sentir, toi.

SILVIA

Ah ! je me fâcherai ; tu m'impatientes. Encore une fois, laisse là ton amour.

DORANTE

Quitte donc ta figure.

SILVIA, *à part*

A la fin, je crois qu'il m'amuse... *(Haut.)* Eh bien, Bourguignon, tu ne veux donc pas finir ? Faudra-t-il que je te quitte ? *(A part.)* Je devrais déjà l'avoir fait.

DORANTE

Attends, Lisette, je voulais moi-même te parler d'autre chose, mais je ne sais plus ce que c'est.

SILVIA

J'avais de mon côté quelque chose à te dire ; mais tu m'as fait perdre mes idées aussi, à moi.

MARIVAUX, *Le Jeu de l'Amour et du Hasard*, Acte I, scène 7.

□ □ NOTES | **1.** Me faire la cour — **2.** Néologisme fréquent chez Marivaux — **3.** Demoiselle de compagnie — **4.** Flatteries — **5.** Allusion à la livrée de valet — **6.** Autrement dit un noble — **7.** En dépit de ma volonté.

La Comédie-Française, vers 1790. *Aquarelle de Jean-Baptiste Meunier.*

1. Étude du texte

1. Caractérisez le ou les tons de ce dialogue.
2. Montrez l'importance des apartés tout au long de la scène.
3. Les deux protagonistes vous semblent-ils vivre la situation amoureuse ambiguë de la même manière ? Lequel vous paraît le plus troublé ?
4. De toute évidence Marivaux a emprunté ici à son expérience de la galanterie et du badinage des salons de l'époque. Comment en use-t-il ?
5. Soulignez l'intérêt dramatique d'une telle scène pour toute la suite de la pièce.

2. Expression

Les « figures » du marivaudage.

Apparu vers 1760, le terme de « marivaudage » a vite servi à désigner, dans son acception courante, toute forme de comportement où la subtilité et le raffinement le disputent à l'artificialité et à la préciosité. Mais pour Marivaux lui-même, si « marivaudage » il y a, c'est dans la coïncidence provisoire et subtile entre certaines « figures » du comportement amoureux et certaines « figures » du discours qui les miment ou les masquent en alternance. Comme l'écrit justement Nicole Onfroit, « le marivaudage est une langue à part, une langue double où se surimposent aux mots employés un autre langage : tournure du discours, ton, gestes et même regards. Il crée une communication ambiguë, qui dure jusqu'à ce que la sensibilité puisse s'exprimer directement. Le marivaudage cesse quand l'amour commence ».

En étudiant dans le détail la langue et le style de cette scène, et plus généralement des « entretiens » qui jalonnent le *Jeu de l'Amour et du Hasard,* vous vous efforcerez d'identifier les principales caractéristiques lexicales et rhétoriques du « marivaudage ».

MARIVAUX

L'ÎLE DES ESCLAVES
(1725)

★★★ *L'importance de l'analyse psychologique n'exclut pas, dans le théâtre de Marivaux, la peinture de mœurs et même, dans certaines pièces comme* L'Ile des esclaves, *dont nous donnons ci-dessous un extrait, une critique morale et sociale. Révélateurs, par le jeu des substitutions d'identités, des vraies passions de leurs maîtres, les valets peuvent devenir également, l'espace d'un naufrage, les révélateurs du jeu des classes et des différences sociales. Oh ! bien sûr, il s'agit là moins d'une révolte, et à plus forte raison d'une révolution où « sombreraient » les hiérarchies et les valeurs en place, que d'une protestation provisoire et maladroite. Toutefois, si le dénouement recompose l'ordre un moment perturbé, les « maîtres » auront été contraints d'entendre la « leçon » de justice prononcée par des « esclaves » aussi sincères que clairvoyants.* ★★★

★★★ **Résumé :** *A la suite d'un naufrage, deux couples, celui du jeune Iphicrate et de son valet Arlequin et celui d'Euphrosine et de sa servante Cléanthis, abordent une île étrange où, vingt ans plus tôt, des esclaves révoltés ont fondé une république aujourd'hui paisible. Quand le hasard y fait s'échouer des maîtres et des valets, ceux-ci se voient imposer, avant de pouvoir repartir, une sorte de « thérapie de groupe » où les rôles, les rangs et même les identités sont inversés. Injures, pardons, autocritiques... les quatre personnages (comme dans la scène citée où Euphrosine doit « subir » la cour maladroite d'Arlequin) passeront par toutes les phases de cette cure d'amendement, avant que Trivelin, le maître des lieux, ne tire la leçon de ce quadrille d'aveux et de repentirs : « Vous avez été leurs maîtres, et vous avez mal agi ; ils sont devenus les vôtres, et ils vous pardonnent ; faites vos réflexions là-dessus. La différence des conditions n'est qu'une épreuve que les dieux font sur nous... »* ★★★

Arlequinades

Arlequin arrive en saluant Cléanthis qui sort. Il va tirer Euphrosine par la manche.

EUPHROSINE

Que me voulez-vous ?

ARLEQUIN, *riant*

Eh ! eh ! eh ! ne vous a-t-on pas parlé de moi ?

EUPHROSINE

Laissez-moi, je vous prie.

ARLEQUIN

Eh ! là, là, regardez-moi dans l'œil pour deviner ma pensée.

EUPHROSINE

Eh ! pensez ce qu'il vous plaira.

ARLEQUIN

M'entendez-vous un peu ?

EUPHROSINE

Non.

ARLEQUIN

C'est que je n'ai encore rien dit.

EUPHROSINE, *impatiente*

Ah !

ARLEQUIN

Ne mentez point ; on vous a communiqué les sentiments de mon âme ; rien n'est plus obligeant pour vous.

EUPHROSINE

Quel état[1] !

ARLEQUIN

Vous me trouvez un peu nigaud, n'est-il pas vrai ? Mais cela se passera ; c'est que je vous aime, et que je ne sais comment vous le dire.

EUPHROSINE

Vous ?

ARLEQUIN

Eh pardi ! oui ; qu'est-ce qu'on peut faire de mieux ? Vous êtes si belle ! il faut bien vous donner son cœur ; aussi bien vous le prendriez de vous-même.

EUPHROSINE

Voici le comble de mon infortune.

ARLEQUIN, *lui regardant les mains*

Quelles mains ravissantes ! les jolis petits doigts ! que je serais heureux avec cela ! mon petit cœur en ferait bien son profit. Reine, je suis bien tendre, mais vous ne voyez rien. Si vous aviez la charité d'être tendre aussi, oh ! je deviendrais fou tout à fait.

EUPHROSINE

Tu ne l'es déjà que trop.

ARLEQUIN

Je ne le serai jamais tant que vous en êtes digne.

EUPHROSINE

Je ne suis digne que de pitié, mon enfant.

ARLEQUIN

Bon, bon ! à qui est-ce que vous contez cela ? vous êtes digne de toutes les dignités imaginables ; un empereur ne vous vaut pas, ni moi non plus ; mais me voilà, moi, et un empereur n'y est pas ; et un rien qu'on voit vaut mieux que quelque chose qu'on ne voit pas. Qu'en dites-vous ?

EUPHROSINE

Arlequin, il me semble que tu n'as pas le cœur mauvais.

ARLEQUIN

Oh ! il ne s'en fait plus de cette pâte-là ; je suis un mouton.

EUPHROSINE

Respecte donc le malheur que j'éprouve.

ARLEQUIN

Hélas ! je me mettrais à genoux devant lui.

EUPHROSINE

Ne persécute point une infortunée, parce que tu peux la persécuter impunément. Vois l'extrémité où je suis réduite ; et si tu n'a point d'égard au rang que je tenais dans le monde, à ma naissance, à mon éducation, du moins que mes disgrâces, que mon esclavage, que ma douleur t'attendrissent. Tu peux ici m'outrager autant que tu le voudras ; je suis sans asile et sans défense, je n'ai que mon désespoir pour tout secours, j'ai besoin de la compassion[2] de tout le monde, de la tienne même, Arlequin ; voilà l'état où je suis ; ne le trouves-tu pas assez misérable ? Tu es devenu libre et heureux, cela doit-il te rendre méchant ? Je n'ai pas la force de t'en dire davantage : je ne t'ai jamais fait de mal ; n'ajoute rien à celui que je souffre.

Elle sort.

ARLEQUIN, *abattu, les bras abaissés, et comme immobile.*

J'ai perdu la parole.

MARIVAUX, *L'Ile des esclaves*, scène 8.

□ □ NOTES | **1.** Quelle situation ! — **2.** Commisération, pitié.

Étude du texte

1. Quel type de scène, habituel dans la comédie psychologique, Marivaux a-t-il voulu « caricaturer » ici ?

2. En quoi cette scène constitue-t-elle vraiment une « épreuve » pour chacun des deux personnages ?

3. Malgré la liberté qui lui est accordée, Arlequin ne parvient pas à s'assurer une réelle « maîtrise » devant Euphrosine. A quoi le voit-on ?

4. Par quel stratagème Euphrosine réussit-elle à « égarer » le jeune valet ? Au prix de quelles concessions ?

5. Au vu d'une telle scène, quels éléments relevez-vous de la pensée sociale de Marivaux ?

6. Un siècle plus tard, commentant avec son ironie coutumière la pièce de Marivaux, Sainte-Beuve parlera à son propos de « bergerie révolutionnaire »... Que pensez-vous d'une telle formule ?

2. Survivance de la tragédie

VOLTAIRE

ZAÏRE
(1732)

★★★ *D'une certaine manière la tragédie classique meurt en 1715 avec le Roi Soleil. Les œuvres d'Houdar de la Motte (1672-1731) ou de Prosper Crébillon (1674-1762) n'offriront, au temps des Lumières, que de bien pâles contrefaçons du genre qui triompha avec Corneille et Racine. Paradoxalement c'est sans doute Voltaire, qui avait fait en 1718 des débuts littéraires remarqués avec* Œdipe, *qui a laissé, en la matière, les œuvres les moins ennuyeuses, se risquant à teinter son classicisme scrupuleux de quelques innovations.*
S'il conserve intégralement les règles des trois unités et l'alexandrin, il n'hésite pas à dépayser ses intrigues, géographiquement (l'Orient, la Mecque, la Chine) ou historiquement (en préférant parfois le Moyen Age à l'inévitable Antiquité). Sous l'influence de contemporains comme Crébillon (dans son Atrée et Thyeste *de 1707 notamment) ou de grands inspirateurs étrangers comme Shakespeare, que la France redécouvre, les intrigues se font plus pathétiques et plus spectaculaires, multipliant les apparitions, scènes de meurtres et coups de théâtre. Surtout Voltaire remet la tragédie au goût du jour en en faisant l'un des instruments d'expression de sa pensée philosophique.* Œdipe *(1718), mais surtout* Zaïre *(1732) dont nous donnons un extrait ci-dessous et* Mahomet *(1742), sont ainsi, par-delà leurs intrigues familiales, historiques ou amoureuses, des procès de l'aveuglement religieux et du fanatisme en général.* ★★★

★★★ **Résumé :** Zaïre, *tragédie en cinq actes, fut représentée pour la première fois au Théâtre-Français le 13 août 1732. La pièce se passe au XIIIe siècle, au temps de Saint Louis.*
Orosmane, sultan de Jérusalem, est amoureux de sa captive chrétienne, Zaïre, qui partage sa passion. Le chevalier français Nérestan obtient du sultan la libération des captifs, à l'exception de Zaïre qu'il veut épouser et du vieux Lusignan, descendant des princes de Jérusalem. Ce dernier est libéré grâce aux prières de la jeune fille mais il découvre qu'elle est sa fille et Nérestan son fils. Déplorant douloureusement qu'elle épouse un infidèle, il tente de la faire renoncer. Nérestan obtient de Zaïre, déchirée entre les impératifs de l'amour et de la religion, la promesse de se faire baptiser. Orosmane, qui a surpris l'un de leurs rendez-vous nocturnes, se croit trahi (scène citée). Fou de jalousie, il tue son amante d'un coup de poignard. Éclairé par Nérestan, il se tue sur le corps de Zaïre après avoir ordonné la libération de tous les chrétiens. ★★★

Un quiproquo tragique

OROSMANE

Madame, il fut un temps où mon âme charmée,
Écoutant sans rougir des sentiments trop chers,
Se fit une vertu de languir dans vos fers.
Je croyais être aimé, madame, et votre maître,
Soupirant à vos pieds, devait s'attendre à l'être :
Vous ne m'entendrez point, amant faible et jaloux,
En reproches honteux éclater contre vous ;
Cruellement blessé, mais trop fier pour me plaindre,
Trop généreux, trop grand pour m'abaisser à [feindre,
Je viens vous déclarer que le plus froid mépris
De vos caprices vains sera le digne prix.
Ne vous préparez point à tromper ma tendresse,
A chercher des raisons dont la flatteuse adresse,

A mes yeux éblouis colorant vos refus,
Vous ramène un amant qui ne vous connaît plus,
Et qui, craignant surtout qu'à rougir on l'expose,
D'un refus outrageant veut ignorer la cause.
Madame, c'en est fait, une autre va monter
Au rang que mon amour vous daignait présenter ;
Une autre aura des yeux, et va du moins connaître
De quel prix mon amour et ma main devaient être.
Il pourra m'en coûter, mais mon cœur s'y résout.
Apprenez qu'Orosmane est capable de tout ;
Que j'aime mieux vous perdre, et loin de votre vue
Mourir désespéré de vous avoir perdue,
Que de vous posséder, s'il faut qu'à votre foi
Il en coûte un soupir qui ne soit pas pour moi.
Allez, mes yeux jamais ne reverront vos charmes.

ZAÏRE

Tu m'as donc tout ravi, Dieu, témoin de mes [larmes !
Tu veux commander seul à mes sens éperdus...
Eh bien, puisqu'il est vrai que vous ne m'aimez plus,
Seigneur...

OROSMANE

Il est trop vrai que l'honneur me l'ordonne,
Que je vous adorai, que je vous abandonne,
Que je renonce à vous, que vous le désirez,
Que sous une autre loi... Zaïre, vous pleurez ?

ZAÏRE

Ah ! seigneur ! ah ! du moins, gardez de jamais croire
Que du rang d'un soudan[1] je regrette la gloire ;
Je sais qu'il faut vous perdre, et mon sort l'a voulu :
Mais, seigneur, mais mon cœur ne vous est pas [connu.
Me punisse à jamais ce ciel qui me condamne,
Si je regrette rien que le cœur d'Orosmane !

OROSMANE

Zaïre, vous m'aimez !

ZAÏRE

Dieu ! si je l'aime, hélas !

VOLTAIRE, *Zaïre*, Acte IV, scène 2.

Orosmane poignardant Zaire. *Gravure de H. Gravelot.*

☐ ☐ NOTE | **1.** Synonyme de « sultan », prince régnant d'un royaume arabo-islamique.

1. Étude du texte

1. Relevez les principaux arguments de la tirade amoureuse d'Orosmane.

2. Zaïre peut-elle y répondre vraiment? A qui s'adressent en réalité ses répliques?

3. Ne pourrait-on pas parler de « dépit amoureux » tragique dans une telle scène?

4. En usant de quels ressorts psychologiques et moraux Voltaire renouvelle-t-il ici le grand débat honneur-passion?

2. Expression

La technique du quiproquo.
— Recherchez, dans des œuvres du théâtre classique, d'autres exemples de scènes de quiproquo :

a) dans la comédie;
b) dans la tragédie.

Demandez-vous :

— quel type de connivence de telles scènes supposent entre l'auteur et ses lecteurs ou spectateurs;
— de quelle nature sont les effets ainsi produits.
Montrez que la frontière est souvent mince entre comédie et tragédie dans de telles scènes.

ROUSSEAU / BEAUMARCHAIS

LE PROCÈS DE LA TRAGÉDIE

★★★ *Non seulement la tragédie classique subit tout au long du siècle une désaffection sensible de la part du public, mais elle a droit en outre à un flot de critiques lancées aussi bien par les philosophes que par des auteurs dramatiques, y compris tragiques.*

C'est le cas notamment, au début du siècle, d'Antoine Houdar de la Motte, auteur de quatre tragédies, qui refuse l'emploi exclusif du vers et oppose à la convention des trois unités la seule règle de « l'unité d'intérêt ». Rousseau, beaucoup plus radical, dénonce dans sa Lettre à d'Alembert sur les spectacles *(1758) la fausse prétention moralisatrice d'une forme dramatique en réalité inefficace, voire « dangereuse ». Il affinera sa critique, dans une longue lettre de* La Nouvelle Héloïse *(II, 17) où Saint-Preux fait le procès du bavardage et de l'insignifiance de la tragédie classique.*

Ces critiques ne feront que s'amplifier dans le dernier tiers du siècle. Dans son Nouvel Essai sur l'art dramatique *(1773), Sébastien Mercier ironise sur « notre superbe tragédie si vantée, (qui) n'est qu'un fantôme revêtu de pourpre et d'or, mais qui n'a aucune réalité. » Beaumarchais enfin, dans son* Essai sur le genre dramatique sérieux *de 1767 ne sera pas tendre non plus pour la vieille forme classique : elle n'a plus de référent social, pratiquement plus de public; elle doit laisser la place à des formes nouvelles mieux en prise sur les préoccupations de l'époque, le drame sérieux ou la comédie de mœurs.* ★★★

ROUSSEAU

LETTRE À D'ALEMBERT SUR LES SPECTACLES *(1758)*

«Le sanguinaire Sylla...». **Musée du Vatican.**

J'entends dire que la tragédie mène à la pitié par la terreur, soit[1]. Mais quelle est cette pitié ? Une émotion passagère et vaine, qui ne dure pas plus que l'illusion qui l'a produite ; un reste de sentiment naturel étouffé bientôt par les passions, une pitié stérile, qui se repaît de quelques larmes, et n'a jamais produit le moindre acte d'humanité. Ainsi pleurait le sanguinaire Sylla[2] au récit des maux qu'il n'avait pas faits lui-même ; ainsi se cachait le tyran de Phères[3] au spectacle, de peur qu'on ne le vît gémir avec Andromaque et Priam, tandis qu'il écoutait sans émotion les cris de tant d'infortunés qu'on égorgeait tous les jours par ses ordres. Tacite rapporte que Valérius Asiaticus, accusé calomnieusement par l'ordre de Messaline[4] qui voulait le faire périr, se défendit par-devant l'empereur d'une manière qui toucha extrêmement ce prince et arracha des larmes à Messaline elle-même. Elle entra dans une chambre voisine pour se remettre, après avoir, tout en pleurant, averti Vitellius[5] à l'oreille de ne pas laisser échapper l'accusé. Je ne vois pas au spectacle une de ces pleureuses de loges, si fières de leurs larmes, que je ne songe à celles de Messaline pour ce pauvre Valérius Asiaticus.

Si, selon la remarque de Diogène Laerce[6], le cœur s'attendrit plus volontiers à des maux feints qu'à des maux véritables, si les imitations du théâtre nous arrachent quelquefois plus de pleurs que ne le ferait la présence même des objets imités, c'est moins, comme le pense l'abbé du Bos[7], parce que les émotions sont plus faibles et ne vont pas jusqu'à la douleur, que parce qu'elles sont pures et sans mélange d'inquiétude pour nous-mêmes. En donnant des pleurs à ces fictions, nous avons satisfait à tous les droits de l'humanité, sans avoir plus rien à mettre du nôtre ; au lieu que les infortunés en personne exigeraient de nous des soins, des soulagements, des consolations, des travaux, qui pourraient nous associer à leurs peines, qui coûteraient du moins à notre indolence, et dont nous sommes bien aises d'être exemptés. On dirait que notre cœur se resserre, de peur de s'attendrir à nos dépens.

Au fond, quand un homme est allé admirer de belles actions dans des fables[8] et pleurer des malheurs imaginaires, qu'a-t-on encore à exiger de lui ? N'est-il pas content de lui-même ? Ne s'applaudit-il pas de sa belle âme ? Ne s'est-il pas acquitté de tout ce qu'il doit à la vertu par l'hommage qu'il vient de lui rendre ? Que voudrait-on qu'il fît de plus ? Qu'il la pratiquât lui-même ? Il n'a point de rôle à jouer : il n'est pas comédien.

ROUSSEAU, *Lettre à d'Alembert sur les spectacles.*

□ □ NOTES | **1.** C'est la théorie d'Aristote — **2.** Dictateur romain du Ier siècle av. J.-C. — **3.** Alexandre, tyran de Phères, ville de Thessalie — **4.** Messaline était l'épouse de l'empereur romain Claude — **5.** Vitellius était le père du même Claude — **6.** Historien grec du IIIe siècle — **7.** Critique littéraire français (1670-1742) — **8.** Pièces de théâtre.

ROUSSEAU

LA NOUVELLE HÉLOÏSE
(1761)

L'institution de la tragédie avait chez ses inventeurs un fondement de religion qui suffisait pour l'autoriser. D'ailleurs, elle offrait aux Grecs un spectacle instructif et agréable dans les malheurs des Perses leurs ennemis, dans les crimes et les folies des Rois dont ce peuple s'était délivré. Qu'on représente à Berne, à Zurich, à La Haye l'ancienne tyrannie de la maison d'Autriche, l'amour de la patrie et de la liberté nous rendra ces pièces intéressantes ; mais qu'on me dise de quel usage sont ici les tragédies de Corneille, et ce qu'importe au peuple de Paris Pompée ou Sertorius[1]. Les tragédies grecques roulaient sur des événements réels ou supposés tels par les spectateurs, et fondés sur des traditions historiques. Mais que fait une flamme héroïque et pure dans l'âme des Grands ? Ne dirait-on pas que les combats de l'amour et de la vertu leur donnent souvent de mauvaises nuits, et que le cœur a beaucoup à faire dans les mariages des Rois ? Juge de la vraisemblance et de l'utilité de tant de pièces, qui roulent toutes sur ce chimérique sujet ! (...)

En général il y a beaucoup de discours et peu d'action sur la scène française ; peut-être est-ce qu'en effet le Français parle encore plus qu'il n'agit, ou du moins qu'il donne un bien plus grand prix à ce qu'on dit qu'à ce qu'on fait. Quelqu'un disait en sortant d'une pièce de Denys le Tyran[2] : je n'ai rien vu, mais j'ai entendu force paroles. Voilà ce qu'ont peut dire en sortant des pièces françaises. Racine et Corneille avec tout leur génie ne sont eux-mêmes que des parleurs, et leur successeur est le premier qui à l'imitation des Anglais ait osé mettre quelquefois la scène en représentation. Communément tout se passe en beaux dialogues bien agencés, bien ronflants, où l'on voit d'abord que le premier soin de chaque interlocuteur est toujours celui de briller. Presque tout s'énonce en maximes générales. Quelque agités qu'ils puissent être, ils songent toujours plus au public qu'à eux-mêmes ; une sentence leur coûte moins qu'un sentiment...

ROUSSEAU, *La Nouvelle Héloïse*, II, 17.

□ □ NOTES | **1.** Général romain qui affronta précisément Pompée en Espagne. Corneille en fit le héros d'une tragédie qui porte son nom (1662) — **2.** Denys l'Ancien (430-367 av. J.-C.), tyran de Syracuse, passionné de théâtre, écrivit lui-même plusieurs tragédies qui furent représentées à Athènes.

BEAUMARCHAIS

ESSAI SUR LE GENRE DRAMATIQUE SÉRIEUX
(1767)

Que me font à moi, sujet paisible d'un État monarchique du XVIIIe siècle, les révolutions d'Athènes et de Rome ? quel véritable intérêt puis-je prendre à la mort d'un tyran du Péloponèse ? au sacrifice d'une jeune princesse en Aulide ?[1] Il n'y a dans tout cela rien à voir pour moi, aucune moralité qui me convienne. Car qu'est-ce que moralité ? C'est le résultat fructueux et l'application personnelle des réflexions qu'un événement nous arrache. Qu'est-ce que l'intérêt ? C'est le sentiment involontaire par lequel nous nous adaptons cet événement, sentiment qui nous met en la place de celui qui souffre, au milieu de sa situation. Une comparaison prise au hasard dans la nature achèvera de rendre mon idée sensible à tout le monde. Pourquoi la relation du tremblement de terre qui engloutit Lima et ses habitants à trois mille lieues de moi me trouble-t-elle, lorsque celle du meurtre juridique de Charles Ier[2], commis à Londres, ne fait que m'indigner ? C'est que le volcan ouvert au Pérou pouvait faire son explosion à Paris, m'ensevelir sous ses ruines, et peut-être me menace encore ; au lieu que je ne puis jamais appréhender rien d'absolument semblable au malheur inouï du roi d'Angleterre : ce sentiment est dans le cœur de tous les hommes ; il sert de base à ce principe certain de l'Art, qu'il n'y a moralité, ni intérêt au théâtre, sans un secret rapport du sujet dramatique à nous. Il reste donc pour constant que la tragédie héroïque ne nous touche que par le point où elle se rapproche du genre sérieux, en nous peignant des hommes, et non des rois ; et que les sujets qu'elle met en action étant si loin de nos mœurs, et les personnages si étrangers à notre état-civil, l'intérêt en est moins pressant que celui d'un drame sérieux et la moralité moins directe, plus aride, souvent nulle et perdue pour nous, à moins qu'elle ne serve à nous consoler de notre médiocrité, en nous montrant que les grands crimes et les grands malheurs sont l'ordinaire apanage de ceux qui se mêlent de gouverner le monde.

BEAUMARCHAIS, *Essai sur le genre dramatique sérieux*.

□ □ NOTES | **1.** Allusion à l'*Iphigénie en Aulide*, de Racine (1674) — **2.** Charles Ier d'Angleterre, fut exécuté en 1649, après un procès manipulé par Cromwell.

Une représentation de l'*Iphigénie*, de Racine. (*Gravure de Moreau le jeune, bibl. de l'Arsenal.*)

1. Étude du texte

1. Identifiez, dans chacun de ces trois textes critiques, les principaux griefs adressés à la tragédie classique. Lesquels se recoupent ou se complètent ?

2. Dégagez, dans l'extrait de la *Lettre à d'Alembert,* les fondements éthiques de l'opposition de Rousseau à la tragédie et plus généralement aux spectacles de théâtre. Ne pourrait-on pas retourner certaines de ses critiques à d'autres genres littéraires ?

3. Explicitez l'opposition importante des deux concepts qui terminent l'extrait de la lettre de Saint-Preux : « une sentence leur coûte moins qu'un sentiment... » En quoi cette opposition est-elle révélatrice de toute la pensée de Rousseau ?

4. Donnez tout son sens ou ses sens au mot « intérêt » employé par Beaumarchais à plusieurs reprises dans le dernier texte.

5. La conception de la moralité vous paraît-elle conciliable avec celle qu'évoquait Rousseau dans la *Lettre à d'Alembert sur les spectacles ?*

2. Expression

Analyse lexicale : En vous aidant d'un dictionnaire, vous préciserez le sens des mots ou expressions suivants empruntés aux textes cités :

— *acte d'humanité* (Rousseau 1, ligne 7) ;
— *fictions* (Rousseau 1, ligne 23) ;
— *belle âme* (Rousseau 1, ligne 25, 2e col.) ;
— *institution* (Rousseau 2, ligne 1) ;
— *vraisemblance* (Rousseau 2, ligne 20) ;
— *sentence* (Rousseau 2, ligne 18, 2e col.) ;
— *relation* (Beaumarchais, ligne 15) ;
— *apanage* (Beaumarchais, ligne 18, 2e col.) ;

3. Le drame et le genre sérieux

DIDEROT

ENTRETIENS SUR LE FILS NATUREL *(1757)*

★★★ *Diderot a formulé sa théorie du drame bourgeois dans deux textes importants : les* Entretiens sur le Fils naturel *(1757), également connus sous le titre* Dorval et moi, *et le* Discours sur la poésie dramatique *(1758). Dans le premier ouvrage, Dorval, avant d'être le protagoniste central du* Fils naturel, *explique à Moi-Diderot les fondements, les principes et les caractéristiques essentielles du nouveau genre dramatique. Celui-ci, commente-t-il, doit se démarquer aussi bien de la tragédie héroïque d'un autre âge, que de la comédie psychologique ou même de la tragi-comédie aux effets trops contrastés.*

*Construit autour d'une « intrigue simple, domestique et voisine de la vie réelle », le drame cherchera à représenter le monde contemporain, avec ses problèmes moraux ou sociaux (la réussite, le mariage, l'adultère, la faute et le pardon, etc.) dans une atmosphère ou un cadre familiers aux spectateurs (très souvent la maison ou le salon bourgeois). S'il recherche le réalisme, sur le plan du dialogue comme sur celui de la mise en scène et du jeu des acteurs, c'est moins pour restituer la vérité des « caractères » que pour évoquer avec exactitude celle des « conditions et des relations » jusque-là ignorées de la scène classique en tant que telles : le père de famille, le bon ou mauvais époux, le marchand, le citoyen, le magistrat, etc. A en juger par le titre de ses propres pièces ou de celles de ses contemporains (*Le Philosophe sans le savoir, *de Sedaine devait d'abord s'intituler* Le Père de famille ; *quant à Beaumarchais il sous-titra ses* Deux Amis : Le Négociant de Lyon *avant d'écrire une* Mère coupable*), on peut dire que les réalisations dramatiques de l'époque auront comblé les aspirations de Diderot, avant que le roman du siècle suivant ne s'empare, avec des moyens autrement efficaces, de cette ambition « typologique ».* ★★★

Fondements sociologiques du drame

MOI

Mais quels seront les sujets de ce comique sérieux, que vous regardez comme une branche nouvelle du genre dramatique ? Il n'y a, dans la nature humaine, qu'une douzaine, tout au plus, de caractères vraiment comiques et marqués de grands traits.

DORVAL

Je le pense.

MOI

Les petites différences qui se remarquent dans les caractères des hommes ne peuvent être maniées aussi heureusement que les caractères tranchés.

DORVAL

Je le pense. Mais savez-vous ce qui s'ensuit de là ?... Que ce ne sont plus, à proprement parler, les caractères qu'il faut mettre sur la scène, mais les conditions. Jusqu'à présent, dans la comédie, le caractère a été l'objet principal, et la condition n'a été que l'accessoire ; il faut que la condition devienne aujourd'hui l'objet principal, et que le caractère ne soit que l'accessoire. C'est du caractère qu'on tirait toute l'intrigue. On cherchait en général les circonstances qui le faisaient sortir[1], et l'on enchaînait ces circonstances. C'est la condition, ses devoirs, ses avantages, ses embarras, qui doivent servir de base à l'ouvrage. Il me semble que cette

Le Fils maudit, par Greuze *(Musée du Louvre).*

source est plus féconde, plus étendue et plus utile que celle des caractères. Pour peu que le caractère fût chargé, un spectateur pouvait se dire à lui-même : ce n'est pas moi. Mais il ne peut se cacher que l'état qu'on joue devant lui ne soit le sien ; il ne peut méconnaître ses devoirs. Il faut absolument qu'il s'applique ce qu'il entend.

MOI

Il me semble qu'on a déjà traité plusieurs de ces sujets.

DORVAL

Cela n'est pas. Ne vous y trompez point.

MOI

N'avons-nous pas des financiers[2] dans nos pièces ?

MOI

On aurait de la peine à en citer une sans un père de famille.

DORVAL

J'en conviens ; mais le père de famille n'est pas fait. En un mot, je vous demanderai si les devoirs des conditions, leurs avantages, leurs inconvénients, leurs dangers ont été mis sur la scène. Si c'est la base de l'intrigue et de la morale de nos pièces. Ensuite, si ces devoirs, ces avantages, ces inconvénients, ces dangers ne nous montrent pas, tous les jours, les hommes dans des situations très embarrassantes.

MOI

Ainsi, vous voudriez qu'on jouât l'homme de lettres, le philosophe, le commerçant, le juge, l'avocat, le politique, le citoyen, le magistrat, le financier, le grand seigneur, l'intendant ?

DORVAL

Ajoutez à cela toutes les relations : le père de famille, l'époux, la sœur, les frères. Le père de famille ! quel sujet, dans un siècle tel que le nôtre, où il ne paraît pas qu'on ait la moindre idée de ce que c'est qu'un père de famille !

Songez qu'il se forme tous les jours des conditions nouvelles. Songez que rien, peut-être, ne nous est moins connu que les conditions, et ne doit nous intéresser davantage. Nous avons chacun notre état dans la société ; mais nous avons affaire à des hommes de tous les états.

Les conditions ! Combien de détails importants, d'actions publiques et domestiques, de vérités inconnues, de situations nouvelles à tirer de ce fonds !

DIDEROT, *Entretiens sur le Fils naturel,* 3e Entretien.

□ □ NOTES | **1.** Ressortir — **2.** Allusion principalement au *Turcaret* (1709), de Lesage.

1. Étude du texte

1. En analysant en détail les propos de Diderot, explicitez le sens de l'expression « comique sérieux ». Pourquoi les deux termes, dans l'esprit du philosophe-dramaturge, ne sont-ils pas contradictoires ?

2. Qu'entend précisément Diderot par « condition » ? Montrez que ce concept renouvelle sensiblement celui de « caractère ».

3. A quelle tradition théâtrale s'attaque ainsi implicitement le dramaturge ?

4. Quelle finalité assigne-t-il au théâtre nouveau dont il esquisse ici la théorie ? N'y a-t-il pas des risques dans cette entreprise ?

2. Expression

Dissertation : Vous analyserez et discuterez, en vous fondant sur votre expérience du théâtre classique aussi bien que romantique ou contemporain, cette affirmation de Diderot dans ses *Entretiens sur le Fils naturel :*
« Il y a de l'intérêt, et il y en aura, sans ridicule qui fasse rire, sans danger qui fasse frémir, dans toute composition dramatique où le sujet sera important, où le poète prendra le ton que nous avons dans les affaires sérieuses... J'appellerai ce genre le genre sérieux... Surtout, négligez les coups de théâtre ; cherchez des tableaux, rapprochez-vous de la vie réelle ».

DIDEROT

LE PÈRE DE FAMILLE
(1758)

★★★ *Diderot n'a jamais caché la finalité morale ou même plus, moralisatrice, du drame dont il essaya de formuler la théorie. Fonctionnant principalement par addition de tirades édifiantes ou sentencieuses et de tableaux « touchants », la pièce doit mettre en lumière les valeurs « naturelles » de la bourgeoisie active et raisonnable, face aux comportements sclérosés ou aveugles de la vieille aristocratie. Le pathétique, ressort fondamental du drame, naît ainsi du spectacle de la vertu un moment contrariée par les préjugés ou les mauvaises mœurs. Les larmes arrachées en la circonstance au spectateur sont alors le prix à payer pour « identifier » les « vraies valeurs » soumises au péril de la contestation par personnages interposés. Ce schéma est clairement perceptible dans l'intrigue du second drame écrit par Diderot,* Le Père de famille *(1758)* ★★★

★★★ **Résumé :** *M. d'Orbesson, père de famille sensible et indulgent, a deux enfants : Saint-Albin et Cécile. Le jeune homme s'est épris d'une pauvre orpheline, Sophie. Bien que tolérant et appréciant la jeune fille, d'Orbesson entrevoit tous les problèmes de la mésalliance. Son beau-frère, le Commandeur, autoritaire et injuste, le presse de s'opposer aux projets de son fils, d'autant que Cécile de son côté aime un jeune homme déshérité, Germeuil. A la scène 8 de l'acte II, que nous citons ici, le père de famille et le fils amoureux ont une orageuse discussion où s'expriment tous les enjeux passionnels de cette situation conflictuelle. Malgré les infâmes malversations du Commandeur, dont on s'apercevra finalement que Sophie est la nièce..., la raison vertueuse aura gain de cause et le père de famille, rasséréné, bénira le mariage de ses deux enfants au milieu de l'attendrissement de tous, à l'exception de l'atrabilaire Commandeur vaincu et exclu.* ★★★

Le théâtre des larmes

SAINT-ALBIN

Vous verrez couler les pleurs de Sophie ; j'embrasserai vos genoux, mes enfants vous tendront leurs bras innocents, et vous ne les repousserez pas.

LE PÈRE DE FAMILLE, *à part*

Il me connaît trop bien... *(Après une petite pause, il prend l'air et le ton le plus sévères, et dit :)* Mon fils, je vois que je vous parle en vain, que la raison n'a plus d'accès auprès de vous, et que le moyen dont je craignais toujours d'user est le seul qui me reste... J'en userai, puisque vous m'y forcez. Quittez vos projets, je le veux, et je vous l'ordonne par toute l'autorité qu'un père a sur ses enfants.

SAINT-ALBIN, *avec un emportement sourd*

L'autorité ! L'autorité ! Ils n'ont que ce mot.

LE PÈRE DE FAMILLE

Respectez-le.

SAINT-ALBIN, *allant et venant*

Voilà comme ils sont tous. C'est ainsi qu'ils nous aiment. S'ils étaient nos ennemis, que feraient-ils de plus ?

LE PÈRE DE FAMILLE

Que dites-vous ? Que murmurez-vous ?

SAINT-ALBIN, *toujours de même*

Ils se croient sages parce qu'ils ont d'autres passions que les nôtres.

LE PÈRE DE FAMILLE

Taisez-vous.

SAINT-ALBIN

Ils ne nous ont donné la vie que pour en disposer.

LE PÈRE DE FAMILLE

Taisez-vous.

SAINT-ALBIN

Ils la remplissent d'amertume ; et comment seraient-ils touchés de nos peines ? il y sont faits.

LE PÈRE DE FAMILLE

Vous oubliez qui je suis et à qui vous parlez. Taisez-vous, ou craignez d'attirer sur vous la marque la plus terrible du courroux des pères.

SAINT-ALBIN

Des pères ! des pères ! il n'y en a point... Il n'y a que des tyrans.

LE PÈRE DE FAMILLE

O Ciel !

SAINT-ALBIN

Oui, des tyrans.

LE PÈRE DE FAMILLE

Éloignez-vous de moi, enfant ingrat et dénaturé ! Je vous donne ma malédiction. Allez loin de moi. *(Le fils s'en va ; mais à peine a-t-il fait quelques pas que son père court après lui et lui dit :)* Où vas-tu, malheureux ?

SAINT-ALBIN

Mon père !

LE PÈRE DE FAMILLE, *se jette dans un fauteuil, et son fils se met à ses genoux*

Moi, votre père ? vous, mon fils ? Je ne vous suis plus rien ; je ne vous ai jamais rien été. Vous empoisonnez ma vie, vous souhaitez ma mort. Eh ! pourquoi a-t-elle été si longtemps différée ? Que ne suis-je à côté de ta mère ! Elle n'est plus, et mes jours malheureux ont été prolongés.

SAINT-ALBIN

Mon père !

LE PÈRE DE FAMILLE

Éloignez-vous, cachez-moi vos larmes ; vous déchirez mon cœur, et je ne puis vous en chasser.

DIDEROT, *Le Père de famille,* Acte II, scène 6.

Louis Seigner incarnant l'un des «pères» de Diderot *(Comédie-Française, 1955).*

1. Étude du texte

1. Caractérisez l'atmosphère de la scène et le *ton* du dialogue des deux personnages.

2. Ne glisse-t-on pas, ici ou là, de la sensibilité à la sensiblerie ?

3. Par-delà l'anecdote amoureuse qui justifie la scène, que nous révèlent les propos des deux personnages, et notamment de Saint-Albin, sur les mœurs de l'époque ?

4. En quoi ces propos rejoignent-ils par moment les préoccupations philosophiques de Diderot et de quelques-uns de ses contemporains ?

5. Lisez à voix-haute, ou même jouez cette scène et demandez-vous pourquoi et en quoi elle est typique d'un théâtre qui a vieilli et mal vieilli.

2. Documentation - Création

Tableaux de mœurs.

On a souvent, et à juste titre, rapproché les scènes touchantes des drames de Diderot des tableaux également pathétiques de Jean-Baptiste Greuze (1725-1805), peintre contemporain attaché, comme lui, à la représentation des « conditions et relations » de l'époque.

1. Recherchez deux ou trois reproductions d'œuvres de Greuze (comme *La Malédiction paternelle, Le Fils puni* ou *La Pitié filiale;* voir p. 176) et demandez-vous quels témoignages concordant avec les scènes de Diderot elles nous offrent sur la sensibilité et les mœurs de l'époque.

2. Amusez-vous à faire dialoguer, dans le ton et le style de l'auteur du *Père de famille,* les figures principales d'un ou deux des tableaux de Greuze que vous aurez choisis.

4. Beaumarchais ou le théâtre en fête

BEAUMARCHAIS

LE BARBIER DE SÉVILLE (1775)

★★★ *Entre 1772, année où sa pièce est refusée par les Italiens, et 1775, où elle est jouée enfin avec succès par la Comédie-Française, Beaumarchais en a remodelé au moins trois fois sensiblement la structure, transformant ce qui était d'abord un opéra-comique en une comédie en quatre actes accompagnée de chants. Dans la* Lettre modérée *qui sert de préface et de défense à la pièce, le dramaturge la résumait ainsi : « Un vieillard amoureux prétend épouser demain sa pupille ; un jeune amant plus adroit le prévient, et ce jour même en fait sa femme, à la barbe et dans la maison du tuteur. » Intrigue mince et sobre dont l'auteur ajoute qu' « on eût pu en faire, avec un égal succès, une tragédie, une comédie, un drame, un opéra ». Mais toute la qualité de l'œuvre tient à la vivacité avec laquelle elle est menée, tant dans l'élaboration des situations que dans le jeu des caractères.*
A preuve la scène ou le Comte, déguisé en bachelier, après avoir persuadé Bartholo qu'il est envoyé par Don Basile, le maître à chanter de Rosine, entreprend de lui donner, à sa façon, une leçon de musique. Figaro, son complice malicieux et ingénieux, n'a de cesse de distraire l'attention soupçonneuse du vieux tuteur. ★★★

Le barbier et le barbon

BARTHOLO, *apercevant Figaro*

Ah ! Entrez, monsieur le barbier ; avancez, vous êtes charmant !

FIGARO *salue*

Monsieur, il est vrai que ma mère me l'a dit autrefois ; mais je suis un peu déformé depuis ce temps-là. *(A part, au comte)* Bravo ! Monseigneur. *(Pendant toute cette scène, le comte fait ce qu'il peut pour parler à Rosine, mais l'œil inquiet et vigilant du tuteur l'en empêche toujours, ce qui forme un jeu muet de tous les acteurs, étranger au débat du docteur et de Figaro).*

BARTHOLO

Venez-vous purger encore, saigner, droguer, mettre sur le grabat toute ma maison ?

FIGARO

Monsieur, il n'est pas tous les jours fête ; mais, sans compter les soins quotidiens, Monsieur a pu voir que, lorsqu'ils en ont besoin, mon zèle n'attend pas qu'on lui commande...

BARTHOLO

Votre zèle n'attend pas ! Que direz-vous, monsieur le zélé, à ce malheureux qui bâille et dort tout éveillé ? Et l'autre qui, depuis trois heures, éternue à se faire sauter le crâne et jaillir la cervelle ! Que leur direz-vous ?

FIGARO

Ce que je leur dirai ?

BARTHOLO

Oui !

FIGARO

Je leur dirai... Eh, parbleu ! je dirai à celui qui éternue « Dieu vous bénisse » et « Va te coucher » à celui qui bâille. Ce n'est pas cela, Monsieur, qui grossira le mémoire[1].

BARTHOLO

Vraiment non, mais c'est la saignée et les médicaments qui le grossiraient, si je voulais y entendre[2]. Est-ce par zèle aussi que vous avez empaqueté les yeux de ma mule, et votre cataplasme lui rendra-t-il la vue ?

FIGARO

S'il ne lui rend pas la vue, ce n'est pas cela non plus qui l'empêchera d'y voir.

BARTHOLO

Que je le trouve sur le mémoire !... On n'est pas de cette extravagance-là !

Richard Berry et François Chaumette dans *Le Barbier de Séville* (Comédie-Française, 1979).

FIGARO

Ma foi, Monsieur, les hommes n'ayant guère à choisir qu'entre la sottise et la folie, où je ne vois pas de profit, je veux au moins du plaisir ; et vive la joie ! Qui sait si le monde durera encore trois semaines ?

BARTHOLO

Vous feriez bien mieux, monsieur le raisonneur, de me payer mes cent écus et les intérêts sans lanterner[3], je vous en avertis.

FIGARO

Doutez-vous de ma probité, Monsieur ? Vos cent écus ! j'aimerais mieux vous les devoir toute ma vie que de les nier un seul instant.

BARTHOLO

Et dites-moi un peu comment la petite Figaro a trouvé les bonbons que vous lui avez portés[4] ?

FIGARO

Quels bonbons ? Que voulez-vous dire ?

BARTHOLO

Oui, ces bonbons, dans ce cornet fait avec cette feuille de papier à lettres, ce matin.

FIGARO

Diable emporte si...

ROSINE, *l'interrompant*

Avez-vous eu soin au moins de les lui donner de ma part, Monsieur Figaro ? Je vous l'avais recommandé.

FIGARO

Ah ! ah ! les bonbons de ce matin ? Que je suis bête, moi ! j'avais perdu tout cela de vue... Oh ! excellents, Madame, admirables.

BARTHOLO

Excellents ! Admirables ! Oui, sans doute, monsieur le barbier, revenez sur vos pas[5] ! Vous faites là un joli métier, Monsieur !

FIGARO

Qu'est-ce qu'il a donc, Monsieur ?

BARTHOLO

Et qui vous fera une belle réputation, Monsieur !

FIGARO

Je la soutiendrai, Monsieur !

BARTHOLO

Dites que vous la supporterez, Monsieur !

FIGARO

Comme il vous plaira, Monsieur !

BARTHOLO

Vous le prenez bien haut, Monsieur ! Sachez que, quand je dispute avec un fat[6], je ne lui cède jamais.

FIGARO, *lui tourne le dos*

Nous différons en cela, Monsieur ! moi, je lui cède toujours.

BARTHOLO

Hein ? qu'est-ce qu'il dit donc, bachelier ?

FIGARO

C'est que vous croyez avoir affaire à quelque barbier de village, et qui ne sait manier que le rasoir ? Apprenez, Monsieur, que j'ai travaillé de la plume à Madrid, et que sans les envieux...

BARTHOLO

Eh ! que n'y restiez-vous, sans venir ici changer de profession ?

FIGARO

On fait comme on peut ; mettez-vous à ma place.

BARTHOLO

Me mettre à votre place ! Ah ! parbleu, je dirais de belles sottises !

FIGARO

Monsieur, vous ne commencez pas trop mal ; je m'en rapporte à votre confrère qui est là rêvassant...

LE COMTE, *revenant à lui*

Je... je ne suis pas le confrère de monsieur.

FIGARO

Non ? Vous voyant ici à consulter[7], j'ai pensé que vous poursuiviez le même objet.

BARTHOLO, *en colère*

Enfin, quel sujet vous amène ? Y a-t-il quelque lettre à remettre encore ce soir à Madame ? Parlez, faut-il que je me retire ?

FIGARO

Comme vous rudoyez le pauvre monde ! Eh ! parbleu, Monsieur, je viens vous raser, voilà tout : n'est-ce pas aujourd'hui votre jour ?

BEAUMARCHAIS,
Le Barbier de Séville, Acte III, scène 5.

□ □ NOTES | **1.** État de ce qui est dû à Figaro — **2.** Y consentir — **3.** Sans perdre de temps — **4.** Allusion à la scène 11 de l'Acte II — **5.** Reprenez-vous — **6.** Discuter avec un sot prétentieux — **7.** Délibérer avec un confrère.

1. Étude du texte

1. Cette scène « pétille » d'effets comiques du début à la fin. Dressez-en l'inventaire.

2. L'attitude de Figaro. Montrez comment elle concilie habilement savoir-faire, insolence et facétie.

3. « Vive la joie ! Qui sait si le monde durera encore trois semaines ? » Voilà une formule bien caractéristique du caractère et du génie de Figaro. Commentez-la.

4. Dégagez l'importance des notations scéniques de Beaumarchais dans cette scène.

2. Documentation - Création

Dissertation : Dans sa préface du *Barbier,* Beaumarchais écrit : « Le genre d'une pièce, comme celui de toute action, dépend moins du fond des choses que des caractères qui le mettent en œuvre. » Vous discuterez cette opinion en empruntant vos exemples aussi bien à la dramaturgique classique qu'aux œuvres théâtrales des XIXe et XXe siècles que vous connaissez.

BEAUMARCHAIS

LE MARIAGE DE FIGARO (1784)

★★★ *Véritable imbroglio de situations à rebondissement, l'intrigue du* Mariage de Figaro *n'est pourtant guère plus difficile à résumer que celle du* Barbier : « *Un grand seigneur espagnol, écrit Beaumarchais, amoureux d'une jeune fille qu'il veut séduire, et les efforts que cette fiancée, celui qu'elle doit épouser, et la femme du seigneur, réunissent pour faire échouer dans son dessein un maître absolu, que son rang, sa fortune et sa prodigalité rendent tout puissant pour l'accomplir. Voilà tout, rien de plus* ». *Si la pièce est remarquable par certains morceaux de bravoure, comme le monologue de Figaro, valet révolté pour la défense de ses droits (voir p. 75), elle étonne toujours par la vivacité de son « allure » et l'exceptionnelle « gaieté » qui tisse le lien entre tant de quiproquos, surprises et autres péripéties. Figaro, bien sûr, reste au centre de ce réseau d' « imbroilles », mais il partage désormais avec Suzanne, son ingénieuse fiancée, le don de nous « plaire » et de nous « toucher », comme dans l'ouverture de l'acte IV où tous deux se livrent à de réjouissantes variations sur le thème de « l'amour fou ».* ★★★

La « folie » amoureuse

FIGARO, *la tenant à bras-le-corps*

Hé bien ! amour, es-tu contente ? Elle a converti son docteur, cette fine langue dorée de ma mère ! Malgré sa répugnance, il l'épouse, et ton bourru d'oncle est bridé ; il n'y a que Monseigneur qui rage, car enfin notre hymen va devenir le prix du leur[1]. Ris donc un peu de ce bon résultat.

SUZANNE

As-tu rien vu de plus étrange ?

FIGARO

Ou plutôt d'aussi gai. Nous ne voulions qu'une dot arrachée à l'Excellence, en voilà deux[2] dans nos mains, qui ne sortent pas des siennes. Une rivale acharnée te poursuivait ; j'étais tourmenté par une furie ! tout cela s'est changé pour nous dans *la plus bonne* des mères. Hier j'étais comme seul au monde, et voilà que j'ai tous mes parents ; pas si magnifiques, il est vrai, que je me les étais galonnés, mais assez bien pour nous, qui n'avons pas la vanité des riches.

SUZANNE

Aucune des choses que tu avais disposées, que nous attendions, mon ami, n'est pourtant arrivée !

FIGARO

Le hasard a mieux fait que nous tous, ma petite. Ainsi va le monde ; on travaille, on projette, on arrange d'un côté ; la fortune accomplit de l'autre : et, depuis l'affamé conquérant qui voudrait avaler la terre, jusqu'au paisible aveugle qui se laisse mener par son chien, tous sont le jouet de ses caprices ; encore l'aveugle au chien est-il souvent mieux conduit, moins trompé dans ses vues que l'autre aveugle avec son entourage. Pour cet aimable aveugle qu'on nomme Amour... *(Il la reprend tendrement à bras-le-corps.)*

SUZANNE

Ah ! c'est le seul qui m'intéresse !

FIGARO

Permets donc que, prenant l'emploi de la Folie, je sois le bon chien qui le mène à ta jolie mignonne porte ; et nous voilà logés pour la vie[3] !

SUZANNE, *riant*

L'Amour et toi ?

FIGARO

Moi et l'Amour.

SUZANNE

Et vous ne chercherez pas d'autre gîte ?

FIGARO

Si tu m'y prends, je veux bien que mille millions de galants...

SUZANNE

Tu vas exagérer : dis ta bonne vérité.

FIGARO

Ma vérité la plus vraie !

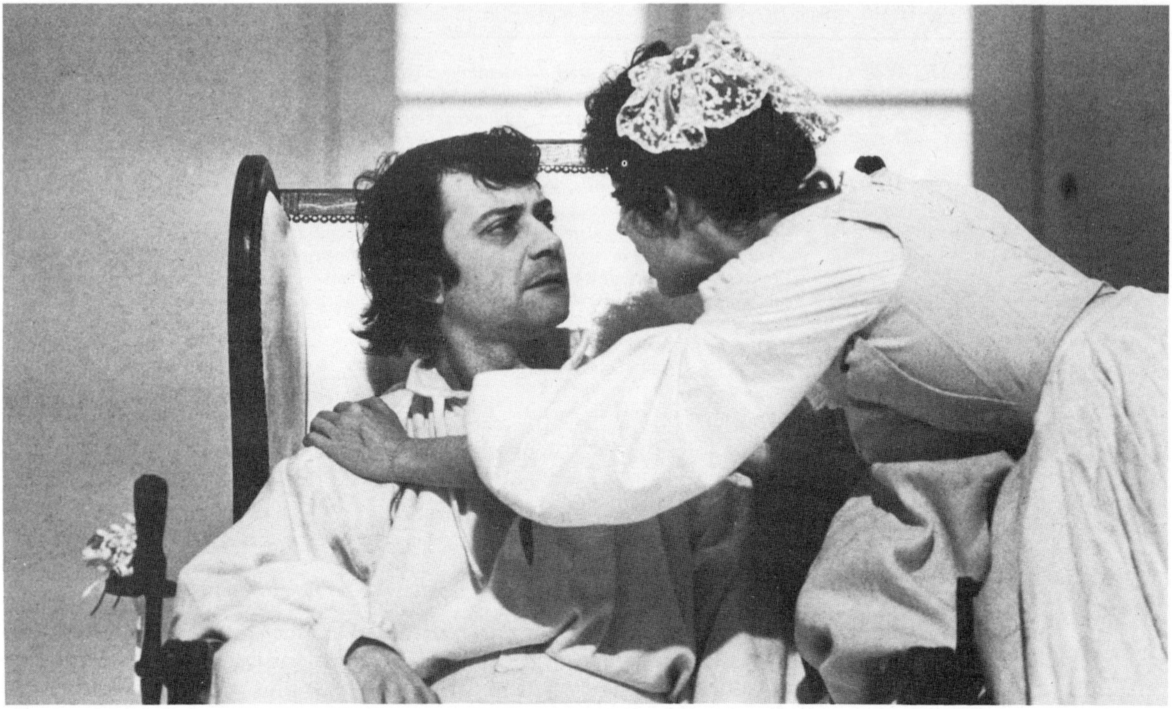

Alain Pralon et Claire Vernet dans *Le Mariage de Figaro (Comédie-Française, 1977).*

SUZANNE

Fi donc, vilain ! en a-t-on plusieurs ?

FIGARO

Oh ! que oui. Depuis qu'on a remarqué qu'avec le temps vieilles folies deviennent sagesse, et qu'anciens petits mensonges assez mal plantés ont produit de grosses, grosses vérités, on en a de mille espèces. Et celles qu'on sait, sans oser les divulguer : car toute vérité n'est pas bonne à dire ; et celles qu'on vante, sans y ajouter foi : car toute vérité n'est pas bonne à croire ; et les serments passionnés, les menaces des mères, les protestations des buveurs, les promesses des gens en place, le dernier mot de nos marchands ; cela ne finit pas. Il n'y a que mon amour pour Suzon qui soit une vérité de bon aloi.

SUZANNE

J'aime ta joie, parce qu'elle est folle ; elle annonce que tu es heureux. Parlons du rendez-vous du Comte.

FIGARO

Ou plutôt n'en parlons jamais ; il a failli me coûter Suzanne.

SUZANNE

Tu ne veux donc plus qu'il ait lieu ?

FIGARO

Si vous m'aimez, Suzon, votre parole d'honneur sur ce point : qu'il s'y morfonde ; et c'est sa punition.

SUZANNE

Il m'en a plus coûté de l'accorder que je n'ai de peine à le rompre : il n'en sera plus question.

FIGARO

Ta bonne vérité ?

SUZANNE

Je ne suis pas comme vous autres savants ; moi, je n'en ai qu'une.

FIGARO

Et tu m'aimeras un peu ?

SUZANNE

Beaucoup.

FIGARO

Ce n'est guère.

SUZANNE

Et comment ?

FIGARO

En fait d'amour, vois-tu, trop n'est pas même assez.

SUZANNE

Je n'entends pas toutes ces finesses ; mais je n'aimerai que mon mari.

FIGARO

Tiens parole et tu feras une belle exception à l'usage. *(Il veut l'embrasser.)*

BEAUMARCHAIS,
Le Mariage de Figaro, Acte IV, scène 1.

□ □ NOTES | **1.** Allusion au mariage de Marceline et de Bartholo — **2.** La dote du Comte et la remise de dettes de Marceline — **3.** Dans le mythe antique, c'est en effet la Folie qui guide l'Amour aveugle.

1. Étude du texte

1. L'amour heureux n'est pas un thème facile au théâtre. Comment Beaumarchais réussit-il magistralement cette « scène à faire » ?

2. Pour décrire l'euphorie de Figaro, M. Péron, dans son *Théâtre de Beaumarchais*, parle de « l'allure dansante » du discours du personnage. Commentez cette expression.

3. Figaro et Suzanne n'éprouvent pas tous les deux de la même manière cet exceptionnel bonheur. Faites la part du caractère de chacun dans l'allégresse du duo.

2. Expression

De la comédie au vaudeville.

1. Par plus d'un aspect cette scène du *Mariage de Figaro* anticipe sur les caractéristiques du vaudeville. Dégagez, tant au niveau de l'intrigue, de la thématique que de la langue même des personnages, les prémisses du célèbre genre populaire qui connaîtra ses heures de gloire près d'un siècle plus tard.

DOCUMENT

LE PARADOXE SUR LE COMÉDIEN

Les grands poètes, les grands acteurs, et peut-être en général tous les grands imitateurs de la nature, quels qu'ils soient, doués d'une belle imagination, d'un grand jugement, d'un tact fin, d'un goût très sûr, sont les êtres les moins sensibles. Ils sont également propres à trop de choses ; ils sont trop occupés à regarder, à reconnaître et à imiter, pour être vivement affectés au-dedans d'eux-mêmes. Je les vois sans cesse le portefeuille sur les genoux et le crayon à la main.

Nous sentons, nous ; eux, ils observent, étudient et peignent. Le dirai-je ? Pourquoi non ? La sensibilité n'est guère la qualité d'un grand génie. Il aimera la justice, mais il exercera cette vertu sans en recueillir la douceur. Ce n'est pas son cœur, c'est sa tête qui fait tout. A la moindre circonstance inopinée, l'homme sensible la perd ; il ne sera ni un grand roi, ni un grand ministre, ni un grand capitaine, ni un grand avocat, ni un grand médecin. Remplissez la salle de spectacle de ces pleureurs-là, mais ne m'en placez aucun sur la scène... Dans la grande comédie, la comédie du monde, celle à laquelle j'en reviens toujours, toutes les âmes chaudes occupent le théâtre ; tous les hommes de génie sont au parterre. Les premiers s'appellent des fous ; les seconds, qui s'occupent à copier leurs folies, s'appellent des sages. C'est l'œil du sage qui saisit le ridicule de tant de personnages divers, qui le peint, et qui vous fait rire et de ces fâcheux originaux dont vous avez été la victime, et de vous-même...

Mais quoi ? dira-t-on, ces accents si plaintifs, si douloureux, que cette mère arrache du fond de ses entrailles, et dont les miennes sont si violemment secouées, ce n'est pas le sentiment actuel qui les produit, ce n'est pas le désespoir qui les inspire ? Nullement ; et la preuve, c'est qu'ils sont mesurés ; qu'ils font partie d'un système de déclamation ; que plus bas ou plus aigus de la vingtième partie d'un quart de ton, ils sont faux ; qu'ils sont soumis à une loi d'unité ; qu'ils sont, comme dans l'harmonie, préparés et sauvés ; qu'ils ne satisfont à toutes les conditions requises que par une longue étude ; qu'ils concourent à la solution d'un problème proposé ; que pour être poussés juste, ils ont été répétés cent fois, et que, malgré ces fréquentes répétitions, on les manque encore ; c'est qu'avant de dire :

Zaïre, vous pleurez !

ou :

Vous y serez, ma fille,

l'acteur s'est longtemps écouté lui-même ; c'est qu'il s'écoute au moment où il vous trouble, et que tout son talent consiste non pas à sentir, comme vous le supposez, mais à rendre si scrupuleusement les signes extérieurs du sentiment, que vous vous y trompiez. Les cris de sa douleur sont notés dans son oreille. Les gestes de son désespoir sont de mémoire, et ont été préparés devant une glace. Il sait le moment précis où il tirera son mouchoir et où les larmes couleront ; attendez-les à ce mot, à cette syllabe, ni plus tôt ni plus tard. Ce tremblement de la voix, ces mots suspendus, ces sons étouffés ou traînés, ce frémissement des membres, ce vacillement des genoux, ces évanouissements, ces fureurs, pure imitation, leçon recordée d'avance, grimace pathétique, singerie sublime dont l'acteur garde le souvenir longtemps après l'avoir étudiée, dont il avait la conscience présente au moment où il l'exécutait, qui lui laisse, heureusement pour le poète, pour le spectateur et pour lui, toute la liberté de son esprit, et qui ne lui ôte, ainsi que les autres exercices, que la force du corps. Le socque ou le cothurne déposé, sa voix est éteinte, il éprouve une extrême fatigue, il va changer de linge ou se coucher ; mais il ne lui reste ni trouble, ni douleur, ni mélancolie, ni affaissement d'âme. C'est vous qui remportez toutes ces impressions. L'acteur est las, et vous tristes ; c'est qu'il s'est démené sans rien sentir, et que vous avez senti sans vous démener. S'il en était autrement, la condition du comédien serait la plus malheureuse des conditions ; mais il n'est pas le personnage, il le joue et le joue si bien que vous le prenez pour tel : l'illusion n'est que pour vous ; il sait bien, lui, qu'il ne l'est pas.

Diderot, *Paradoxe sur le comédien* (1769-1778).

9. TYPES ET FIGURES DE L'ÉPOQUE

I. Femmes

RÈGNE FICTIF DE LA FEMME

La femme règne (on lui fait croire qu'elle règne). C'est autour d'elle que flotte la promesse du plaisir. Mais sa situation est ambiguë. Pour quelques-unes qui sont maîtresses d'elles-mêmes, qui règnent sur les salons par leur esprit et leur science, combien d'autres en revanche que l'on traite en objets : enfermées dans des couvents, mariées contre leur gré, conquises par ruse. L'histoire nous apprend que la majorité restent strictement confinées dans le ménage où elles exerceront leurs vertus domestiques. Mais il en va autrement en ces terres d'élection de la richesse, où brille le luxe et où l'art se dépense. La phraséologie du respect passionné fait accroire à la femme qu'un destin dépend de ses faveurs : le soupirant n'a cependant point d'autre ambition que d'*avoir* une femme de plus. Nulle surprise si bientôt la femme se masque à son tour et rivalise d'hypocrisie avec l'homme : le sentiment n'est plus guère que le point d'honneur du désir. Les protestations tendres sont le langage chiffré de l'impatience charnelle, le prélude intelligent aux défaites de la raison. Tout un système très raffiné d'attentions, d'égards, de compliments, de billets et de portraits échangés se déploie pour en arriver d'une manière sûre au tumulte de la satisfaction animale.

Jean Starobinski, *Les Expériences de la liberté,* éd. Skira.

CRÉBILLON

LES ÉGAREMENTS DU CŒUR ET DE L'ESPRIT (1736)

★★★ *Le principal roman de Crébillon fils (1707-1777),* Les Égarements du cœur et de l'esprit *(1736), est resté inachevé. Comme dans ses autres œuvres, c'est à la peinture du désir amoureux que s'adonne le romancier. Désir amoureux de l'homme, dominateur et sûr de lui, pour qui la femme n'est qu'un objet de conquête, capricieux et volage.* ★★★

« Elle attend toujours le plaisir »

Une femme, quand elle est jeune, est plus sensible au plaisir d'inspirer des passions, qu'à celui d'en prendre. Ce qu'elle appelle tendresse, n'est le plus souvent qu'un goût vif, qui la détermine plus promptement que l'amour même, l'amuse pendant quelque temps, et s'éteint sans qu'elle le sente ou le regrette. Le mérite de s'attacher un amant pour toujours ne vaut pas à ses yeux celui d'en enchaîner plusieurs. Plutôt suspendue que fixée, toujours livrée au caprice, elle songe moins à l'objet qui la possède qu'à celui qu'elle voudrait qui la possédât. Elle attend tou-

Tableau de Fragonard.
Le Baiser à la dérobée : Femme complice ou femme abusée?

jours le plaisir, et n'en jouit jamais : elle se donne un amant, moins parce qu'elle le trouve aimable, que pour prouver qu'elle l'est. Souvent elle ne connaît pas mieux celui qu'elle quitte que celui qui lui succède. Peut-être si elle avait pu le garder plus longtemps, l'aurait-elle aimé ; mais est-ce sa faute si elle est infidèle ? Une jolie femme dépend bien moins d'elle-même que des circonstances ; et par malheur il s'en trouve tant, de si peu prévues, de si pressantes, qu'il n'y a point à s'étonner si, après plusieurs aventures, elle n'a connu ni l'amour, ni son cœur.

Est-elle parvenue à cet âge où ses charmes commencent à décroître, où les hommes indifférents pour elle lui annoncent par leur froideur que bientôt ils ne la verront qu'avec dégoût, elle songe à prévenir la solitude qui l'attend. Sûre autrefois qu'en changeant d'amants, elle ne changeait que de plaisirs ; trop heureuse alors de conserver le seul qu'elle possède, ce que lui a coûté sa conquête la lui rend précieuse. Constante par la perte qu'elle ferait à ne l'être pas, son cœur peu à peu s'accoutume au sentiment. Forcée par la bienséance d'éviter tout ce qui aidait à la dissiper et à la corrompre, elle a besoin pour ne pas tomber dans la langueur de se livrer tout entière à l'amour, qui, n'étant dans sa vie passée qu'une occupation momentanée et confondue avec mille autres, devient alors son unique ressource : elle s'y attache avec fureur ; et ce qu'on croit la dernière fantaisie d'une femme est bien souvent sa première passion.

CRÉBILLON,
Les Égarements du cœur et de l'esprit.

ROUSSEAU

ÉMILE

★★★ *Le* Livre cinquième *de l'*Émile *est celui de l'éducation sentimentale et sexuelle du jeune homme. Rousseau y offre à son héros une partenaire, Sophie, qu'il évoque en des termes qui feraient réagir la moins féministe des femmes...* ★★★

Sophie ou la femme

Sophie doit être femme comme Émile est homme, c'est-à-dire avoir tout ce qui convient à la constitution de son espèce et de son sexe pour remplir sa place dans l'ordre physique et moral. Commençons donc par examiner les conformités et les différences de son sexe et du nôtre.

En tout ce qui ne tient pas au sexe, la femme est homme : elle a les mêmes organes, les mêmes besoins, les mêmes facultés ; la machine est construite de la même manière, les pièces en sont les mêmes, le jeu de l'une est celui de l'autre, la figure est semblable ; et, sous quelque rapport qu'on les considère, ils ne diffèrent entre eux que du plus au moins.

En tout ce qui tient au sexe, la femme et l'homme ont partout des rapports et partout des différences. (...)

Ces rapports et ces différences doivent influer sur le moral ; cette conséquence est sensible, conforme à l'expérience, et montre la vanité des disputes sur la préférence ou l'égalité des sexes : comme si chacun des deux, allant aux fins de la nature selon sa destination particulière, n'était pas plus parfait en cela que s'il ressemblait davantage à l'autre ! En ce qu'ils ont de commun ils sont égaux ; en ce qu'ils ont de différent ils ne sont pas comparables. Une femme parfaite et un homme parfait ne doivent pas plus se ressembler d'esprit que de visage, et la perfection n'est pas susceptible de plus et de moins.

Dans l'union des sexes chacun concourt également à l'objet commun, mais non pas de la même manière. De cette diversité naît la première différence assignable entre les rapports moraux de l'un et de l'autre. L'un doit être actif et fort, l'autre passif et faible : il faut nécessairement que l'un veuille et puisse, il suffit que l'autre résiste peu.

Ce principe établi, il s'ensuit que la femme est faite spécialement pour plaire à l'homme. Si l'homme doit lui plaire à son tour, c'est d'une nécessité moins directe : son mérite est dans sa puissance ; il plaît par cela seul qu'il est fort. Ce n'est pas ici la loi de l'amour, j'en conviens ; mais c'est celle de la nature, antérieure à l'amour même.

Si la femme est faite pour plaire et pour être subjuguée, elle doit se rendre agréable à l'homme au lieu de le provoquer ; sa violence à elle est dans ses charmes ; c'est par eux qu'elle doit le contraindre à trouver sa force et à en user. L'art le plus sûr d'animer cette force est de la rendre nécessaire par la résistance. Alors l'amour-propre se joint au désir, et l'un triomphe de la victoire que l'autre lui fait remporter. De là naissent l'attaque et la défense, l'audace d'un sexe et la timidité de l'autre, enfin la modestie et la honte dont la nature arma le faible pour asservir le fort.

ROUSSEAU, *Émile*, Livre V.

LACLOS

DE L'ÉDUCATION DES FEMMES (1785)

★★★ *Laclos avait toujours dit de son roman à scandale,* Les Liaisons dangereuses, *qu'il n'était pas une apologie du vice mais au contraire une dénonciation de cet « affreux jeu de société » : le libertinage. A l'appui de sa défense on peut citer son traité* De l'éducation des femmes *(1785), où se trouve un vibrant appel à la libération du « sexe faible ».* ★★★

« O femmes, approchez... »

O ! femmes, approchez et venez m'entendre. Que votre curiosité, dirigée une fois sur des objets utiles, contemple les avantages que vous avait donnés la nature et que la société vous a ravis. Venez apprendre comment, nées compagnes de l'homme, vous êtes devenues son esclave ; comment, tombées dans cet état abject, vous êtes parvenues à vous y plaire, à le regarder comme votre état naturel ; comment enfin, dégradées de plus en plus par votre longue habitude de l'esclavage, vous en avez préféré les vices avilissants, mais commodes, aux vertus plus pénibles d'un être libre et respectable. Si ce tableau fidèlement tracé vous laisse de sang-froid, si vous pouvez le considérer sans émotion, retournez à vos occupations futiles. Le mal est sans remède, les vices se sont changés en mœurs. Mais si, au récit de vos malheurs et de vos pertes, vous rougissez de honte et de colère, si des larmes d'indignation s'échappent de vos yeux, si vous brûlez du noble désir de ressaisir vos avantages, de rentrer dans la plénitude de votre être, ne vous laissez plus abuser par de trompeuses promesses, n'attendez point les secours des hommes auteurs de vos maux : ils n'ont ni la volonté, ni la puissance de les finir, et comment pourraient-ils vouloir former des femmes devant lesquelles ils seraient forcés de rougir ? apprenez qu'on ne sort de l'esclavage que par une grande révolution. Cette révolution est-elle possible ? C'est à vous seules à le dire puisqu'elle dépend de votre courage. Est-elle vraisemblable ? Je me tais sur cette question...

LACLOS, *De l'éducation des femmes.*

BEAUMARCHAIS

LE MARIAGE DE FIGARO

★★★ *A l'acte III du* Mariage, *dans une scène que d'aucuns trouveront ridicule et d'autres émouvante, Figaro reconnaît en Bartholo et Marceline ses parents. Il serait l'enfant d'un « péché de jeunesse »! Marceline l'admet, mais dans un étonnant plaidoyer féministe elle refuse d'être tenue pour seule responsable de la « faute » et désigne les vrais « coupables »: les hommes.* ★★★

« Malheureuses filles »

BRID'OISON

E-et si l'on y regardait de si près, per-ersonne n'épouserait personne.

BARTHOLO

Des fautes si connues! une jeunesse déplorable!

MARCELINE, *s'échauffant par degrés.*

Oui, déplorable, et plus qu'on ne croit! Je n'entends pas nier mes fautes, ce jour les a trop bien prouvées! mais qu'il est dur de les expier après trente ans d'une vie modeste! J'étais née, moi, pour être sage, et je le suis devenue sitôt qu'on m'a permis d'user de ma raison. Mais dans l'âge des illusions, de l'inexpérience et des besoins, où les séducteurs nous assiègent pendant que la misère nous poignarde, que peut opposer une enfant à tant d'ennemis rassemblés? Tel

Traitées en mineures pour nos biens, punies en majeures pour nos fautes!

nous juge ici sévèrement qui, peut-être, en sa vie, a perdu dix infortunées !

FIGARO

Les plus coupables sont les moins généreux ; c'est la règle.

MARCELINE, *vivement.*

Hommes plus qu'ingrats, qui flétrissez par le mépris les jouets de vos passions, vos victimes ! c'est vous qu'il faut punir des erreurs de notre jeunesse ; vous et vos magistrats, si vains du droit de nous juger, et qui nous laissent enlever, par leur coupable négligence, tout honnête moyen de subsister. Est-il un seul état pour les malheureuses filles ? Elles avaient un droit naturel à toute la parure des femmes : on y laisse former mille ouvriers de l'autre sexe.

FIGARO, *en colère.*

Ils font broder jusqu'aux soldats !

MARCELINE, *exaltée.*

Dans les rangs même plus élevés, les femmes n'obtiennent de vous qu'une considération dérisoire ; leurrées de respects apparents, dans une servitude réelle ; traitées en mineures pour nos biens, punies en majeures pour nos fautes ! Ah ! sous tous les aspects, votre conduite avec nous fait horreur, ou pitié !

FIGARO

Elle a raison !

LE COMTE, *à part.*

Que trop raison !

BRID'OISON

Elle a, mon-on Dieu, raison.

BEAUMARCHAIS,
Le Mariage de Figaro, Acte III, scène 16.

1. Étude des textes

1. Détaillez les analyses « masculines » de la passion féminine par Crébillon et Rousseau. Pourquoi peuvent-elles paraître choquantes ?
2. Quelles fonctions respectives les deux romanciers attribuent-ils à l'homme et à la femme dans le « jeu amoureux » ?
3. Quelles différences notables relevez-vous néanmoins dans ces deux conceptions du couple amoureux ?
4. Quels sont les principaux griefs adressés aux hommes par la Marceline de Beaumarchais ? Quels griefs identiques sont repris dans le plaidoyer de Laclos ?
5. Montrez comment le réquisitoire de Marceline et le plaidoyer de Laclos relèvent tous les deux d'une analyse sociale et politique, et pas seulement de considérations psychologiques et morales.

2. Documentation - Création

1. Étude de civilisation :

L'image de la femme au XVIIIe siècle.

1. Vous rechercherez dans d'autres œuvres littéraires du XVIIIe siècle des pages illustrant les multiples visages et conditions de la femme au temps des philosophes, pour tenter de constituer une typologie féminine élémentaire : la soubrette, la courtisane, la dévote, la « petite marquise », la « vertueuse », la femme de lettres, etc.
2. Vous confronterez ce « portrait » de la femme au XVIIIe siècle à celui de la femme du Grand Siècle et soulignerez les différences de « traits » les plus notoires.
3. Dans la mesure du possible, vous illustrerez les portraits littéraires retenus par des documents iconographiques appropriés.

2. Débat :

Discutez le vers célèbre de Louis Aragon : « La femme est l'avenir de l'homme. »

2. Bourgeois

LE BONHEUR BOURGEOIS

Le bonheur bourgeois est le bonheur sans histoire du devoir facilement accompli. Le bourgeois est spontanément vertueux. Faire ce qu'il doit ne lui coûte rien. C'est son mode d'existence habituel, le style de vie qui lui est destiné. La vertu est pour lui de l'ordre et de la nature. C'est dire qu'il est un être simple : aucune dualité ne le divise; il est également préservé du déchirement des passions et de la contrainte des devoirs (...).

Le bourgeois devient l' « heureux habitant de ce monde », parce qu'il vit de façon immédiate cette harmonie que tant d'autres n'obtiennent jamais. Ignorant le remords et la nostalgie, il réalise pleinement l'être qu'il porte en lui, en assumant jusqu'au bout sa condition. Il est l'homme qui coïncide avec lui-même, qui se moque de l'impossible, et ne sait pas rêver. Sans chimères et sans faille, il est exactement ce qu'il doit être et paraît exactement ce qu'il est (...).

L'éloge des vertus bourgeoises est lié au thème de la médiocrité heureuse. Le bourgeois est préservé par sa situation « mitoyenne » contre l'avilissement de la misère et la corruption de la grandeur. Son âme demeure intacte. La bourgeoisie est la seule classe de la société à ne pas être aliénée par le fait même de sa condition. Un bourgeois peut être plus parfaitement *homme* qu'un homme du peuple ou un courtisan. Le visage du premier est défiguré par la pauvreté, la maladie, l'ignorance, l'aigreur. Le cœur du second se durcit ou se dissout dans l'égoïsme ou la futilité. Seul le bourgeois, installé à mi-chemin, est à l'abri de ces deux tares (...).

Du début à la fin du siècle, les traits fondamentaux du bourgeois demeurent les mêmes. On rencontre toujours le même idéal d'ordre, de travail, et de bonheur domestique. Le bourgeois se reconnaît à cette immuable stabilité. Ce qui a changé pourtant, c'est la conscience qu'il prend de son importance.

D'un bout à l'autre du siècle, en tout cas, le bourgeois ne cesse d'affirmer et de décrire la réalité de son bonheur, qu'il oppose à la condition frivole des gens du monde, comme à la situation misérable de la « populace ». Ce bonheur, il l'éprouve comme un bonheur mérité, justifié à la fois par la rectitude de sa vie personnelle et par l'utilité de son rôle dans l'État. Le bourgeois demeure à cet égard le champion de la bonne conscience. Il réalise, mieux que quiconque, le grand rêve de l'époque, qui tend à concilier la jouissance et la vertu. On peut fort bien en ce sens qualifier le XVIIIe siècle de « bourgeois ». Bien mieux que l'épicurien cynique ou le futile mondain, c'est le bourgeois qui incarne son idéal.

R. Mauzi, *L'Idée du bonheur au XVIIIe siècle,* pp. 271-288, éd. A. Colin.

LESAGE

TURCARET
(1709)

★★★ *Au début de sa comédie de 1709,* Turcaret, *Lesage brosse un savoureux portrait du fermier général, courtisan d'une baronne capricieuse. Voici en action le bourgeois prétentieux et ridicule, l'homme d'affaires aveuglé et « plumé par une coquette » sans scrupules.* ★★★

Un fermier général ridicule

LA BARONNE

Je suis ravie de vous voir, monsieur Turcaret, pour vous faire des compliments sur les vers que vous m'avez envoyés.

M. TURCARET, *riant.*

Ho, ho!

LA BARONNE

Savez-vous bien qu'ils sont du dernier galant! Jamais les Voiture ni les Pavillon n'en ont fait de pareils.

M. TURCARET

Vous plaisantez apparemment?

LA BARONNE

Point du tout.

M. TURCARET

Sérieusement, madame, les trouvez-vous bien tournés?

LA BARONNE

Le plus spirituellement du monde.

M. TURCARET

Ce sont pourtant les premiers vers que j'aie faits de ma vie.

LA BARONNE

On ne le dirait pas.

M. TURCARET

Je n'ai pas voulu emprunter le secours de quelque auteur, comme cela se pratique.

LA BARONNE

On le voit bien : les auteurs de profession ne pensent et ne s'expriment pas ainsi ; on ne saurait les soupçonner de les avoir faits.

M. TURCARET

J'ai voulu voir, par curiosité, si je serais capable d'en composer, et l'amour m'a ouvert l'esprit.

LA BARONNE

Vous êtes capable de tout, monsieur, et il n'y a rien d'impossible pour vous.

MARINE

Votre prose, monsieur, mérite aussi des compliments : elle vaut bien votre poésie au moins.

M. TURCARET

Il est vrai que ma prose a son mérite ; elle est signée et approuvée par quatre fermiers généraux.

MARINE, *à M. Turcaret.*

Cette approbation vaut mieux que celle de l'Académie.

LA BARONNE

Pour moi, je n'approuve point votre prose, monsieur ; et il me prend envie de vous quereller.

M. TURCARET

D'où vient?

LA BARONNE

Avez-vous perdu la raison, de m'envoyer un billet au porteur? Vous faites tous les jours quelque folie comme cela.

M. TURCARET

Vous vous moquez.

LA BARONNE

De combien est-il ce billet? Je n'ai pas pris garde à la somme, tant j'étais en colère contre vous.

M. TURCARET

Bon! il n'est que de dix mille écus.

LA BARONNE

Comment, dix mille écus! Ah! si j'avais su cela, je vous l'aurais renvoyé sur-le-champ.

M. TURCARET

Fi donc!

LA BARONNE

Mais je vous le renverrai.

M. TURCARET

Oh! vous l'avez reçu, vous ne le rendrez point.

MARINE, *bas, à part.*

Oh! pour cela, non.

LESAGE, *Turcaret,* Acte I, scène 5.

Tableau de Hogarth.
Le Mariage à la mode : Appréciez les divers aspects de l'atmosphère « bourgeoise » de la scène.

SEDAINE

LE PHILOSOPHE SANS LE SAVOIR (1765)

★★★ *L'œuvre de Sedaine (1719-1797),* Le Philosophe sans le Savoir *(1765), illustre bien ce que fut le genre éphémère, mais apprécié dans la seconde moitié du XVIIIe siècle, du drame bourgeois, dont Diderot fut par ailleurs le grand théoricien. Prêt à se battre en duel pour une insulte, le jour du mariage de sa sœur, le jeune Vanderk interroge son père sur les origines de leur famille. Devenus négociants par nécessité, sont-ils ou non restés gentilhommes? L'occasion est belle pour le négociant Vanderk de faire l'apologie la plus « bourgeoise » qui soit de la condition de négociant.* ★★★

Un négociant satisfait et sûr de lui

M. VANDERK FILS

Mon père, on vient de lire le contrat de mariage de ma sœur : nous l'avons tous signé. Quel nom avez-vous donc pris? et quel nom m'avez-vous fait prendre?

M. VANDERK PÈRE

Le vôtre.

M. VANDERK FILS

Le mien! et celui que je porte?...

M. VANDERK PÈRE

Ce n'est qu'un surnom.

M. VANDERK FILS

Vous êtes titré de chevalier, d'ancien baron de Salvières, de Clacières, de... etc.

M. VANDERK PÈRE

Je le suis.

M. VANDERK FILS

Vous êtes donc gentilhomme?

M. VANDERK PÈRE

Oui.

M. VANDERK FILS

Oui?

M. VANDERK PÈRE

Vous doutez de ce que je dis?

M. VANDERK FILS

Non, mon père ; mais est-il possible?

M. VANDERK PÈRE

Il n'est pas possible que je sois gentilhomme!

M. VANDERK FILS

Je ne dis pas cela. Est-il possible, fussiez-vous le plus pauvre des nobles, que vous ayez pris un état?... (...)

M. VANDERK PÈRE

Le ciel a béni ma fortune, je ne peux pas être plus heureux ; je suis estimé ; voici votre sœur bien établie, votre beau-frère remplit avec honneur une des premières places dans la robe. Pour vous, mon fils, vous serez digne de moi et de vos aïeux ; j'ai déjà remis dans notre famille tous les biens que la nécessité de servir le prince avait fait sortir des mains de nos ancêtres : ils seront à vous, ces biens ; et si vous pensez que j'aie fait par le commerce une tache à leur nom, c'est à vous de l'effacer ; mais dans un siècle aussi éclairé que celui-ci, ce qui peut procurer la noblesse n'est pas capable de l'ôter.

M. VANDERK FILS

Ah! mon père! je ne le pense pas ; mais le préjugé est malheureusement si fort...

M. VANDERK PÈRE

Un préjugé! un tel préjugé n'est rien aux yeux de la raison.

M. VANDERK FILS

Cela n'empêche pas que le commerce ne soit vu comme un état...

M. VANDERK PÈRE

Quel état, mon fils, que celui d'un homme qui, d'un trait de plume, se fait obéir d'un bout de l'univers à l'autre! Son nom, son seing n'a pas besoin, comme la monnaie d'un souverain, que la valeur du métal serve de caution à l'empreinte, sa personne a tout fait ; il a signé, cela suffit.

M. VANDERK FILS

J'en conviens, mais...

M. VANDERK PÈRE

Ce n'est pas un peuple, ce n'est pas une seule nation qu'il sert ; il les sert toutes, et en est servi ; c'est l'homme de l'univers.

SEDAINE,
Le Philosophe sans le savoir, Acte II, scène 4.

DUCLOS

*CONFESSIONS DU COMTE DE *** (1741)*

★★★ Charles Pinot-Duclos (1704-1772), né à Dinan dans une famille de commerçants aisés, donna au public en 1741, sous le titre de Confessions du Comte de ***, *un roman qui fit fureur. Ces* Confessions *étaient en fait un recueil d'observations personnelles et de portraits satiriques. Tout au long du récit le narrateur s'amuse à brocarder la société qu'il lui fut donné de côtoyer. Au hasard des rencontres voici la caricature sans pitié d'un couple de bourgeois parvenus : les Ponchard. ★★★*

Nouveaux parvenus

M. Ponchard, dont le hasard me fit connaître la femme dans le temps que je cherchais un contrepoison au bel esprit, était précisément ce qu'il me fallait. C'était un de ces nouveaux parvenus. Sorti de la bassesse, il était monté par degrés des plus vils emplois aux plus grandes affaires. Il était intéressé dans toutes celles qui se faisaient ; et il ne lui manquait pour décorer, plutôt que pour achever sa fortune, que le titre de fermier général. Sa femme, qui était d'une extraction aussi basse, en avait toute la grossièreté, qu'on avait négligé de corriger par l'éducation. Les grandes fortunes se commencent souvent en province ; mais ce n'est qu'à Paris qu'elles s'achèvent et qu'on en jouit. M. Ponchard avait achevé de gagner à Paris un million d'écus, et sa femme y avait apporté un million de ridicules. Elle n'était plus occupée qu'à s'enrichir encore de ceux des femmes de condition ; mais elle n'en saisissait pas les grâces, qui seules les font pardonner à celles-ci. Comme elle avait remarqué que presque toutes les femmes du monde avaient des amants, elle en voulut avoir aussi, et ce fut dans ces dispositions que je la trouvai. Elle me jugea digne d'elle, et la facilité de sa conquête me détermina, d'autant plus qu'elle était assez bien de sa figure, quoiqu'elle ne fût pas aimable.

Chaque chose a sa langue ; celle de l'opulence m'était inconnue, et j'eus le temps de l'étudier sous M. Ponchard. Il ne parlait que d'or et d'argent, comme un gentilhomme de campagne ne parle que de généalogies. Il était confiant dans ses propos ; son ton était décidé, et son triomphe était à table, dont la chère, quoique abondante, ne laissait pas d'être délicate. Il y avait aussi du goût dans ses meubles, et il s'en trouve nécessairement dans toutes les maisons opulentes de Paris, par la facilité que les gens riches, quelque grossiers qu'ils soient, ont d'avoir à leur service ou à leurs ordres ceux dont la profession s'occupe des choses de goût. Mais comme ce goût n'est que d'emprunt, il ne sert souvent qu'à faire mieux sentir la crasse primitive du maître de la maison qu'on ne peut pas façonner comme un meuble.

Pour Mme Ponchard, elle n'était occupée qu'à étudier et copier les grands airs qu'elle avait le malheur de prendre toujours à gauche. Quoiqu'elle tirât son orgueil de la fortune de son mari, elle rougissait de sa personne.

DUCLOS, *Les Confessions du Comte de ****.

1. Étude des textes

1. D'après ces 3 textes essayez de dégager les traits principaux de la *mentalité bourgeoise* telle qu'elle est dénoncée par les 3 écrivains.

2. Mettez en évidence le rôle joué par l'argent dans les propos ou les comportements des figures bourgeoises décrites ou mises en scène.

3. Essayez de définir ce qu'on pourrait appeler la conscience sociale du bourgeois au XVIIIe siècle d'après ces 3 extraits.

4. Esquissez d'après ces mêmes extraits une analyse du *comportement amoureux* (amour légal, amours interdites, amour filial, etc.) du bourgeois.

5. D'après les textes de Lesage et de Duclos, analysez le goût (ou mauvais goût) bourgeois.

6. Lesage, Sedaine et Duclos sont également trois bourgeois. Que pensez-vous de leurs critiques et de leurs réactions ? Comment s'expliquent-elles ?

2. Documentation - Création

Étude de civilisation :

Un personnage méprisé par la littérature : le fermier général.

Le personnage principal de la pièce de Lesage, Turcaret, est un fermier général. M. Ponchard, l'une des « caricatures » de Duclos, rêve du « titre de fermier général ». Qu'est-ce donc que cette « fonction » si convoitée des grands bourgeois et si souvent méprisée et ridiculisée par les hommes de lettres ?

1. Recherchez dans une encyclopédie la définition précise de la fonction du fermier général. Expliquez son rôle dans le système fiscal de l'Ancien Régime.

2. Recherchez chez des écrivains du XVIIIe siècle (Montesquieu. Marivaux, Beaumarchais) ou même du siècle précédent (Mainard, Molière, La Bruyère) quelques portraits particulièrement critiques de ces « fermiers » et analysez, par recoupements, les principaux griefs qui sont faits à leur fonction, à leurs comportements, à leur mode de vie, etc.

3. Marginaux

LA LIBERTÉ DANS LE VIDE

Quelle menace représentent donc les individus, lorsqu'ils ne sont pas exaspérés par la misère? Ils ne lancent d'autre défi à la Société que la pantomime de leur singularité; hostiles parce qu'étrangers, refusant de s'abîmer au sein du groupe. Le Neveu de Rameau mime l'action, la Religieuse s'étonne de n'avoir pas eu, ni d'autres non plus, l'idée de mettre le feu à son couvent. Ils regardent, ils démêlent, on les craint moins pour leurs agissements que pour leur parole et leur lucidité. Le chevalier de Saint-Ouin, de l'aveu d'un commissaire, est de cette espèce d'hommes auxquels la police laisse « la liberté du pavé », parce qu'ils semblent « plus utiles par le mal qu'ils préviennent ou qu'ils révèlent, que nuisibles par celui qu'ils font... » On sanctionne négativement leur négativité : ils sont privés, éconduits, abandonnés. Jacques est bâillonné pendant les douze ans qu'il passe chez son grand-père. Pour n'avoir su tenir sa langue, le Neveu est mis à la porte. Le vide se fait autour de Desroches, de Mme de La Pommeraye : « ... elle serait morte de douleur plutôt que de promener dans le monde, après la honte de la vertu abandonnée, le ridicule d'une délaissée. (...) cet événement la condamnait à l'ennui et à la solitude. »

Ces individus ne sauraient être des conquérants. La carrière d'un Rastignac ou d'un Julien Sorel suppose une organisation sociale toute différente, une hiérarchie stabilisée, l'espoir d'un établissement : mariage, fortune, pouvoir. Chez Diderot le mouvement ne prétend guère qu'à lui-même. Ses personnages sont sans assiette; à l'extrême, ils ne se révèlent que par leur instabilité. (...) Sont-ils bons? Sont-ils méchants? Dès *les Bijoux indiscrets,* Diderot avait aperçu, fourmillant dans les grandes villes, des gens « que la misère rend industrieux. Ils ne volent ni ne filoutent, mais ils sont aux filous, ce que les filous sont aux fripons. Ils savent tout, ils font tout, ils ont des secrets pour tout; ils vont et viennent; ils s'insinuent. (...) ils sont tout ce qu'il vous plaira qu'ils soient... » Dans une société en pleine métamorphose, l'individu ne peut se qualifier qu'au jour le jour, négativement, par ses refus et son errance.

R. Kempf, *Diderot et le Roman,* éd. du Seuil, pp. 121-122.

DIDEROT

LE NEVEU DE RAMEAU (1779)

★★★ *Entrepris dès 1762, travaillé jusqu'en 1779, le texte définitif du* Neveu de Rameau *ne fut véritablement connu du public français qu'à partir de 1823! Et pourtant ce « roman » construit autour du dialogue LUI-Rameau/MOI-Diderot est, plus qu'aucune autre œuvre, révélateur de la dualité existentielle de son créateur : d'un côté le philosophe rationaliste et moraliste, de l'autre le « marginal » aux confins de la folie et du génie. En regardant paraître Rameau, Diderot découvre le double de lui-même ; double impossible sans doute ; double « refoulé » peut-être ; double « révélateur » en tout cas.* ★★★

Bizarre personnage

Un après-dîner, j'étais là, regardant beaucoup, parlant peu, et écoutant le moins que je pouvais, lorsque je fus abordé par un des plus bizarres personnages de ce pays où Dieu n'en a pas laissé manquer. C'est un composé de hauteur et de bassesse, de bon sens et de déraison. Il faut que les notions de l'honnête et du déshonnête soient bien étrangement brouillées dans sa tête, car il montre ce que la nature lui a donné de bonnes qualités sans ostentation, et ce qu'il en a reçu de mauvaises, sans pudeur. Au reste, il est doué d'une organisation forte, d'une chaleur d'imagination singulière, et d'une vigueur de poumons peu commune. Si vous le rencontrez jamais et que son originalité ne vous arrête pas, ou vous mettrez vos doigts dans vos oreilles, ou vous vous enfuirez. Dieux, quels terribles poumons! Rien ne dissemble plus de lui que lui-même. Quelquefois, il est maigre et hâve comme un malade au dernier degré de la consomption ; on compterait ses dents à travers ses joues. On dirait qu'il a passé plusieurs jours sans manger, ou qu'il sort de la Trappe. Le mois suivant, il est gras et replet, comme s'il n'avait pas quitté la table d'un financier, ou qu'il eût été renfermé dans un couvent de Bernardins. Aujourd'hui, en linge sale, en culotte déchirée, couvert de lambeaux, presque sans souliers, il va la tête basse, il se dérobe, on serait tenté de l'appeler pour lui donner l'aumône. Demain, poudré, chaussé, frisé, bien vêtu, il marche la tête haute, il se montre, et vous le prendriez au peu près pour un honnête homme. Il vit au jour la journée. Triste ou gai, selon les circonstances. Son premier soin, le matin, quand il est levé, est de savoir où il dînera ; après dîner, il pense où il ira souper. La nuit amène aussi son inquiétude. Ou il regagne, à pied, un petit grenier qu'il habite, à moins que l'hôtesse ennuyée d'attendre son loyer, ne lui en ait redemandé la clef ; ou il se rabat dans une taverne du faubourg où il attend le jour entre un morceau de pain et un pot de bière. Quand il n'a pas six sols dans sa poche, ce qui lui arrive quelquefois, il a recours soit à un fiacre de ses amis, soit au cocher d'un grand seigneur qui lui donne un lit sur de la paille, à côté de ses chevaux. Le matin, il a encore une partie de son matelas dans les cheveux. Si la saison est douce, il arpente toute la nuit le Cours ou les Champs-Élysées. Il reparaît avec le jour, à la ville, habillé de la veille pour le lendemain, et du lendemain quelquefois pour le reste de la semaine. Je n'estime pas ces originaux-là. D'autres en font leurs connaissances familières, même leurs amis. Ils m'arrêtent une fois l'an, quand je les rencontre, parce que leur caractère tranche avec celui des autres, et qu'ils rompent cette fastidieuse uniformité que notre éducation, nos conventions de société, nos bienséances d'usage, ont introduite. S'il en paraît un dans une compagnie, c'est un grain de levain qui fermente et qui restitue à chacun une portion de son individualité naturelle. Il secoue, il agite, il fait approuver ou blâmer ; il fait sortir la vérité ; il fait connaître les gens de bien ; il démasque les coquins ; c'est alors que l'homme de bon sens écoute, et démêle son monde.

DIDEROT, *Le Neveu de Rameau.*

ROUSSEAU

CONFESSIONS
(1765-1770)

★★★ *Au Livre VIII de ses* Confessions, *Rousseau retrace l'un des épisodes les plus intéressants de sa vie d'artiste. Nous sommes en 1732; il vient d'avoir quarante ans et assiste à la « première » de son opéra,* Le Devin du village. *Dans le lieu clos du théâtre, carrefour de toutes les élégances et de toutes les mondanités, Rousseau, mal à l'aise, « mal dans sa peau », a bien du mal à surmonter le sentiment torturant de sa marginalité.* ★★★

Un homme mal dans sa peau

(...) J'étais ce jour-là dans le même équipage négligé qui m'était ordinaire ; grande barbe et perruque assez mal peignée. Prenant ce défaut de décence pour un acte de courage, j'entrai de cette façon dans la même salle où devaient arriver, peu de temps après, le roi, la reine, la famille royale et toute la cour. J'allai m'établir dans la loge où me conduisit M. de Cury, et qui était la sienne ; c'était une grande loge sur le théâtre, vis-à-vis une petite loge plus élevée, où se plaça le roi avec Mme de Pompadour. Environné de dames, et seul d'homme sur le devant de la loge, je ne pouvais douter qu'on ne m'eût mis là précisément pour être en vue. Quand on eut allumé, me voyant dans cet équipage au milieu de gens tous excessivement parés, je commençai d'être mal à mon aise : je me demandai si j'étais à ma place, si j'y étais mis convenablement, et après quelques minutes d'inquiétude, je me répondis, oui, avec une intrépidité qui venait peut-être plus de l'impossibilité de m'en dédire que de la force de mes raisons. Je me dis : Je suis à ma place, puisque je vois jouer ma pièce, que j'y suis invité, que je ne l'ai faite que pour cela, et qu'après tout, personne n'a plus de droit que moi-même à jouir du fruit de mon travail et de mes talents. Je suis mis à mon ordinaire, ni mieux ni pis : si je recommence à m'asservir à l'opinion dans quelque chose, m'y voilà bientôt asservi derechef en tout. Pour être toujours moi-même, je ne dois rougir, en quelque lieu que ce soit, d'être mis selon l'état que j'ai choisi : mon extérieur est simple et négligé, mais non crasseux ni malpropre ; la barbe ne l'est point en elle-même, puisque c'est la nature qui nous la donne, et que, selon les temps et les modes, elle est quelquefois un ornement. On me trouvera ridicule, impertinent : eh! que m'importe? je dois savoir endurer le ridicule et le blâme, pourvu qu'ils ne soient pas mérités. Après ce petit soliloque, je me raffermis si bien, que j'aurais été intrépide si j'eusse eu besoin de l'être. Mais, soit effet de la présence du maître, soit naturelle disposition des cœurs, je n'aperçus rien que d'obligeant et d'honnête dans la curiosité dont j'étais l'objet. J'en fus touché jusqu'à recommencer d'être inquiet sur moi-même et sur le sort de ma pièce, craignant d'effacer des préjugés si favorables, qui semblaient ne chercher qu'à m'applaudir. J'étais armé contre leur raillerie mais leur air caressant, auquel je ne m'étais pas attendu, me subjugua si bien, que je tremblais comme un enfant quand on commença.

ROUSSEAU, *Confessions*, Livre VIII.

WATTEAU

GILLES (1718)

★★★ *Antoine Watteau (1684-1721) fut à la fois le peintre des fêtes galantes lumineuses et des fins de soirées un peu désenchantées. Le divertissement, chez lui, se nimbe toujours d'une aura de mélancolie. C'est en 1718 qu'il peignit probablement son* Gilles, *figure dérisoire, tragique peut-être, de la comédie italienne de l'époque.* « Gilles, *écrit Starobinski, figure une hébétude en deçà de l'éveil, une conscience prisonnière de sa confusion. Cette stupeur, cette léthargie, les hommes les plus vifs du siècle l'ont connue et décrite : c'est l'antithèse nécessaire de l'intelligence virtuose qui triomphe dans Arlequin ou dans Figaro.* » ★★★

1. Étude des documents

1. Analysez la technique du portrait chez Diderot. Par quels procédés rend-il particulièrement sensible l'originalité du Neveu ?

2. De quoi est faite et en quoi se fonde cette originalité ou cette marginalité de Rameau ? Est-elle seulement sociale ?

3. Commentez le jugement porté par Diderot sur son personnage dans les dernières lignes du texte. Soulignez-en la valeur, mais aussi l'ambiguïté.

4. Relevez dans les deux textes de Diderot et de Rousseau les signes extérieurs (physique, habillement, attitudes) de la marginalité. Se recoupent-ils ?

5. Analysez le regard critique porté par Rousseau sur lui-même. Comparez-le au regard porté par Diderot sur son « double ».

6. Expliquez, dans les 2 textes, les commentaires de justification ou d'autojustification de la marginalité.

7. Que vous inspire le portrait du Gilles de Watteau ? Étudiez plus particulièrement son regard et son attitude. Qualifiez-les.

8. Est-ce important de savoir que Gilles est l'un des personnages de la comédie italienne ? Que pensez-vous de l'analyse de Starobinski qui voit en Gilles « l'anti-Figaro » ?

2. Expression

Examinez la reproduction de l'œuvre célèbre d'après Watteau, *Acteurs de la comédie italienne*, représentant un Pierrot ou un Gilles au milieu de toute une troupe.

Comparez la physionomie et les attitudes des deux figures centrales des tableaux. Essayez de définir ce que le peintre a réussi à mieux exprimer ou à exprimer en plus dans le *Gilles* de 1718.

3. Documentation - Création

1. Essai :

Pastiches.

Sous la forme de deux compositions brèves (de 10 à 15 lignes) vous imaginerez ce qu'auraient pu être les analyses littéraires du *Gilles* de Watteau par Diderot et Rousseau.

Vous réfléchirez à ce que les deux philosophes, compte tenu de leurs tempéraments et de leurs idées, auraient particulièrement apprécié dans cette œuvre picturale et vous vous efforcerez de traduire dans vos propres textes leurs sensibilités et leurs styles respectifs.

2. Dissertation :

Commentez et discutez ce jugement du célèbre historien de l'art Pierre Francastel :

« *L'œuvre n'est pas faite, seulement, pour l'artiste et elle n'existe pas seulement par lui ; elle exige une compréhension, une audience. C'est l'émotion qu'elle procure à d'autres contemporains et admirateurs lointains qui atteste sa validité. Le fait artistique est, à la fois, individuel et collectif — comme tous les langages.* » *(Histoire de la peinture française II.)*

Niais ou ingénu? ▸

Tableaux de Walleau.

10. ROUSSEAU OU LE CŒUR EN DISGRÂCE

INTRODUCTION

On peut assez facilement isoler deux ensembles dans l'œuvre de Jean-Jacques Rousseau, séparés chronologiquement et distincts dans leur forme d'écriture comme dans la nature de leur inspiration. Le premier ensemble est constitué par un groupe d'essais critiques ou théoriques comprenant le Discours sur les sciences et les arts *(1750), le* Discours sur l'origine de l'inégalité *(1755), la* Lettre à d'Alembert sur les spectacles *(1758), l'*Émile *et le* Contrat social *(1762). Le second débute avec* La Nouvelle Héloïse *(1761) qui assure chez l'écrivain la transition entre l'écriture proprement philosophique et un discours autobiographique proliférant : les* Lettres à Malesherbes *(1762), les* Confessions *(1765-1770), les* Dialogues *et les* Rêveries du promeneur solitaire *(1772-1778).*

1. DISCOURS ET MALENTENDUS

La philosophie s'empare véritablement de Rousseau en 1749 (il a alors 37 ans), avec « l'éblouissement » que lui cause la lecture du sujet mis au concours annuel de l'Académie de Dijon. Couronné pour son Discours sur les sciences et les arts *qui y répond, il connaît tout de suite la gloire alors même qu'il ose, en pleine génération progressiste, un paradoxe provocateur : « Nos âmes se sont corrompues à mesure que nos sciences et nos arts se sont avancés à la perfection ». Avec le «* temps des discours *» voir pp. 207 à 215) a commencé entre Rousseau et son siècle le temps des malentendus... On le verra bien à l'occasion de la rédaction et de la publication de ses deux essais suivants : le* Discours sur l'origine de l'inégalité *et le* Contrat social. *Infiniment mieux argumentés que le précédent, ils offrent, le premier sur le mode historique, le second sur le mode théorique, une même interrogation sur l'origine « contractuelle » de la société occidentale, les risques et les fatalités de son déploiement, les moyens de l'amender ou de la transformer. Mais quand Rousseau déclare débattre de concepts et de théories, les Encyclopédistes et le « parti des philosophes », comme il nomme ses détracteurs parisiens, stigmatisent les « humeurs » d'un écrivain solitaire et coupable, à leurs yeux, de désertion de l'espace social et « mondain ».*

2. DE LA FICTION...

La rupture, consommée dès 1757, entre Rousseau et d'anciens amis comme Grimm ou Diderot, les poursuites dont il fait l'objet après la publication de l' Émile *et de sa* Profession de foi du vicaire savoyard *(voir pp. 91, 93) enfoncent un peu plus l'écrivain dans une marginalité à laquelle le prédisposait de surcroît sa sensibilité inquiète et fragile (voir la séquence* « Une étrange sensibilité »*, pp. 216 à 222).* La Nouvelle Héloïse, *qui rencontra auprès du public un immense succès en multipliant les variations romanesques sur le thème des exigences contraires du cœur et de la vertu, de la passion et de la morale sociale, vivait déjà de cette « étrangeté » : « C'est un fatal présent du ciel qu'une âme sensible ! » Constamment déchiré entre l'exaltation et l'angoisse, le désir et la frustration, la nostalgie de vivre et l'obsession de la mort, l'écrivain cherche dans l'écriture le fondement d'un dialogue authentique avec lui-même, puisque, d'errances en tracasseries, le dialogue avec le monde lui est devenu interdit ou impossible. La structure épistolaire de* La Nouvelle Héloïse *a servi un moment — mêlant fiction et autofiction — d'espace d'expression aux désarrois de ce « cœur en disgrâce ». Mais c'est tout naturellement que, dès 1765, année où il entreprend ses* Confessions, *son écriture en vient à ne plus user d'autre régistre que celui de l'autobiographie, refuge et apaisement du moi proscrit contre le « complot des méchants ».*

3. ... À L'AUTOBIOGRAPHIE

Si l'on met à part saint Augustin, il est juste de considérer Rousseau comme l'inventeur du genre autobiographique. Invention dont il affirmait lui-même avec force, au début des Confessions, *la primeur et l'exclusivité : « Je forme une entreprise qui n'eut jamais d'exemple et dont l'exécution n'aura point d'imitation » (voir la séquence :* « Le discours du moi »*, pp. 223 à 231). Non seulement se dessinent en effet clairement chez lui les règles et les conventions de ce qu'on peut appeler le* pacte *autobiographique, mais son œuvre, des* Confessions *aux* Rêveries *en passant par les* Dialogues, *explicite parfaitement aussi les enjeux complexes de l'acte autobiographique. Acte délibéré mais ambigu. Il faut tout dire, mais comment se raconter ? Comment la mémoire naturellement faillible, pourra-t-elle rapporter intactes les pièces à conviction nécessaires à l'apologie du moi ? Comment pourra-t-elle reconstituer le « puzzle » d'une existence dont les instants et les gestes ne paraissent avoir eu d'autre consistance que sentimentale et fantasmatique ? Aussi bien, la qualité de l'autobiographie rousseauiste tient-elle moins à la solidité des vérités qu'elle prétend restaurer qu'à l'authenticité, éminemment « poétique », qui se dégage de l'ardent présent de son écriture. Qu'il s'agisse de la démarche concertée des* Confessions *ou de « l'allure libre » des* Rêveries, *notre plaisir de lire se fonde toujours dans le même plaisir d'écrire d'un écrivain se retrouvant et s'acceptant enfin dans la plénitude vécue de sa parole.*

ROUSSEAU (1712-1778)

Les années de formation (1712-1742)

Né le 28 juin 1712, fils d'un horloger genevois, orphelin de mère, Jean-Jacques Rousseau fut très tôt livré à lui-même. A l'exception de deux « années de bonheur » chez le pasteur Lambercier (1722-24), son enfance et son adolescence ne furent que solitude et incompréhension. A seize ans il s'enfuit de Suisse et commence une vie aventureuse où alternent malheurs et joies intenses. Valet puis secrétaire à Turin, précepteur à Lyon, il vit le meilleur de cette période en 1728, puis de 1732 à 1736 auprès de Mme de Warens, qu'il appelle « maman », dans sa propriété savoyarde des Charmettes. Mais de 1737 à 1740, de brouilles en rupture, l' « idylle » s'épuise. Jean-Jacques décide alors de tenter sa chance à Paris.

Les années de gloire (1742-1755)

Arrivé dans la capitale, le jeune homme, pourtant timide, devient l'ami de Diderot, fréquente le monde et s'éprend de Thérèse Levasseur, une jeune femme de condition très modeste qui lui donnera cinq enfants et restera sa compagne jusqu'à sa mort. Après un court séjour comme secrétaire d'ambassade à Venise, il se fait remarquer par un ballet et un opéra, *Les Muses galantes* et *Le Devin de village,* avant de connaître la célébrité grâce au prix qu'il obtient pour son *Discours sur les sciences et les arts* (1750) et la controverse soulevée en 1755 par son *Discours sur l'origine de l'inégalité.* De la même année date sa brouille avec Diderot et le milieu intellectuel parisien.

Les années obscures (1756-1778)

Retiré à l'Ermitage, la propriété de Mme d'Épinay, près de Montmorency, il médite dans la solitude naturelle les œuvres de sa maturité : *La Nouvelle Héloïse* (1761), l'*Émile* et le *Contrat social* (1762). Mais désormais, à chacune de ses publications, la meute des philosophes se déchaîne. Au lendemain de la condamnation de sa *Profession de foi du vicaire savoyard,* il doit s'enfuir pour la Suisse et commence huit ans d'une vie d'errance, amère et souvent misérable. Traqué, malade, obsédé par le « complot », il dérive d'asile en asile. En 1770, il revient à Paris, sans ressources, où il achève ses *Confessions* et rédige ses *Dialogues* et *Rêveries du promeneur solitaire.*
Il venait de s'installer au château d'Ermenonville, chez M. de Girardin, quand il meurt le 2 juillet 1778. Son tombeau est encore dans le parc, sur l'île des Peupliers ; mais ses cendres furent transportées au Panthéon, en 1794, trois ans après celles de Voltaire.

1. Le temps des discours

ROUSSEAU

DISCOURS SUR LES SCIENCES ET LES ARTS (1750)

★★★ *En 1749, alors qu'il se rend à Vincennes pour rencontrer Diderot incarcéré à la suite de la publication de sa* Lettre sur les Aveugles, *Rousseau apprend le sujet de débat proposé par l'Académie de Dijon pour son prix annuel : « Si le rétablissement des sciences et des arts a contribué à épurer les mœurs. » Subitement, écrira-t-il, il a l'intuition d'une des pensées fondamentales de son œuvre philosophique : l'homme est naturellement bon ; la société et la civilisation sont au contraire fondamentalement corruptrices. Conçu en deux parties, le* Discours *expose d'abord les faits qui révèlent que la décadence des mœurs accompagne toujours les progrès de la civilisation, alors que les peuples restés près de l'ignorance originelle préservent leur vertu naturelle. Dans le texte que nous citons, le philosophe montre comment, dès l'Antiquité, certains penseurs avaient pressenti les risques liés au développement scientifique et culturel. Dans la seconde partie de son essai, moins historique et plus philosophique, il engage un véritable procès éthique de la* science, *source de perdition pour l'homme, si elle oublie les impératifs de la* conscience.
Bien que ce texte fût en désaccord sensible avec les idées de l'époque, Rousseau fut couronné par les académiciens de Dijon. C'était pour lui le début de la notoriété, mais le coup d'envoi aussi d'un quart de siècle de polémique aiguë avec les autres penseurs de son temps. ★★★

La civilisation en question

Socrate avait commencé dans Athènes, le vieux Caton continua dans Rome, de se déchaîner contre ces Grecs artificieux et subtils qui séduisaient la vertu et amollissaient le courage de ses concitoyens. Mais les sciences, les arts et la dialectique prévalurent encore : Rome se remplit de philosophes et d'orateurs ; on négligea la discipline militaire, on méprisa l'agriculture, on embrassa des sectes, et l'on oublia la patrie. Aux noms sacrés de liberté, de désintéressement, d'obéissance aux lois, succédèrent les noms d'Épicure, de Zénon, d'Arcésilas[1]. *Depuis que les savants ont commencé à paraître parmi nous,* disaient leurs propres philosophes, *les gens de bien se sont éclipsés*[2]. Jusqu'alors les Romains s'étaient contentés de pratiquer la vertu ; tout fut perdu quand ils commencèrent à l'étudier.

O Fabricius ! qu'eût pensé votre grande âme si, pour votre malheur, rappelé à la vie, vous eussiez vu la face pompeuse de cette Rome sauvée par votre bras, et que votre nom respectable avait plus illustrée que toutes ses conquêtes ? « Dieu ! eussiez-vous dit, que sont devenus ces toits de chaume et ces foyers rustiques qu'habitaient jadis la modération et la vertu ? Quelle splendeur funeste a succédé à la simplicité romaine ? quel est ce langage étranger ? quelles sont ces mœurs efféminées ? que signifient ces statues, ces tableaux, ces édifices ? Insensés, qu'avez-vous fait ! Vous, les maîtres des nations, vous vous êtes rendus les esclaves des hommes frivoles que vous avez vaincus ! Ce sont des rhéteurs qui vous gouvernent ! C'est pour enrichir des architectes, des peintres, des statuaires et des histrions[3], que vous avez arrosé de votre sang la Grèce et l'Asie ! Les dépouilles de Carthage sont la proie d'un joueur de flûte ! Romains, hâtez-vous de renverser ces amphithéâtres ; brisez ces marbres, brûlez ces tableaux, chassez ces esclaves qui vous subjuguent, et dont les funestes arts vous corrompent. Que d'autres mains s'illustrent par de vains talents ; le seul talent digne de Rome est celui de conquérir le

La décadence romaine vue par Fellini dans son *Satyricon* (1969).

monde, et d'y faire régner la vertu. Quand Cynéas[4] prit notre sénat pour une assemblée de rois, il ne fut ébloui ni par une pompe vaine, ni par une élégance recherchée ; il n'y entendit point cette éloquence frivole, l'étude et le charme des hommes futiles. Que vit donc Cynéas de si majestueux ? O citoyens ! il vit un spectacle que ne donneront jamais vos richesses ni tous vos arts, le plus beau spectacle qui ait jamais paru sous le ciel : l'assemblée de deux cents hommes vertueux, dignes de commander à Rome, et de gouverner la terre. »

[...] La monarchie de Cyrus a été conquise avec trente mille hommes par un prince[5] plus pauvre que le moindre des satrapes de Perse ; et les Scythes, le plus misérable de tous les peuples, ont résisté aux plus puissants monarques de l'univers. Deux fameuses républiques[6] se disputèrent l'empire du monde ; l'une était très riche, l'autre n'avait rien, et ce fut celle-ci qui détruisit l'autre. L'empire romain, à son tour, après avoir englouti toutes les richesses de l'univers, fut la proie des gens qui ne savaient pas même ce que c'était que richesse. Les Francs conquirent les Gaules, les Saxons l'Angleterre, sans autres trésors que leur bravoure et leur pauvreté. Une troupe de pauvres montagnards dont toute l'avidité se bornait à quelques peaux de moutons, après avoir dompté la fierté autrichienne, écrasa cette opulente et redoutable maison de Bourgogne qui faisait trembler les potentats de l'Europe[7]. Enfin toute la puissance et toute la sagesse de l'héritier de Charles-Quint, soutenues de tous les trésors des Indes, vinrent se briser contre une poignée de pêcheurs de harengs[8]. Que nos politiques daignent suspendre leurs calculs pour réfléchir à ces exemples, et qu'ils apprennent une fois qu'on a de tout avec de l'argent, hormis des mœurs et des citoyens.

ROUSSEAU, *Discours sur les sciences et les arts.*

□ □ NOTES | **1.** Fondateur respectivement de l'épicurisme, du stoïcisme et de la nouvelle Académie — **2.** Citation de Sénèque — **3.** Comédiens — **4.** Ambassadeur de Pyrrhus, auprès duquel Fabricius avait lui-même été diplomate — **5.** Alexandre le Grand — **6.** Rome et Carthage, lors des guerres Puniques — **7.** Les Suisses avaient battu les troupes de Charles le Téméraire en 1476 — **8.** Les Hollandais, adversaires de Philippe II.

1. Étude du texte

1. Dégagez l'idée maîtresse de cet extrait du *Discours* de Rousseau. N'est-elle pas paradoxale ?

2. A quelles autres conceptions de la société et de l'histoire alors en vigueur s'oppose-t-elle principalement ?

3. A plusieurs reprises dans le texte, Rousseau s'en prend aux « philosophes », aux « rhéteurs » et aux « politiques ». Qu'ont en commun ces catégories sociales qui font l'objet d'une même dénonciation ?

4. Étudiez, dans le dernier paragraphe, l'art du contraste dans les exemples choisis par l'écrivain à l'appui de sa thèse.

2. Expression

La technique de la prosopopée.
L'essentiel du second paragraphe cité est constitué par ce qu'on appelle une prosopopée, autrement dit un procédé rhétorique par lequel l'écrivain prête la parole à un être inanimé, absent ou mort, comme c'est le cas ici avec le général romain Fabricius.

1. Demandez-vous quels effets particuliers produit ce type de procédé rhétorique.

2. Recherchez, dans la littérature gréco-latine ou dans la littérature classique française, d'autres exemples du même type.

ROUSSEAU

DISCOURS SUR L'ORIGINE DE L'INÉGALITÉ (1755)

★★★ *En 1753 l'Académie de Dijon proposa une nouvelle question : « Quelle est l'origine de l'inégalité parmi les hommes, et si elle est autorisée par la Loi naturelle ? ». Cette fois Rousseau n'obtint pas le prix mais le sujet fut pour lui l'occasion d'approfondir le débat ouvert par le* Discours sur les sciences et les arts *en remontant, par-delà les faits et les effets, aux racines et principes de la discrimination sociale. Encore plus controversé que le précédent, son travail fut publié en 1755 sous le titre exact de* Discours sur l'origine et les fondement de l'inégalité parmi les hommes. *Dans sa Préface, Rousseau ne masquait pas les difficultés d'une telle analyse : « Ce n'est pas une légère entreprise de démêler ce qu'il y a d'originaire et d'artificiel dans la Nature actuelle de l'homme, et de bien connaître un état qui n'existe plus, qui n'a peut-être point existé, qui probablement n'existera jamais, et dont il est pourtant nécessaire d'avoir des notions justes pour bien juger de notre état présent. »*
Après avoir, dans une première partie, développé sa vision du bonheur dans « l'état de nature », il décrit, dans la seconde, l'apparition du phénomène de la propriété individuelle, véritable fondement pour lui de la société civile avec tout ce qu'elle comporte comme inégalités et injustices. Sans nier le droit à la propriété privée, il dénonce surtout les conséquences économiques (confiscation des richesses par quelques-uns) et politiques (installation de régimes autoritaires) qu'induit une utilisation aveugle et abusive de ce droit. L'idée d'un « contrat social », qui prémunirait tous les individus contre de tels abus, apparaît d'ailleurs dans les dernières pages du discours. ★★★

Genèse de la société civile

Le premier qui ayant enclos un terrain, s'avisa de dire, *ceci est à moi,* et trouva des gens assez simples pour le croire, fut le vrai fondateur de la société civile. Que de crimes, de guerres, de meurtres, que de misères et d'horreurs, n'eût point épargnés au Genre humain celui qui, arrachant les pieux ou comblant le fossé, eût crié à ses semblables : « Gardez-vous d'écouter cet imposteur ; vous êtes perdus, si vous oubliez que les fruits sont à tous, et que la Terre n'est à personne. » Mais il y a une grande apparence qu'alors les choses en étaient déjà venues au point de ne pouvoir plus durer comme elles étaient ; car cette idée de propriété, dépendant de beaucoup d'idées antérieures qui n'ont pu naître que successivement, ne se forma pas tout d'un coup dans l'esprit humain : il fallut faire bien des progrès, acquérir bien de l'industrie et des lumières, les transmettre et les augmenter d'âge en âge, avant que d'arriver à ce dernier terme de l'état de Nature. [...]

[...] Ainsi quoique les hommes fussent devenus moins endurants, et que la pitié naturelle eût déjà souffert quelque altération, cette période du développement des facultés humaines, tenant un juste milieu entre l'indolence de l'état primitif et la pétulante[1] activité de notre amour-propre, dut être l'époque la plus heureuse, et la plus durable. Plus on y réfléchit, plus on trouve que cet état était le moins sujet aux révolutions, le meilleur à l'homme, et qu'il n'en a dû sortir que par quelque funeste hasard, qui, pour l'utilité commune, eût dû ne jamais arriver. L'exemple des sauvages, qu'on a presque tous trouvés à ce point, semble confirmer que le genre humain était fait pour y rester toujours, que cet état est la véritable jeunesse du monde, et que tous les progrès ultérieurs ont été, en apparence, autant de pas vers la perfection de l'individu, et, en effet, vers la décrépitude de l'espèce.

Tant que les hommes se contentèrent de leurs cabanes rustiques, tant qu'ils se bornèrent à coudre leurs habits de peaux avec des épines ou des arêtes, à se parer de plumes et de coquillages, à se peindre le corps de diverses couleurs, à perfectionner ou embellir leurs arcs et leurs flèches, à tailler avec des pierres tranchantes quelques canots de pêcheurs ou quelques grossiers instruments de musique, en un

«Le bon sauvage». *Gravure de J.M. Moreau (1773).*

mot, tant qu'ils ne s'appliquèrent qu'à des ouvrages qu'un seul pouvait faire, et qu'à des arts[2] qui n'avaient pas besoin du concours de plusieurs mains, ils vécurent libres, sains, bons, et heureux autant qu'ils pouvaient l'être par leur nature, et continuèrent à jouir entre eux des douceurs d'un commerce indépendant ; mais dès l'instant qu'un homme eut besoin du secours d'un autre, dès qu'on s'aperçut qu'il était utile à un seul d'avoir des provisions pour deux, l'égalité disparut, la propriété s'introduisit, le travail devint nécessaire, et les vastes forêts se changèrent en des campagnes riantes qu'il fallut arroser de la sueur des hommes, et dans lesquelles ont vit bientôt l'esclavage et la misère germer et croître avec les moissons.

La métallurgie et l'agriculture furent les deux arts dont l'invention produisit cette grande révolution. Pour le poète, c'est l'or et l'argent, mais pour le philosophe, ce sont le fer et le blé qui ont civilisé les hommes et perdu le genre humain.

ROUSSEAU, *Discours sur l'origine de l'inégalité*,
Seconde partie.

□ □ NOTES | 1. Impétueuse — 2. Au sens d'artisanat et de techniques.

1. Étude du texte

1. Étudiez particulièrement le premier paragraphe et analysez les termes dont se sert Rousseau pour décrire l'acte de propriété.

2. Recensez et commentez, dans les 2e et 3e paragraphes, les caractéristiques de l'état de nature décrit par Rousseau. N'y a-t-il pas, de sa part, idéalisation de cette « époque la plus heureuse » de l'humanité ?

3. Analysez dans le détail, dans le 3e paragraphe, l'évocation du moment historique de la rupture entre état de nature et société civile. Vous paraît-elle suffisamment convaincante ?

4. Étudiez, dans les dernières lignes du texte, l'art du raccourci dans la démonstration de Rousseau.

2. Documentation - Création

Des mythes rénovés.
La démonstration du *Discours sur l'origine de l'inégalité* s'appuie en permanence sur deux grands mythes de la pensée occidentale antique et classique : celui de l' « âge d'or » et celui du « bon sauvage ».

1. Vous en identifierez les traces dans le texte cité.

2. Vous en rechercherez d'autres évocations chez des écrivains et penseurs antérieurs, contemporains ou postérieurs à Jean-Jacques Rousseau.

3. Expression

Contraction : a) Vous ferez un résumé de cet extrait du *Discours sur l'origine de l'inégalité* en 200 mots maximum. Veillez particulièrement à respecter la rigueur de l'argumentation du philosophe.

b) En vous aidant d'un dictionnaire, vous expliciterez le sens des mots ou expressions suivants : *imposteur ; amour-propre ; révolution ; altération.*

ROUSSEAU

DU CONTRAT SOCIAL
(1762)

★★★ *Le* Contrat social *est l'aboutissement logique de la philosophie politique de Rousseau. Les deux* Discours *précédents avaient décrit la dénaturation de l'homme en société. Ce nouvel essai, seul fragment publié d'un plus vaste projet que le philosophe aurait voulu voir répondre au* Léviathan, *de Hobbes ou à l'*Esprit des Lois, *de Montesquieu, s'attache, lui, à définir les bases et les conditions d'une société politique où les droits légitimes de chaque individu seraient garantis. L'idée principale, qui donne son titre à l'ouvrage, est celle du « contrat », du pacte social, où « chacun se donnant à tous et ne se donnant à personne » assure sa liberté dans l'égalité (voir :* Un projet « révolutionnaire », *p. 72 à 74).*
Symbole tangible de cette « souveraineté » reconnue et acceptée par tous : la loi, fondée dans la double universalité de son origine et de son application. On appréciera dans le texte cité ci-dessous la force et la rigueur de la pensée de Rousseau. Cherchant à définir un concept fondamental, « la loi », qui doit être le principe de conciliation des aspirations individuelles au bonheur avec les exigences de la vie sociale, le philosophe nous offre un modèle de démonstration philosophique, sans faille ni concession. ★★★

La forme universelle de la Loi

Mais qu'est-ce donc enfin qu'une loi ? tant qu'on se contentera de n'attacher à ce mot que des idées métaphysiques, on continuera de raisonner sans s'entendre, et quand on aura dit ce que c'est qu'une loi de la nature, on n'en saura pas mieux ce que c'est qu'une loi de l'État.

J'ai déjà dit qu'il n'y avait point de volonté générale sur un objet particulier. En effet, cet objet particulier est dans l'État ou hors de l'État. S'il est hors de l'État, une volonté qui lui est étrangère n'est point générale par rapport à lui ; et si cet objet est dans l'État, il en fait partie : alors il se forme entre le tout et sa partie une relation qui en fait deux êtres séparés, dont la partie est l'un, et le tout, moins cette même partie, est l'autre. Mais le tout moins une partie n'est point le tout ; et tant que ce rapport subsiste, il n'y a plus de tout, mais deux parties inégales : d'où il suit que la volonté de l'une n'est point non plus générale par rapport à l'autre.

Mais quand tout le peuple statue sur tout le peuple, il ne considère que lui-même ; et s'il se forme alors un rapport, c'est de l'objet entier sous un point de vue à l'objet entier sous un autre point de vue, sans aucune division du tout. Alors la matière sur laquelle on statue est générale comme la volonté qui statue. C'est cet acte que j'appelle une loi.

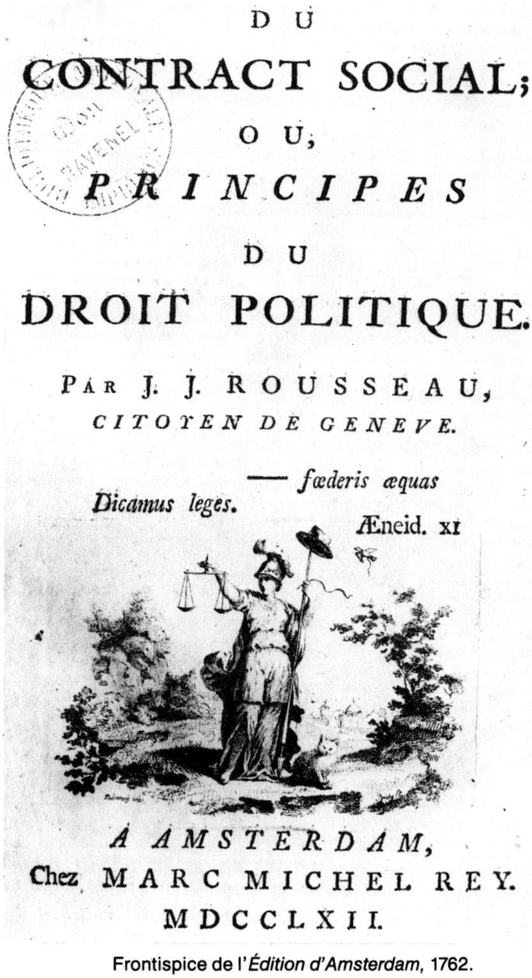
DU
CONTRACT SOCIAL;
OU,
PRINCIPES
DU
DROIT POLITIQUE.
PAR J. J. ROUSSEAU,
CITOYEN DE GENEVE.
— fœderis æquas
Dicamus leges.
Æneid. xi
A AMSTERDAM,
Chez MARC MICHEL REY.
MDCCLXII.

Frontispice de l'*Édition d'Amsterdam*, 1762.

Quand je dis que l'objet des lois est toujours général, j'entends que la loi considère les sujets en corps et les actions comme abstraites, jamais un homme comme individu ni une action particulière. Ainsi la loi peut bien statuer qu'il y aura des privilèges, mais elle n'en peut donner nommément à personne ; la loi peut faire plusieurs classes de citoyens, assigner même les qualités qui donneront droit à ces classes, mais elle ne peut nommer tels et tels pour y être admis ; elle peut établir un gouvernement royal et une succession héréditaire, mais elle ne peut élire un roi, ni nommer une famille royale : en un mot, toute fonction qui se rapporte à un objet individuel n'appartient point à la puissance législative.

Sur cette idée, on voit à l'instant qu'il ne faut plus demander à qui il appartient de faire des lois, puisqu'elles sont des actes de la volonté générale ; ni si le prince est au-dessus des lois, puisqu'il est membre de l'État ; ni si la loi peut être injuste, puisque nul n'est injuste envers lui-même ; ni comment on est libre et soumis aux lois, puisqu'elles ne sont que des registres de nos volontés.

On voit encore que, la loi réunissant l'universalité de la volonté et celle de l'objet, ce qu'un homme, quel qu'il puisse être, ordonne de son chef n'est point une loi : ce qu'ordonne même le souverain sur un objet particulier n'est pas non plus une loi, mais un décret ; ni un acte de souveraineté, mais de magistrature.

J'appelle donc république tout État régi par des lois, sous quelque forme d'administration que ce puisse être : car alors seulement l'intérêt public gouverne, et la chose publique est quelque chose. Tout gouvernement légitime est républicain : j'expliquerai ci-après ce que c'est que gouvernement.

ROUSSEAU, *Du Contrat social,*
Livre II, chap. 6.

1. Étude du texte

1. Relisez attentivement le texte en étant sensible à l'enchaînement des idées, des interrogations et des propositions qu'il contient. Dégagez ensuite le schéma philosophique du passage.

2. Dans le premier paragraphe, Rousseau réfute la conception « métaphysique » de la loi, telle que l'admettait Montesquieu par exemple. Quelles sont les implications de cette réfutation ?

3. Selon Rousseau, à qui appartient essentiellement la puissance législative ? Expliquez les termes de « prince » et de « souverain » qu'il emploie dans un sens bien particulier.

4. Dans les cinquième et sixième paragraphes, l'écrivain énonce les conséquences de l'universalité de la loi. Quelles sont-elles ? En quoi rendent-elles la « souveraineté » inaliénable ?

5. Rousseau termine ce passage sur une définition précise et personnelle de la république. Pourquoi appelle-t-il « république » et non « démocratie » tout État régi par des lois ?

2. Expression

Analyse lexicale : Vous préciserez, en vous aidant d'un dictionnaire, le sens des mots ou expressions suivants, empruntés à l'extrait cité du *Contrat social.* Faites attention, le sens de certains d'entre eux est distinct du sens qu'il a dans notre langue contemporaine : *idées métaphysiques ; statuer ; sujets en corps ; succession héréditaire ; magistrature.*

ROUSSEAU

ESSAI SUR L'ORIGINE DES LANGUES

★★★ *Selon Rousseau lui-même, l'*Essai sur l'origine des langues, *qui ne fut pas publié de son vivant, « ne fut d'abord qu'un fragment du* Discours sur l'Inégalité *que j'en retranchai comme trop long et hors de place. » Longtemps relégué au rang des œuvres mineures, ce curieux et passionnant travail, où alternent des considérations rhétoriques, ethnologiques, musicologiques et socio-linguistiques, a été redécouvert à l'heure du renouveau de la linguistique moderne. Rousseau y aborde l'un des problèmes les plus débattus par les philosophes du XVIIIe siècle : celui de l'origine des diverses langues humaines, en rapport avec les données climatologiques et sociologiques. Refusant aussi bien l'idéalisme de Berkeley et de Maupertuis que le matérialisme des encyclopédistes, l'auteur de l'*Essai *avance une thèse originale dont on voit bien tout ce qu'elle implique sur sa propre pratique de la langue et de l'écriture : la sensibilité est première dans le langage. Nos langues, présentement intellectuelles et conceptuelles, ont perdu la spontanéité naturelle et « passionnelle » des langages primitifs. Loin d'être fondés sur l'expression d'idées et de besoins, ceux-ci sont nés des émotions éprouvées par l'homme au spectacle de la nature et au contact de ses semblables. L'analyse d'une telle conception est décisive, on le voit, pour comprendre la « poésie » du langage même de l'auteur de* La Nouvelle Héloïse *et des* Confessions. ★★★

Les passions à l'origine des langues

Il est donc à croire que les besoins dictèrent les premiers gestes et que les passions arrachèrent les premières voix. En suivant avec ces distinctions la trace des faits, peut-être faudrait-il raisonner sur l'origine des langues tout autrement qu'on n'a fait jusqu'ici. Le génie des langues orientales, les plus anciennes qui nous soient connues, dément absolument la marche didactique qu'on imagine dans leur composition. Ces langues n'ont rien de méthodique et de raisonné ; elles sont vives et figurées. On nous fait du langage des premiers hommes des langues de géomètres et nous voyons que ce furent des langues de poètes.

Cela dut être. On ne commença pas par raisonner mais par sentir. On prétend que les hommes inventèrent la parole pour exprimer leurs besoins ; cette opinion me paraît insoutenable. L'effet naturel des premiers besoins fut d'écarter les hommes et non de les rapprocher. Il le fallait ainsi pour que l'espèce vînt à s'étendre et que la terre se peuplât promptement, sans quoi le genre humain se fût entassé dans un coin du monde, et tout le reste fût demeuré désert.

De cela seul il suit avec évidence que l'origine des langues n'est point due aux premiers besoins des hommes ; il serait absurde que de la cause qui les écarte vînt le moyen qui les unit. D'où peut donc venir cette origine ? Des besoins moraux, des passions. Toutes les passions rapprochent les hommes que la nécessité de chercher à vivre force à se fuir. Ce n'est ni la faim ni la soif, mais l'amour, la haine, la pitié, la colère, qui leur ont arraché les premières voix. Les fruits ne se dérobent point à nos mains, on peut s'en nourrir sans parler, on poursuit en silence la proie dont on veut se repaître ; mais pour émouvoir un jeune cœur, pour repousser un agresseur injuste, la nature dicte des accents, des cris, des plaintes : voilà les plus anciens mots inventés et voilà pourquoi les premières langues furent chantantes et passionnées avant d'être simples et méthodiques. Tout ceci n'est pas vrai sans distinction, mais j'y reviendrai ci-après.

Comme les premiers motifs qui firent parler l'homme furent des passions, ses premières expressions furent des tropes[1]. Le langage figuré fut le premier à naître, le sens propre fut trouvé le dernier. On n'appela les choses de leur vrai nom que quand on les vit sous leur véritable forme. D'abord, on ne parla qu'en poésie ; on ne s'avisa de raisonner que longtemps après.

Or je sens bien qu'ici le lecteur m'arrête, et me demande comment une expression peut être figurée avant d'avoir un sens propre, puisque ce n'est que dans la translation du sens que consiste la figure. Je conviens de cela ; mais pour m'entendre il faut substituer l'idée que la passion nous présente au mot que nous transposons ; car on ne transpose les mots que parce qu'on transpose aussi les idées, autrement le langage figuré ne signifierait rien. Je réponds donc par un exemple.

Un homme sauvage en rencontrant d'autres se sera d'abord effrayé. Sa frayeur lui aura fait voir ces hommes plus grands et plus forts que lui-même ; il leur aura donné le nom de *géants*. Après beaucoup d'expériences il aura reconnu que ces prétendus géants n'étant ni plus grands ni plus forts que lui, leur stature ne convenait point à l'idée qu'il avait d'abord attachée au mot de géant. Il inventera donc un autre nom commun à eux et à lui, tel, par exemple, que le nom d'*homme*, et laissera celui de *géant* à l'objet faux qui l'avait frappé durant son illusion. Voilà comment le mot figuré naît avant le mot propre, lorsque la passion nous *fascine* les yeux et que la première idée qu'elle nous offre n'est pas celle de la vérité. Ce que j'ai dit des mots et des noms est sans difficulté pour les tours de phrases. L'image illusoire offerte par la passion se montrant la première, le langage qui lui répondait fut aussi le premier inventé ; il devint ensuite métaphorique, quand l'esprit éclairé, reconnaissant sa première erreur, n'en employa les expressions que dans les mêmes passions qui l'avaient produite.

Les simples sons sortent naturellement du gosier, la bouche est naturellement plus ou moins ouverte ; mais les modifications de la langue et du palais qui font articuler exigent de l'attention, de l'exercice, on ne les fait point sans vouloir les faire ; tous les enfants ont besoin de les apprendre et plusieurs n'y parviennent pas aisément. Dans toutes les langues, les exclamations les plus vives sont inarticulées ; les cris, les gémissements sont de simples voix ; les muets, c'est-à-dire les sourds ne poussent que des sons inarticulés : le père Lami[2] ne conçoit pas même que les hommes en eussent pu jamais inventer d'autres, si Dieu ne leur eût expressément appris à parler. Les articulations sont en petit nombre, les sons sont en nombre infini, les accents qui les marquent peuvent se multiplier de même ; toutes les notes de la musique sont autant d'accents ; nous n'en avons, il est vrai, que trois ou quatre dans la parole, mais les Chinois en ont beaucoup davantage ; en revanche, ils ont moins de consonnes. A cette source de combinaisons ajoutez celle des temps ou de la quantité[3], et vous aurez non seulement plus de mots, mais plus de syllabes diversifiées que la plus riche des langues n'en a besoin.

ROUSSEAU, *Essai sur l'origine des langues*, chap. 2.

□ □ NOTES | **1.** Toute figure dans laquelle on emploie un mot avec un sens différent de son sens premier — **2.** Théologien et linguiste — **3.** Se dit de la durée attribuée à une syllabe dans la prononciation.

1. Étude du texte

1. Explicitez le concept de passions dans lequel Rousseau voit l'origine de toute langue. En quoi s'oppose-t-il à celui de besoins ? Faut-il en conclure que l'action est l'ennemie de la parole ?

2. Selon Rousseau, les langues originelles sont poétiques. En quel sens ?

3. Analysez dans le détail l'exemple des « géants » et montrez comment Rousseau répond par-là à la théorie selon laquelle le sens figuré d'un mot est nécessairement second par rapport à son sens propre.

4. Dans le dernier paragraphe du texte, Rousseau énonce un certain nombre de principes de phonétique. Recensez-les et appréciez-les.

2. Documentation - Création

Essai : Selon Rousseau, c'est l'écriture qui a fait dégénérer la langue : « Il n'est pas possible, écrit-il, qu'une langue qu'on écrit garde longtemps la vivacité de celle qui n'est que parlée. »

Vous discuterez cette affirmation, extraite de l'*Essai sur l'origine des langues*, en empruntant vos exemples aussi bien dans le domaine des langues anciennes que dans celui des langues ou dialectes contemporains.

2. « Une étrange sensibilité »

ROUSSEAU

CORRESPONDANCE

Thérèse Levasseur.

★★★ *Au lendemain de sa victoire de 1750 au concours de l'Académie de Dijon, Rousseau, décide d'accorder son genre de vie avec ses principes philosophiques en rompant avec les mondanités parisiennes. Vêtu de bure et coiffé d'un bonnet d'Arménien, il commence à se forger ce personnage de marginal excentrique qui va lui valoir les sarcasmes de la bonne société de la capitale et développer chez lui le sentiment d'être une victime en proie à un complot pernicieux. D'autant qu'en 1751, alors qu'il est en ménage depuis cinq ans avec Thérèse Levasseur, une ancienne servante d'auberge qu'il n'épousera qu'en 1768, il est contraint, faute de moyens financiers, d' « abandonner » ses enfants à l'Institution des Enfants-Trouvés. Cela fait bien sûr les gorges chaudes du Tout-Paris philosophique. Aussi, dans une lettre à Mme de Francueil datée du 21 avril 1751 (lettre curieusement chiffrée selon la règle simple : a = 1 ; b = 2 ; c = 3, etc.), l'écrivain, mortifié, entreprend-il de se justifier et même de retourner la « honte » de son acte contre la société qui l'a contraint à un tel recours. Avec ce plaidoyer d'un père ulcéré, nous sommes déjà de plain-pied avec l'essentiel de l'apologétique rousseauiste, toujours motivée par une conscience où s'affrontent les sentiments contraires de la culpabilité et du bon droit.* ★★★

Plaidoyer d'un père accusé

Paris, le 20 avril 1751

Oui, madame, j'ai mis mes enfants aux Enfants-Trouvés, j'ai chargé de leur entretien l'établissement fait pour cela. Si ma misère et mes maux m'ôtent le pouvoir de remplir un soin si cher, c'est un malheur dont il faut me plaindre, et non pas un crime à me reprocher. Je leur dois la subsistance, je la leur ai procurée meilleure ou plus sûre au moins que je n'aurais pu la leur donner moi-même : cet article[1] est avant tout. Ensuite vient la considération de leur mère, qu'il ne faut pas déshonorer.

Vous connaissez ma situation : je gagne au jour la journée mon pain avec assez de peine : comment nourrirais-je encore une famille ? Et si j'étais contraint de recourir au métier d'auteur, comment les soucis domestiques et le tracas des enfants me laisseraient-ils, dans mon grenier, la tranquillité d'esprit nécessaire pour faire un travail lucratif ? Les écrits que dicte la faim ne rapportent guère, et cette ressource est bientôt épuisée. Il faudrait donc recourir aux protections, à l'intrigue, au manège ; briguer quelque vil emploi ; le faire valoir par les moyens ordinaires, autrement il ne me nourrira pas, et me sera bientôt ôté ; enfin, me livrer moi-même à toutes les infamies pour lesquelles je suis pénétré d'une si juste horreur. Nourrir moi, mes enfants et leur mère, du sang des misérables ! Non, madame, il vaut mieux qu'ils soient orphelins que d'avoir pour père un fripon. [...]

[...] Si du moins leur état était légitime[2], ils pourraient trouver plus aisément des ressources. Ayant à porter à la fois le déshonneur de leur naissance et celui de leur misère, que deviendront-ils ?

Que ne me suis-je marié, me direz-vous ? Demandez-le à vos injustes lois, madame. Il ne me convenait pas de contracter un engagement éternel, et jamais on ne me prouvera qu'aucun devoir m'y oblige. Ce qu'il y a de certain, c'est que je n'en ai rien fait, et que je n'en veux rien faire. Il ne faut pas faire des enfants quand on ne peut pas les nourrir. Pardonnez-moi, madame ; la nature veut qu'on en fasse, puisque la terre produit de quoi nourrir tout le monde : mais c'est l'état des riches, c'est votre état, qui vole au mien le pain de mes enfants. La nature veut aussi qu'on pourvoie à leur subsistance : voilà ce que j'ai fait ; s'il n'existait pas pour eux un asile, je ferais mon devoir, et me résoudrais à mourir de faim moi-même plutôt que de ne les pas nourrir.

Ce mot d'Enfants-Trouvés vous en imposerait-il, comme si l'on trouvait ces enfants dans les rues, exposés à périr si le hasard ne les sauve ? Soyez sûre que vous n'auriez pas plus d'horreur que moi pour l'indigne père qui pourrait se résoudre à cette barbarie : elle est trop loin de mon cœur pour que je daigne m'en justifier. Il y a des règles établies ; informez-vous de ce qu'elles sont, et vous saurez que les enfants ne sortent des mains de la sage-femme que pour passer dans celles d'une nourrice. Je sais que ces enfants ne sont pas élevés délicatement : tant mieux pour eux, ils en deviennent plus robustes ; on ne leur donne rien de superflu, mais ils ont le nécessaire ; on n'en fait pas des messieurs, mais des paysans ou des ouvriers. Je ne vois rien dans cette manière de les élever dont je ne fisse choix pour les miens.

ROUSSEAU, *Correspondance*.

□ □ NOTES | **1.** Ici au sens de point important d'un raisonnement — **2.** En effet Rousseau n'est pas alors marié avec Thérèse qu'il n'épouse qu'en 1768.

1. Étude du texte

1. Quels sont les divers arguments employés par Rousseau pour sa défense ? Vous paraissent-ils tous également convaincants ?

2. Étudiez, dans le 2e paragraphe, la conception que se fait Rousseau du métier d'écrivain. À qui s'en prend-il implicitement dans ce passage ?

3. Dans la 2e partie du texte (l. 15, 2e col. à 30), le père accusé donne une portée sociale à la situation dans laquelle il se trouve. Comment ? A quelles fins ?

4. En quoi la défense de l'instruction donnée aux Enfants-Trouvés, dans le dernier paragraphe, rejoint-elle certaines des théories avancées dans l'*Émile* (voir p. 40 à 42) ?

2. Expression

De la confidence aux *Confessions*.
Vous comparerez le contenu de cette lettre à l'évocation que fait Rousseau dans ses *Confessions* (fin du livre VII et début du livre VIII) de ce même épisode. Le ton et l'argumentation sont-ils semblables ? La « distance » du discours autobiographique modifie-t-elle le regard de Rousseau sur l'événement ?

3. Documentation - Création

Recherche documentaire :

L'enfant, la famille et l'éducation au XVIIIe siècle.
Efforcez-vous de rassembler quelques textes sur ce sujet. Pour cette recherche, on pourra se reporter avec profit à l'ouvrage général de Philippe Ariès, *L'Enfant et la vie familiale sous l'Ancien Régime*, Éd. du Seuil, ainsi qu'aux deux livres d'Elisabeth Badinter, *L'Amour en plus* et *Émilie, Émilie*, publiés chez Flammarion.

ROUSSEAU

LETTRE À MALESHERBES (1762)

★★★ *Depuis 1757, Rousseau est complètement brouillé avec Diderot et les Encyclopédistes. Il s'est retiré en 1758 dans une maisonnette de Montmorency, en pleine nature, pour achever la rédaction de trois ouvrages importants :* La Nouvelle Héloïse, *le* Contrat social *et l'*Émile. *Fin 1761, à la veille de la publication de ce dernier essai, il traverse une crise de « mélancolie sombre ». Il craint notamment que M. de Malesherbes, le directeur de la Librairie, qui a jusque-là fait preuve de beaucoup de compréhension à son endroit, ne se soit rallié au « complot » des philosophes. Aussi lui adresse-t-il coup sur coup, en janvier 1762, quatre longues lettres de témoignage et de défense.*
La troisième, que nous citons ici, oppose les vertus de l'espace naturel où il a choisi de se retirer en solitaire aux vices de la capitale mondaine. Lui, le défenseur dans ses Discours *de l'*idée de nature, *s'adonne pleinement désormais au* sentiment *d'une nature protégée et protectrice. Cette nature où il respire liberté, beauté et bonheur lui inspire en effet des états extatiques qui le renforcent dans ses convictions philosophiques et religieuses les plus essentielles. Elle ne sera pas suffisante pourtant pour le protéger durablement : au lendemain de la publication de l'*Émile, *en mai, il est menacé d'arrestation après condamnation par le Parlement de Paris et doit quitter Montmorency, au début de l'été, pour la Suisse.* ★★★

L'extase naturelle

Quel temps croiriez-vous, Monsieur, que je me rappelle le plus souvent et le plus volontiers dans mes rêves ? Ce ne sont point les plaisirs de ma jeunesse : ils furent trop rares, trop mêlés d'amertumes, et sont déjà trop loin de moi. Ce sont ceux de ma retraite, ce sont mes promenades solitaires, ce sont ces jours rapides, mais délicieux, que j'ai passés tout entiers avec moi seul, avec ma bonne et simple gouvernante[1], avec mon chien bien-aimé, ma vieille chatte, avec les oiseaux de la campagne et les biches de la forêt, avec la nature entière et son inconcevable auteur. En me levant avant le soleil pour aller voir, contempler son lever dans mon jardin, quand je voyais commencer une belle journée, mon premier souhait était que ni lettres, ni visites n'en vinssent troubler le charme. Après avoir donné la matinée à divers soins, que je remplissais tous avec plaisir parce que je pouvais les remettre à un autre temps, je me hâtais de dîner pour échapper aux importuns et me ménager un plus long après-midi. Avant une heure, même les jours les plus ardents, je partais par le grand soleil avec le fidèle Achate[2], pressant le pas dans la crainte que quelqu'un ne vînt s'emparer de moi avant que j'eusse pu m'esquiver ; mais quand une fois j'avais pu doubler un certain coin, avec quel battement de cœur, avec quel pétillement de joie je commençais à respirer, en me sentant sauvé, en me disant : « Me voilà maître de moi pour le reste de ce jour ! » J'allais alors d'un pas plus tranquille chercher quelque lieu sauvage dans la forêt, quelque lieu désert où rien ne montrant la main des hommes n'annonçât la servitude et la domination, quelque asile où je pusse croire avoir pénétré le premier et où nul tiers importun ne vînt s'interposer entre la nature et moi. C'était là qu'elle semblait déployer à mes yeux une magnificence toujours nouvelle. L'or des genêts et la pourpre des bruyères frappaient mes yeux d'un luxe qui touchait mon cœur ; la majesté des arbres qui me couvraient de leur ombre, la délicatesse des arbustes qui m'environnaient, l'étonnante variété des herbes et des fleurs que je foulais sous mes pieds, tenaient mon esprit dans une alternative continuelle d'observation et d'admiration : le concours de tant d'objets intéressants qui se disputaient mon attention, m'attirant sans cesse de l'un à l'autre, favorisait mon humeur rêveuse et paresseuse, et me faisait souvent redire en moi-même : « Non, Salomon[3] dans toute sa gloire ne fut jamais vêtu comme l'un d'eux. »

Mon imagination ne laissait pas longtemps déserte la terre ainsi parée. Je la peuplais bientôt d'êtres selon mon cœur, et chassant bien loin l'opinion, les préjugés, toutes les passions factices, je transportais dans les asiles de la nature des hommes dignes de les habiter. Je m'en formais une

L'Ermitage de Rousseau à Montmorency. *Gravure d'après Gautier.*

société charmante dont je ne me sentais pas indigne ; je me faisais un siècle d'or à ma fantaisie, et remplissant ces beaux jours de toutes les scènes de ma vie qui m'avaient laissé de doux souvenirs, et de toutes celles que mon cœur pouvait désirer encore, je m'attendrissais jusqu'aux larmes sur les vrais plaisirs de l'humanité, plaisirs si délicieux, si purs, et qui sont désormais si loin des hommes. Oh ! si dans ces moments quelque idée de Paris, de mon siècle et de ma petite gloriole d'auteur venait troubler mes rêveries, avec quel dédain je la chassais à l'instant pour me livrer sans distraction aux sentiments exquis dont mon âme était pleine ! Cependant, au milieu de tout cela, je l'avoue, le néant de mes chimères venait quelquefois la contrister tout à coup. Quand tous mes rêves se seraient tournés en réalités, ils ne m'auraient pas suffi : j'aurais imaginé, rêvé, désiré encore. Je trouvais en moi un vide inexplicable que rien n'aurait pu remplir, un certain élancement du cœur vers une autre sorte de jouissance dont je n'avais pas d'idée et dont pourtant je sentais le besoin. Hé bien, Monsieur, cela même était jouissance, puisque j'en étais pénétré d'un sentiment très vif et d'une tristesse attirante que je n'aurais pas voulu ne pas avoir.

Bientôt, de la surface de la terre, j'élevais mes

idées à tous les êtres de la nature, au système universel des choses, à l'Être incompréhensible qui embrasse tout. Alors, l'esprit perdu dans cette immensité, je ne pensais pas, je ne raisonnais pas, je ne philosophais pas : je me sentais avec une sorte de volupté accablé du poids de cet univers, je me livrais avec ravissement à la confusion de ces grandes idées, j'aimais à me perdre en imagination dans l'espace ; mon cœur, resserré dans les bornes des êtres, s'y trouvait trop à l'étroit, j'étouffais dans l'univers, j'aurais voulu m'élancer dans l'infini. Je crois que, si j'eusse dévoilé tous les mystères de la nature, je me serais senti dans une situation moins délicieuse que cette étourdissante extase à laquelle mon esprit se livrait sans retenue, et qui dans l'agitation de mes transports me faisait écrier quelquefois : « O Grand Être ! O Grand Être ! » sans pouvoir dire ni penser rien de plus.

Ainsi s'écoulaient dans un délire continuel les journées les plus charmantes que jamais créature humaine ait passées ; et quand le coucher du soleil me faisait songer à la retraite, étonné de la rapidité du temps, je croyais n'avoir pas assez mis à profit ma journée, je pensais en pouvoir jouir davantage encore et, pour réparer le temps perdu, je me disais : « Je reviendrai demain ».

ROUSSEAU, *Troisième lettre à M. de Malesherbes.* (26 janvier 1762).

□ □ NOTES | **1.** Thérèse Levasseur qu'il épousa en 1768 — **2.** Rousseau avait donné à son chien le nom du dévoué compagnon d'Enée dans l'*Énéide* — **3.** Citation de l'*Évangile selon St Luc*, XII, 27.

1. Étude du texte

1. Caractérisez la nature, l'espace naturel qu'affectionne tout particulièrement Rousseau. Que veut-il dire quand il parle de « lieu sauvage » ?

2. Montrez la variété des réactions de la sensibilité et de l'intelligence de l'écrivain au spectacle de cette nature choisie.

3. Étudiez attentivement la dynamique de la rêverie et du désir dans le second paragraphe. En quoi traduit-elle une sensibilité tout à fait nouvelle qui affleure dans cette seconde moitié du XVIIIe siècle ?

4. Par quelles étapes le philosophe s'élève-t-il jusqu'à l'extase religieuse ? En quoi son déisme se revèle-t-il ici particulièrement authentique ?

5. Donnez au mot « délire », employé à la fin du texte, tout son sens dans le contexte de la lettre et de la poésie qu'elle respire.

2. Expression

Commentaire composé : Vous ferez un commentaire composé de cette *Lettre à Malesherbes*, en vous attachant principalement à regrouper vos analyses autour des axes suivants :

— la redécouverte de la nature par le moi ;
— le déploiement de la sensibilité ;
— de la respiration à l'inspiration ; de l'inspiration à l'extase ;
— esthétisme et poésie.

ROUSSEAU

LA NOUVELLE HÉLOÏSE
(1761)

★★★ *La troisième* Lettre à Malesherbes *que nous citions précédemment s'achevait sur l'évocation du « temps perdu », qui impose constamment de « réparer » la trame de l'existence, d'en retisser les fils disjoints. Cette conscience aiguë de la temporalité — à la fois flux producteur d'événements et puissance de corruption — est l'une des caractéristiques principales de la pensée de Rousseau, qui retrouve par là l'une des grandes préoccupations d'un Montaigne ou d'un Ronsard.*
Cette même conscience lui dictera l'entreprise autobiographique des Confessions *et des* Rêveries *(voir séquence suivante) mais elle imprègne déjà largement l'écriture romanesque de* La Nouvelle Héloïse. *Au début du roman, dans la vingt-sixième lettre adressée à Julie, Rousseau fait dire à Saint-Preux, son précepteur et amant, tout son désir de jouir de l'intensité du temps présent et toute sa hantise de passer à côté de la chance de l'instant pour s'enliser dans l'épaisseur du temps destructeur.* ★★★

La hantise de la flétrissure

Ah ! Si tu pouvais rester toujours jeune et brillante comme à présent, je ne demanderais au Ciel que de te savoir éternellement heureuse, te voir tous les ans de ma vie une fois, une seule fois, et passer le reste de mes jours à contempler de loin ton asile, à t'adorer parmi ces rochers. Mais, hélas ! vois la rapidité de cet astre qui jamais n'arrête ; il vole, et le temps fuit, l'occasion s'échappe : ta beauté, ta beauté même aura son terme ; elle doit décliner et périr un jour comme une fleur qui tombe sans avoir été cueillie ; et moi cependant je gémis, je souffre, ma jeunesse s'use dans les larmes et se flétrit dans la douleur. Pense, pense, Julie, que nous comptons déjà des années perdues pour le plaisir. Pense qu'elles ne reviendront jamais ; qu'il en sera de même de celles qui nous restent si nous les laissons échapper encore. O amante aveuglée ! tu cherches un chimérique bonheur pour un temps où nous ne serons plus ; tu regardes un avenir éloigné, et tu ne vois pas que nous nous consumons sans cesse, et que nos âmes, épuisées d'amour et de peines, se fondent et coulent comme l'eau. Reviens, il en est temps encore, reviens, ma Julie, de cette erreur funeste. Laisse là tes projets, et sois heureuse. Viens, ô mon âme ! dans les bras de ton ami réunir les deux moitiés[1] de notre être ; viens à la face du Ciel, guide de notre fuite et témoin de nos serments, jurer de vivre et mourir l'un à l'autre. Ce n'est pas toi, je le sais, qu'il faut rassurer contre la crainte de l'indigence. Soyons heureux et pauvres, ah ! quel trésor nous aurons acquis ! Mais ne faisons point cet

Gravure d'après Moreau le jeune pour La Nouvelle Heloïse.
«Reviens, ma Julie, de cette erreur funeste...».

affront à l'humanité, de croire qu'il ne restera pas sur la terre entière un asile à deux amants infortunés. J'ai des bras, je suis robuste ; le pain gagné par mon travail te paraîtra plus délicieux que les mets des festins. Un repas apprêté par l'amour peut-il jamais être insipide ? Ah ! tendre et chère amante, dussions-nous n'être heureux qu'un seul jour, veux-tu quitter cette courte vie sans avoir goûté le bonheur ?

Je n'ai plus qu'un mot à vous dire, ô Julie ! Vous connaissez l'antique usage du rocher de Leucate[2], dernier refuge de tant d'amants malheureux. Ce lieu-ci lui ressemble à bien des égards. La roche est escarpée, l'eau est profonde, et je suis au désespoir.

ROUSSEAU, *La Nouvelle Héloïse*, I, 26.

□ □ NOTES | **1.** Allusion à la théorie platonicienne des « âmes sœurs » — **2.** Falaise escarpée d'où se jeta la poétesse grecque Sapho, par désespoir amoureux.

1. Étude du texte

1. Quels arguments divers Saint-Preux emploie-t-il pour tenter de rendre Julie sensible à la menace du temps qui passe ?

2. Identifiez les éléments (thématiques, rythmiques ou plus généralement poétiques) qui font de cette lettre une grande page de lyrisme.

3. Faites la part, dans le traitement par Rousseau d'un thème très souvent traité par la littérature occidentale, de ce qui est emprunt à la tradition et apport personnel et original.

4. Quel effet produit sur le lecteur, et par conséquent doit produire sur Julie, le dernier paragraphe de la lettre ?

2. Documentation - Création

Éternité et actualité d'un thème.

La fuite du temps, son emprise sur la conscience individuelle, ses répercussions sur l'existence des « duo » amoureux, constituent un des grands réseaux thématiques, non seulement de la poésie et du roman, mais encore de la chanson et des contes dans notre littérature.

Vous rechercherez, pour chaque genre et pour chaque grande période de notre histoire littéraire, un ou plusieurs textes illustrant ce grand thème, en dégageant les permanences et les innovations dans le traitement qui en est fait.

3. Le discours du moi

Jean-Jacques Rousseau. *Gravure allemande.*

ROUSSEAU

CONFESSIONS

★★★ *Les mémoires de tous genres fleurissent au XVIIIe siècle. Mais il s'agit encore très souvent à l'époque de « pseudo-mémoires », conçus comme alibis de la fable romanesque et comme camouflages de ses fictions. Les historiens de la littérature sont à peu près unanimes pour considérer que c'est l'écriture des* Confessions *de Rousseau (rédigées de 1765 à 1770, mais parues seulement en 1782 et 1789) qui fonde l'avènement dans notre littérature du genre autobiographique. Ce n'est d'ailleurs pas un hasard si c'est chez l'écrivain le plus sensible et peut-être le plus « rêveur » du siècle que s'est imposée la nécessité de l'autobiographie : plus fécond, plus subtil devient le discours intérieur du « cœur », plus il exige en effet de s'épancher en une forme qui le révèle sans le trahir et, au besoin, le justifie et l'exalte. Le préambule des* Confessions *et les premières pages des* Rêveries *expriment parfaitement la conception que Rousseau se fait de son discours autobiographique ; elles en expliquent la nécessité, en définissent les buts et en mesurent l'efficacité.* ★★★

Une entreprise qui n'eut jamais d'exemple

Je forme une entreprise qui n'eut jamais d'exemple et dont l'exécution n'aura point d'imitateur. Je veux montrer à mes semblables un homme dans toute la vérité de la nature ; et cet homme ce sera moi.

Moi seul. Je sens mon cœur et je connais les hommes. Je ne suis fait comme aucun de ceux que j'ai vus ; j'ose croire n'être fait comme aucun de ceux qui existent. Si je ne vaux pas mieux, au moins je suis autre. Si la nature a bien ou mal fait de briser le moule dans lequel elle m'a jeté, c'est ce dont on ne peut juger qu'après m'avoir lu.

Que la trompette du jugement dernier sonne quand elle voudra, je viendrai, ce livre à la main, me présenter devant le souverain juge. Je dirai hautement : « Voilà ce que j'ai fait, ce que j'ai pensé, ce que je fus. J'ai dit le bien et le mal avec la même franchise. Je n'ai rien tu de mauvais, rien ajouté de bon, et s'il m'est arrivé d'employer quelque ornement indifférent, ce n'a jamais été que pour remplir un vide occasionné par mon défaut de mémoire ; j'ai pu supposer vrai ce que je savais avoir pu l'être, jamais ce que je savais être faux. Je me suis montré tel que je fus : méprisable et vil quand je l'ai été, bon, généreux, sublime, quand je l'ai été : j'ai dévoilé mon intérieur tel que tu l'as vu toi-même, Être éternel. Rassemble autour de moi l'innombrable foule de mes semblables ; qu'ils écoutent mes confessions, qu'ils gémissent de mes indignités, qu'ils rougissent de mes misères. Que chacun d'eux découvre à son tour son cœur aux pieds de ton trône avec la même sincérité, et puis qu'un seul te dise, s'il l'ose : *Je fus meilleur que cet homme-là* ».

ROUSSEAU, *Confessions.*

ROUSSEAU

CONFESSIONS

★★★ *L'auteur de l'*Émile *ne pouvait ignorer ce qui se joue de décisif dans la petite enfance de chaque être humain. Dans les* Confessions, *l'interrogation patiente et sans complaisance du Moi commence donc par une émouvante « archéologie » de l'enfance. C'est là que l'écrivain va identifier les traumatismes, les espoirs déçus et les « injustices » qui sont à l'origine de son destin dramatique.*
C'est précisément la première expérience de l'injustice qu'il nous conte ici : confié à son oncle maternel, le jeune Jean-Jacques a été mis en pension à Bossey, en Suisse, chez le pasteur Lambercier. Dans ce foyer uni et cultivé, c'est pour l'enfant l'âge d'or de la sérénité et de l'innocence. Un jour pourtant, un incident mineur à propos d'un peigne brisé va rompre cette félicité. Accusés à tort, Rousseau et son cousin germain s'entêtent dans leurs allégations d'innocence. Ils sont malgré tout punis. La « trace » de l'injustice, « il y a maintenant près de cinquante ans de cette aventure », se fait encore brûlante dans l'écriture du philosophe vieillissant. ★★★

La fêlure de l'enfance

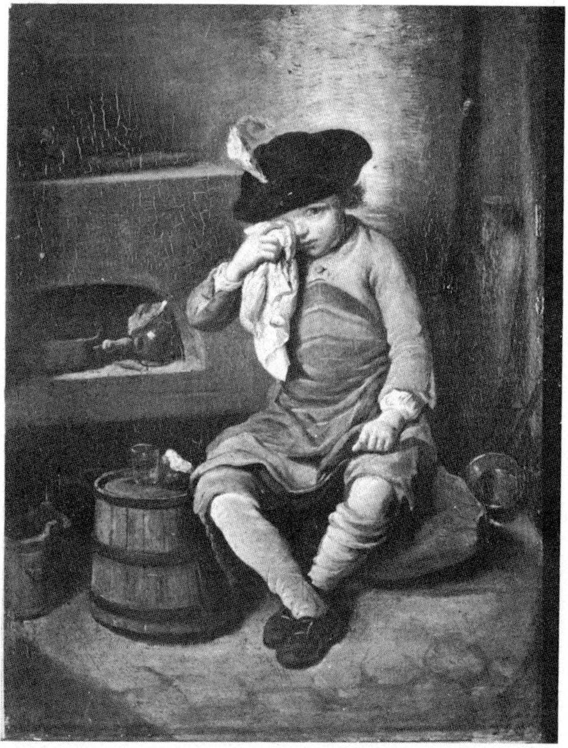

L'enfant en pénitence, de N.B. Lepicie.
Musée des Beaux-Arts de Lyon.

Il y a maintenant près de cinquante ans de cette aventure, et je n'ai pas peur d'être aujourd'hui puni derechef pour le même fait. Eh bien, je déclare à la face du Ciel que j'en étais innocent, que je n'avais ni cassé, ni touché le peigne, que je n'avais pas approché de la plaque, et que je n'y avais pas même songé. Qu'on ne me demande pas comment ce dégât se fit : je l'ignore et ne puis le comprendre ; ce que je sais très certainement, c'est que j'en étais innocent.

Qu'on se figure un caractère timide et docile dans la vie ordinaire, mais ardent, fier, indomptable dans les passions ; un enfant toujours gouverné par la voix de la raison, toujours traité avec douceur, équité, complaisance, qui n'avait pas même l'idée de l'injustice, et qui, pour la première fois, en éprouve une si terrible de la part précisément des gens qu'il chérit et qu'il respecte le plus. Quel renversement d'idées! quel désordre de sentiments! quel bouleversement dans son cœur, dans sa cervelle, dans tout son petit être intelligent et moral! Je dis qu'on s'imagine tout cela, s'il est possible, car pour moi, je ne me sens pas capable de démêler, de suivre la moindre trace de ce qui se passait alors en moi.

Je n'avais pas encore assez de raison pour sentir combien les apparences me condamnaient, et pour me mettre à la place des autres. Je me tenais à la mienne, et tout ce que je sentais, c'était la rigueur d'un châtiment effroyable pour un crime que je n'avais pas commis. La douleur du corps, quoique vive, m'était peu sensible ; je ne sentais que l'indignation, la rage, le désespoir. Mon cousin, dans un cas à peu près semblable, et qu'on avait puni d'une faute involontaire comme d'un acte prémédité, se mettait en fureur à mon exemple, et se montait, pour ainsi dire, à mon unisson. Tous deux dans le même lit nous nous embrassions avec des transports convulsifs, nous étouffions et quand nos jeunes cœurs un peu soulagés pouvaient exhaler leur colère, nous nous levions sur notre séant, et nous nous mettions tous deux à crier cent fois de toute notre force : *Carnifex*, *Carnifex*, *Carnifex!*[1]

Je sens en écrivant ceci que mon pouls s'élève encore ; ces moments me seront toujours présents quand je vivrais cent mille ans. Ce premier sentiment de la violence et de l'injustice est resté si profondément gravé dans mon âme, que toutes les idées qui s'y rapportent me rendent ma première émotion, et ce sentiment, relatif à moi dans son origine, a pris une telle consistance en lui-même, et s'est tellement détaché de tout intérêt personnel, que mon cœur s'enflamme au spectacle ou au récit de toute action injuste, quel qu'en soit l'objet et en quelque lieu qu'elle se commette, comme si l'effet en retombait sur moi. Quand je lis les cruautés d'un tyran féroce, les subtiles noirceurs d'un fourbe de prêtre, je partirais volontiers pour aller poignarder ces misérables, dussé-je cent fois y périr. Je me suis souvent mis en nage à poursuivre à la course ou à coups de pierre un coq, une vache, un chien, un animal que j'en voyais tourmenter un autre, uniquement parce qu'il se sentait le plus fort. Ce mouvement peut m'être naturel, et je crois qu'il l'est ; mais le souvenir profond de la première injustice que j'ai soufferte y fut trop longtemps et trop fortement lié pour ne l'avoir pas beaucoup renforcé.

Là fut le terme de la sérénité de ma vie enfantine. Dès ce moment je cessai de jouir d'un bonheur pur, et je sens aujourd'hui même que le souvenir des charmes de mon enfance s'arrête là.

ROUSSEAU, *Confessions*, I.

□ □ NOTE | 1. Bourreau, en latin.

1. Étude du texte

1. Étudiez les réactions de Rousseau devant l'expérience de l'injustice. Montrez la solidarité de l'écrivain adulte avec l'enfant qu'il fut.

2. Caractérisez les tonalités successives de ce passage. En quoi traduisent-elles bien tout le bouleversement affectif du narrateur à ce moment de son récit?

3. En quoi cet épisode vous paraît-il déterminant pour la suite de l'expérience sociale et « mondaine » de Rousseau? Suffit-il à expliquer sa hantise de l'injustice et des complots?

2. Documentation - Création

Une amitié d'enfance.

Dans le livre I des *Confessions*, Rousseau insiste particulièrement sur les liens d'amitié et d'affection réciproques qu'il eut avec l'un de ses cousins, lors de son séjour en pension à Bossey, chez le pasteur Lambercier.
Vous rechercherez dans la littérature d'autres exemples d'amitiés exceptionnelles de l'enfance et de l'adolescence.

ROUSSEAU

CONFESSIONS

★★★ Hérissé de drames, d'amertumes et d'échecs, le destin de Jean-Jacques Rousseau n'offre que très rarement le spectacle d'une vie heureuse et apaisée. A l'innocence bafouée de l'enfance vont succéder les mesquineries de l'adolescence, la pauvreté du jeune homme et « l'exil » du philosophe. Épisode rayonnant au milieu de ce tableau en gris et noir : les années 1737-1740 vécues dans la propriété des Charmettes, près de Chambéry, avec sa « protectrice », Madame de Warens. Là, dans le cadre euphorisant de la montagne, près de celle qu'il nomme pudiquement et affectueusement « maman », Rousseau a goûté aux heures les plus douces de son existence. Même si, bien sûr, ce qui n'était en 1737 que sérénité du quotidien, s'est transformé, avec le temps, la poésie du souvenir et le charme des mots, en « paradis sur terre ». ★★★

Le bonheur malgré tout...

Hoc erat in votis : modus agri non ita magnus,
Hortus ubi et tecto vicinus [jugis] aquæ fons,
Et paululum sylvæ super his foret.[1]

Je ne puis pas ajouter : *auctius atque Di melius fecere,*[2] mais n'importe, il ne m'en fallait pas davantage ; il ne m'en fallait pas même la propriété, c'était assez pour moi de la jouissance : et il y a longtemps que j'ai dit et senti que le propriétaire et le possesseur sont souvent deux personnes très différentes, même en laissant à part les maris et les amants.

Ici commence le court bonheur de ma vie ; ici viennent les paisibles, mais rapides moments qui m'ont donné le droit de dire que j'ai vécu. Moments précieux et si regrettés! ah! recommencez pour moi votre aimable cours, coulez plus lentement dans mon souvenir, s'il est possible, que vous ne fîtes réellement dans votre fugitive succession. Comment ferai-je pour prolonger à mon gré ce récit si touchant et si simple, pour redire toujours les mêmes choses, et n'ennuyer pas plus mes lecteurs en les répétant que je ne m'ennuyais moi-même en les recommençant sans cesse ? Encore si tout cela consistait en faits, en actions, en paroles, je pourrais le décrire et le rendre en quelque façon ; mais comment dire ce qui n'était ni dit, ni fait, ni pensé même, mais goûté, mais senti, sans que je puisse énoncer d'autre objet de mon bonheur que ce sentiment même ? Je me levais avec le soleil et j'étais heureux ; je me promenais et j'étais heureux ; je voyais Maman[3] et j'étais heureux ; je la quittais et j'étais heureux ; je parcourais les bois, les coteaux, j'errais dans les vallons, je lisais, j'étais oisif ; je travaillais au jardin, je cueillais les fruits, j'aidais au ménage et le bonheur me suivait partout : il n'était dans aucune chose assignable, il était tout en moi-même, il ne pouvait me quitter un seul instant.

Rien de tout ce qui m'est arrivé durant cette époque chérie, rien de ce que j'ai fait, dit et pensé tout le temps qu'elle a duré, n'est échappé de ma mémoire. Les temps qui précèdent et qui suivent me reviennent par intervalles ; je me les rappelle inégalement et confusément : mais je me rappelle celui-là tout entier comme s'il durait encore. Mon imagination, qui dans ma jeunesse allait toujours en avant, et maintenant rétrograde, compense par ces doux souvenirs l'espoir que j'ai pour jamais perdu. Je ne vois plus rien dans l'avenir qui me tente ; les seuls retours du passé peuvent me flatter,[4] et ces retours si vifs et si vrais dans l'époque dont je parle me font souvent vivre heureux malgré mes malheurs.

Je donnerai de ces souvenirs un seul exemple qui pourra faire juger de leur force et de leur vérité. Le premier jour que nous allâmes coucher aux Charmettes, Maman était en chaise à porteurs, et je la suivais à pied. Le chemin monte : elle était assez pesante, et craignant de trop fatiguer ses porteurs, elle voulut descendre à peu près à moitié chemin pour faire le reste à pied. En marchant elle vit quelque chose de bleu dans la haie, et me dit : « Voilà de la pervenche encore en fleur. » Je n'avais jamais vu de la pervenche, je ne me baissai pas pour l'examiner, et j'ai la vue trop courte pour distinguer à terre les plantes de ma hauteur. Je jetai seulement en passant un coup d'œil sur celle-là, et près de trente ans se sont passés sans que j'ai revu de la pervenche ou que j'y aie fait attention. En 1764, étant à Cressier[5] avec mon ami M. Du Peyrou, nous montions une petite montagne au sommet de laquelle il a un joli salon qu'il appelle avec raison Belle-Vue. Je commençais alors d'herboriser un peu. En montant et regardant parmi les buissons, je pousse un cri de joie : *Ah! voilà de la pervenche!* et c'en était en effet. Du Peyrou s'aperçut du transport, mais il en ignorait la cause ; il l'apprendra, je l'espère, lorsqu'un jour il lira ceci. Le lecteur peut juger par l'impression d'un si petit objet, de celle que m'ont faite tous ceux qui se rapportent à la même époque.

ROUSSEAU, *Confessions*, VI.

Gravure de Geneviève Regnault.
Bibliothèque Nationale.

□ □ NOTES | **1.** « C'était mon vœu : un domaine pas trop grand, avec un jardin et une fontaine près de la maison... » — **2.** « ... les dieux m'ont donné plus et mieux. » — **3.** Mme de Warens — **4.** Affecter agréablement — **5.** Allusion à un séjour de Rousseau en Suisse. Voir livre XII.

1. Étude du texte

1. L'importance de la citation initiale. En quoi donne-t-elle déjà le ton de ce passage et même de tout le livre VI?

2. Quelle « nature », idéalisée peut-être, rend possible par ses éléments et son décor le « court bonheur » de Rousseau?

3. Le temps et le souvenir. En quoi peut-on déjà parler ici d'une conscience et d'une mémoire « romantiques ».

4. Quel rapport, selon Rousseau, l'écriture, et particulièrement la narration autobiographique, doit-elle entretenir avec le cours évanescent du temps?

5. La poésie. Montrez comment l'écriture du bonheur ne peut se faire ici sans une véritable poésie des sens et du langage.

2. Documentation - Création

Flore, faune et mémoire involontaire.
L'épisode de la « pervenche encore en fleur » inaugure une longue série de superbes textes poétiques ou romanesques construits sur le phénomène du souvenir « cristallisé » par une fleur, un parfum, un chant d'oiseau, etc. Vous rechercherez dans la littérature des XIXe et XXe siècles de tels textes et en commenterez la particulière réussite « émotionnelle ».

RÊVERIES
(1776-1778)

« L'informe journal de mes rêveries »

Seul pour le reste de ma vie, puisque je ne trouve qu'en moi la consolation, l'espérance et la paix, je ne dois ni ne veux plus m'occuper que de moi. C'est dans cet état que je reprends la suite de l'examen sévère et sincère que j'appelai jadis mes *Confessions*. Je consacre mes derniers jours à m'étudier moi-même et à préparer d'avance le compte que je ne tarderai pas à rendre de moi. Livrons-nous tout entier à la douceur de converser avec mon âme, puisqu'elle est la seule que les hommes ne puissent m'ôter. Si, à force de réfléchir sur mes dispositions intérieures, je parviens à les mettre en meilleur ordre et à corriger le mal qui peut y rester, mes méditations ne seront pas entièrement inutiles, et, quoique je ne sois plus bon à rien sur la terre, je n'aurai pas tout à fait perdu mes derniers jours. Les loisirs de mes promenades journalières ont souvent été remplis de contemplations charmantes dont j'ai regret d'avoir perdu le souvenir. Je fixerai par l'écriture celles qui pourront me venir encore ; chaque fois que je les relirai m'en rendra la jouissance. J'oublierai mes malheurs, mes persécuteurs, mes opprobres, en songeant au prix qu'avait mérité mon cœur.

Ces feuilles ne seront proprement qu'un informe journal de mes rêveries. Il y sera beaucoup question de moi, parce qu'un solitaire qui réfléchit s'occupe nécessairement beaucoup de lui-même. Du reste, toutes les idées étrangères qui me passent par la tête en me promenant y trouveront également leur place. Je dirai ce que j'ai pensé tout comme il m'est venu, et avec aussi peu de liaison que les idées de la veille en ont d'ordinaire avec celles du lendemain. Mais il en résultera toujours une nouvelle connaissance de mon naturel et de mon humeur, par celle des sentiments et des pensées dont mon esprit fait sa pâture journalière dans l'étrange état où je suis. Ces feuilles peuvent donc être regardées comme un appendice de mes *Confessions :* mais je ne leur en donne plus le titre, ne sentant plus rien à dire qui puisse le mériter. Mon cœur s'est purifié à la coupelle de l'adversité, et j'y trouve à peine, en le sondant avec soin, quelque reste de penchant répréhensible. Qu'aurais-je encore à confesser quand toutes les affections terrestres en sont arrachées ? Je n'ai pas plus à me louer qu'à me blâmer : je suis nul désormais parmi les hommes, et c'est tout ce que je puis être, n'ayant plus avec eux de relation réelle, de véritable société. Ne pouvant plus faire aucun bien qui ne tourne à mal, ne pouvant plus agir sans nuire à autrui ou à moi-même, m'abstenir est devenu mon unique devoir, et je le remplis autant qu'il est en moi. Mais, dans ce désœuvrement du corps, mon âme est encore active, elle produit encore des sentiments, des pensées, et sa vie interne et morale semble encore s'être accrue par la mort de tout intérêt terrestre et temporel. Mon corps n'est plus pour moi qu'un embarras, qu'un obstacle, et je m'en dégage d'avance autant que je puis.

Une situation si singulière mérite assurément d'être examinée et décrite et c'est à cet examen que je consacre mes derniers loisirs. Pour le faire avec succès, il y faudrait procéder avec ordre et méthode ; mais je suis incapable de ce travail, et même il m'écarterait de mon but, qui est de me rendre compte des modifications de mon âme et de leurs successions. Je ferai sur moi à quelque égard les opérations que font les physiciens sur l'air pour en connaître l'état journalier. J'appliquerai le baromètre à mon âme, et ses opérations, bien dirigées et longtemps répétées, me pourraient fournir des résultats aussi sûrs que les leurs. Mais je n'étends pas jusque-là mon entreprise. Je me contenterai de tenir le registre des opérations, sans chercher à les réduire en système. Je fais la même entreprise que Montaigne, mais avec un but tout contraire au sien : car il n'écrivait ses *Essais* que pour les autres et je n'écris mes rêveries que pour moi. Si dans mes plus vieux jours, aux approches du départ, je reste, comme je l'espère, dans la même disposition où je suis, leur lecture me rappellera la douceur que je goûte à les écrire, et faisant renaître ainsi pour moi le temps passé, doublera pour ainsi dire mon existence.

RÊVERIES DU PROMENEUR SOLITAIRE
(1776-1778)

Étude du texte

1. Dégagez les divers buts que Rousseau assigne à sa pratique du discours autobiographique. Sont-ils exactement les mêmes dans les deux textes ?

2. Précisez notamment le rôle purificateur de l'écriture autobiographique. Comment comprenez-vous cette « catharsis » littéraire ?

3. Pour qui écrit Rousseau ? Quelle conception se fait-il du ou des destinataires de ses œuvres autobiographiques ?

4. Montrez comment la narration autobiographique est pensée par Rousseau comme une pratique essentiellement solitaire.

5. Précisez ce qu'il entend par jouissance de l'écriture autobiographique.

6. Rousseau est, dans ses *Rêveries*, assez dur à l'égard de Montaigne. Il l'était plus encore dans le *Préambule* des *Confessions* dit du « manuscrit de Neuchâtel » où il déclarait : « *Je mets Montaigne à la tête de ces faux sincères qui veulent tromper en disant vrai. Il se montre avec des défauts, mais il ne s'en donne que d'aimables (...) Montaigne se peint ressemblant mais de profil.* »
Que pensez-vous de ces divers jugements et comment les justifiez-vous sous la plume de Rousseau ?

«Le rêveur solitaire». *Gravure d'Hippolyte Huet.*

JUGEMENT

MODERNITÉ DE ROUSSEAU

Le prestige de Rousseau est vraiment mondial. Il n'est pas d'écrivain français dont la renommée soit aussi universelle. Pourquoi ? L'un des problèmes majeurs de notre temps est l'accession des nations du Tiers monde à l'indépendance, leur lutte contre la misère et pour la dignité. Or la politique de Rousseau proclame avec force l'unité du genre humain dans la diversité des races, la valeur originale de chaque civilisation. Rien n'est plus opposé que l'esprit de Rousseau, non seulement au racisme, mais à l'ethnocentrisme, et les pages que Lévi-Strauss a écrites à ce sujet sont irréfutables. C'est probablement pourquoi on trouve parmi les leaders du Tiers monde des lecteurs de Rousseau. C'était le cas de Lumumba, c'est celui de Fidel Castro. Dans la culture de ces deux hommes notamment, Rousseau a été antérieur à Marx.

Mais ces idées généreuses sont, dans l'ensemble, une propriété indivise de la philosophie des Lumières. Rousseau leur a donné surtout le prestige de son éloquence et de sa poésie. Les autres écrivent ; il parle, il est proche, on engage avec lui le dialogue, et cet échange ne peut être que passionné. Avec Rousseau la langue française a acquis des possibilités nouvelles, le langage a dépassé la vieille séparation entre la prose et la poésie ; ses chefs-d'œuvre dans l'ensemble ont survécu aux modes de la littérature sensible, et un très grand nombre de ses pages se placent au premier rang des plus grandes réussites de la prose française.

Il est un élément vivant de notre culture. Le problème qu'il pose sans cesse sous de multiples formes, c'est le nôtre, celui de toutes les sociétés modernes : les rapports entre les droits de l'individu et ceux de la collectivité. Problème toujours remis en question et qui ne pourra jamais, sans doute, trouver de solution définitive. C'est Rousseau qui lui a donné l'expression la plus tragique. C'est la principale raison pour laquelle il est notre contemporain. Mais il ne peut être un guide, et ce serait être infidèle à son esprit de le considérer comme tel. Il ne faut pas lui demander plus qu'il ne peut donner. Il a critiqué la société en des termes qui restent actuels. Il a formulé des exigences, à la fois pour l'individu et pour le citoyen, qui restent les nôtres. Mais il n'a pas proposé à son temps de solutions politiques et sociales, parce que ce n'était pas à sa portée, ni à celle d'aucun de ses contemporains. Sa seule solution est un refuge dans l'utopie : la formation de sociétés constituées par de petits propriétaires égaux. Il voyait l'avenir, dans la mesure où il prétendait le voir, sur le modèle du passé. Saint-Just, par les Décrets de Ventôse, a tenté de faire passer ce modèle dans les faits. Ils n'ont jamais été appliqués parce qu'ils ne pouvaient pas l'être. Thermidor a sanctionné l'échec d'un groupe qui n'ayant pas les moyens d'analyser scientifiquement les faits sociaux, tentait de détourner l'histoire vers l'utopie. La défaite des robespierristes marque la fin de la seule tentative qui ait jamais eu lieu de réaliser l'idéal du *Contrat social*. C'est une expérience décisive. Nous pouvons demander à Rousseau une analyse psychologique et morale de bien des maux dont nous souffrons, nous pouvons nous inspirer du souffle qui l'animait. Nous ne pouvons pas lui demander la solution des problèmes posés par notre temps.

Jean-Louis Lecercle, *Jean-Jacques Rousseau. Modernité d'un classique,* éd. Larousse, 1973, pp. 244-245.

11. LES PRÉMICES DU SENTIMENT

INTRODUCTION

1. UNE NOUVELLE SENSIBILITÉ

Nommer « préromantiques » certains écrivains du XVIIIe siècle relève de la commodité, mais aussi de la maladresse. Pourquoi lire en effet leurs œuvres en fonction d'un modèle donné a posteriori, celui de 1820 ? Pourquoi ne pas respecter l'authenticité de leur surgissement ? Pourquoi ne pas admettre que le romantisme français, comme les romantismes anglais ou allemand, naît dès le temps des Lumières et non avec l'Empire ? L'emploi du mot préromantisme ne peut se justifier qu'en tant que signe *de l'avènement dans notre littérature d'un nouveau rapport entre la sensibilité et le langage, mais en aucun cas en tant que* symptôme *d'un moindre romantisme ou d'un romantisme mineur.*

2. SON POUVOIR ET SES EFFETS

Serait-il donc si osé d'accoupler le mot de romantisme à ceux de philosophie, d'encyclopédisme ou même de matérialisme ? Qu'on relise alors Diderot et les grands moralistes de l'époque (voir : La réhabilitation des passions, *p. 234) et l'on verra que, dès la première moitié du siècle, la raison, loin de les ignorer, s'accommode fort bien des passions et de toutes les énergies du « cœur ». 1760, c'est vrai, marque pourtant un réel tournant dans notre littérature ; les philosophes s'éloignent et c'est pour Rousseau romancier ou pour Bernardin de Saint-Pierre que les lecteurs s'enthousiasment désormais. A la reconnaissance* des *sens et* des *passions succède une véritable exaltation de* la *sensibilité et de* la *passion, sources de tous les plaisirs, de toutes les vérités du MOI, mais également de nouveaux troubles et de nouvelles interrogations (voir :* Les tumultes du sentiment, *p. 236). La passion, seulement pensée par Diderot ou Vauvenargues comme incitation à l'action, devient porteuse, avec son cortège de larmes et de soupirs, d'une étrange complaisance à l'égard d'elle-même (voir :* La complaisance dans la mélancolie, *p. 238). Chateaubriand, on le voit, n'a pas inventé le « mal du siècle », ni Lamartine la « charmante mélancolie ». La sourde inquiétude intérieure, l'inexplicable sentiment du « vide », l'effarement devant la mort, dont la mise en scène dramatique tente d'exorciser la fatalité (voir la séquence : «* Dramaturgie de la Mort *», pp. 240 à 243), tout cela est déjà inscrit dans le discours littéraire prérévolutionnaire.*

3. SON PAYSAGE ET SON LANGAGE

Le paysage même de la nature romantique, avec ses constantes descriptives (voir la séquence : « Esquisses d'un paysage », *pp. 244 à 249), se dessine dans la littérature comme dans la peinture : paysage où le MOI se réfugie et se complaît, parce qu'il est précisément illustration et métaphore de cet autre « paysage intérieur » dont l'écriture autobiographique naissante (voir la séquence :* « Le discours du moi », *pp. 224 à 230) tente de cerner les traits fuyants et les contours mouvants.*

Préromantique, le XVIIIe *siècle le fut parce qu'il fut romantique* avant *la théorisation des clubs et des cénacles. Mais les précurseurs ne sont pas forcément des apprentis : si la maîtrise leur fait parfois défaut, l'authenticité est le privilège de leur génie.*

Tableau de Joseph Vernet
Clair de lune : l'émergence d'un décor qui engendrera bien des poncifs.

1. Éloges de la passion

DIDEROT

PENSÉES PHILOSOPHIQUES (1746)

★★★ *Les progrès de l'esprit philosophique, et notamment du rationalisme critique, ne signifient pas que les penseurs et écrivains du XVIIIe siècle condamnent comme déplacées ou insignifiantes les passions humaines. Diderot, tout matérialiste qu'il est, leur assigne dans ses* Pensées philosophiques *un rôle qu'il ne leur refusera jamais : élever l'homme à la dimension du sublime. Quant à Vauvenargues (1715-1747), l'un des deux grands moralistes du siècle avec Chamfort (1740-1794), il ne perçoit la grandeur humaine que dans ce qui excède la raison : le sentiment et la passion. C'est de ce généreux parti-pris du cœur que sont marquées ses* Réflexions et Maximes, *qui paraissent, comme les* Pensées philosophiques *de Diderot, en 1746.* ★★★

La réhabilitation des passions

On déclame sans fin contre les Passions ; on leur impute toutes les peines de l'homme, et l'on oublie qu'elles sont aussi la source de tous ses plaisirs. C'est, dans sa constitution, un élément dont on ne peut dire ni trop de bien ni trop de mal. Mais ce qui me donne de l'humeur, c'est qu'on ne les regarde jamais que du mauvais côté. On croirait faire injure à la raison, si l'on disait un mot en faveur de ses rivales. Cependant il n'y a que les passions et les grandes passions qui puissent élever l'âme aux grandes choses. Sans elles, plus de sublime, soit dans les mœurs, soit dans les ouvrages ; les beaux-arts retournent en enfance, et la vertu devient minutieuse[1].

DIDEROT, *Pensées philosophiques.*

□ □ NOTE | 1. S'attache à des objets de peu d'importance.

VAUVENARGUES

RÉFLEXIONS ET MAXIMES (1746)

Si la passion conseille parfois plus hardiment que la réflexion, c'est qu'elle donne plus de force pour exécuter (125).

Les grandes pensées viennent du cœur (127).

La raison et le sentiment se conseillent et se suppléent tour à tour. Quiconque ne consulte qu'un des deux et renonce à l'autre se prive inconsidérément d'une partie des secours qui nous ont été accordés pour nous conduire (150).

Nos passions ne sont pas distinctes de nous-mêmes ; il y en a qui sont tout le fondement et toute la substance de notre âme (294).

J'ai toujours trouvé ridicule que les philosophes aient forgé une vertu incompatible avec la nature de l'homme, et que, après l'avoir ainsi feinte, ils aient prononcé froidement qu'il n'y avait aucune vertu. Qu'ils parlent du fantôme de leur imagination ; ils peuvent à leur gré l'abandonner ou le détruire, puisqu'ils l'ont créé : mais la véritable vertu, celle qu'ils ne veulent pas nommer de ce nom parce qu'elle n'est pas conforme à leurs définitions, celle qui est l'ouvrage de la nature, non le leur, et qui consiste principalement dans la bonté et la vigueur de l'âme, celle-là n'est point dépendante de leur fantaisie, et subsistera à jamais, avec des caractères ineffaçables (296).

On ne s'élève point aux grandes vérités sans enthousiasme : le sang-froid discute et n'invente point ; il faut peut-être autant de feu que de justesse pour faire un véritable philosophe (335).

VAUVENARGUES, *Réflexions et Maximes.*

1. Étude des textes

1. Cette apologie des passions vous semble-t-elle conforme avec ce que vous savez de la personnalité de Diderot ? Quelles sont, parmi ses œuvres, celles qui illustrent le mieux ce jugement des *Pensées philosophiques* ?

2. Que veut dire Diderot quand il appelle les passions « les rivales » de la raison ? Recherchez d'autres exemples littéraires ou philosophiques célèbres de cet antagonisme raison/passions.

3. Dans sa réhabilitation des passions, Vauvenargues s'en prend aux « philosophes ». Qui, selon vous, vise-t-il particulièrement ?

4. Montrez comment, chez Vauvenargues, la passion n'est pas défendue pour elle-même mais l'est dans la perspective de l'action. En quoi le moraliste est-il par là bien de son siècle ?

5. Où s'enracinent, selon le philosophe et le moraliste, les passions humaines ? Qu'entendent-ils tous les deux par le mot « âme » ?

2. Expression

Maximes.
La technique de la « maxime » est bien particulière : il s'agit de donner à lire un contenu moral de portée générale dans un énoncé concis qui puisse s'imposer à l'esprit et surtout à la mémoire. La maxime réussie est celle qui allie heureusement la densité du message à la force d'évidence de l'énoncé.

1. Vous noterez sur une feuille les maximes, célèbres ou non, qui vous viennent à l'esprit et vous en étudierez la composition (rythme, structure, longueur), le contenu (choix des mots, connotations sémantiques) et la qualité poétique (images, jeux sonores).

2. Vous vous amuserez à composer vous-mêmes trois ou quatre maximes « inédites » sur l'antithèse raison/passions.

Documentation - Création

Essai : « *Un bon mot vaut mieux qu'un long discours !* » Discutez l'aphorisme.

ROUSSEAU

LA NOUVELLE HÉLOISE

★★★ *Le grand roman par lettres de Rousseau,* La Nouvelle Héloïse *(1761), est souvent présenté comme un exemple révélateur de la littérature « préromantique ». A dire vrai, autant par sa forme que par le traitement de son thème central (le débat passion/vertu), cette œuvre révèle un écrivain bien de son siècle, même si, par sa sensibilité et certaines de ses idées, il peut être considéré comme « en avance » sur la plupart de ses contemporains. Ce qui autorise une lecture « préromantique » de la* Julie, *c'est bien néanmoins l'importante place qui y est faite à l'analyse du trouble passionnel, aussi surmonté soit-il encore par les exigences de la morale. Apparaissent en effet chez Rousseau des figures nouvelles du sentiment, des comportements amoureux inédits, qui semblent « excéder » la raison et tenir en échec la logique conventionnelle. Ces excès ou ces innovations du sentiment peuvent surprendre ceux-là mêmes qui les vivent comme ils peuvent étonner ou scandaliser ceux qui les contemplent. Ainsi, de retour de son long périple autour du monde, Saint-Preux est-il brutalement livré à un inexplicable « tumulte » passionnel, à l'approche de la demeure de Julie et de M. de Wolmar, son époux.* ★★★

Les tumultes du sentiment

Plus j'approchais de la Suisse, plus je me sentais ému. L'instant où, des hauteurs du Jura, je découvris le lac de Genève fut un instant d'extase et de ravissement. La vue de mon pays, de ce pays si chéri, où des torrents de plaisirs avaient inondé mon cœur ; l'air des Alpes si salutaire et si pur ; le doux air de la patrie, plus suave que les parfums de l'Orient ; cette terre riche et fertile, ce paysage unique, le plus beau dont l'œil humain fut jamais frappé ; ce séjour charmant auquel je n'avais rien trouvé d'égal dans le tour du monde, l'aspect d'un peuple heureux et libre, la douceur de la saison, la sérénité du climat, mille souvenirs délicieux qui réveillaient tous les sentiments que j'avais goûtés : tout cela me jetait dans des transports que je ne puis décrire, et semblait me rendre à la fois la jouissance de ma vie entière.

En descendant vers la côte, je sentis une impression nouvelle dont je n'avais aucune idée ; c'était un certain mouvement d'effroi qui me resserrait le cœur et me troublait malgré moi. Cet effroi, dont je ne pouvais démêler la cause, croissait à mesure que j'approchais de la ville : il ralentissait mon empressement d'arriver, et fit enfin de tels progrès, que je m'inquiétais autant de ma diligence que j'avais fait jusque-là de ma lenteur. En entrant à Vevey, la sensation que j'éprouvai ne fut rien moins qu'agréable : je fus saisi d'une violente palpitation qui m'empêchait de respirer ; je parlais d'une voix altérée et tremblante, j'eus peine à me faire entendre en demandant M. de Wolmar ; car je n'osai jamais nommer sa femme. On me dit qu'il demeurait à Clarens. Cette nouvelle m'ôta de dessus la poitrine un poids de cinq cents livres ; et, prenant les deux lieues qui me restaient à faire pour un répit, je me réjouis de ce qui m'eût désolé dans un autre temps ; mais j'appris avec un vrai chagrin que Mme d'Orbe[1] était à Lausanne. J'entrai dans une auberge pour reprendre les forces qui me manquaient : il me fut impossible d'avaler un seul morceau ; je suffoquais en buvant et ne pouvais vider un verre qu'à plusieurs reprises. Ma terreur redoubla quand je vis mettre les chevaux pour repartir. Je crois que j'aurais donné tout au monde pour voir briser une roue en chemin. Je ne voyais plus Julie ; mon imagination troublée ne me présentait que des objets confus ; mon âme était dans un tumulte universel. Je connaissais la douleur et le désespoir ; je les aurais préférés à cet horrible état. Enfin je puis dire n'avoir de ma vie éprouvé d'agitation plus cruelle que celle où je me trouvai durant ce court trajet, et je suis convaincu que je ne l'aurais pu supporter une journée entière.

En arrivant, je fis arrêter à la grille et, me sentant hors d'état de faire un pas, j'envoyai le postillon dire qu'un étranger demandait à parler à M. de Wolmar. Il était à la promenade avec sa femme. On les avertit, et ils vinrent par un autre côté, tandis que, les yeux fichés sur l'avenue, j'attendais dans des transes mortelles d'y voir paraître quelqu'un.

ROUSSEAU, *La Nouvelle Héloïse*, IVe partie.

□ □ NOTE | 1. Cousine et confidente de Julie.

1. Étude du texte

1. Analysez, étape par étape, le déploiement du trouble passionnel qui s'empare de Saint-Preux.

2. Montrez comment le cœur et le corps participent ensemble à ce trouble imprévu et brutal.

3. A quels détails de sa lettre reconnaît-on que Saint-Preux est incapable d'identifier son trouble, et par conséquent incapable de le surmonter ?

4. Mettez en évidence le rôle essentiel joué par le temps et surtout par l'espace dans cette scène.

5. A propos de *La Nouvelle Héloïse*, Denis de Rougemont parle de la « rigueur » et de la « lucidité psychologique » incomparables de Rousseau. D'après cette page, dites si vous partagez ce jugement sur les qualités exceptionnelles d' « analyste des émotions » que fut Rousseau.

2. Documentation - Création

1. Recherche historique :

A l'aide d'une encyclopédie, renseignez-vous sur le personnage historique d'*Héloïse*, sur ce que fut sa *Correspondance* avec *Abélard* et sur la place que son personnage allait tenir dans la littérature, du XIIe au XVIIe siècle. Essayez de dire en quoi Héloïse, personnage historique ou personnage mythologique, a pu séduire Rousseau romancier.

2. Fiche de lecture :

Dans son ouvrage intitulé *L'Amour et l'Occident*, D. de Rougemont voit dans le roman de Rousseau une possible réincarnation du mythe fondamental de Tristan et Yseult. Relisez la légende de Tristan, étudiez les principales lettres de la *Julie* et reportez-vous aux pages 181-183 de l'ouvrage de D. de Rougemont dans la Collection 10/18.

3. Essai :

Vous discuterez particulièrement le commentaire final du critique où il écrit : « *Il serait aisé de reprendre à propos de* La Nouvelle Héloïse, *toute notre exégèse de* Tristan, *notre dialectique de l'obstacle. Il y a pourtant cette différence capitale que Rousseau aboutit au mariage, c'est-à-dire au triomphe du monde sanctifié par le christianisme, alors que la légende glorifiait dans la mort l'entière dissolution des liens terrestres.* »

MADAME ROLAND

DE LA MÉLANCOLIE (1771)

★★★ *Marie-Jeanne Roland de la Platière (1754-1793), épouse de J.-M. Roland, ministre de l'Intérieur en 1792, devait mourir sur l'échafaud en novembre 93, après avoir été l'égérie de tout le parti Girondin. Révolutionnaire, cette femme fut aussi une grande lectrice et un grand écrivain, même si toutes ses œuvres ne furent publiées qu'après sa mort. Outre ses* Mémoires, *on retiendra plusieurs fragments littéraires et méditations philosophiques, dont cette page sur la mélancolie, écrite en 1771. Elle donne une assez juste idée de la sensibilité du dernier tiers du XVIIIe siècle quand on sait que son auteur, alors tout juste âgée de 17 ans, n'avait pas lu une ligne de Rousseau.* ★★★

La complaisance dans la mélancolie

La douce mélancolie que je défends n'est jamais triste ; elle n'est qu'une modification du plaisir dont elle emprunte tous ses charmes. Semblables à ces nuages dorés qu'embellit un soleil couchant, les légères vapeurs de la mélancolie interceptent les rayons du plaisir, les présentent sous un aspect agréable et nouveau. C'est un baume délicieux pour les plaies du cœur ; c'est un tempéré salutaire à la vivacité de la joie ; en l'adoucissant, il la rend plus pénétrante et plus durable.

Une perspective sauvage, une forêt solitaire...

Il est moins aisé de la définir que de dépeindre ses effets : elle consiste dans une certaine délicatesse de sentiment, un certain tour d'imagination qui se sentent et qui ne s'expriment pas.

Elle est cette disposition d'un cœur sensible qui lui fait éviter ces divertissements où les rires bruyants ne sont que le masque de l'ennui, et lui fait chercher des biens plus conformes à son goût, plus propres à le satisfaire ; c'est elle qui l'émeut, quand, à la vue d'une riche et fertile campagne, il éprouve un doux ravissement ; c'est par elle qu'il se plaît dans un bois paisible et sombre, occupé d'une tendre rêverie. Elle donne je ne sais quelle teinte de grand et de frappant à une perspective sauvage, à une forêt solitaire, qui rend leur vue plus intéressante que celle d'une prairie émaillée de fleurs, ou d'un jardin guindé par l'art. Modeste comme la Nature, elle simplifie le goût ; elle étend le sentiment, ou du moins elle lui donne plus de force, en le fixant sur le vrai.

C'est elle qui fait répandre ces larmes délicieuses, qui donne cet attendrissement qu'on ressent dans la jouissance d'un plaisir pur, dans la possession d'une joie douce et assurée. Elle est encore cette émotion généreuse d'une âme blessée, qui dans le sein même des disgrâces ose chercher la paix. Mais dans telle situation qu'elle se manifeste, elle suppose toujours un esprit un peu philosophique qui hait le grand monde, où il ne voit que de jolies bagatelles, de fameux riens ; et un cœur délicat et sensible, qui cherche ou qui possède les biens du sentiment et n'estime qu'eux seuls. (...)

Je n'ai encore que trois lustres et demi, et j'ignore quel changement le temps pourra faire en moi ; mais depuis que l'adolescence en m'ouvrant les portes de la vie, m'introduisit dans l'empire du sentiment, les plus doux moments que j'ai passés sont dus à cette charmante passion.

Aimable et douce mélancolie, ma fidèle compagne, ne m'abandonne jamais entièrement! je te dois mes plaisirs, je connais tous les charmes ; le voile dont tu caches tes agréments les fait méconnaître au vulgaire ; tu les réserves pour tes favoris : que je sois toujours de ce nombre! les biens que tu leur dispenses ne causent point de soucis, n'entraînent pas de remords. Si quelquefois tu t'éloignes un peu, que ce soit dans ces seuls moments où, rassemblés autour de nos foyers dans la saison rigoureuse, l'esprit aiguillonné par les folâtres enfants, des jeux font diversion à tes douceurs avec quelques amis ; mais reviens promptement charmer la solitude et ravir nos cœurs.

Madame Roland, *De la mélancolie* (1771).

1. Étude du texte

1. Montrez que cette page n'est en rien une définition de la mélancolie mais en est beaucoup plus une peinture.

2. Identifiez les divers éléments du paysage de la mélancolie. Qu'ont-ils tous en commun ?

3. Montrez que le concept de mélancolie est indissociable dans ce texte du concept de plaisir. Analysez précisément en ce sens l'expression « douce mélancolie ».

4. Pourquoi peut-on dire qu'ici, sous la sensibilité, affleure la sensiblerie ? Recherchez d'autres exemples, dans la littérature de la seconde moitié du siècle, de cette complaisance dans les effusions de la sensibilité.

5. En quoi cette mélancolie « préromantique » est-elle encore bien différente du futur « mal du siècle » des romantiques ?

2. Expression

Personnification.

Dans le dernier paragraphe du texte, Mme Roland interpelle directement sa mélancolie, qu'elle « personnifie » sous les traits d'une « aimable et fidèle compagne ».

1. Vous étudierez plus particulièrement ce passage pour mettre en évidence le procédé rhétorique de la personnification et sa valeur poétique. Vous insisterez notamment sur la nature métaphorique du procédé.

2. En comparant ce texte à d'autres extraits littéraires que vous choisirez, vous réfléchirez aux différences principales qui existent entre les figures rhétoriques de la personnification, de l'allégorie et du symbole.

3. Documentation - Création

Étude de civilisation :

Jardins.

Mme Roland dit que sa mélancolie lui fait préférer la campagne « sauvage » à « un jardin guindé par l'art ».

Vous vous documenterez sur l'art des jardins aux XVIIe et XVIIIe siècles et vous vous demanderez dans quelle mesure les esthétiques contradictoires du « jardin à la française » et du « parc à l'anglaise » sont significatives de l'antagonisme raison/sensibilité.

2. Dramaturgie de la mort

BERNARDIN DE SAINT-PIERRE

PAUL ET VIRGINIE (1788)

★★★ *L'épanouissement du thème de l'exaltation passionnelle est contemporain, dans le dernier tiers du XVIIIe siècle, de celui de l'impossible réussite passionnelle, le déploiement de la passion suscitant ses propres obstacles ou multipliant les interdits. Ainsi, tout naturellement, le thème de la mort devient-il le corrélat fatal de celui de l'amour, aussi innocent et pur soit-il. Chez Bernardin de Saint-Pierre (1737-1814), l'idylle insouciante de* Paul et Virginie *(1788), court roman inséré dans ses* Études de la Nature, *s'achève dans une vision d'apocalypse : le naufrage, sous les yeux de Paul, de Virginie à son retour d'Europe après une longue séparation. Chez André Chénier (1762-1794), la mort constitue pareillement, dans ses* Bucoliques *comme dans ses* Élégies, *le revers fatal de la passion : ainsi en fut-il du sort de* La jeune Tarentine *dont le poète imagine, dans une épigramme d'une grande qualité musicale, les derniers instants. Elle aussi est morte, noyée, aux portes du bonheur conjugal...* ★★★

« Les pâles violettes de la mort »

Vers les neuf heures du matin, on entendit du côté de la mer des bruits épouvantables, comme si des torrents d'eau, mêlés à des tonnerres, eussent roulé du haut des montagnes. Tout le monde s'écria : « Voilà l'ouragan ! » et dans l'instant un tourbillon affreux de vent enleva la brume qui couvrait l'île d'Ambre et son canal. Le *Saint-Géran* parut alors à découvert avec son pont chargé de monde, ses vergues et ses mâts de hunes amenés sur le tillac, son pavillon en berne, quatre câbles sur son avant, et un de retenue sur son arrière. Il était mouillé entre l'île d'Ambre et la terre, en deçà de la ceinture de récifs qui entoure l'île de France, et qu'il avait franchie par un endroit où jamais vaisseau n'avait passé avant lui. Il présentait son avant aux flots qui venaient de la pleine mer, et à chaque lame d'eau qui s'engageait dans le canal, sa proue se soulevait tout entière, de sorte qu'on en voyait la carène en l'air ; mais, dans ce mouvement, sa poupe, venant à plonger, disparaissait à la vue jusqu'au couronnement, comme si elle eût été submergée. Dans cette position où le vent et la mer le jetaient à terre, il lui était également impossible de s'en aller par où il était venu, ou, en coupant ses câbles, d'échouer sur le rivage, dont il était séparé par de hauts-fonds semés de récifs. Chaque lame qui venait se briser sur la côte s'avançait en mugissant jusqu'au fond des anses, et y jetait des galets à plus de cinquante pieds dans les terres ; puis, venant à se retirer, elle découvrait une grande partie du lit du rivage dont elle roulait les cailloux avec un bruit rauque et affreux. La mer, soulevée par le vent, grossissait à chaque instant, et tout le canal compris entre cette île et l'île d'Ambre n'était qu'une vaste nappe d'écumes blanches, creusée de vagues noires et profondes. Ces écumes s'amassaient dans le fond des anses à plus de six pieds de hauteur, et le vent, qui en balayait la surface, les portait par-dessus l'escarpement du rivage à plus d'une demi-lieue dans les terres. A leurs flocons blancs et innombrables qui étaient chassés horizontalement jusqu'au pied des montagnes, on eût dit d'une neige qui sortait de la mer. L'horizon offrait tous les signes d'une longue tempête ; la mer y paraissait confondue avec le ciel. Il s'en détachait sans cesse des nuages d'une forme horrible, qui traversaient le zénith avec la vitesse des oiseaux, tandis que d'autres y paraissaient immobiles comme de grands rochers. On n'apercevait aucune partie azurée du firmament ; une lueur olivâtre et blafarde éclairait seule tous les objets de la terre, de la mer et des cieux.

Dans les balancements du vaisseau, ce qu'on craignait arriva : les câbles de son avant rompirent ; et, comme il n'était plus retenu que par une seule aussière, il fut jeté sur les rochers à une demi-encablure du rivage. Ce ne fut qu'un cri de douleur parmi nous. Paul allait s'élancer à la mer, lorsque je le saisis par le bras : « Mon fils, lui dis-je, voulez-vous périr ? — Que j'aille à son secours, s'écria-t-il, ou que je meure ! » Comme le désespoir lui ôtait la raison, pour prévenir sa perte Domingue et moi lui attachâmes à la ceinture une longue corde dont nous saisîmes l'une des extrémités. Paul alors s'avança vers le *Saint-Géran*, tantôt nageant, tantôt marchant sur les récifs. Quelquefois il avait l'espoir de l'aborder, car la mer, dans ses mouvements irréguliers, laissait le vaisseau presque à sec, de manière qu'on eût pu en faire le tour à pied ; mais bientôt après, revenant sur ses pas avec une nouvelle furie, elle le couvrait d'énormes voûtes d'eau qui soulevaient tout l'avant de sa carène, et rejetaient bien loin sur le rivage le malheureux Paul les jambes en sang, la poitrine meurtrie, et à demi noyé. A peine ce jeune homme avait-il repris l'usage de ses sens, qu'il se relevait et retournait avec une nouvelle ardeur vers le vaisseau que la mer cependant entr'ouvrait par d'horribles secousses. Tout l'équipage, désespérant alors de son salut, se précipitait en foule à la mer sur des vergues, des planches, des cages à poules, des tables et des tonneaux. On vit alors un objet digne d'une éternelle pitié : une jeune demoiselle parut dans la galerie de la poupe du *Saint-Géran*, tendant les bras vers celui qui faisait tant d'efforts pour la joindre. C'était Virginie. Elle avait reconnu son amant à son intrépidité. La vue de cette aimable personne, exposée à un si terrible danger, nous remplit de douleur et de désespoir. Pour Virginie, d'un port noble et assuré, elle nous faisait signe de la main, comme nous disant un éternel adieu. Tous les matelots s'étaient jetés à la mer. Il n'en restait plus qu'un sur le pont qui était tout nu et nerveux comme Hercule. Il s'approcha de Virginie avec respect : nous le vîmes se jeter à ses genoux et s'efforcer même de lui ôter ses habits ; mais elle, le repoussant avec dignité, détourna de lui sa vue. On entendit aussitôt ces cris redoublés des spectateurs : « Sauvez-la, sauvez-la, ne la quittez pas ! » Mais dans ce moment, une montagne d'eau d'une effroyable grandeur s'engouffra entre l'île d'Ambre et la côte, et s'avança en rugissant vers le vaisseau qu'elle menaçait de ses flancs noirs et de ses

Tableau de Joseph Vernet.
La Tempête : Un objet digne d'une éternelle pitié...

sommets écumants. A cette terrible vue, le matelot s'élança seul à la mer ; et Virginie, voyant la mort inévitable, posa une main sur ses habits, l'autre sur son cœur, et, levant en haut des yeux sereins, parut un ange qui prend son vol vers les cieux. O jour affreux! hélas! tout fut englouti...

Cependant on avait mis Paul, qui commençait à reprendre ses sens, dans une maison voisine, jusqu'à ce qu'il fût en état d'être transporté à son habitation. Pour moi[1], je m'en revins avec Domingue, afin de préparer la mère de Virginie et son amie à ce désastreux événement. Quand nous fûmes à l'entrée du vallon de la rivière des Lataniers, des Noirs nous dirent que la mer jetait beaucoup de débris du vaisseau dans la baie vis-à-vis. Nous y descendîmes, et un des premiers objets que j'aperçus sur le rivage fut le corps de Virginie. Elle était à moitié couverte de sable, dans l'attitude où nous l'avions vu périr. Ses traits n'étaient point sensiblement altérés. Ses yeux étaient fermés ; mais la sérénité était encore sur son front : seulement, les pâles violettes de la mort se confondaient sur ses joues avec les roses de la pudeur. Une de ses mains était sur ses habits, et l'autre, qu'elle appuyait sur son cœur, était fortement fermée et raidie. J'en dégageai avec peine une petite boîte ; mais quelle fut ma surprise lorsque je vis que c'était le portrait de Paul, qu'elle lui avait promis de ne jamais abandonner tant qu'elle vivrait! A cette dernière marque de la constance et de l'amour de cette fille infortunée, je pleurai amèrement.

BERNARDIN DE SAINT-PIERRE, *Paul et Virginie*.

□ □ NOTE | 1. Le narrateur est un vieillard ami des familles de Paul et de Virginie.

ANDRÉ CHÉNIER

BUCOLIQUES

« Pleurez, doux alcyons... »

Pleurez, doux alcyons[1], ô vous, oiseaux sacrés,
Oiseaux chers à Thétis[2], doux alcyons, pleurez.
Elle a vécu, Myrto, la jeune Tarentine.
Un vaisseau la portait aux bords de Camarine[3].
Là l'hymen, les chansons, les flûtes, lentement
Devaient la reconduire au seuil de son amant.
Une clef vigilante a pour cette journée
Dans le cèdre enfermé sa robe d'hyménée
Et l'or dont au festin ses bras seraient parés
Et pour ses blonds cheveux les parfums préparés.
Mais, seule sur la proue, invoquant les étoiles,
Le vent impétueux qui soufflait dans les voiles
L'enveloppe. Étonnée, et loin des matelots,
Elle crie, elle tombe, elle est au sein des flots.
Elle est au sein des flots, la jeune Tarentine.
Son beau corps a roulé sous la vague marine.
Thétis, les yeux en pleurs, dans le creux d'un rocher
Aux monstres dévorants eut soin de le cacher.
Par ses ordres bientôt les belles Néréides
L'élèvent au-dessus des demeures humides,
Le portent au rivage, et dans ce monument[4]

L'ont, au cap du Zéphyr, déposé mollement.
Puis de loin à grands cris appelant leurs compagnes,
Et les Nymphes des bois, des sources, des montagnes,
Toutes, frappant leur sein, et traînant un long deuil,
Répétèrent : « Hélas ! » autour de son cercueil.
Hélas ! chez ton amant tu n'es point ramenée.
Tu n'as point revêtu ta robe d'hyménée.
L'or autour de tes bras n'a point serré de nœuds.
Les doux parfums n'ont point coulé sur tes cheveux.

André Chénier,
Bucoliques, « Idylles marines ».

□ □ NOTES | **1.** Oiseaux marins des légendes antiques — **2.** Une des Néréides, divinités marines — **3.** Un port sicilien — **4.** C'est-à-dire le tombeau.

1. Étude des textes

1. Étudiez la structure du texte de Bernardin de Saint-Pierre. Montrez que toute la composition du passage est orientée en vue de créer une véritable mise en scène dramatique de la mort.

2. Comparez cette mise en scène à la stylisation poétique de l'épigramme de Chénier.

3. Lequel des deux textes vous semble le plus pathétique ? Justifiez votre réponse.

4. Montrez comment les deux textes ne sont pas seulement le récit de l'anéantissement de la passion mais sont aussi l'évocation du martyre de l'innocence et de la pureté.

5. Analysez dans les deux textes ce qu'on pourrait appeler la sublimation de la mort. Quelles phrases, quels vers marquent bien ce mouvement chez le romancier comme chez le poète ?

6. Montrez comment le narrateur du roman (le vieillard) et le narrateur supposé du poème (le rédacteur de l'épigramme) s'investissent dans leur récit avec toute leur sensibilité.

2. Expression

1. Analyse lexicale :

L'extrait donné ici du roman de Bernardin de Saint-Pierre est jalonné de termes techniques appartenant au lexique de la marine et de la navigation.
Vous dresserez une liste exhaustive de ces termes (noms ou verbes) et, à l'aide d'un dictionnaire, vous donnerez à chacun d'eux sa définition exacte.

2. Analyse stylistique :

Rénovateur de l'inspiration poétique dans les dernières années du XVIIIe siècle, Chénier fut aussi un restaurateur consciencieux de la technique poétique. Poète sensible, il fut également un poète soucieux de la parfaite maîtrise de la rhétorique poétique. Vous ferez une étude stylistique détaillée de son épigramme et identifierez avec précision les principales figures qui concourent à l'élaboration plastique du poème.
Vous relèverez notamment :

— les métaphores
— l'hypallage
— la synecdoque
— le rejet
— le chiasme
— le rythme ternaire progressif
— les assonances
— les consonances.

3. Documentation - Création

Dissertation : Comment peut-on expliquer un poème ?

3. Esquisses d'un paysage

DIDEROT

LES SALONS (1759-1781)

★★★ *Ouvrages de critique esthétique, les* Salons *de Diderot, consacrés à de grands peintres et à de grands sculpteurs de l'époque, nous permettent à la fois de préciser la conception que le philosophe se faisait de l'art et d'imaginer les atmosphères et les décors auxquels les amateurs d'art des années 1770 étaient le plus sensibles. A cet égard, les ruines, si complaisamment évoquées par le peintre Hubert Robert, paraissent douées d'un étonnant pouvoir.* ★★★

Ruines

Tableau de Hubert Robert.
Ruines antiques : Tout s'anéantit, tout périt, tout passe.

Les idées que les ruines réveillent en moi sont grandes. Tout s'anéantit, tout périt, tout passe. Il n'y a que le monde qui reste. Il n'y a que le temps qui dure. Qu'il est vieux ce monde! Je marche entre deux éternités. De quelque part que je jette les yeux, les objets qui m'entourent m'annoncent une fin et me résignent à celle qui m'attend. Qu'est-ce que mon existence éphémère, en comparaison de celle de ce rocher qui s'affaisse, de ce vallon qui se creuse, de cette forêt qui chancelle, de ces masses suspendues au-dessus de ma tête et qui s'ébranlent? Je vois le marbre des tombeaux tomber en poussière ; et je ne veux pas mourir! et j'envie un faible tissu de fibres et de chair, à une loi générale qui s'exécute sur le bronze! Un torrent entraîne les nations les unes sur les autres au fond d'un abîme commun ; moi, moi seul, je prétends m'arrêter sur le bord et fendre le flot qui coule à mes côtés!

Si le lieu d'une ruine est périlleux, je frémis. Si je m'y promets le secret et la sécurité, je suis plus libre, plus seul, plus à moi, plus près de moi. C'est là que j'appelle mon ami. C'est là que je regrette[1] mon amie. C'est là que nous jouirons de nous, sans trouble, sans témoins, sans importuns, sans jaloux. C'est là que je sonde mon cœur. C'est là que j'interroge le sien, que je m'alarme et me rassure. De ce lieu, jusqu'aux habitants des villes, jusqu'aux demeures du tumulte, au séjour de l'intérêt, des passions, des vices, des crimes, des préjugés, des erreurs, il y a loin.

DIDEROT, *Salon* de 1767.

□ □ NOTE | 1. Je me mets à désirer.

LÉONARD

IDYLLES ET POÈMES CHAMPÊTRES (1782)

★★★ *Nicolas Léonard (1744-1793) a vu son nom sombrer dans le grand naufrage de la poésie au XVIII*e *siècle. Il a su pourtant, aussi bien que de plus grands, Rousseau, Bernardin de Saint-Pierre ou Delille, évoquer avec délicatesse et discrétion dans ses vers cette saison automnale qui allait devenir, avec Chateaubriand et Lamartine, la « saison du cœur » pour tous les romantiques.* ★★★

L'automne

... Quel charme est répandu sur le monde paisible!
C'est ici le moment de la réflexion ;
C'est dans cette aimable saison
Que la mélancolie inspire un cœur sensible.
J'irai dans l'ombre des forêts,
Dans les bocages toujours frais
Qui nourrissent ma rêverie,
Dans les rochers retentissants,
Dont les échos frappent mes sens
D'une touchante mélodie :
Heureux, si j'entends quelquefois
Une fontaine gémissante,
Ou la feuille sèche et bruyante
Que le vent détache des bois,
Ou le chant languissant d'un oiseau solitaire
Qui ranime, pour me distraire,
Le souffle expirant de sa voix ;
Tandis que les pinsons, les linots, les fauvettes
Qui, pendant les beaux jours, ont si bien gazouillé,
Habitants désolés de ces voûtes muettes,
Se perchent en tremblant sur l'arbre dépouillé!
Le chevreuil n'est plus sous l'ombrage :
Le fond de ces berceaux commence à s'éclaircir :
Le voyageur s'arrête, en jetant un soupir,
Dans les bois jonchés de feuillage.
Adieu nature! adieu plaisir!
L'oiseau, conduit par le zéphir,
Dans des climats plus doux va porter son ramage.
Déjà les humides brouillards
Viennent annoncer la froidure ;
Et le soleil, sur la verdure,
Va lancer ses derniers regards...
(...)
Viens flatter ma langueur, grave mélancolie!
Près de moi, s'il se peut, remplace la folie,
Et console mon cœur du départ des Amours!
Tu fuis des indiscrets la foule turbulente,
Et les ris insensés, et les frivoles jeux :

Aimable saison!

Ce n'est que sur les bords d'une onde murmurante,
A l'ombre d'un bois ténébreux,
Que tu berces l'âme indolente
Dans un repos voluptueux.
O délicieuse tristesse,
Plus douce encor que la gaieté!
Ce monde fatigué d'une éternelle ivresse
Ignore la félicité.

LÉONARD, *Idylles et poèmes champêtres* (1782).

ROUSSEAU

LA NOUVELLE HÉLOISE

★★★ *En imposant à son héros Saint-Preux un voyage dans les montagnes du Valais, Rousseau a sans doute introduit pour la première fois dans la littérature romanesque le décor montagnard, assorti de toute sa richesse thématique. Soixante-dix ans plus tard, Stendhal ne prêtera pas d'autres réflexions à Julien Sorel ou à Fabrice del Dongo que celles que le créateur de Saint-Preux mettait sous la plume de son personnage.* ★★★

Montagnes

Après m'être promené dans les nuages, j'atteignais un séjour plus serein, d'où l'on voit dans la saison le tonnerre et l'orage se former au-dessous de soi ; image trop vaine[1] de l'âme du sage, dont l'exemple n'exista jamais ou n'existe qu'aux mêmes lieux d'où l'on en a tiré l'emblème.

Ce fut là que je démêlai sensiblement dans la pureté de l'air où je me trouvais la véritable cause du changement de mon humeur et du retour de cette paix intérieure que j'avais perdue depuis si longtemps. En effet, c'est une impression générale qu'éprouvent tous les hommes, quoiqu'ils ne l'observent pas tous, que sur les hautes montagnes, où l'air est pur et subtil, on se sent plus de facilité dans la respiration, plus de légèreté dans le corps, plus de sérénité dans l'esprit ; les plaisirs y sont moins ardents, les passions plus modérées. Les méditations y prennent je ne sais quel caractère grand et sublime, proportionné aux objets qui nous frappent, je ne sais quelle volupté tranquille qui n'a rien d'âcre et de sensuel. Il semble qu'en s'élevant au-dessus du séjour des hommes, on y laisse tous les sentiments bas et terrestres, et qu'à mesure qu'on approche des régions éthérées, l'âme contracte quelque chose de leur inaltérable pureté. On y est grave sans mélancolie, paisible sans indolence, content d'être et de penser : tous les désirs trop vifs s'émoussent, ils perdent cette pointe aiguë qui les rend douloureux ; ils ne laissent au fond du cœur qu'une émotion légère et douce ; et c'est ainsi qu'un heureux climat fait servir à la félicité de l'homme les passions qui font ailleurs son tourment. Je doute qu'aucune agitation violente, aucune maladie de vapeurs pût tenir contre un pareil séjour prolongé, et je suis surpris que des bains de l'air salutaire et bienfaisant des montagnes ne soient pas un des grands remèdes de la médecine et de la morale.

ROUSSEAU, *La Nouvelle Héloïse.*

□ □ NOTE | 1. Illusoire.

DELILLE

LES JARDINS
(1780)

★★★ Jacques Delille (1738-1813), à qui l'attribution d'un bénéfice ecclésiastique valut le titre d'abbé, fait partie avec Lebrun, Jean-Baptiste Rousseau et bien sûr André Chénier, de ces rares poètes du XVIIIe *siècle dont la postérité a conservé la mémoire. Ce n'est pas que chez lui la poésie ait été sans lourdeurs ni maladresses. Mais derrière les contraintes d'une rhétorique attardée et les conventions d'une inspiration parfois bien fade se devinent les grâces et les charmes d'un paysage littéraire encore naissant dont l'eau vive serait à la fois l'âme et le principe dynamique. ★★★*

Eaux

Persuadez aux yeux que d'un coup de baguette
Une Fée, en passant, s'est fait cette retraite.
Tel j'ai vu de Saint-Cloud le bocage enchanteur ;
L'œil de son jet hardi mesure la hauteur ;
Aux eaux qui sur les eaux retombent et bondissent,
Les bassins, les bosquets, les grottes applaudissent ;
Le gazon est plus vert, l'air plus frais ; des oiseaux
Le chant s'anime au bruit de la chute des eaux,
Et les bois, inclinant leurs têtes arrosées,
Semblent s'épanouir à ces douces rosées.
Plus simple, plus champêtre, et non moins belle aux yeux,
La cascade ornera de plus sauvages lieux.
De près est admirée, et de loin entendue
Cette eau toujours tombante et toujours suspendue ;
Variée, imposante, elle anime à la fois
Les rochers et la terre, et les eaux et les bois.
Employez donc cet art ; mais loin l'architecture
De ces tristes gradins, où, tombant en mesure,
D'un mouvement égal les flots précipités
Jusque dans leur fureur marchent à pas comptés.
La variété seule a le droit de vous plaire.
La cascade d'ailleurs a plus d'un caractère.
Il faut choisir. Tantôt d'un cours tumultueux
L'eau se précipitant dans son lit tortueux
Court, tombe et rejaillit, retombe, écume et gronde ;
Tantôt avec lenteur développant son onde,
Sans colère, sans bruit, un ruisseau doux et pur
S'épanche, se déploie en un voile d'azur.
L'œil aime à contempler ces frais amphithéâtres,
Et l'or des feux du jour sur les nappes bleuâtres,
Et le noir des rochers, et le vert des roseaux,
Et l'éclat argenté de l'écume des eaux.
Consultez donc l'effet que votre art veut produire ;
Et ces flots, toujours prompts à se laisser conduire,
Vont vous offrir, plus lents ou plus impétueux,
Des tableaux gais ou fiers, grands ou voluptueux ;
Tableaux toujours puissants ! Eh ! qui n'a pas de l'onde
Éprouvé sur son cœur l'impression profonde ?

DELILLE, *Les Jardins.*

Qui n'a pas de l'onde éprouvé sur son cœur l'impression profonde?

Gravure de Humboldt.
Vertiges et mirages de la forêt vierge.

BERNARDIN DE SAINT-PIERRE

ÉTUDES DE LA NATURE (1784)

★★★ *Si depuis longtemps déjà notre littérature, aussi classique fût-elle, s'était laissée séduire par les images merveilleuses et fascinantes d'un Orient de rêve — mais aussi de convention —, ce n'est que dans la seconde moitié du XVIIIe siècle que quelques écrivains allaient tirer pleinement parti des richesses poétiques d'un exotisme promis aux plus fabuleuses explorations. Bernardin de Saint-Pierre, par la qualité de son regard et grâce aux inépuisables ressources de sa palette descriptive, joua un rôle essentiel dans la restauration d'un exotisme littéraire plus séducteur que jamais parce que sans doute plus authentique.* ★★★

Exotisme

PAYSAGE TROPICAL

Des lianes s'entrelacent dans les cintres de ces voûtes, assurent leurs arcades contre les vents, et les décorent de la manière la plus agréable, en opposant à leurs feuillages d'autres feuillages, et à leur verdure des guirlandes de fleurs brillantes ou de gousses colorées. Si quelque arbre tombe de vétusté, la nature, qui hâte partout la destruction de tous les êtres inutiles, couvre son tronc de capillaires du plus beau vert, et d'agarics ondés de jaune, d'aurore et de pourpre, qui se nourrissent de ses débris. Du côté de la mer, le gazon qui termine l'île est parsemé çà et là de bosquets de lataniers, dont les palmes, faites en éventail et attachées à des queues souples, rayonnent en l'air comme des soleils de verdure. Ces lataniers s'avancent jusque dans la mer sur les caps de l'île, avec les oiseaux de terre qui les habitent, tandis que de petites baies, où nagent une multitude d'oiseaux de marine, et qui sont, pour ainsi dire, pavées de madrépores couleur de fleur de pêcher, de roches noires couvertes de nérites couleur de rose, et de toutes sortes de coquillages, pénètrent dans l'île, et réfléchissent, comme des miroirs, tous les objets de la terre et des cieux. Vous croiriez y voir les oiseaux voler dans l'eau et les poissons nager dans les arbres, et vous diriez du mariage de la Terre et de l'Océan qui entrelacent et confondent leurs domaines.

BERNARDIN DE SAINT-PIERRE, *Études de la nature.*

1. Étude des textes

1. Analysez les divers éléments du décor « préromantique » et dites :
— quelles « méditations » ils inspirent à leurs spectateurs et « descripteurs » ;
— quels thèmes se cristallisent autour de chacun d'eux et parfois autour de plusieurs d'entre eux.

2. Essayez de préciser ce que l'on pourrait appeler le caractère « baroque » de ces divers décors et paysages.

3. Montrez que, dans la plupart des cas, leur perception par l'écrivain relève d'une double approche : physique et sensorielle d'une part, psychologique et sentimentale d'autre part.

4. D'après ces divers extraits, précisez le concept de nature tel qu'il y est implicitement ou explicitement contenu.

2. Documentation - Création

1. Documentation iconographique :

1. Vous rechercherez, dans le corpus esthétique du XVIIIe siècle, les reproductions d'œuvres (peintures, dessins, gravures, sculptures, plans de jardins, etc.) les mieux aptes à illustrer les cinq textes cités.

2. Vous confronterez ces reproductions à celles d'œuvres du premier tiers du XIXe siècle évoquant, elles aussi, les mêmes éléments de décor ou de paysage. Vous montrerez la continuité ou l'approfondissement des thèmes et des inspirations, par-delà les modifications des techniques artistiques.

3. **Essai :** Vous discuterez ce jugement du romancier Michel Tournier sur la fonction de l'écrivain, inspirateur des sensibilités, et « modeleur » des mythes d'une société :

La fonction sociale — on pourrait même dire biologique — des écrivains et de tous les artistes créateurs est facile à définir. Leur ambition vise à enrichir ou au moins à modifier ce « bruissement » mythologique, ce bain d'images dans lequel vivent leurs contemporains et qui est l'oxygène de l'âme. Généralement ils n'y parviennent que par des petites touches insensibles, comme un grand couturier retrouve parfois dans les robes bon marché des grands magasins quelque chose du modèle unique, audacieux, absurde et hors de prix qu'il a créé dans la solitude de son studio un an auparavant. Mais il arrive aussi que l'écrivain frappant un grand coup métamorphose l'âme de ses contemporains et de leur postérité d'une façon foudroyante. Ainsi Jean-Jacques Rousseau inventant *la beauté des montagnes, considérées depuis des millénaires comme une horrible anticipation de l'Enfer. Avant lui tout le monde s'accordait à les trouver affreuses. Après lui leur beauté paraît évidente. Il a réussi au suprême degré, c'est-à-dire au point de s'effacer lui-même devant sa trouvaille. En réalité son génie a consisté en l'occurrence à faire passer la notion de* sublime *du domaine humain et moral où elle était jusque-là limitée — notamment dans l'art dramatique — au domaine de la nature où seul le beau avait droit de cité. Dans le même mouvement Bernardin de Saint-Pierre et Chateaubriand devaient ajouter au sublime alpin de Rousseau le sublime des mers et celui des déserts.*

Michel Tournier,
Le Vent Paraclet, Éd. Gallimard, p. 187.

12. LA LITTÉRATURE DANS LA RÉVOLUTION

INTRODUCTION

1. LA FAILLITE DES LUMIÈRES

*« Nous approchons de l'état de crise et du siècle des révolutions », prophétisait Rousseau dans l'*Émile *(voir page 40). L'auteur du* Contrat social *se serait-il pourtant reconnu dans les débats et les événements de 89 et de 93 ? Certes, en apportant les libertés individuelles et collectives, de conscience et d'expression, en supprimant maints abus et privilèges, la tourmente de 89 a répondu à certaines des grandes espérances philosophiques et politiques des Lumières. Pourtant, les révolutionnaires eux-mêmes ne furent pas tendres pour les philosophes et les idéologues. « Ces coryphées, déclarera Robespierre, déclamaient contre le despotisme et ils étaient pensionnés par les despotes ; ils faisaient tantôt des livres contre la cour et tantôt des dédicaces aux rois (...). On leur doit, en grande partie, cette espèce de philosophie pratique qui, réduisant l'égoïsme en système, regarde la société comme une guerre de ruse, le succès comme la règle du juste et de l'injuste, la probité comme une affaire de goût, le monde comme le patrimoine de fripons adroits. »*

Seul, en effet, Rousseau trouvera grâce jusqu'au bout aux yeux des acteurs et théoriciens des années 89. Ce qui n'empêche pas Étiemble d'écrire que « Rousseau a bien fait de mourir à temps, comme aussi les philosophes, ce qui épargna aux révolutionnaires le désagrément de les conduire à l'échafaud, fraternellement réconciliés, comme Cazotte et André Chénier ! » Aboutissement de la pensée bourgeoise des Lumières, la révolution marque sans doute en effet la faillite du grand idéal de tolérance et de pacifisme du siècle. Et la Terreur de 93 enterre d'une certaine manière une seconde fois Montesquieu, Diderot et Voltaire.

2. LES MORCEAUX DE BRAVOURE

Plus généralement, les temps de la tourmente furent rudes pour la littérature, qui ne produisit, en ces années de braise, aucun chef-d'œuvre. Ce ne sont pas du moins les mille et une pièces de théâtre de circonstances ou les chroniques proliférantes et souvent « purulentes » d'un journalisme aussi trivial que partisan, qui peuvent prétendre à ce titre. On leur préférera bien sûr les morceaux de bravoure d'une éloquence ragaillardie par l'enjeu et revitalisée par les prouesses de tribuns surdoués (voir la séquence : « Le discours révolutionnaire »*, p. 252) : Mirabeau, le plus « classique » de tous, Robespierre « incorruptible » jusque dans le didactisme de son langage, Danton, aussi sanguin et démonstratif que le Rameau de Diderot, Saint-Just enfin, qui, pour perdre Louis XVI, usa d'autant de violence que Mirabeau de*

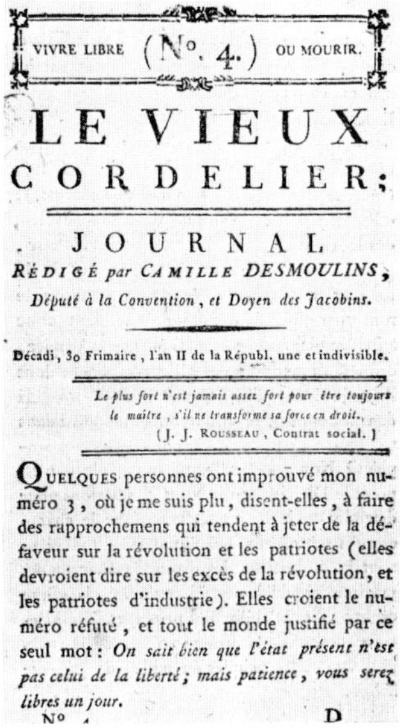
VIVRE LIBRE (N°. 4.) OU MOURIR.

LE VIEUX CORDELIER;

JOURNAL

RÉDIGÉ par CAMILLE DESMOULINS,

Député à la Convention, et Doyen des Jacobins.

Décadi, 30 Frimaire, l'an II de la Républ. une et indivisible.

Le plus fort n'est jamais assez fort pour être toujours le maître, s'il ne transforme sa force en droit.
(J. J. ROUSSEAU, Contrat social.)

QUELQUES personnes ont improuvé mon numéro 3, où je me suis plu, disent-elles, à faire des rapprochemens qui tendent à jeter de la défaveur sur la révolution et les patriotes (elles devroient dire sur les excès de la révolution, et les patriotes d'industrie). Elles croient le numéro réfuté, et tout le monde justifié par ce seul mot : *On sait bien que l'état présent n'est pas celui de la liberté; mais patience, vous serez libres un jour.*

N° 4. D

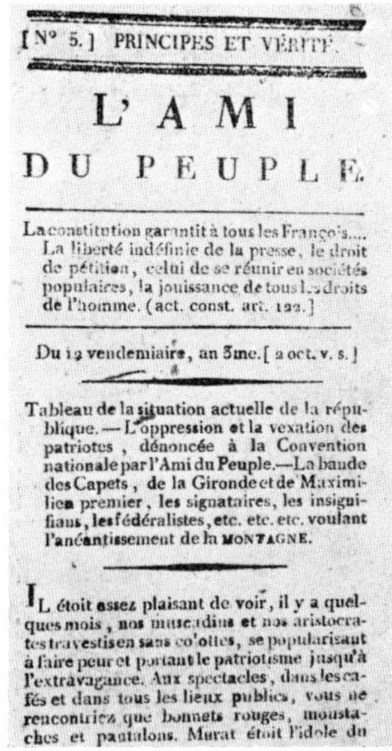
[N° 5.] PRINCIPES ET VÉRITÉ.

L'AMI DU PEUPLE.

La constitution garantit à tous les François.... La liberté indéfinie de la presse, le droit de pétition, celui de se réunir en sociétés populaires, la jouissance de tous les droits de l'homme. (act. const. art. 122.)

Du 12 vendemiaire, an 3me. [2 oct. v. s.]

Tableau de la situation actuelle de la république. — L'oppression et la vexation des patriotes, dénoncée à la Convention nationale par l'Ami du Peuple. — La bande des Capets, de la Gironde et de Maximilien premier, les signataires, les insignifians, les fédéralistes, etc. etc. etc. voulant l'anéantissement de la MONTAGNE.

IL étoit assez plaisant de voir, il y a quelques mois, nos muscadins et nos aristocrates travestis en sans-culottes, se popularisant à faire peur et portant le patriotisme jusqu'à l'extravagance. Aux spectacles, dans les cafés et dans tous les lieux publics, vous ne rencontriez que bonnets rouges, moustaches et pantalons. Murat étoit l'idole du

Une revue de presse à l'époque de la Révolution.

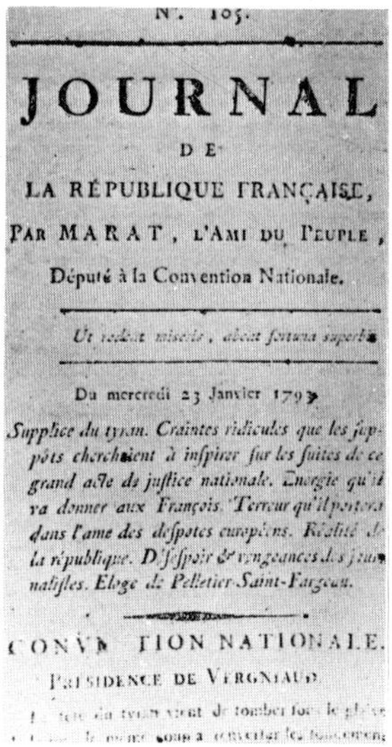
N°. 105.

JOURNAL DE LA RÉPUBLIQUE FRANÇAISE,

PAR MARAT, L'AMI DU PEUPLE, Député à la Convention Nationale.

Ut redeat miseris, abeat fortuna superbis.

Du mercredi 23 Janvier 1793.

Supplice du tyran. Craintes ridicules que les suppôts cherchoient à inspirer sur les suites de ce grand acte de justice nationale. Énergie qu'il va donner aux François. Terreur qu'il portera dans l'ame des despotes européens. Réalité de la république. Désespoir & vengeances des journalistes. Eloge de Pelletier-Saint-Fargeau.

CONVENTION NATIONALE.

PRÉSIDENCE DE VERGNIAUD.

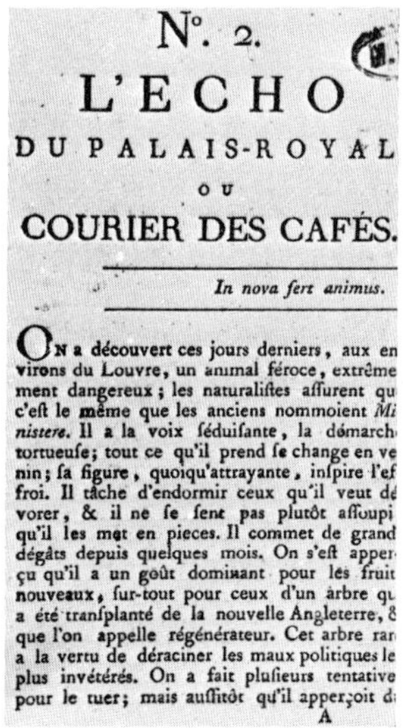
N°. 2.

L'ECHO DU PALAIS-ROYAL OU COURIER DES CAFÉS.

In nova fert animus.

ON a découvert ces jours derniers, aux environs du Louvre, un animal féroce, extrême ment dangereux; les naturalistes assurent qu c'est le même que les anciens nommoient *Ministere*. Il a la voix séduisante, la démarch tortueuse; tout ce qu'il prend se change en ve nin; sa figure, quoiqu'attrayante, inspire l'ef froi. Il tâche d'endormir ceux qu'il veut dé vorer, & il ne se sent pas plutôt assoupi qu'il les met en pieces. Il commet de grand dégâts depuis quelques mois. On s'est apper çu qu'il a un goût dominant pour les fruit nouveaux, sur-tout pour ceux d'un arbre qu a été transplanté de la nouvelle Angleterre, & que l'on appelle régénérateur. Cet arbre rar a la vertu de déraciner les maux politiques le plus invétérés. On a fait plusieurs tentative pour le tuer; mais aussitôt qu'il apperçoit d

A

patience pour tenter de le sauver. On saluera aussi le renouveau de la chanson (voir la séquence : « La révolution en chantant », *pp. 260 à 263) appelée à galvaniser les bourgeois encore tout ahuris de leur audace et les cohortes de va-nu-pieds bien décidées à « entrer dans la carrière ». Enfin, nous écouterons la voix des « autres », de ceux qui ont subi plus que compris ou vécu cette révolution, qui, comme Rivarol, se sont déclarés « contre », ou comme Chamfort et André Chénier (voir la séquence :* « L'imprécation des victimes », *pp. 264 à 265) ont défié jusqu'au bout le terrorisme de la liberté au nom précisément d'une autre idée de la liberté.*

1. Le discours révolutionnaire

MIRABEAU

DISCOURS A L'ASSEMBLÉE DES COMMUNES

★★★ *Le comte de Mirabeau (1749-1791), personnage d'une étrange laideur, fit partie, avant même la révolution, de l'opposition aristocratique à l'absolutisme royal. Cela lui valut de connaître plusieurs fois les lettres de cachet et la prison. Partisan d'une monarchie constitutionnelle, il tenta en vain, après 1789, de rapprocher la révolution et la royauté. Sa modération et son esprit de conciliation lui attirèrent de vifs reproches de la part des « Enragés ». Il mourut brusquement en 1791 alors qu'il venait d'être nommé à la présidence de l'Assemblée.*
Orateur vigoureux, Mirabeau ne fut pourtant pas seulement un orateur de « pathos ». Rédacteur, avec d'autres, de la Déclaration des droits de l'homme et du citoyen, *il connaît le poids des mots et des formules. Plus d'une fois, il s'éleva contre ceux qu'il appelait les « logogriphes », comme en ce 16 juin 1789 où, dans le cadre des États Généraux convoqués par Louis XVI, le Tiers-État réuni seul, sans les représentants de la Noblesse et du Clergé, s'enlisait dans un vain débat autour de sa propre dénomination.* ★★★

Contre la logorrhée...

On a cru m'opposer le plus terrible dilemme en me disant que le mot *peuple* signifie nécessairement ou trop ou trop peu ; que, si on l'explique dans le même sens que le latin *populus*, il signifie la *nation*, et qu'alors il a une acception plus étendue que le titre auquel aspire la généralité de l'Assemblée ; que, si on l'entend dans un sens plus restreint comme le latin *plebs*, alors il suppose des ordres, des différences d'ordre, et que c'est là ce que nous voulons prévenir. On a même été jusqu'à craindre que ce mot ne signifiât ce que les Latins appelaient *vulgus*, ce que les Anglais appellent *mob*, ce que les aristocrates, tant nobles que roturiers, appellent insolemment la *canaille*.

A cet argument, je n'ai que ceci à répondre : c'est qu'il est infiniment heureux que notre langue, dans sa stérilité, nous ait fourni un mot que les autres langues n'auraient pas donné dans leur abondance ; un mot qui présente tant d'acceptions différentes ; un mot qui, dans ce moment qu'il s'agit de nous constituer sans hasarder le bien public, nous qualifie sans nous avilir, nous désigne sans nous rendre terribles ; un mot qui ne puisse nous être contesté et qui, dans son exquise simpli-

Mirabeau, dessin de Moreau. Musée Lamtoinet, Versailles.
Un profil de tribun.

cité, nous rende chers à nos commettants, sans effrayer ceux dont nous avons à combattre la hauteur et les prétentions ; un mot qui se prête à tout et qui, modeste aujourd'hui, puisse grandir notre existence à mesure que les circonstances le rendront nécessaire, à mesure que, par leur obstination, par leur faute, les classes privilégiées nous forceront à prendre en main la défense des droits nationaux, de la liberté du peuple.

Je persévère dans ma motion et dans la seule expression qu'on en avait attaquée, je veux dire la qualification de *peuple français* ; je l'adopte, je la défends, je la proclame, par la raison qui la fait combattre.

Oui, c'est parce que le nom de peuple n'est pas assez respecté en France, parce qu'il est obscurci, couvert de la rouille du préjugé, parce qu'il nous présente une idée dont l'orgueil s'alarme et dont la vanité se révolte ; parce qu'il est prononcé avec mépris dans les chambres des aristocrates ; c'est pour cela même, Messieurs, que nous devons nous imposer non seulement de le relever, mais de l'ennoblir, de le rendre désormais respectable aux ministres et cher à tous les cœurs. Si ce nom n'était pas le nôtre, il faudrait le choisir entre tous, l'envisager comme la plus précieuse occasion de servir ce peuple qui existe, ce peuple qui est tout, ce peuple que nous représentons, dont nous défendons les droits, de qui nous avons reçu les nôtres, et dont on semble rougir que nous empruntions notre dénomination et nos titres. Ah! si le choix de ce nom rendait au peuple abattu de la fermeté, du courage... Mon âme s'élève en contemplant dans l'avenir les heureuses suites que ce nom peut avoir! Le peuple ne verra plus que nous, et nous ne verrons plus que le peuple ; notre titre nous rappellera et nos devoirs et nos forces. A l'abri d'un nom qui n'effarouche point, qui n'alarme point, nous jetterons un germe, nous le cultiverons, nous en écarterons les ombres funestes qui voudraient l'étouffer, nous le protégerons : nos derniers descendants seront assis sous l'ombrage bienfaisant de ses branches immenses.

Représentants du peuple, daignez me répondre. Irez-vous dire à vos commettants que vous avez repoussé ce nom de peuple? Que si vous n'avez pas rougi d'eux, vous avez pourtant cherché à éluder cette dénomination qui ne vous paraît pas assez brillante? Qu'il vous faut un titre plus fastueux que celui qu'ils vous ont conféré? Eh! ne voyez-vous pas que le nom de *représentant du peuple* vous est nécessaire parce qu'il vous attache le peuple, cette masse imposante sans laquelle vous ne seriez que des individus, de faibles roseaux qu'on briserait un à un? Ne voyez-vous pas qu'il vous faut le nom du peuple, parce qu'il donne à connaître au peuple que nous avons lié notre sort au sien, ce qui lui apprendra à reposer sur nous toutes ses pensées, toutes ses espérances?

MIRABEAU, *Discours à l'Assemblée des communes*, 16 juin 1789.

Expression

1. Effets oratoires.

Vous mettrez en évidence les principaux « tours » ou « effets » oratoires utilisés par Mirabeau. Lesquels semble-t-il préférer? Quelle est leur efficacité? sur l'auditeur? sur le lecteur?

2. La précision lexicale.

Tout le texte cité tourne autour d'une question de lexicographie. Quel nom ou quelle expression convient le mieux pour « qualifier » l'entité nationale qui a élu l'Assemblée des communes?

1. Vous montrerez la rigueur de l'analyse lexicale de l'orateur.

2. Vous apprécierez dans l'ensemble du texte la justesse et la précision de la terminologie qu'il emploie.

ROBESPIERRE

RAPPORT SUR LES PRINCIPES DU GOUVERNEMENT RÉVOLUTIONNAIRE

★★★ *Maximilien de Robespierre (1758-1794), grand admirateur de Rousseau, avocat au moment de la convocation des États Généraux, ne fut pas tout de suite le grand homme de la Révolution. Ce légiste un peu raide, surnommé « l'Incorruptible », n'entra au Comité de Salut public qu'en juillet 93 et dut, pour s'imposer, éliminer les Hébertistes ultra-révolutionnaires puis les « Indulgents » de Danton et de Camille Desmoulins. A partir de 1794, il devint lui-même la cible principale de la bourgeoisie modérée qui voyait en lui le « chef d'orchestre » de la Terreur. Arrêté lors de la crise du 9 Thermidor (27 juillet 94), il fut exécuté le lendemain après avoir tenté de se suicider.*
Orateur plus rigoureux que chaleureux, théoricien didactique, voire dogmatique, il a laissé un très grand nombre d'écrits, d'interventions et de discours, tous marqués par la solidité de l'argumentation et l'énergie des formules et des images. ★★★

La rigueur du théoricien

La théorie du gouvernement révolutionnaire est aussi neuve que la révolution qui l'a amené. Il ne faut pas la chercher dans les livres des écrivains politiques, qui n'ont point prévu cette révolution, ni dans les lois des tyrans, qui, contents d'abuser de leur puissance, s'occupent peu d'en rechercher la légitimité ; aussi ce mot n'est-il pour l'aristocratie qu'un sujet de terreur ou un texte de calomnie ; pour les tyrans, qu'un scandale ; pour bien des gens, qu'une énigme ; il faut l'expliquer à tous, pour rallier au moins les bons citoyens aux principes de l'intérêt public.

La fonction du gouvernement est de diriger les forces morales et physiques de la nation vers le but de son institution.

Le but du gouvernement constitutionnel est de conserver la République ; celui du gouvernement révolutionnaire est de la fonder.

La Révolution est la guerre de la liberté contre ses ennemis ; la Constitution est le régime de la liberté victorieuse et paisible.

Le gouvernement révolutionnaire a besoin d'une activité extraordinaire, précisément parce qu'il est en guerre. Il est soumis à des règles moins uniformes et moins rigoureuses, parce que les circonstances où il se trouve sont orageuses et mobiles, et surtout parce qu'il est forcé à déployer sans cesse des ressources nouvelles et rapides pour des dangers nouveaux et pressants.

Le gouvernement constitutionnel s'occupe principalement de la liberté civile ; et le gouvernement révolutionnaire, de la liberté publique[1]. Sous le régime constitutionnel, il suffit presque de protéger les individus contre l'abus de la puissance publique ; sous le régime révolutionnaire, la puissance publique elle-même est obligée de se défendre contre toutes les factions qui l'attaquent.

Le gouvernement révolutionnaire doit aux bons citoyens toute la protection nationale ; il ne doit aux ennemis du peuple que la mort.

Ces notions suffisent pour expliquer l'origine et la nature des lois que nous appelons révolutionnaires. Ceux qui les nomment arbitraires ou tyranniques sont des sophistes[2] stupides ou pervers qui cherchent à confondre les contraires ; ils veulent soumettre au même régime la paix et la guerre, la santé et la maladie, ou plutôt ils ne veulent que la résurrection de la tyrannie et la mort de la patrie. S'ils invoquent l'exécution littérale des adages constitutionnels, ce n'est que pour les violer impunément. Ce sont de lâches assassins qui, pour égorger sans péril la République au berceau, s'efforcent de la garrotter avec des maximes vagues, dont ils savent bien se dégager eux-mêmes.

ROBESPIERRE, *Discours du 5 Nivôse*, An II.

□ □ NOTES | **1.** C'est-à-dire celle de la nation et non du citoyen — **2.** Personne usant d'arguments spécieux.

Bibliothèque Nationale.

Étude du texte

1. D'après vous, quels sont les « écrivains » et les « tyrans » à qui s'en prend l'orateur dans le premier paragraphe?

2. Quelle conception se fait Robespierre du « gouvernement révolutionnaire »? Quels moyens entend-il prendre pour la faire respecter?

3. Quel ton et quels effets soulignent la rigueur, voire le dogmatisme de Robespierre?

4. Montrez, à partir de l'analyse stylistique détaillée de la dernière phrase, comment l'orateur sait éviter néanmoins une trop grande sécheresse rhétorique par l'emploi d'images percutantes.

DANTON

DISCOURS A LA CONVENTION NATIONALE

★★★ Georges-Jacques Danton (1759-1794) forme avec Robespierre, dans la mythologie révolutionnaire, un couple contrasté. A la raideur et à la rigueur de « l'Incorruptible », il oppose la rondeur et la chaleur d'un tempérament sanguin et passionné. Avocat lui aussi, il fonda le fameux Club des Cordeliers, siégea avec les députés de la Montagne, organisa le premier Comité de Salut public, mais devint, dès le début de 93, suspect d'« indulgence » et de manigances aux yeux des « intransigeants ». Compromis avec Fabre d'Églantine dans le scandale de la liquidation de la Compagnie des Indes, il fut condamné à mort en avril 94 par le Tribunal révolutionnaire (qu'il avait créé!), passé aux mains des robespierristes.
Mieux que tout autre, c'est lui qui incarne l'éloquence farouche et parfois tapageuse des orateurs révolutionnaires. Plus d'une fois, ses discours, brillants d'improvisation et d'opportunisme, emportèrent l'adhésion des foules et des assemblées. Témoin ce chaleureux plaidoyer pour « une éducation digne de la liberté », dans lequel il sommait, en août 93, la Convention de se donner les moyens administratifs et financiers d'une véritable école publique. ★★★

Chaleur et vigueur

Citoyens, après la gloire de donner la liberté à la France, après celle de vaincre ses ennemis, il n'en est pas de plus grande que de préparer aux générations futures une éducation digne de la liberté.

Tel fut le but que Peletier[1] se proposa. Il partit de ce principe que tout ce qui est bon à la société doit être adopté par ceux qui ont pris part au contrat social[2]. Or, s'il est bon d'éclairer les hommes, notre collègue, assassiné par la tyrannie, mérita bien de l'humanité.

Mais que doit faire le législateur? Il doit concilier ce qui convient aux principes et ce qui convient aux circonstances.

On a dit contre le plan que l'amour paternel s'oppose à son exécution. Sans doute il faut respecter la nature, même dans ses écarts ; mais si nous ne décrétons pas l'éducation impérative, nous ne devons pas priver les enfants du pauvre de l'éducation.

La plus grande objection est celle de la finance ; mais j'ai déjà dit qu'il n'y a point de dépense réelle là où est le bon emploi pour l'intérêt public, et j'ajoute ce principe que l'enfant du peuple sera élevé aux dépens du superflu des hommes à fortunes scandaleuses.

C'est à vous, républicains célèbres, que j'en appelle! Mettez ici tout le feu de votre imagination ; mettez-y toute l'énergie de votre caractère : c'est le peuple qu'il faut doter de l'éducation nationale. Quand vous semez dans le vaste champ de la République, vous ne devez pas compter le prix de cette semence. Après le pain, l'éducation est le premier besoin du peuple.

Danton à la tribune, gravure d'époque. Musée Carnavalet.

Je demande qu'on pose ici la question : sera-t-il formé, aux dépens[3] de la Nation, des établissements où chaque citoyen aura la faculté d'envoyer ses enfants pour recevoir l'instruction publique ?...

Il est nécessaire que chaque homme puisse développer les moyens moraux qu'il a reçus de la nature. Vous devez avoir pour cela des maisons communes, facultatives, et ne point vous arrêter à toutes les considérations secondaires. Le riche paiera, et il ne perdra rien s'il veut profiter de l'instruction pour son fils.

Je demande que, sauf les modifications nécessaires, vous décrétiez qu'il y aura des établissements nationaux où les enfants seront instruits, nourris et logés gratuitement, et des classes où les citoyens qui voudront garder leurs enfants chez eux pourront les envoyer s'instruire.

DANTON, *Discours à la Convention nationale* du 13 août 1793.

École villageoise, par J.-B. de Boissieu, 1780. Bibliothèque des Arts Décoratifs.
Que doit faire le législateur?

□ □ NOTES | **1.** Le Peletier de Saint-Fargeau (1760-1793), ancien président du Parlement de Paris et élu à la Convention — **2.** Allusion à la théorie politique de Rousseau — **3.** Aux frais de...

1. Étude du texte

1. Par quels effets oratoires, par quels mouvements du discours, passent la « chaleur » et la « vigueur » bien propres à la rhétorique de Danton?

2. Soulignez principalement son art d'interroger ou d'interpeller l'auditoire.

3. Quelles idées, dans ce plaidoyer pour une « éducation dans la liberté », trahissent la « modération » de celui qui fut le chef de file des « Indulgents »?

4. Quel personnage célèbre de Diderot, par son apparence physique et sa vigueur oratoire, peut rappeler Danton?

2. Documentation - Création

Plaidoyers pour l'éducation.
A l'aide d'un manuel d'histoire ou d'une encyclopédie, vous dresserez la chronologie de l'aventure de l'école publique au cours des XVIIIe et XIXe siècles. Vous tracerez aussi le profil des principales personnalités de cette aventure, qui a changé profondément le visage de la France moderne.

SAINT-JUST

RAPPORT A LA CONVENTION

★★★ *Louis-Antoine de Saint-Just (1767-1794), « L'Ange de la Terreur », fut l'un des plus jeunes théoriciens de la révolution. Par sa lutte contre les factions extrémistes, hébertistes ou dantonistes, il lia jusqu'au bout son destin à celui de Robespierre et fut guillotiné, comme lui, au lendemain du coup d'état du 9 Thermidor. Ce « Rimbaud de 89 », épris tout autant de pureté que de violence oratoire, ce « terroriste » du discours plus encore que des actes, mania l'éloquence comme une arme redoutable. Lorsqu'il s'agissait, au nom des principes intangibles de la « vertu » révolutionnaire, d'abattre les déviationnistes, son verbe, brutal, cynique, impitoyable, devenait véritablement « terrible ». Danton et ses amis en surent quelque chose...* ★★★

L'intransigeance et le cynisme

Portrait de Saint-Just. Musée Carnavalet.
Intraitable aux méchants mais sensible...

Les modérés ont abusé du mot *révolutionnaire* ; ils ont cherché à lui attacher l'idée de l'indépendance, qui leur était nécessaire pour comprimer impunément la Révolution : ils avaient une dureté singulière envers le peuple, mais ils étaient indulgents envers l'aristocratie. Hébert[1], qui fut le chef de la faction des Indulgents[2], sous des apparences violentes, perdit contenance le jour qu'on dénonça les Indulgents.

Ronsin[3] habitait un palais sur le boulevard ; il avait quarante chevaux ; il passait au milieu du peuple avec impudence ; il soupait à Passy avec l'aristocratie ; il se prétendait révolutionnaire. Danton ménagea Dumouriez[4], dont il était le complice ; cet homme horrible favorisait tous les méchants ; il vivait dans les délices ; il était ennemi de tous les conseils vigoureux, et il se prétendait aussi révolutionnaire.

Un homme révolutionnaire est inflexible, mais il est sensé ; il est frugal, il est simple sans afficher le luxe de la fausse modestie ; il est l'irréconciliable ennemi de tout mensonge, de toute indulgence, de toute affectation. Comme son but est de voir triompher la Révolution, il ne la censure jamais, mais il condamne ses ennemis sans l'envelopper avec eux ; il ne l'outrage point, mais il l'éclaire ; et, jaloux de sa pureté, il s'observe quand il en parle, par respect pour elle ; il prétend moins être l'égal de l'autorité qui est la loi, que l'égal des hommes, et surtout des malheureux. Un homme révolutionnaire est plein d'honneur ; il est policé sans fadeur, mais par franchise, et parce qu'il est en paix avec son propre cœur ; il croit que la grossièreté est une marque de tromperie et de remords, et qu'elle déguise la fausseté sous l'emportement. Les aristocrates parlent et agissent avec tyrannie. L'homme révolutionnaire est intraitable aux méchants, mais il est sensible ; il est si jaloux de la gloire de sa patrie et de la liberté, qu'il ne fait rien inconsidérément ; il court dans les combats, il poursuit les coupables et défend l'innocence dans les tribunaux ; il dit la vérité afin qu'elle instruise, et non pas afin qu'elle outrage ; il sait que, pour que la Révolution s'affermisse, il faut être aussi bon qu'on était méchant autrefois ; sa probité n'est pas une finesse de l'esprit, mais une qualité du cœur et une chose bien entendue. Marat était doux dans son ménage, il n'épouvantait que les traîtres. J.-J. Rousseau était révolutionnaire, et n'était pas insolent sans doute : j'en conclus qu'un homme révolutionnaire est un héros de bon sens et de probité.

Si vous faites toutes ces choses, vous contrarierez tous les vices, à la vérité, mais vous sauverez la patrie. Ne vous attendez point à d'autre récompense que l'immortalité. Je sais que ceux qui ont voulu le bien ont souvent péri. Codrus[5] mourut précipité dans un abîme ; Lycurgue[6] eut l'œil crevé par les fripons de Sparte, que contrariaient ses lois dures, et mourut en exil. Phocion[7] ! et Socrate burent la ciguë : Athènes même, ce jour-là, se couronna de fleurs. N'importe, ils avaient fait le bien ; s'il fut perdu pour leur pays, il ne fut point caché pour la Divinité.

SAINT-JUST,
Rapport sur la police générale, la justice, le commerce, la législation et les crimes des factions, présenté à la Convention au nom du Comité de Salut public (15 avril 1794).

□ □ NOTES | **1.** Membre du Club des Cordeliers, patron du journal *Le Père Duchesne* — **2.** Hébert faisait en fait partie des « Enragés » et non des « Indulgents » regroupés autour de Danton et de Camille Desmoulins — **3.** Homme de théâtre et militaire, ami d'Hébert — **4.** Le vainqueur de Valmy et de Jemmapes — **5.** Dernier roi d'Athènes (XIe s. av. J.-C.) — **6.** Législateur de Sparte (IXe s. av. J.-C.) — **7.** Général athénien (402-317 av. J.-C.).

Étude du texte

1. Quelles qualités, quelles « vertus » même, Saint-Just exige-t-il de « l'homme révolutionnaire »?

2. Comment comprenez-vous sa définition : « un héros de bon sens et de probité »?

3. L'orateur lui-même, dans ce texte, est-il au-dessus de tous soupçons d'injustice et de « fourberie »?

4. A quels excès rhétoriques devine-t-on que le discours est aussi une manière de règlement de comptes?

5. Que pensez-vous des réminiscences antiques de la fin du discours? Par quoi se justifient-elles?

2. La révolution en chantant

AH! ÇA IRA...

LA CARMAGNOLE DES ROYALISTES

LE VRAI RÉVEIL DU PEUPLE

★★★ *Ponctuant, cadençant les grands mouvements et événements de la révolution, la chanson est incontestablement l'un des genres qui ont prospéré dans la décennie 1785-1795. Elle fut même l'un des rares de la période à passer à la postérité grâce à quelques titres choc :* Le Chant du départ, *de Marie-Joseph Chénier, l'aimable* Il pleut, bergère, *de Fabre d'Églantine, et bien sûr* La Marseillaise, *de Rouget de Lisle, devenue hymne national en 1795.*
Nous citons ici trois chansons, certes moins célèbres, mais probablement plus proches encore du quotidien de la révolution. Le fameux Ah ! ça ira *tout d'abord, avec sa violente variante de la Fête de la Fédération du 14 juillet 1790. Puis* La Carmagnole, *née à la suite du 10 août 1792 et qui emprunte son titre à la veste qu'arboraient les fédérés marseillais ainsi que son rythme au folklore provençal. Enfin, le vigoureux air du* Vrai réveil du peuple, *riposte des Jacobins de 1795 aux chants réactionnaires des « incroyables » et des « ventres dorés » de la capitale.* ★★★

Ah! ça ira, dictum populaire

Air du Carillon national

I

Ah! ça ira, ça ira, ça ira
Le peuple en ce jour sans cesse répète
Ah! ça ira, ça ira, ça ira
Malgré les mutins tout réussira.
Nos ennemis confus en restent là
Et nous allons chanter Alléluia
Ah! ça ira, ça ira, ça ira
Quand Boileau jadis du Clergé parla
comme un prophète
Il a prédit cela en chantant ma chansonnette
avec plaisir on dira
Ah! ça ira, ça ira, ça ira
Malgré les mutins tout réussira.

2

Ah! ça ira, ça ira, ça ira
Suivant les maximes de l'Évangile
Ah! ça ira, ça ira, ça ira
Du législateur tout s'accomplira
Celui qui s'élève on abaissera
Et qui s'abaisse l'on élèvera
Ah! ça ira, ça ira, ça ira
Le vrai catéchisme nous instruira
Et l'affreux fanatisme s'éteindra
Pour être à la loi docile
Tout François s'exercera
Ah! ça ira, ça ira, ça ira (...)

3

Ah! ça ira, ça ira, ça ira
Par les flambeaux de l'auguste Assemblée
Ah! ça ira, ça ira, ça ira
Le Peuple armé toujours se gardera
Le vrai d'avec le faux l'on connaitra
Le Citoyen pour le bien soutiendra
Ah! ça ira, ça ira, ça ira
Quand L'aristocrate protestera
Le bon Citoyen au nez lui rira
Sans avoir l'âme troublée
Toujours le plus fort sera
Ah! ça ira, ça ira, ça ira

4

Ah! ça ira, ça ira, ça ira
Petit comme grands sont soldats
Ah! ça ira, ça ira, ça ira
Pendant la guerre aucun ne trahira
Avec cœur tout bon François combat
S'il voit du louche hardiment parlera
Ah! ça ira, ça ira, ça ira
La Fayette dit vienne qui voudra
Le patriotisme leur répondra
Sans crainte ni feu ni flamme
Le François toujours vaincra
Ah! ça ira, ça ira, ça ira.

Variante de la fédération

Ah! ça ira, ça ira, ça ira
Les aristocrates à la lanterne!
Ah! ça ira, ça ira, ça ira
Les aristocrates, on les pendra!
Le despotisme expirera
La liberté triomphera,
Ah! ça ira, ça ira, ça ira,
Nous n'avons plus ni nobles, ni prêtres
Ah! ça ira, ça ira, ça ira,
L'égalité partout régnera,
L'esclave autrichien le suivra,
Ah! ça ira, ça ira, ça ira,
Et leur infernale clique
Au diable s'envolera.

Volontaire de 1792. Musée Carnavalet.

La Carmagnole des royalistes[1]

1

Madame veto avait promis *(bis)*
De faire égorgé tout paris *(bis)*
Mais son coup a manqué
Grâce à nos canonie
Dansson la carmagnolle
Vive le son *(bis)*
Dansson la carmagnolle
Vive le son du canon.

2

Monsieur veto avait promis *(bis)*
Detre fidèle à sa patrie *(bis)*
Mais il ly a manqué
Ne faison plus cartié
Dansson la carmagnole, etc.

3

Antoinette avait résolu... *(bis)*
De nous faire tomber sur cu *(bis)*
Mais son coup est manqué
Elle a le nez cassé
Dansson, etc. (...)

4

Quand antoinette vit la tour *(bis)*
Elle voulut faire de mitour *(bis)*
Elle avait mal au cœur
De se voir sans honneur
Dansson, etc.

5

Lorsque louis vit fossoyer *(bis)*
A ceux qu'il voyait travailler *(bis)*
Il disait que pour peu
Il était dans ce lieu
Dansson, etc.

6

Le patriote a pour amis *(bis)*
Tout les bonnes jens du pays *(bis)*
Mais il se soutiendrons
Tous au son des canons
Dansson, etc. (...)

Musée Carnavalet.

7

Amis restons toujours unis *(bis)*
Ne craignons pas nos ennemis *(bis)*
S'ils viennent attaquer
Nous les ferons sauter
Chantons, etc.

8

Oui je suis sans culotte moi *(bis)*
En dépit des amis du roi *(bis)*
Vive les Marseillois
Les Bretons et nos lois
Dansson, etc.

9

Oui nous nous souviendrons toujours *(bis)*
Des sans culottes des fauxbourgs *(bis)*
A leur santé buvons
Vivent ces bons lurons
Dansson, etc.

□ □ NOTE | 1. Nous avons respecté exceptionnellement l'orthographe de l'édition populaire originale.

Le vrai réveil du peuple

(Air du Réveil du peuple.)

1

Peuple Français, peuple intrépide,
Toi le destructeur des tyrans,
Entends leur fureur homicide,
S'élever contre tes enfants ;
Entends les cris, vois l'insolence
Des muscadins[1], amis des rois ;
Ils menacent de leur vengeance
Tous les défenseurs de tes droits.

2

De ces mignons la horde infame
T'insulte, peuple souverain :
Ils chassent tes enfants, ta femme,
De tes palais, de tes jardins :
Ils rompent, divisent tes groupes,
Ils outragent les citoyens,
Et de leurs insolentes troupes,
Poursuivent les républicains.

3

Merveilleux[2], jouant les victimes
En cadenettes[3] retroussées,
Gardez ces froides pantomimes
Pour les veuves des trépassés.
Vos brunes à perruque blonde,
Vous estiment ravissants ; mais
Que fait pour le bonheur du monde
La cadenette d'un Français.

4

Vous ne ruminez qu'hécatombes,
Fer, vengeance, nobles efforts,
Et vous soulèveriez leurs tombes,
Pour combattre... ceux qui sont morts.
Jeunes fous, courez aux frontières,
Les cannibales sont Anglais.
Quoi! vous craignez les étrivières[4]!
Et vous n'en voulez qu'aux Français. (...)

5

Ils se disent des patriotes,
Ces vils esclaves des tyrans ;
De leurs égaux fougueux despotes,
Du trône, ils sont les partisans.
Le mensonge vit sur leur bouche,
Ils fondent sur lui leurs succès,
Et leur haine impie et farouche,
Brûle de perdre les Français.

6

Vainqueurs du Germain, de l'Ibère,
Conquérants du Wall et du Rhin,
N'avez-vous bravé le tonnerre,
Enduré la glace et la faim,
Que pour voir au sein de la gloire,
Changer vos lauriers en cyprès?
Ou faudra-t-il que la victoire,
Vous livre encore des Français! (...)

7

Législateurs d'un peuple libre,
Renversez ces audacieux.
Ils veulent rompre l'équilibre
Que la loi fait peser sur eux.
Votre serment est d'être justes,
De maintenir l'égalité,
Et les nôtres, non moins augustes,
De mourir pour la liberté.

□ □ NOTES | **1.** Royalistes qui se faisaient remarquer par leur élégance recherchée — **2.** Sous le Directoire, ils se distinguaient par leur élégance extravagante — **3.** Tresses de cheveux ramenés sous le chapeau — **4.** Courroies qui relient les étriers à la selle du cheval.

3. L'imprécation des victimes

ANDRÉ CHÉNIER

LES IAMBES

★★★ *Il existe un mythe André Chénier (1762-1794), que créèrent ses admirateurs romantiques : celui du jeune et génial poète martyrisé par les bourreaux de la Révolution. En fait, comme l'écrit Etiemble, l'avant-veille du 9 Thermidor, le « Chénier qui roule vers l'échafaud, ce n'est nullement l'auteur des poèmes qu'on ignore et qui ne seront révélés qu'en 1819. (...) Celui qui meurt sous le couperet, c'est l'auteur des* Réflexions sur l'esprit de parti, *de l'*Avis au peuple français sur ses véritables ennemis... » *Autrement dit, ce n'est ni un poète, ni un réactionnaire que l'on guillotine, mais bien un de ceux qui parmi tant d'autres avaient cru à une révolution modérée et « libérale ».*
Dans les vers violemment satiriques des Iambes, *la voix, déjà d' « outre-tombe », d'André Chénier, crie ce besoin de justice, cette soif de tolérance que les excès de la Terreur ont méprisés et oubliés.* ★★★

L'épode vengeresse

Ils vivent cependant et de tant de victimes
Les cris ne montent point vers toi.
C'est un pauvre poète, ô grand Dieu des armées,
Qui seul, captif, près de la mort,
Attachant à ses vers les ailes enflammées
De ton tonnerre qui s'endort,
De la vertu proscrite embrassant la défense,
Dénonce aux juges infernaux
Ces juges, ces jurés qui frappent l'innocence,
Hécatombe à leurs tribunaux.
Eh bien, fais-moi donc vivre, et cette horde impure
Sentira quels traits sont les miens.
Ils croyaient se cacher dans leur bassesse obscure...
Je les vois, j'accours, je les tiens.
Sur ses pieds inégaux l'épode[1] vengeresse
Saura les atteindre pourtant.
Diamant ceint d'azur, Paros, œil de la Grèce,
De l'onde Egée astre éclatant,
Dans tes flancs où Nature est sans cesse à l'ouvrage,
Pour le ciseau laborieux
Vit et blanchit le marbre illustre de l'image
Et des grands hommes et des Dieux.
Mais pour graver aussi la honte ineffaçable,
Paros de l'ïambe[2] acéré
Aiguisa le burin brûlant, impérissable.
Fils d'Archiloque[3], fier André,
Ne détends point ton arc, fléau de l'imposture.
Que les passants pleins de tes vers,
Les siècles, l'avenir, que toute la nature
Crie à l'aspect de ces pervers :
Hou, les vils scélérats ! les monstres ! les infâmes !
De vol, de massacres nourris,
Noirs ivrognes de sang, lâches bourreaux des [femmes
Qui n'égorgent point leurs maris ;
Du fils tendre et pieux ; et du malheureux père
Pleurant son fils assassiné ;
Du frère qui n'a point laissé dans la misère
Périr son frère abandonné.
Vous n'avez qu'une vie... ô vampires...
Et vous n'expierez qu'une fois
Tant de morts et de pleurs, de cendres, de [décombres,
Qui contre vous lèvent la voix !

ANDRÉ CHÉNIER, *Les Iambes.*

□ □ NOTES | **1.** Sorte de couplet lyrique — **2.** Ici au sens de poème satirique en vers — **3.** Poète de l'antiquité grecque, né à Paros.

Le Mercredy 17. Juillet 1793. Marianne Charlotte Corday, assassin de Marat, fut guillotinée sur la Place de la Révolution, cidevant place de Louis XV.

Musée Carnavalet.

1. Étude du texte

1. Contre qui est tourné ce violent poème satirique?

2. Quels sont les principaux griefs du poète victime? Au nom de qui parle-t-il?

3. Le ton du poème. Soulignez l'alternance entre la violence et le pathétique.

4. Comme Saint-Just, Chénier s'appuie sur de nombreuses réminiscences antiques. Lesquelles?

En comparant ce poème au discours de l'orateur révolutionnaire, soulignez la dualité de la « mythologie » antique dans la littérature de la Révolution.

2. Documentation - Création

Un poète entre deux mondes.

Essai. Commentez le jugement de Georges-Emmanuel Clancier sur André Chénier : « Sa vie et son œuvre sont à la charnière entre deux mondes. S'il est vrai que ses vers sont à la source de la grande lignée romantique, il est vrai également que, les lire, c'est entendre Racine et Malherbe et Corneille et Ronsard ».

DOCUMENT

DÉCLARATION DES DROITS DE L'HOMME ET DU CITOYEN

Les représentants du peuple français, constitués en Assemblée Nationale, considérant que l'ignorance, l'oubli ou le mépris des droits de l'homme sont les seules causes des malheurs publics et de la corruption des gouvernements, ont résolu d'exposer, dans une Déclaration solennelle, les droits naturels, inaliénables et sacrés de l'homme, afin que cette Déclaration, constamment présente à tous les membres du corps social, leur rappelle sans cesse leurs droits et leurs devoirs ; afin que les actes du pouvoir législatif et ceux du pouvoir exécutif pouvant être à chaque instant comparés avec le but de toute institution politique, en soient plus respectés ; afin que les réclamations des citoyens, fondées désormais sur des principes simples et incontestables, tournent toujours au maintien de la constitution, et au bonheur de tous.

En conséquence, l'Assemblée Nationale reconnaît et déclare en présence et sous les auspices de l'Être-suprême, les droits suivants de l'homme et du citoyen.

Article premier. — Les hommes naissent et demeurent libres et égaux en droits. Les distinctions sociales ne peuvent être fondées que sur l'utilité commune.

Article 2. — Le but de toute association politique est la conservation des droits naturels et imprescriptibles de l'homme. Ces droits sont la liberté, la propriété, la sûreté, et la résistance à l'oppression.

Article 3. — Le principe de toute souveraineté réside essentiellement dans la nation. Nul corps, nul individu ne peut exercer d'autorité qui n'en émane expressément.

Article 4. — La liberté consiste à faire tout ce qui ne nuit pas à autrui ; ainsi l'exercice des droits naturels de chaque homme n'a de bornes que celles qui assurent aux autres membres de la société la jouissance de ces mêmes droits. Ces bornes ne peuvent être déterminées que par la loi.

Article 5. — La loi n'a le droit de défendre que les actions nuisibles à la société. Tout ce qui n'est pas défendu par la loi ne peut être empêché, et nul ne peut être contraint à faire ce qu'elle n'ordonne pas.

Article 6. — La loi est l'expression de la volonté générale. Tous les citoyens ont droit de concourir personnellement, ou par leurs représentants, à sa formation. Elle doit être la même pour tous, soit qu'elle protège, soit qu'elle punisse. Tous les citoyens, étant égaux à ses yeux, sont également admissibles à toutes dignités, places et emplois publics, selon leur capacité et sans autre distinction que celle de leurs vertus et de leurs talents.

Article 7. — Nul homme ne peut être accusé, arrêté, ni détenu que dans les cas déterminés par la loi, et selon les formes qu'elle a prescrites. Ceux qui sollicitent, expédient, exécutent ou font exécuter des ordres arbitraires, doivent être punis ; mais tout citoyen appelé ou saisi en vertu de la loi doit obéir à l'instant ; il se rend coupable par la résistance.

Article 8. — La loi ne doit établir que des peines strictement et évidemment nécessaires, et nul ne peut être puni qu'en vertu d'une loi établie et promulguée antérieurement au délit et légalement appliquée.

Article 9. — Tout homme étant présumé innocent jusqu'à ce qu'il ait été déclaré coupable, s'il est jugé indispensable de l'arrêter, toute rigueur qui ne serait pas nécessaire pour s'assurer de sa personne doit être sévèrement réprimée par la loi.

Article 10. — Nul ne doit être inquiété pour ses opinions, même religieuses, pourvu que leur manifestation ne trouble pas l'ordre public établi par la loi.

Article 11. — La libre communication des pensées et des opinions est un des droits les plus précieux de l'homme : tout citoyen peut donc parler, écrire, imprimer librement, sauf à répondre de l'abus de cette liberté dans les cas déterminés par la loi.

Article 12. — La garantie des droits de l'homme et du citoyen nécessite une force publique : cette force est donc instituée pour l'avantage de tous, et non pour l'utilité particulière de ceux auxquels elle est confiée.

Article 13. — Pour l'entretien de la force publique, et pour les dépenses d'administration, une contribution commune est indispensable. Elle doit être également répartie entre tous les citoyens, en raison de leurs facultés.

Article 14. — Chaque citoyen a le droit, par lui-même ou par ses représentants, de constater la nécessité de la contribution publique, de la consentir librement, d'en suivre l'emploi et d'en déterminer la quotité, l'assiette, le recouvrement et la durée.

Article 15. — La société a le droit de demander compte à tout agent public de son administration.

Article 16. — Toute société dans laquelle la garantie des droits n'est pas assurée, ni la séparation des pouvoirs déterminée, n'a point de constitution.

Article 17. — La propriété étant un droit inviolable et sacré, nul ne peut en être privé, si ce n'est lorsque la nécessité publique, légalement constatée, l'exige évidemment, et sous la condition d'une juste et préalable indemnité.

CONCLUSION

HÉRITAGE DES LUMIÈRES

Dans tous les cas les hommes de la fin du XVIIIe siècle sont infiniment plus proches de ceux de la fin du XIXe que de ceux de la fin du XVIIe. On peut dire qu'ils ont connu toutes les formes de notre pensée contemporaine, et même qu'ils en ont mesuré les conséquences, saisi les contradictions. Ils ont poussé l'esprit d'examen, exercé les droits de la critique rationnelle, jusqu'à leurs limites les plus audacieuses. S'ils n'ont pas eu de la critique historique, de la reconstruction du passé une idée aussi nette et aussi méthodique que les historiens et les exégètes du XIXe siècle, ils en ont compris du moins les exigences essentielles et ébauché les méthodes. Ils ont vu, avec la plus grande clarté, que la vérité logique et abstraite, l'accord de l'esprit avec lui-même, la raison géométrique et mathématique étaient une construction humaine et qu'elles n'étaient pas nécessairement toute la vérité ni même peut-être la vérité. Ils ont compris, aussi nettement que nos savants modernes, ce qu'était la vérité expérimentale, les lois qui s'induisent des faits et de l'expérience et non plus celles qui se déduisent du raisonnement. Systèmes abstraits, hypothèses, lois expérimentales, ils ont discerné comment tous ces efforts d'explication se complétaient ou se contredisaient. Ils ont compris en même temps que la raison et la science n'enfermeraient jamais tout l'univers. Le déroulement des vérités rationnelles et des vérités expérimentales nous entraîne à l'infini sur un chemin sans bornes, et qui s'éloigne de plus en plus des vérités nécessaires à la vie. Si précises et si nombreuses que soient les raisons de la raison et les lois de nos sciences, elles ne peuvent nous donner l'explication de notre destinée, nos raisons d'agir, le secret du bonheur. Nous ne pouvons apercevoir ces raisons et ce secret qu'à une autre lumière, celle du « sentiment », du « cœur », nous disons aujourd'hui de l'intuition. C'est le sentiment qui nous révèle Dieu, la prière, la morale, la bonté, l'humanité. Et lorsque la raison où l'expérience scientifique ne sont pas d'accord avec le cœur, ce sont la raison et l'expérience qui ont tort.
Raison logique, vérité expérimentale, intuition du cœur, ce sont les trois forces qui sollicitent notre pensée moderne et que nous tâchons toujours d'ordonner ou d'accorder.

Daniel Mornet, *La Pensée française au XVIIIe siècle,* éd. A. Colin, 1969, pp. 209-211.

CADRE HISTORIQUE ET LITTÉRAIRE

1715 Mort de Louis XIV.

1715-1723 Régence du Duc d'Orléans.

1719 Guerre entre la France et l'Espagne.

1723 Majorité officielle de Louis XV qui règnera jusqu'en 1774.

1725 Mariage de Louis XV et de Marie Leszczynska.

1726-1743 Ministère Fleury.
Politique d'assainissement financier.

Politique de tolérance à l'égard des Protestants

En politique extérieure : rapprochement avec l'Espagne et participation à la guerre de succession de Pologne, puis d'Autriche.

1743 Louis XV prend lui-même la direction des affaires du royaume.

1744-1748 Guerre coloniale entre la France et l'Angleterre.

1745-1764 Mme de Pompadour, favorite du Roi.

1748 Paix d'Aix-la-Chapelle.
Impopularité du Roi.

1715-1735 Lesage écrit *Gil Blas de Santillane.*

1717-1718 Premier séjour de Voltaire à la Bastille.

1720-1731 Le Club de l'Entresol.

1721 Montesquieu : *Les Lettres persanes.*

1725 Marivaux : *L'Ile des esclaves.*

1726 Second séjour de Voltaire en prison, et exil en Angleterre.

1728 Voltaire : *La Henriade.*

1730 Marivaux : *Le Jeu de l'Amour et du Hasard.*

1731 Abbé Prévost : *Manon Lescaut.*

1731-1741 Marivaux : *La Vie de Marianne.*

1734 Voltaire : *Lettres philosophiques.*

1736 Voltaire : *Le Mondain.*
Crébillon fils : *Les Égarements du cœur et de l'esprit.*

1737 Marivaux : *Les Fausses confidences.*

1738 Voltaire : *Zaïre.*

1739 Rousseau aux Charmettes.
Saint-Simon rédige ses *Mémoires* (1739-1751).

1740 Marivaux : *L'Épreuve.*

1742 Duclos : *Confessions du comte de...*

1746 Diderot : *Pensées philosophiques.*

1748 Voltaire : *Zadig.*
Montesquieu : *L'Esprit des lois.*

CADRE HISTORIQUE ET LITTÉRAIRE

1749	Dupleix fonde l'empire français des Indes. Début de la grogne des privilégiés.	**1749**	Diderot enfermé à Vincennes. Diderot : *Lettres sur les aveugles.*
		1749-1788	Buffon : *Histoire naturelle.*
1750	La levée du vingtième (impôt) sur les biens de l'église est suspendue.	**1750**	Rousseau : *Discours sur les sciences et les arts.*
		1750-1763	Malesherbes directeur de la Librairie.
		1751	Début de parution de *L'Encyclopédie.* Voltaire : *Le Siècle de Louis XIV.* *L'Esprit des lois* est mis à l'index.
1752	Agitation parlementaire.	**1752**	Voltaire : *Micromégas.* *L'Encyclopédie* est condamnée à être brûlée.
1753	Exil du Parlement.	**1753**	Malesherbes accorde sa protection à *L'Encyclopédie,* qui reparaît.
1754	Rappel du Parlement.	**1754**	Diderot : *Pensées sur l'interprétation de la nature.*
1755	Tremblement de terre de Lisbonne.	**1755**	Mort de Montesquieu. Rousseau : *Discours sur l'origine de l'inégalité.*
1756-1763	La guerre de Sept Ans : elle oppose la France et l'Autriche d'une part, à l'Angleterre et la Prusse, de l'autre.	**1756**	Voltaire : *Poème sur le désastre de Lisbonne.* *Essai sur les mœurs.*
		1757	Diderot : *Le Fils naturel.*
		1758	Rousseau : *Lettre à d'Alembert sur les spectacles.*
1759	Mort de Montcalm à Québec.	**1759**	Voltaire : *Candide.*
		1759-1774	Diderot : *Lettres à Sophie Volland.*
		1760	Diderot : *La Religieuse.*
		1761	Rousseau : *La Nouvelle Héloïse.*
1762-1796	Règne de Catherine II, tsarine de Russie.	**1762**	Rousseau : *L'Émile* et *Le Contrat social,* qui seront tous deux condamnés. Diderot : rédaction du *Neveu de Rameau.*
1763	Traité de Paris mettant fin à la guerre coloniale entre la France et l'Angleterre.	**1763**	Mort de Marivaux et de l'abbé Prévost. Voltaire : *Traité sur la tolérance.*
1764	Mort de Mme de Pompadour. Mme du Barry devient la favorite.	**1764**	Voltaire : *Dictionnaire philosophique.*
1766	Annexion de la Lorraine.	**1766**	Rousseau rédige les 6 premiers livres des *Confessions.*

Rédigez de ce texte soit un résumé qui respecte l'ordre des idées telles qu'elles sont présentées, soit une analyse qui regroupe les idées essentielles. (Précisez nettement en tête de votre copie la formule que vous avez choisie.)

Vous dégagerez ensuite de ce texte un problème auquel vous attachez un intérêt particulier, vous en préciserez les données et vous exposerez, en les justifiant, vos propres vues sur la question.

Résumé

Information et initiation, telles sont les composantes de l'éducation. Jusqu'au XVIIIe siècle, en dépit des protestations des philosophes, l'initiation humaniste prenait le pas sur l'information. Depuis, c'est l'inverse. Les humanités traditionnelles reculent devant des connaissances tenues pour plus fonctionnelles ou socialement plus utiles. Quelle erreur, quand on sait qu'il ne peut y avoir d'éducation vraie sans une part d' « absolu » apparemment inutile et pourtant précieuse, même pour la préparation aux métiers manuels.

Inversement les sacro-saintes mathématiques sont inadaptées aux nombreuses professions qui touchent à la communication, à la culture et à toutes les formes du « commerce ». Même quand leur nécessité s'impose, cela ne doit se faire que dans le cadre d'une formation harmonieusement équilibrée.

Le fétichisme scientifique contemporain peut en effet conduire aux pires désastres. Sans les réticences instinctives des jeunes, nous aurions vite fait d'être entourés par ces cohortes d'incapables prétentieux que dénonçait déjà Molière...

A chaque civilisation sa conception de l'enfant et de la pédagogie. L'Ancien Régime haïssait la nature sauvage et croyait aux vertus d'une société arrachant l'enfant à son inculture pour en faire un sujet, politiquement et religieusement, « fidèle ». Rousseau et les romantiques ont nié cela en opposant la pureté enfantine aux perversions sociales. Dans ces deux cas extrêmes, l'enfant n'avait pas sa place dans le monde des adultes.

Discussion

« Il n'y a pas de véritable éducation sans une part totalement inutile, invendable, irrécupérable. » Cette remarque de Michel Tournier, au centre de la première partie de son analyse, va maintenant retenir notre attention. A première vue elle paraît en effet paradoxale : l'éducation, que l'on considère généralement comme le moyen de faire acquérir à l'enfant un certain savoir ou savoir-faire, devrait aussi s'accommoder d'une « part maudite », irréductible aux concepts de « programme » ou de « connaissances » et pourtant inappréciable dans ses effets sur le comportement global de l'enfant. Que doit être cette essentielle face cachée del'éducation qui réponde de sa face normative, didactique et utilitaire ? Quelle volonté l'animera ? En quoi peut-elle réellement constituer un « absolu » indispensable ? Telles sont les questions et enjeux dont nous voudrions ici esquisser le débat.

De prime abord, le souci du romancier d'appeler à la contestation de la fonction exclusivement informative de l'éducation, en un siècle où de surcroît un privilège exorbitant est accordé à l'information et aux connaissances scientifiques, n'est pas nouveau. Montaigne déjà, dans les chapitres de ses *Essais* consacrés à la pédagogie, souhaitait ardemment pour l'enfant une formation qui fît la part des choses entre la stricte acquisition d'un savoir quantifiable et l'éveil de sa personnalité tout entière : « Je voudrais qu'on fût soigneux, écrivait-il, de lui choisir un conducteur qui eût plutôt la tête bien faite que bien pleine, et qu'on y requît tous les deux, mais plus les mœurs et l'entendement que la science. » Et le philosophe d'ajouter qu'il ne saurait y avoir de science sans conscience, que la lettre des connaissances restera lettre morte si elle n'est pas vivifiée et authentifiée par l'épreuve de la vie : « Qu'il (le précepteur) ne lui demande pas seulement compte des mots de sa leçon, mais du sens et de la substance, et qu'il juge du profit qu'il aura fait, non par le témoignage de sa mémoire, mais de sa vie. »

Au XVIIIe siècle cette conception humaniste de l'éducation, cherchant à préserver l'enfant d'une intellectualisation aveugle, qui se ferait au détriment de l'épanouissement global du comportement, est repensée par les Philosophes, mais dans un même souci d'équilibre et d'harmonie. Convaincus des bienfaits du progrès scientifique, soucieux déjà de la performance et de l'utilité (un mot qui revient souvent sous la plume de Voltaire et des Encyclopédistes), ils ont soin de se prémunir pourtant contre la fascination que pourrait exercer la théorie scientifique pure et simple. Ils devinent déjà les risques inhérents à une formation qui ne ferait qu'additionner « machinalement » des connaissances abstraites, déconnectées de la conscience et de la pratique du réel : « Combien de savants prétendus, écrit d'Alembert, dont la science n'est proprement qu'un art mécanique ? et quelle différence réelle y a-t-il entre une tête remplie de faits sans ordre, sans usage et sans liaison, et l'instinct d'un artisan réduit à l'exécution machinale ? »

La part obscure mais nécessaire de leur pédagogie sera ainsi, par exemple, l'attention accordée dans toute éducation scientifique aux mondes de la technique et de l'artisanat appelés à mettre en œuvre concrètement les inventions de la science. Rousseau lui-même, dans l'*Émile,* fera de cette fréquentation par l'enfant des métiers manuels une part importante de la formation qu'il propose. Non pas tant bien sûr pour le savoir-faire, que l'initiation à tel ou tel métier pourrait apporter, que pour l'apport éthique d'une telle fréquentation : « Il s'agit moins d'apprendre un métier (manuel) pour savoir un métier, que pour vaincre les préjugés qui le méprisent. »

Que reste-t-il aujourd'hui de pareilles conceptions et volontés ? Ne sont-elles que bonnes à ranger au rayon des vieilleries utopiques ? La parcellisation des savoirs, la ségrégation longtemps accrue, dans l'enseignement secondaire, des itinéraires littéraire et scientifique, les soupçons jetés sur le premier et l'auréole du second, le mépris persistant pour les formations dites techniques, autant d'éléments constatés ces vingt dernières années qui pourraient le laisser supposer. Gardons-nous toutefois de conclure trop hâtivement. Plusieurs signes témoignent depuis peu d'une prise de conscience des mérites de cette « part d'absolu » dont parle Tournier et qu'on a pu croire inutile.

Devenue un moment « part du pauvre », elle retrouve aujourd'hui partisans et défenseurs tant son absence s'est avérée parfois préjudiciable. Le regain d'intérêt pour les langues et civilisations anciennes, les débats autour de l'enseignement de l'histoire, les garde-fous mis à la dérive de l'enseignement des mathématiques, l'introduction d'une formation obligatoire en sciences humaines dans certaines grandes écoles scientifiques, tout cela témoigne d'un même désir de refuser une pédagogie à sens unique qui prendrait pour devise « Hors la science, point de salut. »

A l'inverse d'ailleurs, il serait absurde de rêver d'un enseignement des « humanités » qui serait protégé de la « contamination » des sciences et de leurs méthodes. L'enseignement des langues et de la littérature par exemple, a lui aussi besoin de sa « part obscure » s'il ne veut pas être perçu par l'enfant comme sclérosé et tout aussi éloigné de la vie réelle que la pure abstraction mathématique. « Au lieu d'être un pur littéraire, déclarait l'essayiste Jean Onimus à l'intention des professeurs de lettres, essayez donc d'être un peu philosophes, économistes, sociologues, voire « politologues ». Alors vous serez sûrs d'intéresser, parce que vous parlerez de la vie réelle et votre classe jouera à plein son vrai rôle : celui d'initiatrice à la vie, ce que ne peuvent faire les classes de sciences. »

La « part d'absolu » qu'il importe donc aujourd'hui de retrouver et de protéger définitivement, comme le souhaite M. Tournier, passe sans doute concrètement, dans le cadre de l'école et de l'université, par ce qu'on appelle l'inter ou la pluri-disciplinarité. Non pas que chaque élève sache un peu de tout, mais qu'il ait et conserve le goût d'autre chose que ce vers quoi ses propres talents le conduisent. Qu'il soit par là prémuni contre les préjugés qui naissent des méconnaissances et spécialisations hâtives, surtout lorsqu'elles sont plus subies que souhaitées. Les Philosophes du Siècle des Lumières avaient un mot pour désigner ce souci suprême, difficile à mettre en œuvre dans les comportements : la tolérance.

2e Sujet : Commentaire composé

Je me souviens même d'avoir passé une nuit délicieuse hors de la ville, dans un chemin qui côtoyait le Rhône ou la Saône, car je ne me rappelle pas lequel des deux. Des jardins élevés en terrasse bordaient le chemin du côté opposé. Il avait fait très chaud ce jour-là, la soirée était charmante ; la rosée humectait l'herbe flétrie ; point de vent, une nuit tranquille ; l'air était frais, sans être froid ; le soleil, après son coucher, avait laissé dans le ciel des vapeurs rouges dont la réflexion rendait l'eau couleur de rose ; les arbres des terrasses étaient chargés de rossignols qui se répondaient de l'un à l'autre. Je me promenais dans une sorte d'extase, livrant mes sens et mon cœur à la jouissance de tout cela, et soupirant seulement un peu du regret d'en jouir seul. Absorbé dans ma douce rêverie, je prolongeai fort avant dans la nuit ma promenade, sans m'apercevoir que j'étais las. Je m'en aperçus enfin. Je me couchai voluptueusement sur la tablette d'une espèce de niche ou de fausse porte enfoncée dans un mur de terrasse ; le ciel de mon lit était formé par les têtes des arbres ; un rossignol était précisément au-dessus de moi ; je m'endormis à son chant : mon sommeil fut doux, mon réveil le fut davantage. Il était grand jour : mes yeux, en s'ouvrant virent l'eau, la verdure, un paysage admirable. Je me levai, me secouai, la faim me prit, je m'acheminai gaiement vers la ville, résolu de mettre à un bon déjeuner deux pièces de six blancs qui me restaient encore.

Jean-Jacques ROUSSEAU, *Confessions,* IV.

Vous ferez un commentaire composé de ce texte en vous efforçant de rendre compte de sa richesse à la fois thématique et poétique.

Après avoir quitté Mme de Warens et séjourné un moment à Paris, le jeune Rousseau décide de retourner à Lyon, où il mène, sans argent et sans amis, une vie misérable : « J'ai toujours regardé cette ville comme celle de l'Europe où règne la plus affreuse corruption... » En revanche son oisiveté lui laisse tout le temps de parcourir la campagne voisine. Là, dans la solitude et dans une totale liberté, il redécouvre une nature de rêve avec laquelle il entre immédiatement en un rapport de « complicité ». La beauté et la sérénité du naturel éveillent en lui une euphorie délicieuse, que le temps (puisqu'il s'agit de « confessions ») et les mots ne trahissent pas. Le décor naturel, les sensations ou sentiments qu'il suscite, la poésie qui les met en scène, tels seront les thèmes que nous étudierons successivement.

Une rencontre exceptionnelle avec la nature

S'il appartient aux rares pages heureuses des *Confessions,* c'est que ce texte est tout entier sous le signe d'une nature gracieuse ou graciée sans laquelle ne saurait exister l'extase rousseauiste. Comme dans la troisième *Lettre à Malesherbes,* nous avons ici affaire à une nature heureuse car perçue comme protégée et protectrice à la fois, dans ses caractéristiques spatiales et temporelles. La « nuit délicieuse » d'abord, moment propice au rêve et à la méditation, couvre de son clair-obscur rassurant tout l'itinéraire du promeneur solitaire. Quant à l'espace, en multipliant les formes de « l'écart », de la protection ou de la clôture sécurisante (« jardins bordant le chemin », « niche », « ciel de lit », etc.), il l'assure d'un rempart contre les agressions si redoutées du « monde ».

On notera d'ailleurs que s'il s'adonne avec délectation à l'ensemble de ce paysage naturel, Rousseau, comme souvent, y choisit avec une ferveur plus soutenue encore certains moments ou motifs. La qualité du crépuscule d'été, par exemple, avec sa « rosée », son « air frais » et son « ciel de vapeurs rouges » qui préfigure peut-être les crépuscules baudelairiens « voilés de vapeurs roses ». A ces jeux d'ombres et de lumières se mêlent pour lui les miroitements complices de « l'eau couleur de rose », et bien sûr les gammes légères du chant du rossignol, auxquelles ne pouvait manquer d'être sensible ce musicien né, compositeur à ses heures. Saisi, « ravi » par cette harmonieuse perfection naturelle, l'être de Rousseau, nous allons le voir, réagit avec une sensibilité raffinée mais fragile à ce qui s'offre à lui.

Sensations et sentiments

Le « sentiment de la nature », dont on parle si souvent à propos de l'auteur des *Confessions,* est d'abord un foyer de sensations proprement physiques auxquelles l'être se donne à corps perdu : « Je livrai *mes sens* et mon cœur à la *jouissance* de tout cela. » Qu'il s'agisse d'une extrême attention à l'atmosphère naturelle (« il avait fait très chaud », « l'air était frais sans être froid... »), d'un abandon sensuel mais serein aux voluptés les plus naturelles (« je me couchai voluptueusement... je m'endormis... mon sommeil fut doux »), ou tout simplement d'un « appétit » de bon aloi comme dans la fin du texte, Rousseau n'oppose aux charmes de la nature sur ses sens aucune espèce de retenue.

Par cette « transparence » de rapports et cette disponibilité sensorielle, il accède peu à peu à quelque chose qui relève dès lors en effet du sentiment, et que traduit bien, au fil du texte, la progression du lexique du plaisir : « délicieuse », « charmante »,

« jouissance », « extase »... Mais on remarquera, comme si souvent chez lui, que, concurremment au déploiement de l'euphorie psychologique, s'insinue la nostalgie, le vague à l'âme, le « regret » d'un non-partage de cette plénitude vécue : « soupirant seulement un peu du regret d'en jouir seul ». Dans la *Lettre à Malesherbes* déjà, la nature délicieuse mais « vide » était comblée par le peuple des « êtres selon son cœur ». Ici le charme naturel n'est pas non plus une fin en soi mais bien plutôt la condition d'un ressourcement et d'une régénérescence qui permettront, la joie au cœur et armé d'une détermination nouvelle, de retourner au monde symbolisé par la « ville ». La nature, par sa poésie, au sens étymologique du terme, a refait, recréé l'homme. C'est la poésie encore, on le montrera en finissant, qui recrée pour l'écrivain et son lecteur l'éternité de cette nuit unique.

Nature de rêve et poésie

S'il y eut pour Rousseau un bonheur passé que rappelle le récit de cette page des *Confessions,* le lecteur ne peut qu'être sensible au bonheur du texte lui-même, dont témoigne le présent de la poésie qui nimbe les souvenirs rapportés par la mémoire. Limpidité, harmonie, simplicité, tels nous semblent être les maîtres mots de cette poésie. Qu'il s'agisse de la sérénité des rythmes apaisés de la phrase, de la rareté des articulations syntaxiques du texte, de l'extrême simplicité des lexiques, « élémentaires » pourrait-on dire, ou de l'absence quasi totale de figures de rhétoriques (métaphores, comparaisons), on verra là l'un des meilleurs exemples du style précisément « naturel » de Rousseau.

La subtilité et la légèreté de la description poétique de l'écrivain confinent ici, par leur qualité d'évocation, à l'art pictural. Nous sommes loin pourtant de l'esthétique de ses contemporains. Rien ou presque rien ne rappelle ici les décors « moralisants » de J.B. Greuze ou les somptuosités un peu artificielles d'un Hubert Robert. Peu de choses encore pour évoquer les mignardises exquises de Watteau ou de Fragonard. Il faut chercher ailleurs. En arrière sans doute, tant Rousseau semble être ici en avance. Il y a dans ce ciel qui déteint sur toute la gamme du rouge, dans ce « tremblé » des arbres dans la lumière du couchant, dans ces miroitements de l'eau et ces chatoiements de l'ombre, toute une « fugacité » délicate qui semble annoncer déjà l'impressionnisme du siècle suivant. Le texte est bien tissu d'impressions poétiques plus que récit détaillé, miroir d'une âme et d'un corps plus que spectacle offert à un regard objectif. C'est le pinceau de Monet peut-être qui se devine derrière la plume de Jean-Jacques...

Impressionnisme sensoriel, impressionnisme sentimental, impressionnisme pictural, l'écriture des *Confessions* de Rousseau fait la preuve ici qu'il ne saurait y avoir d'autobiographie authentique autrement que poétique. Le récit d'une vie se fait avec des mots et des souvenirs, mais le bonheur du moi ne se reconquiert aussi que lorsque mots et souvenirs se remettent à vivre dans la vibration du présent poétique de l'écriture. C'est moins ce qu'ils racontent — aussi exceptionnel fût-il — que l'allégresse de leur propre présence qui donne sens et joie au livre. Du Chateaubriand des *Mémoires* au Proust de la *Recherche* ou plus près de nous à Michel Leiris dans *L'Age d'homme* ou Nathalie Sarraute dans *Enfance,* les écrivains de la tradition autobiographique, chacun à leur manière, seront fidèles à cette essentielle leçon de Jean-Jacques.

3ᵉ sujet : Dissertation

*« L'étendue de l'esprit, la force de l'imagination et l'activité de l'âme, voilà le génie. », écrivait Diderot dans un article de l'*Encyclopédie.

En vous appuyant sur cette formule du philosophe, vous essaierez de dégager les caractéristiques essentielles de ce qu'on appelle en effet l' « esprit » ou le « génie » du Siècle des Lumières.

« Lumières », « Ligthers », « Aufklärung », la même métaphore revient dans les trois langues qui dominent l'Europe de 1750 pour désigner l'embrasement qui, au lendemain de l'âge classique, s'est emparé de la conscience des écrivains. Longtemps contenu et entretenu dans la voie rigide de ce qu'on a appelé les « codes et morales du Grand Siècle », l'esprit humain, sous la plume des Philosophes, ose affirmer son dynamisme, sa force contestataire et conquérante. « L'étendue de l'esprit, la force de l'imagination et l'activité de l'âme, voilà le génie », écrit ainsi Diderot dans un article de l'*Encyclopédie.* Le XVIIIe siècle, en effet, de tous nos grands siècles littéraires, est sans doute celui qui — en dépit des innombrables querelles de clans et de personnes — se caractérise le plus nettement par une communauté d'« esprit », par un « génie » qui serait en quelque sorte le dénominateur commun des aspirations et convictions de l'époque : foi dans les pouvoirs de l'esprit rationnel, pour peu qu'il soit aussi « spirituel »; esprit critique toujours et partout; imagination mise au service de l'âme ou de l'intelligence; ingéniosité dans l'invention de nouvelles formes littéraires pour que le « génie du style » serve au mieux les ébats ou débats de l'esprit.

L'étendue de l'esprit

Comme en témoigne la première expression de Diderot, le XVIIIe siècle n'a cessé de fredonner le refrain, repris en chœur par les Philosophes, de la croyance dans le dynamisme, la « force » et l'« étendue » de l'esprit humain. C'est lui dont Fontenelle faisait déjà le fondement actif de ses espérances scientifiques et dont Buffon ou d'Alembert font l'instrument de leurs inventaires ou théories. C'est lui, dans le domaine juridique et politique, dont Montesquieu invoque l'impérieuse exigence quand il intitule son essai de 1748 *L'Esprit des lois.* C'est lui encore dont Diderot reconnaît les vertus indispensables de « catalyseur » et la « force » décapante quand il s'agit de « démêler son monde et de démasquer les coquins ». C'est lui enfin dont Voltaire va jusqu'à faire le point d'ancrage de toute foi et religion, puisque aussi bien, pour lui, il ne saurait y avoir de révélation de l'Être Suprême autrement qu'à travers les lumières de l'esprit, attentif et disponible.

De cette « étendue » de l'esprit, ne se refusant aucun domaine d'investigation, l'*Encyclopédie* est la plus exacte métaphore en même temps que la plus imposante réalisation concrète. On y voit à l'œuvre, sous la signature des collaborateurs de Diderot et d'Alembert, l'esprit de toute une génération, avide de « totaliser », par le texte et le dessin, un savoir dont son inlassable curiosité n'a évidemment jamais fini d'explorer les vérités et les contradictions. Avec ses gros volumes d'articles et de planches, l'*Encyclopédie* fut bien le plus spectaculaire « théâtre d'opérations » de l'esprit du siècle, se livrant avec enthousiasme à la démonstration-contestation des objets de la connaissance, mais aussi à l'interrogation de sa propre « force » et « activité ». Maître d'œuvre de ce monument littéraire, l'esprit y est en effet souvent lui-même objet d'analyses ou d'interrogations, comme l'indiquent de nombreux titres d'articles tels que « Philosophe », « Esprit philosophique », « Raison »ou « Génie » précisément.

La force de l'imagination

L'expression « étendue de l'esprit » ne suffit pas à caractériser le génie des Lumières. Diderot a soin d'y ajouter « force de l'imagination » et « activité de l'âme ». « Force » et « activité » d'abord. Ces deux mots nuancent singulièrement ce que pourrait avoir de trop statique celui d' « étendue ». Il s'agit moins d'accroître indéfiniment, de mettre toujours davantage en lumière le savoir, que de le faire agir, et au besoin avec « force ». Si le XVIIIe siècle fut à ce point, de Montesquieu à Beaumarchais en passant par l'inégalable Voltaire, le grand siècle de l'humour et de l'ironie, c'est que l'esprit qui l'animait était d'abord un esprit critique. Il ne saurait y avoir pour l'écrivain des Lumières de gratuité de l'esprit. La possession et la divulgation du savoir supposent aussi un engagement de ce savoir dans les batailles ou pour les causes que l' « âme » juge bonnes. Les « mots d'esprit » qui traversent les écrits du siècle, des *Lettres persanes* au *Mariage de Figaro,* sont ainsi parmi les instruments les plus efficaces dont disposent ces « activistes de l'âme » que furent les grandes voix de l'époque. Quand Montesquieu ironise sur le « pouvoir vieilli » de la monarchie absolue, quand Voltaire stigmatise de ses sarcasmes les abus de l'autorité politique ou religieuse, quand Beaumarchais fait grimacer les « puissants de quatre jours », leurs bons mots sont porteurs d'une énergie de convictions d'autant plus estimable qu'elle encourt des risques sérieux de représailles.

Quant à la « force de l'imagination », comment Diderot aurait-il pu l'ignorer dans sa définition du génie, tant elle caractérise sa propre nature d'homme et d'écrivain. Si le *Neveu de Rameau* lui ressemble, n'est-ce pas d'abord par cette « chaleur d'imagination singulière » dont il l'a doté? Le génie propre à l'auteur de *Jacques le fataliste* paraît à cet égard l'un des mieux partagé du siècle entre les « forces » complémentaires de l'esprit et de l'imagination. D'un côté ses aînés, Montesquieu ou Voltaire, même s'ils n'ont pas dédaigné les vertus de l'imagination — les *Lettres persanes* de l'un et les *Contes* de l'autre en sont la preuve — brillent sans doute surtout des rayons de la pertinence ou de l'impertinence de leur esprit. De l'autre, ses contemporains et cadets, comme Rousseau et Bernardin de Saint-Pierre, inaugurent dans leurs œuvres romanesques

(La Nouvelle Héloise, Paul et Virginie) l'âge romantique, où la part de l' « âme » et de l' « imagination » va durablement l'emporter sur celle de l' « esprit », du moins dans les œuvres qui obtiendront auprès du public « sensible » les plus grands succès. Sans prendre parti dans un débat de préférences littéraires forcément subjectif, disons que Diderot lui-même — sa définition du génie l'atteste — est sans doute celui des écrivains de sa génération qui, par tempérament et par conscience, s'est tenu au plus près de ce « point aveugle » de la création littéraire des Lumières où s'éprouvaient concurremment trois exigences : l'encyclopédisme de l'esprit, la générosité de la sensibilité et, nous allons le voir pour finir, ce qu'on pourrait appeler le polymorphisme de l'écriture.

La variété des formes

Si le génie n'est pas un, mais multiple, s'il est à la fois « esprit », « âme » et « imagination », la variété des formes du discours littéraire devra rendre compte de celle des racines de l'inspiration. Or on peut bien parler en effet du génie multiple du style des Lumières, tant les écrivains de l'époque semblent s'être ingéniés à inventer ou réinventer des formes littéraires qui soient les supports les plus souples et les plus disponibles possibles pour la mise en scène de leurs « ébats » d'esprit ou de leurs états d' « âme ». Le XVIIe siècle avait tout naturellement privilégié, dans sa volonté d'ordonnancement éthique et esthétique, les formes « closes », dont la tragédie et la fable sont les plus révélatrices. Le XVIIIe siècle, au contraire, va multiplier les formes « ouvertes » du discours littéraire, comme autant de « voix » ou d' « instruments » à faire jouer dans le concert des idées et des fictions. Ainsi voit-on proliférer tout au long de la période essais, pamphlets, libelles, mémoires, lettres et articles, qui souvent se répondent dans une heureuse cacophonie de compliments ou d'injures ! Quant au roman, dont la forme peut tout aussi bien s'ouvrir indéfiniment sur le monde des possibles que se replier sur l'intimité d'un sens, reconnaissons que les écrivains du XVIIIe siècle en auront ingénieusement et « génialement » exploité les deux modalités les plus « ouvertes » : le roman épistolaire (avec Montesquieu, Rousseau mais surtout Laclos et ses polyphoniques *Liaisons dangereuses*) et le roman « contestataire », avec l'étonnant *Jacques le fataliste,* qui nous ramène encore et toujours à Diderot et à sa définition « plurielle » du génie.

Si le XVIIIe siècle a dans son ensemble proposé un kaléidoscope de formes littéraires concurrentes, il faut en effet noter aussi que la plupart des grands écrivains de la période ont accepté de jouer le jeu de la variété formelle dans leurs propres œuvres. Diderot en tête. La démonstration vaudrait bien sûr pour Rousseau et surtout pour Voltaire qui fut, à l'égal du patron de l'*Encyclopédie,* un modèle de « génie protéiforme » dans ses productions littéraires, où le poème côtoie le conte, l'essai, le récit historique et même la tragédie. Mais quelle ardeur chez Diderot pour donner aux voix de l' « esprit », de l' « âme » et de l' « imagination » tous les espaces littéraires possibles où se faire entendre ! Philosophe dans maints essais, chroniqueur et « rédacteur en chef » de l'*Encyclopédie,* épistolier et pamphlétaire, inventeur du drame bourgeois, romancier avec *Jacques le fataliste* et le *Neveu de Rameau,* il n'a refusé aucun des rôles exigés par la conception même qu'il se faisait du génie.

Diderot a prouvé par là, s'il en était besoin, que la définition du génie comporte aussi implicitement l'exigence de vérité, de nécessaire et authentique coïncidence entre les mots des « maximes » et la réalité des comportements. Quand, dès le début du XIXe siècle, avec la prolifération et la spécialisation accrue du savoir, la ségrégation se fera plus grande, dans le discours, entre les virtuoses de l' « imagination » — poètes ou romanciers — et les essayistes de l' « esprit » — philosophes, historiens ou critiques — le génie ne pourra plus prétendre à l' « encyclopédisme » des Lumières. Il n'échappera pas, en revanche, à cette impérieuse exigence de conscience — « de l'âme », redirait peut-être Diderot — qui le fonde en valeur et en prestige.

GUIDE THÉMATIQUE ET MÉTHODIQUE DU XVIIIe SIÈCLE

(Épreuve de Français au Baccalauréat. Instructions de juin 1983)

Ce petit guide pourra vous servir de deux manières :

1) En vous fournissant des références ou des exemples pour les analyses de vos **dissertations**.
2) En vous aidant dans l'établissement de vos groupements de textes pour **l'oral du baccalauréat.** En plus des séquences existant dans le manuel, vous pourrez effectuer des groupements de textes autour des sujets répertoriés dans le guide. La liste n'en est d'ailleurs pas limitative. Vous pouvez vous-même créer d'autres ensembles autour de thèmes comme : **l'enfance, l'héroïsme, le lyrisme, la foi, l'éducation**, etc.

THÈMES

L'idée de Bonheur

Voltaire 13, 56, 101, 103.
Bougainville 52.
Sade 95.
Prévost 137.
Beaumarchais 183.
Rousseau 210, 218, 227.
Mme Roland 238.
Delille 247.
Œuvres complètes : Voltaire : *Candide.*
Marivaux : *Le Jeu de l'Amour et du Hasard.*
Beaumarchais : *Le Mariage de Figaro.*

Les Conditions sociales

Mme d'Épinay 20.
Montesquieu 20.
D'Alembert 38.
Rousseau 40, 58.
Laclos 191.
Duclos 197.
Diderot 54, 67, 156, 175, 177, 200.
Beaumarchais 75, 192.
Voltaire 115.
Marivaux 142, 144, 166.
Sedaine 196.
Mirabeau 252.
Œuvres complètes : Marivaux : *Le Paysan parvenu.*
Diderot : *Jacques le fataliste.*
Montesquieu : *Les Lettres persanes.*

Le statut de l'écrivain

Voltaire 15, 108.
Diderot 17, 156.
Rousseau 22, 201, 216, 229.
Marivaux 139.
Beaumarchais 75.
Chénier 382.
Œuvres complètes : Rousseau : *Confessions.*
Diderot : *Jacques le fataliste.*
Voltaire : *L'Ingénu.*

L'Argent

Diderot 17.
Voltaire 56, 101, 105, 115.
Rousseau 58, 216.
Sedaine 196.
Danton 256.
Montesquieu 64.
Lesage 134, 195.
Marivaux 144.
Duclos 197.
Œuvres complètes : Lesage : *Turcaret.*
Voltaire : *Le Mondain.*
Marivaux : *Le Paysan parvenu.*

L'Amour et la Passion

Sade 95.
Prévost 137.
Laclos 153.
Marivaux 160, 163.
Diderot 234.

Le Rêve et l'Imaginaire

L'humour et l'ironie

La Femme

La Mort

La Morale et la Justice

La Liberté

La Nature

QUESTIONS DE MÉTHODE

Le statut du personnage de roman

Formes et figures poétiques

Éléments de dramaturgie

Introspection et analyse psychologique

Argumentation et rhétorique

Approches sociologiques

INDEX DES ŒUVRES CITÉES

INDEX DES AUTEURS CITÉS

TABLE DES MATIÈRES

XVIIIe SIÈCLE

1. COMMENT PEUT-ON ÊTRE PHILOSOPHE ?

2. LES TENTATIONS DE LA SCIENCE ET DE LA TECHNIQUE :

3. VOYAGES AUX PAYS DES LUMIÈRES :

4. CONTESTATION DU POUVOIR ET PROJETS DE SOCIÉTÉ :

5. CRITIQUE DE LA RELIGION ET ÉMANCIPATION DES CONSCIENCES :

6. VOLTAIRE ET LES BATAILLES DE L'ESPRIT :

7. LE ROMAN : UN GENRE PRIVILÉGIÉ ET PROTÉIFORME :

11. LES PRÉMICES DU SENTIMENT :

12. LA LITTÉRATURE DANS LA RÉVOLUTION :

RÉFÉRENCES PHOTOGRAPHIQUES

Edimedia : 7 ; Giraudon : 10 ; Bulloz : 12 ; Lauros : 13 ; BN : 17 ; Roger-Viollet : 19 ; Bulloz : 23 ; Lauros : 27 ; Rapho/Lane : 31 ; BN : 33 ; BN : 36-37 ; Roger-Viollet : 38 ; Rapho/Pelissier : 41 ; Roger-Viollet : 43 ; Nathan : 45 ; DR : 49 ; DR : 52 ; Charmet : 54, 56 ; Bulloz : 59 ; Charmet : 61 ; Giraudon : 63 ; Roger-Viollet : 65 ; Edimages Cauboue : 71 ; Giraudon : 73 ; BN : 76 ; Roger-Viollet : 78 ; Bulloz : 81 ; Roger-Viollet : 83 ; Rapho/Poli : 87 ; BN : 96 ; Nathan-BN : 103 ; Roger-Viollet : 107 ; Nathan : 108g ; Roger-Viollet : 108d ; Nathan : 113 ; Roger-Viollet : 116 ; Nathan : 118 ; Roger-Viollet : 121 ; Nathan : 124 ; Roger-Viollet : 128 ; Giraudon : 135, 143 ; USIS : 148 ; Kunst Museum, Bâle : 151 ; Giraudon : 154 ; Bernand : 163 ; Charmet : 165 ; Bulloz : 169 ; Alinari-Giraudon : 171 ; Giraudon : 173 ; Nathan : 174 ; Roger-Viollet : 176, 179 ; Bernand : 181, 184 ; Giraudon : 189 ; Rapho/Santos : 192 ; Anderson : 196 ; Lauros : 203 ; Cahiers du cinéma : 208 ; Charmet : 210 ; Roger-Viollet : 212, 216, 219 ; Nathan : 221, 223 ; Musée des Beaux-Arts de Lyon : 225 ; BN : 228 ; Nathan : 230 ; Giraudon : 233 ; Fotogram/Leitz : 238 ; Lauros : 241 ; Giraudon : 244 ; Nathan : 245 ; Rapho/Rouget : 247 ; Lauros : 248 ; DR : 251, 252 ; BN : 255 ; Musée Carnavalet : 256 ; Charmet : 257 ; Giraudon : 258 ; Charmet : 261, 262, 265.

Imprimerie Aubin, 86240 ligugé
Éditeur n° C 39991-VII (PF.c.VII). Imprimeur n° L 21401
Dépôt légal, avril 1986